大虑著眼

持久战与
《论持久战》

桑兵 著

中华书局

图书在版编目（CIP）数据

大处着眼:持久战与《论持久战》/桑兵著. —北京:中华书局，
2024.10（2025.6 重印）—ISBN 978-7-101-16720-7

Ⅰ. K25

中国国家版本馆 CIP 数据核字第 20241091VW 号

书　　名	大处着眼:持久战与《论持久战》	
著　者	桑　兵	
责任编辑	欧阳红	
特约编辑	吴冰清	
装帧设计	庄　琦	
责任印制	管　斌	
出版发行	中华书局	
	（北京市丰台区太平桥西里 38 号　100073）	
	http://www.zhbc.com.cn	
	E-mail:zhbc@zhbc.com.cn	
印　　刷	河北新华第一印刷有限责任公司	
版　　次	2024 年 10 月第 1 版	
	2025 年 6 月第 2 次印刷	
规　　格	开本/920×1250 毫米　1/32	
	印张 12⅜　插页 2　字数 350 千字	
印　　数	4001-6000 册	
国际书号	ISBN 978-7-101-16720-7	
定　　价	78.00 元	

内容提要

本书除绪论之外共分九章，按顺序讨论持久战思想的发生演化，全面抗战时期各方的持久战主张，《论持久战》的言说对象，国共抗战战略的异同及其政治纠葛，中共与左翼对《论持久战》的舆论宣传及各方反响，抗战到底的"底"何在，以及围绕持久战要多久国共高层的战略预判和社会各界的呼吁、期盼等问题；深入发掘各类资料，紧扣持久战与《论持久战》的主题，将其置于抗日战争全过程的整体脉络之中，以期澄清各种持久战思想的渊源，《论持久战》与其他持久战主张的关联与分别，《论持久战》的言说对象以及国共持久战战略异同的种种误说，揭示《论持久战》影响的广泛性和长期性，论证抗战到底的四种"底"反映出各方对抗战的不同态度，而对持久战时长及最后胜利到来时间的预判，凸显了国共双方持久战主张的真伪，预示了不同政治力量对未来中国走向的决定作用。

《论持久战》出版之前，很多人如何说持久战，是理解《论持久战》与其他持久战言论联系及分别的关键。系统地爬梳整理各种持久战思想的渊源流变表明，1914 年，严格意义的持久战军事理念已经出现于中文世界的军事领域。德国总结第一次世界大战的经验所形成的军事教科书和军事理论著作，对中国的正规军事教育产生持续广泛的影响，其中就包括持久战的战略战术。1932 年淞沪抗战爆发，国人异口同声呼吁持久抗日。但是军事理论缺乏实践基础，持久抗日则限于口号和精神，且形同实异。相比之下，中共总结国内革命战争经验教训的持久战战略方针及其战法，不仅丰富具体，而且切实可行，在世界军事理论的发展史上占有重要地位。

关于《论持久战》的言说对象，有面向全国人民、中共全党以及中共领导层三种解读。判断的关键在于弄清楚《论持久战》的本义，尤其是毛泽东的军事战略。《论持久战》全面系统地阐发了中共历来主张的抗日战争战略方针，对于全国军民而言，就是以运动战为主，阵地战、游击战为辅，批评国民党军事当局所采取的阵地专守防御战法，中共领导的军队则坚持独立自主的敌后游击战。由此可见，《论持久战》的主要言说对象是全国人民，尤其是国民党、国民政府和国民革命军的军政领导层。这一战法建立在工农红军长期的作战实践基础上，是以弱胜强的有效战法，在世界军事史上独树一帜，未经改造的国民党军队无力完全采用，从而导致抗日战争艰难困苦程度的加剧。

《论持久战》详细阐述的全面抗战战略，军事上主张由国民党统帅指挥的正规军和中共领导的军队实行不同战法，其分别首先是因为游击战在持久战中具有战略地位，其次则只有中共领导的军队才能坚持敌后游击战并完成向运动战的发展，没有政治上、军事上的独立自主，无法实现游击战的战略作用，也很难取得持久抗战的最后胜利。而面对强敌，无论国共都应该保存自己，消灭敌人。《论持久战》对于国民党和国民政府的影响虽然有限，却有力地促进了统一战线领导权的争取。

《论持久战》问世后，中国共产党利用政党合法化以及在全国各地设立多处党政军办事处、掌握多种报刊的有利条件，有组织地统一行动，向各地各界民众开展舆论宣传，全面阐述《论持久战》的内容、意义，树立了中共及其领导的军队坚决抗战的正面形象。左翼人士的踊跃呼应，扩展了《论持久战》的影响，进一步确立了毛泽东作为中共领袖的形象。而经济与文化的补充论述，既显示了《论持久战》的指导作用，也延伸了《论持久战》战略方针的内容。这一波舆论攻势凸显中国共产党在理论和宣传上的能力远超国民党和国民政府,民心的天平开始朝着共产党一方倾斜。

全面抗战爆发后,持久战成为举国共识,可是国共两党的持久战主张却有着显著差异。针对国民党一味强调精神制胜、服从领袖以及专守防御的军事战略,共产党更加注重动员和武装民众,以运动战为主,游击战、阵地战为辅的战略方针。《论持久战》问世后,得到社会各界的积极响应。后来国民党加紧反共,社会各方表面上称引国民政府的持久战主张,实则对《论持久战》的呼应仍是持久战舆论的稳定内核。包括作为重要补充的经济论述,也以《论持久战》为依据或参照。

全面抗战时期,国人齐声高呼的抗战到底,其"底"因人而异,至少有恢复"七七"事变前状态、收复东北失地、收复台湾以及彻底解除日本武装、实现东亚永久和平等四种不同意涵。可见异口同声坚持抗战到底争取最后胜利,各自心中的实际底线却大相径庭。战略目标不同,手段自然有别。"底"一是战前国民党妥协路线的延续,其余则是由中国取胜日本的战略力量的有限性所决定,必须采取不同的方式,才能彻底解决中日之间持续半个世纪之久的不可调和的矛盾对立。

全面抗战期间,国共两党在持久战的认同下,对于抗战持续时间的预判相去甚远。毛泽东认为时间的长短取决于敌、我、友三方面条件,一般不作具体预测。中共只是在 1942 年配合欧洲战场局势的可能变化作过一次误判,并及时更正。除敌我力量对比外,中共同样重视国共力量的对比,以期实现"由'壮气军'地位到实力领导地位"的转变,决定抗战胜利乃至战后中国的走向。而国民党的所谓持久,由于缺少相持阶段的划分,其实是速胜论的变相;随着年复一年的胜利预测无法兑现,加上政治军事毫无起色,陷入极大被动。国共摩擦影响了中日之间的强弱转换,却使得国共的力量对比开始发生质变。

全面抗战期间,在举国上下异口同声的持久战口号下,对于抗战到底要多久的心理预估不仅国共两党各自有别,社会各界也是言人人殊。

机械的国力对比导致产生中国只要打破速决就能很快战胜日本的错觉，而战争时间的不断拉长，给人们的心理造成巨大影响，无尽的等待变成难忍的煎熬。尤其是国民党和国民政府不断开出胜利时间的空头支票，却难以兑现，在造成悲观情绪蔓延的同时，还引发社会各界的批评，要求以民主改革政治，影响到战后国内政局的变化。通过抗日战争完全实现独立统一的最高战略目标，则构成战后中国与世界关系的重要一环。

目　录

绪论　大处着眼:《论持久战》与抗战研究的进路 ················· 1

一、重写大历史的旨趣 ················· 1

二、先行研究的进展与限度 ················· 6

三、历史与认识的协调 ················· 10

四、努力的取向 ················· 15

第一章　持久战思想的发生衍化 ················· 20

第一节　"持久战"的缘起 ················· 21

第二节　德国持久战军事理论的输入及影响 ················· 26

第三节　淞沪抗战与对日持久战的提出 ················· 35

第四节　中共的抗日持久战战略及其渊源 ················· 44

第二章　全面抗战初期各方的持久战主张 ················· 51

第一节　卢沟桥事变后持久战呼声高涨 ················· 51

第二节　两种持久战取向 ················· 62

第三节　中共抗日持久战战略方针的确定 ················· 72

第三章　《论持久战》的言说对象 ················· 85

第一节　问题的提出 ················· 85

第二节　因缘红军战法的全面抗战军事战略 ················· 90

第三节　全面抗战初期的经验教训 ················· 98

第四节　《论持久战》的概括总结 ················· 105

第五节　改变全国抗战战法的努力 ……………………… 112

第四章　国共抗战的战略异同与政治纠葛

　　——《论持久战》的阐释 ………………………………… 128

第一节　《论持久战》与全面抗战总战略 ……………… 128

第二节　独立自主的敌后游击战 ………………………… 135

第三节　敌后游击战的展开 ……………………………… 147

第四节　统一战线领导权的归属 ………………………… 156

第五章　鼓与呼：《论持久战》的舆论攻势 ……………… 166

第一节　鼓动 ……………………………………………… 167

第二节　呼应 ……………………………………………… 175

第三节　补充 ……………………………………………… 184

第六章　《论持久战》的各方反响 ……………………… 196

第一节　从《论持久战》到"最高领袖" ……………… 196

第二节　国共表里 ………………………………………… 204

第三节　持久战与经济力 ………………………………… 212

第四节　并非尾声 ………………………………………… 220

第七章　抗战到底的"底" ………………………………… 223

第一节　国共的底线 ……………………………………… 224

第二节　以战致和与最后胜利 …………………………… 235

第三节　追究甲午失地 …………………………………… 252

第四节　不打到东京与彻底战胜日本 …………………… 267

第八章　持久战要多久

　　——国共高层的预判 …………………………………… 276

第一节　战前及初期预估 ………………………………… 276

第二节　相持阶段中共的研判 …………………………… 288

第三节　国民党抗战阶段的划分 ………………………… 301

第四节　突然来临的胜利 ………………………………… 310

第九章　持久战要多久

　　——社会各界的呼吁与期盼 ································ 320

　　第一节　纸上得来终觉浅 ···························· 321

　　第二节　绝知此事要躬行 ···························· 335

　　第三节　不信苍生信鬼神 ···························· 348

　　第四节　最后胜利与胜利之后 ························ 358

征引文献 ··· 369

　　一、报刊 ·· 369

　　二、论著文献 ···································· 375

人名索引 ··· 380

绪论 大处着眼:《论持久战》与抗战研究的进路

近十年来,根据学术界的状况以及个人研究的进展,开始重写大历史系列。《大处着眼:持久战与〈论持久战〉》,为其中抗战系列的开篇,与已经全部出版的辛亥革命研究系列一样,也由三至四本专书组成。同时进行的还有五四与新文化运动、国民革命,以及解放等系列,各包含三至四本专书。原计划还包括一个庚子系列,因为时间和精力不敷分配,加之当年朝野上下遭遇剧变,前途莫测,其间相关人物的日记大都付诸阙如,考虑再三,只能忍痛割爱。

所谓大历史,包括立意、选题、取材、趋向等方面,至于如何才能为大,兹以持久战与《论持久战》的研究为例,略加说明,以便有心之人参考批评。

一、重写大历史的旨趣

重写大历史,并非一般教科书式的通史或面面俱到的专门史,而是以枢纽性的历史环节为中心,深入探究前人语焉不详、争论不休甚至误读错解的重大问题,以求在先行研究的基础上更进一步。中国近现代史的研究历史较短,还不到余生也晚只能退而求其次的地步,若是一味以钻空子找漏洞为填补空白,希望由此超越前人,百衲衣终究遮不住欠安的龙体。必须视野开阔,超越分科、专门、时段的局限,抓住具有枢纽作用的关键问题,成竹在胸,才能游刃有余地整体之下研究具体。

多年前曾有意撰写 20 世纪中国革命史,详细梳理革命从引入中国,到逐渐成为政治与社会的中心议题,正面有从政治革命到社会革命再到文化革命的发展,反面也有反革命从社会和政治层面到法律层面的递进,以及逐次由法律层面到政治层面再到社会层面的淡出退隐。开始阶段革命与否可以平等对话,如《民报》与《新民丛报》的论战,后来则演变为不革命就等同于反革命。大处着眼,可以说,20 世纪中国的中心问题就是革命。

然而,稍加梳理相关研究和文献资料就不难发现,尽管中国经历了百年的革命历程,尽管相当长的时间里近代中国的研究被视为革命中心史观,关于这一时期与革命相关的许多重大问题,认识与事实却有不小的模糊、偏差甚至扭曲。例如清季民初的中央与地方、共和,民国北京政府时期的北洋军阀、新文化运动、民主与科学,国民革命时期的世界革命、帝国主义,抗日战争时期的反日与抗日、持久战、统一战线以及并不限于抗战时期的汉奸等等,概念与所指实事,与历史本相都或多或少有所差异,有的还相去甚远。可是研究者似乎习以为常,视而不见,看不出通行的认识与历史事实不相吻合,或是虽然察觉有异,却不知如何解决,只能一仍旧惯,熟视无睹。

之所以出现类似情形,原因在于亲历者往往依据后出的集合概念指称之前的物事,研究者则未能仔细梳理史料与认识的关系,把握历史意见与时代意见的联系及分别。包括抗日战争在内的中国近现代史研究,形成较晚,起点不高,而研究者又受片面理解以新材料研究新问题为预流的误导,轻视常见的多数史料之汇集,一心去找前人未见书,因而总好另起炉灶，不愿接续前人的研究往下做。结果基本史料没有受到应有的重视，更读不出文本蕴含的意思。一味上穷碧落下黄泉地寻找人所未见的材料，固然可以解决一些具体问题，而治史重在细节，不嫌琐碎，毕竟不能碎而不通。一则大问题不明，具体问题很难说清楚；二则研究具体问题，应该明了其与大问题乃至历史整体有何关联，如何关联。否则一地碎钱，不能成串，无法由碎立通，总不是治学的正道良法。

实际上，历史的重要问题大都存在于基本史料之中，脱离根本主干而专注于枝枝节节的脱离片段，所谓尘封已久的人所未知，一般而言并非历史的关键大节。忽视常见的基本材料，自然不能正视历史的大问题，难以发现认识与本事之间的异同，也无从梳理本事变为认识的渊源流变及其所以然。换言之，弄不清历史真相或扭曲变形的原因，不在重门深锁的档库中有多少不为人知的秘笈，而是读不懂公开文献中一个个并不陌生的跳动字节组合在一起究竟有何意涵。

这些年陆续谈了不少如何恰当处理史料与史学关系的想法，大都是在吸收前贤高论的基础上，从研究和撰述中深入体会而来，并且相继贯彻于所写论著之中。其中重要的一点，就是研究历史应该尽可能完整地掌握旧材料，才能妥当安置新材料，进而将各种新旧材料相互比较，力求做到用人所常见的材料说人所不常说的话。如今用于重写大历史，希望进一步验证办法的有效性，同时做成可以展示的例，以便同好有所参酌。抗日战争研究，固然有待于广泛深入地发掘各种新材料，不过主干大节，已经存在于公开的系统资料之中。近年来，包括抗日战争在内的中国近现代史领域，编辑出版的大部头资料汇编不在少数，可惜研究者仍然抱着找材料的态度，往往从中挑拣主观预设的靶向性文字，没有用心通读文本的全篇本意，更不会与其他相关资料比较研究，梳理渊源流变，揭示背后的联系，使得这些大型资料大都未能物尽其用。

重新研究重大问题，运用资料之外，首先应该检讨既有的成果，包括所谓学术界的共识和约定俗成的定见。本来历史旨在求真，事实胜于雄辩，是理所当然。可是无论学史还是治史之人，总有以自己的知识为先验前提裁断其他的莫名自信，养成认识优先甚至自觉不自觉地以认识抹杀事实的习惯。而且专家时代治学，大抵都有自己的小圈子，同在里面耕耘的人，便是同行，彼此有着心照不宣的默契，视为行规。外面的人进来，就会显得突兀，未免有些格格不入。照时下的常态，整体而言，或主动或被动，学人基本上都会有所归属，各安其位自然就相安无事，若是不安分地到处行走，则有违专门化的时趋，好像自然界里外来物种侵入，难免遭遇侧目排斥。只是这样井然有序的学术共生体似乎并不符合治史应该整体之下研究具体的道理，未必是良好的学术生态。

专家时代，或认为体现之一就是过度细分化导致学术侏儒化。一旦察觉落伍，又好以专才冒充通人。由局部放大的努力，与胸有成竹形同实异，或夸大局部的重要性，或以局部看整体，难免由自洽到自闭。其实研治专门之学，见识也应该力求通达，小圈子化的学问，往往流于坐井观天和夜郎自大，走向因负筛选而逐渐退化的歧路。所谓史无定法，高明大都博采众长，过度强调学科专业甚至某学某史某派的研究，貌似彰显特色的同时，却有自我矮化之嫌。如傅斯年所说，近代国人误以为科学好比哲学的系统，所以往往牺牲问题以迁就系统，不说研究某套或某几套问题，而说学某科学。① 既有分科门派，便有固定的套路招数，到不了无招胜有招的境界，炫耀于时流的反面，就是见绌于高明。况且五花八门的分门别类，看似独树一帜，实则基本都是转手负贩，与其争议那些舶来的概念方法，不如各自研究一个或一套问题以展现其把握及效用。真有过人之处，自然分出高下，否则只能面向无尽的后

---

① 傅斯年：《刘复〈四声实验录〉序》，欧阳哲生主编：《傅斯年全集》第 1 卷，长沙，湖南教育出版社，2003 年，第 419 页。

浪,且仍然难逃专讲史法者史学往往不大高明的窠臼。纸上谈兵的相争不已,何益之有?由此可见,细分化之下所谓学界的共识,未必是靠得住的通理。

在这样的格局下,外来者的便利恰是不受规范的约束,容易从习以为常中发现不同寻常,从局中人司空见惯之处看出大有可议,并且可以无所顾忌地畅所欲言,麻烦则是会打破原有的平衡而引起波澜,有时也难免说些不着边际的外行话。所以刚刚拿出持久战与《论持久战》研究的半成品示人之际,便有好心的行内人善意提示,诸如此类的题目,已经固化。言下之意,可以拓展的空间不大,或是虽然有却说不得。中国近现代史研究领域里,认识固化妨碍事实判断的情况并不鲜见,只是无从揣测圈中人的所谓固化,到底是奉旨还是自裁。以非专家的眼光看来,这一领域的研究似乎还处于尚待开发的状态,即使新意迭出,也不至于有什么不得了的忌讳。历史当然多由胜利者书写,可是胜利者必有其制胜之道,绝无可能靠编造历史而成为胜利者。只要切实回到历史现场,就不难理解大势所趋,不必总是凿空蹈隙,钩沉翻案。

与充分利用现有空间的文学界相较,史学有时陷入自相矛盾,一方面,总想打破一切禁忌,似乎非如此则不能动手研究,即使研究也不能见好,另一方面,已有的空间相当广阔,却好像白茫茫一片,不知如何耕耘收获。由于不能深耕细作,只好一味开荒,刀耕火种,而美其名曰以新材料研究新问题。所谓学无止境,如果一个小圈子里的人认为所从事的学问还在筚路蓝缕阶段就已经固化,等于理所当然地觉得只能守成,无法继续前行,自然引不起多少研究者的兴趣,高明大都驻足其外也就情有可原。况且,《论持久战》既有丰富的理论内涵,又有复杂的史事关联,如果仅限于章句之学,非但无从疏义,还会误读错解,实在是不能匹配伟人的皇皇巨著。

二、先行研究的进展与限度

伟大的著作理应有高明的解法。承接前人的研究，既不能眼空无物，也不可乱点鸳鸯。唯恐遗漏的罗列堆砌，固然是胸无成竹的反映，面面俱到的综述，同样是驾驭不当的表现。只是求学位者都怕了悬在头上的那把抄袭与否的达摩克利斯剑，其情可悯。其实，没有征引绕不过去、非引不可的论著，和乱引不该征引的胡说，都是过与不及的大忌。至于但书过多的评议，看似头头是道，实则前人各有主题，并非来者的胥役，当然不受差遣。况且好的研究取其好处便是，不好处以及其他不好的文字，未必非说不可。

大体而言，迄今为止关于《论持久战》可以说是宣传教育偏多而深入研究较少。一般业内人士面对此类课题，不免无从下手之憾。近年来学术界探究的重点之一，是版本的流传演变。另外，由于以往的宣传当中存在误认为《论持久战》最早提出持久战战略思想的偏差，而随着视野的扩展和材料的增加，《论持久战》之前的各种持久战说法不断浮出水面，于是形形色色的因袭说一度甚嚣尘上。受此影响，一些点到点的探源说也陆续出现。

其实，稍微梳理持久战与《论持久战》研究的历史，就不难发现，因袭说固然不能成立，各种探源新论也多是老生常谈。关于国共双方的持久战战略比较，显然是不大热闹的全面抗战与《论持久战》关系研究中相对而言的热点之一。较早发文的为费正、李作民的《抗日战争时期国民党"持久消耗战略"与共产党持久战方针之比较》（《南京政治学院学报》1987 年第 3 期第 44—48 页），主要从全面抗战与片面抗战、积极防御与消极防御、三个阶段与两个阶段等方面比较国共两党持久战战略方针的异同。王树荫的《抗日战争初期国民党的持久战战略初探》（《史学月刊》1987 年第 4 期第 106—111 页），则认为国民党的持久战有一个从战役持久到战略持久的发展过程，而且只承认两阶段，具有消极性,以阵地战为主,忽视运动战、游击战的地位作用,实际上并非真的持久战。文章主题虽然不涉及中共,实际上是以中共的主张为参照。刘雪明的《国共两党抗日持久战战略方针比较研究》(《求实》1995 年第 9 期第 19—21 页),点明我军的作战方针基本的是游击战,不放松有利条件下的运动战,而全国抗战则运动战是主要作战形式,游击战起辅助作用。这一点至关重要。不过,这并非国共两党持久战战略的分别,而是《论持久战》提出的区分全国抗战与中共武装持久战战略方针的关键所在。或许因为没有进一步论证说明,后续的相关文章大都仍然混淆不清。黄道炫的《国共两党持久战略思想之比较研究》(《抗日战争研究》1996 年第 3 期第 126—138 页),在梳理国共两党持久战思想形成的基本史实的基础上,归结国民党(国民政府)为持久消耗战略,军事上体现为单纯阵地防御;中共则主要是三阶段的提出,运动战、游击战的基本战略地位和外线的速决进攻战作战方针,以及人民战争思想。

此后,以比较国共两党持久战战略思想或方针异同为主的专题论文陆续还有若干篇,不过大都与上述文章的基本观点类似,或是略加改写,重新组合,在重要问题上认识鲜有深入进展,谈不上有多少新意,或者说作者未能充分展现其新意究竟何在,对于国共持久战的军事战略方针甚至还会混淆缠绕。更有甚者,有的文章从标题到内容完全一样,不同的只是换了作者的姓名。

如果研究者注意掌握先行研究,并在论著中依照时序有清晰的交代,则不仅便于后来者了解既往研究的阶段性变化以及具体进展的层面,自己也能够有针对性地详人所略。这是任何学术研究得以继长增高、逐级而上的不二法门,也是逐渐排除抄袭重复的学术自律和他律之道。令人遗憾的是,由于当时学术规范尚未严格要求,各篇专题论文几乎没有提及先行研究,仿佛都是白手起家。如果说开创性的研究存在无所凭借的可能性(一般而言,完全无人涉及的研究领域几乎不存在),后续依然无视前人已经做出的贡献,不知是的确茫然无知,还是有意视而不见。殊不知不掌握前人已有的研究，则不能准确定位自己的出发点，往往会做重复性的无用功，形同废辞，而且变成铅字刊发出来，等于永远钉在历史的十字架上，让无尽的来者鞭挞训诫；若是故意抹杀既有研究，以图毁尸灭迹，不仅因为分不清前人的贡献与限度，自然难以从材料的比较中逐渐近真及得其头绪，无法在既有的基础上继续前行，百尺竿头更进一步，而且还表明并不具备科学研究不可或缺的高度自律，严格说来不能继续立足于学术界，且永不叙用。机关算尽的自以为聪明，待到云开雾散时，势必声誉扫地，即时获得的名利，迟早都是要还的。

或许与全面抗战的纪念有关，由 20 世纪 80 年代开始的持久战与《论持久战》研究，大体以 10 年为一个周期，集中出现较为明显的进展。而每一周期真正有所创获的论著屈指可数。这样的节奏到了新的世纪依然延续，头一个周期值得称引的如杨天石的《国民党人的"持久战"思想》（《南方都市报》，2009 年 6 月 30 日，B14 版；2009 年 7 月 2 日，B13 版。详见氏著《找寻真实的蒋介石：蒋介石日记解读 2》，北京，华文出版社 2010 年，第 61—74 页），着重论证蒋介石和国民党的持久战并非受《论持久战》的影响而来，而是另有渊源。或许因为其中有些论断略显绝对，而阅读者又没有仔细斟酌全文大意，仅就片段文字的意思断章取义，加以驳论，未必得当。如杨文主要是说蒋介石等国民党要人最早的一些持久战说法，不是受《论持久战》影响，至于后来，虽然蒋自己未曾提及，但并不排除看过《论持久战》而有意不提的可能性。这与完全否认《论持久战》对国民党人产生过影响，有着不小的差异。

关于《论持久战》的宣传，是以往研究者较少切入的角度。罗艳梅的《战略防御阶段中共中央党报党刊对持久战战略思想的宣传》（《广西社会科学》2017 年第 2 期第 122—127 页），主要依据《解放》《新华日报》《群众》三家报刊的相关文章，介绍中共关于持久战思想的论述，尤其着重于对战争长期性原因的解读和宣传。张卫波的《毛泽东〈论持久战〉的传播与影响》(《军事历史研究》2016 年第 3 期第 83—90 页),以中共方面的材料与主张为据,依照时序进一步系统梳理了《论持久战》前后的持久战论说。

抗日战争研究,涉及中日、国共乃至世界各国,不仅要认识自己,也要了解敌方和他者。在一段时期内,敌人的朋友未必是我们的敌人,而敌人的敌人也不一定成为我们的盟友,情况可以说相当复杂。抗战过程中的国人乃至现在的研究者,基本都认为持久战是中国战胜日本的利器,忽略了日本在速战速决的妄想破产之后,何以依然能够长期坚持,后来还主动发起太平洋战争,甚至一度横扫东南亚及太平洋诸岛,打得英美诸强难以招架;尽管后期侵华日军的素质严重下降,在中国大陆各战场却仍然保持对中国军队的战力优势。张展的《全面侵华时期日军的对华持久战战略》(《抗日战争研究》2018 年第 3 期第 48—65 页),对战时日本及时调整战略,千方百计应对甚至企图主导长期战争的历史脉络进行勾勒,给持久战与《论持久战》的研究提出了新的问题,同时也意味着将会有新的取径和路向。

杨奎松的《毛泽东为什么要写〈论持久战〉?》(《抗日战争研究》2018 年第 3 期第 20—33 页),在作者自 20 世纪 80 年代以来对中共全面抗战时期军事战略方针持续研究的基础上,结合相关史事对毛泽东撰写《论持久战》的初衷进行深入剖析,所做《论持久战》主要是面向中共党内同志的判断略有可议,但是揭示毛泽东希望中共及其军队通过抗战实现由"壮气军"到实力领导地位的转变这一难以明言的旨意,却相当深刻。作者不仅长于治中共党史,还兼通国民党史,并且不受分科的局限,其用事实证文本的做法,精细化程度为同行中有数之人,提供来者值得仿效的范例。

三、历史与认识的协调

以先行研究为起点，要想打破固化的观念和局促的界域，使得相关研究更进一步发展甚至大幅度跨越，必须找到且熟练运用适当的取径和办法。就《论持久战》的研究而言，最大的问题其实也是近代以来一般历史研究普遍遭遇的难题，即如何处理材料史事与理论观点的关系。史学就是史料学的论断看似绝对，但整理史料何以便能成为史，是因为所谓整理，就是比较不同的史料。比较整理的目的有二，一是近真，二是得其头绪。二者相辅相成，不仅可以由整理史料依照原有的时空关联接近史事本相，并据以叙事，还能从无数单体事物的普遍联系中显示规律（这与将形同实异的人事归纳起来作为规律大相径庭）。治史既要避免只有死材料而没有解释，以抄撮为著述，又要防止无视材料本义或断章取义的任意解释，将研究当成创作，重要原则就是如陈寅恪所说的，既要具有统系，又须不涉傅会，[1]这也是整理史料与研究史学相一致的关键所在。

对此原则一般不易把握的症结，主要出在史料与统系的关系上，一方面，史料之中究竟有无历史，成为一大问题。20 世纪初，梁启超石破天惊地提出中国无史论，批评中国历来只有史料，没有历史，历朝历代的众多史书只是帝王的家谱，不成其为史学。如此一来，史料与史学分成两端，既然史料当中没有历史，从史料里面求历史就是缘木求鱼。另一方面，解释历史的统系既然无法从旧史书中求得，而不得不借助于其他方面，于是来自域外的其他分科之学进入国人的视野。在东学西史的刺激下，梁启超和章太炎等人不约而同地找到社会学，认定历史旨在"探察人间全体之运动进步，即国民全部之经历

---

① 陈寅恪：《吾国学术之现状及清华之职责》，陈美延编：《陈寅恪集·金明馆丛稿二编》，北京，生活·读书·新知三联书店，2001 年，第 361 页。

及其相互之关系"，并"说明其事实之关系与其原因结果"，①"以发明社会政治进化衰微之原理"。② 循着这一取向，郭沫若、魏建功、陈钟凡等人不断倡导用社会学解释历史的路径，不仅"要找出新的历史的系统"，③而且要"用科学研究事物得到确证，评判出那时社会状态和思想，而得到公理公例"。④

上述人等所说的社会学，其实更加接近广义的社会科学。在欧洲思想学术的系统之中，社会科学与人文科学各有其渊源取径做法。本来历史是人的有意识活动与社会有规律运动的结合，浑然一体，不可截然分为两半或两面。可是由于欧洲近代思想分为人本与科学两大脉络，原来归属人文科学的历史变成半是艺术，半是科学，这在历史学内部一度造成相当程度的紧张，史学因而分为记述历史和历史理论两部。据称前者的目的是确定各个零碎的历史事实，而以活现的手段描写出来，这是艺术的工作；后者则是把已经考察确定的零碎事实合而观之，以研究其间的因果关系，这是科学的工作。按照李大钊的看法，马克思的唯物史观实为社会学的法则，也就是属于社会科学的范畴。另有历史哲学，从系统上讲，宜放置在哲学分类之下。基于这样的区分，在李大钊看来，过去的史书也只是资料而非历史，"历史学虽是发源于记录，而记录决不是历史。发明历史的真义的是马克思，指出吾人研究历史

---

① 任公：《中国史叙论》，《清议报》第 90 册，1901 年 9 月 3 日，第 1 页，"本馆论说"。

② 1902 年 7 月《致梁启超书》，汤志钧编：《章太炎政论选集》上册，北京，中华书局，1977 年，第 167 页。

③ 魏建功：《新史料与旧心理》，《北京大学研究所国学门周刊》第 2 卷第 15、16 合册，1926 年 1 月 27 日，第 30 页。

④ 陈钟凡：《求学与读书》，《读书月刊》第 2 卷第 1 期，1931 年 4 月 10 日，第 35 页。

的任务的是希罗陀德"。① 研究历史的任务，一是整理事实，寻找其真确的证据，二是理解事实，寻出其进步的真理。历史理论也就是史观，记录的事实是不变动的，但是解释史实的史观却是随时变化的。

历史事实往往并无因果联系，一般而言不宜用因果论看待。李大钊所说社会学的法则主要适用于社会发展史，随后继起者则逐渐应用于中国历史的研究，由此引发民国以来史料与史观孰轻孰重的长期纷争不已。直到中华人民共和国成立后，社会发展史与一般历史的纠葛，依然是困扰居中国大学首席之位的北京大学历史系的主要难题。尤其是中国近现代史研究，开始的动因与初衷与其说是研究历史，不如说是要弄清楚中国革命的性质、任务、动力、前途等重大社会问题，以便正确决策和行动。社会发展史的取径显然最为符合其迫切需要。至于诸多的历史问题尤其是大量的事实和细节，并不在相应的视野和考量之内，至少显得无足轻重。而历史是由大量真实细节累积而成的整体近真，以及事实前后左右无限延伸的普遍联系构成的相关头绪所组成，如果反其道而行之，各种解释就很容易流于聚讼不已的似是而非。混淆社会发展史与一般历史的分际，用社会发展史的规则裁量一般历史的研究与论述，将整理材料与理解事实分成两截，而不能按照本来的面目合为一体，可以说是历史研究中存在的重大隐患。由此引发各个层面的复杂纠葛，迄今未能梳理清楚。

令治史之人感到相当困惑的是，所谓历史认识，究竟是要弄清楚历史本来是怎么回事，进而发现前后左右普遍存在的事实联系，还是通过归纳类像找出社会发展的规律。二者的分别并不在于有无解释的统系，而是前者由事实的普遍联系构成特定的统系，后者则将一般规律套用于具体历史事实之上，以求得公理公例的普遍适用，看似具有统系，

① 李大钊：《史学与哲学》《研究历史的任务》，《李大钊史学论集》，石家庄，河北人民出版社，1984 年，第 181—182、193 页。

实则削足适履,难免附会。

在记述历史和历史理论两分却并行的史学架构下,弄清楚历史事实被视为历史研究的初步,也就是基础,如何认识历史才体现历史研究的目的,从而显得高端。人心所向,往往就高不就低,既然如此,历史理论即史观自然逐渐凌驾于记述历史之上,社会发展史的取径日渐替代了历史学的追求。久而久之,史学记事和叙事的功能严重退化,说理的成分大为增加。所谓事实胜于雄辩,本来是一般通行的道理,可是以求真为首要诉求的史学领域,反而理所当然地变成以雄辩压倒事实为天经地义。如果史学非但让事实将就认识,甚至认可依据后来的认识否定抹杀过去的事实,则是非颠倒,荒谬至极,已经逸出学问的范畴了。这大概也是历史教育显而易见的失败之处。

然而,人本与科学之分,与其说是人类认识人、人与自然以及人与社会关系的优长,毋宁说是力所不及的局限。因为所要认识的对象本为统一的整体,只是在认识的层面彼此分离,而无法在事实上面相互分开。记事的功能严重退化,说理的能力也必然相形见绌。以前者论,能够比较不同的史料以近真大都限于个别事实的考证,而且限于时、地、人等简单易证之事,甚或往往流于表象,无法应对罗生门式的各说各话,或无所适从,或先入为主,或任意取舍。至于能够熟读材料贯通史事进而得其头绪者,犹如凤毛麟角,其余要么一味抄书,堆砌罗列,以为大体类似,不能揭示材料与事实背后的联系,要么各逞私意,随意举证,断章取义,脱离本义本相。以后者论,读不懂史料,弄不清史事,却侈谈各种史观,建构各式新史,形成各样观点,只不过借助外国或别科的观念套路,滥发议论而已,顶多表明那些观念套路放之四海而皆准,却毫无创意。况且是否真的明白所称引的观念套路,还在两说。由此得出的观点,形同实异,似是而非,无论如何引人入胜,博取时名,终究是沙上筑塔,经不起时间和来者的检验,搭得越高,垮得越快。

高明治史,能够于茫然之中透过纷繁的表象,看出背后的联系与实情。其次则虽然看不穿，一经点破，即豁然开朗，有识一字成活一片之效。再次则虽经他人破解，却仍然不明就里，继续沿袭陈言老套，否则进入失语状态，不知如何说法。所以明知事实俱在，还是固执己见，不肯从善如流。等而下之者，非但不觉醍醐灌顶，幡然醒悟，反而自以为是，以不知为知，以自己的人之初，驳他人的习相远。只是小圈子化的学术生态使得判断力和鉴赏力普遍不足，媒体时代又涌入许多未经系统专门训练而兴趣盎然者，以致受众越多，越是难以分辨是非正误。正因为此，学术领域真正的好书往往只有二三素心人懂得，甚至无人能识，而似乎人人都懂、好评如潮的，很可能入不得高明的法眼。

　　研究持久战与《论持久战》，同样要面对上述问题，究竟是要表明自己的观点，还是证明文本的本义与史事的本相。毋庸置疑，能够将二者结合到恰如其分，当然最为理想。要想完全充分地证明本义本相，必须抽丝剥笋地显现如何认识，所有的观点都蕴含其中，无须另行借助后出外在的所谓理论，强人以就我。如果能够达到得其头绪的境界，叙事与说理必然相辅相成，浑然一体，不必强分先后。可是实际操作起来，难免仍有轻重主次先后之别，因而仍然面临取舍选择的难题。加之以刊物作为学术论文发表的主要载体，受到篇幅的限制，无论编辑者还是审稿人，都偏好旗帜鲜明的观点，相对忽视论证的过程及其依据是否经过验证的可靠性。因此，好用举例的方式凸显论点，而将因时因地因人而异的各说各话所呈现的纷繁历史，视为大同小异可以归纳的类像，无心由见异展示历史的全过程和各方面。抽掉时、地、人等基本要素及其本来联系，历史不可避免地流于平面化。

　　更有甚者，误以为用材料说明事实比较容易，据事实讲出道理才难能可贵，误导来者好用脱离材料史事原有时空联系的自洽式创作，实则材料史事往往周折复杂，但凡过于条理化，读起来越是畅顺，就越容易有违事实本相。有的将逻辑的归纳法等同于科学方法，误以为把形似而实不同的类像聚合一起就可以揭示出规律。实际上，历史规律存在于事实联系之中，而非类像比附之下，罔顾事实之间的差异，说得天花乱坠，不过是个人随心所欲的看法。可是史学的基本价值，不在人们有怎样千变万化的看法，而在这些看法有什么样的理据。未经条贯所有材料与事实的举证归纳，或许好看，却很难如实。不少历史叙述，说到底无非是作者自己心中的思想史，整齐清晰的脉络逻辑，很大程度是牺牲事实屈从架构的产物。

四、努力的取向

从历史事实与历史认识相互关系的辨析立论，反观持久战与《论持久战》研究的主题，窃以为至少可以将以下四方面作为努力的方向：

其一，文本与事实互证。研究《论持久战》这类经典文献的意涵，一般采取直面文本的办法，解读字面的意思，形同望文生义。前人说，解古典易，究今典难，即指相关的史事不知，则文本的意思不明。近年来，学界已经逐渐注意到要语境式地把握历史事实来理解文本的指向与意涵，以近代史料的极大丰富为凭借参照，能够追究的史事之详细而复杂，远较古代史为甚，但在相对忽视史料史事的风气下，用粗放化的方式，已经追究到或以为应该追究到的程度，还是过于粗疏，远远达不到精细化的程度。正因为如此，深究史事一时还难以大幅度加深对文本的解读，使得文本的意涵无法充分揭示。若是做法不当，有时刻意用力还可能偏离文本，读出相异相反的意思，使得历史意见与时代意见不相吻合，甚至彼此冲突。对于若干关键性的环节，必须准确理解，深入认识，模糊不清以至混淆纠结，都会影响到文本主旨与史事本相的把握。可以说，事实追寻与文本深究相辅相成，不能畸轻畸重，更不可偏废。梳理与文本相关的史事的各方面和全过程，才有助于解读本义。

其二，单向取信与各方比勘。对日持久战涉及诸多方面和个人，解读《论持久战》，不能只从单向度立论，而要多视角看问题。无论何种材料，如果仅仅从作者的视角着眼，以作者的言行为凭借，就不免照本宣科式的解读，而不能尽量全面地比较各种文本与史事。例如单独找出陈诚、蒋百里、胡适、冯友兰、高长虹或其他什么人关于持久战形似而实不同的种种说法，进行比较，只是隔靴搔痒。史学的重要功能之一，就是教人不能孤立片面地看问题，必须语境式地前后左右反复比较，凡是从单一角度认识历史，是相当危险的事。如果还有人误以为这是相对主义，只能说是无知。抗战期间阎锡山有在三个鸡蛋上跳舞之说，如果只看一面，很容易将作势当作逼真。美国的柯文研究过抗战时期朝野各方在异口同声的"卧薪尝胆"之下，表达着各自不同的利益诉求，学生希望激励人心，商人意在推销国货，政府想要民众服从，投机者则欲图苟安。同样，在众口一词的持久战口号之下，各方的解读旨意也是大相径庭。况且抗战涉及中外国共朝野，许多聚讼纷纭都源自罗生门式的各说各话。只有知其然（如何不同）且知其所以然（为何不同），才能同步于事实本相及前人本意逐渐近真。而不是各取所需地听取一面之词，陷入相互矛盾的循环往复而难以解脱。

其三，实时与源流沟通。研究持久战与《论持久战》，往往重视发生，较为忽略来龙去脉，即事物的渊源及其发展衍化。持久战的军事思想及其战略战术，在国外有其源头，传入中国有其流变，凡事不知渊源，则很难准确把握属性意涵，所指能指。例如必须了解中共关于抗日战争的持久战战略与作战方针，实际上来源于国内革命战争尤其是五次反"围剿"的经验教训，才能理解何以国民党军队不易采用这一战法，中共军队则在全面抗战初期中期暂时不能完全沿用相应的战法，不至于将两方面牵扯混淆，纠缠不清。在全面抗战的全过程，包括《论持久战》在内的持久战战略思想和作战方针如何发生作用，有无调整变化，已有的研究明显不足。关于《论持久战》在中共领导的敌后战场如何发生作用，虽然开始有所研究，还远远不能反映全过程和各层面。蒋永敬、杨天石等人连续深究蒋介石与"抗战到底"的"底"究竟何在，不仅推进该主题的认识，而且提示来者继续追究"抗战到底"之"底"在国人心中的实态。此外，征引相关文献，不仅要注意材料指向的时间，还要注意材料问世的时间，事后的追述回忆，必须尽可能与即时的记录相互印证，认真甄别。当然，晚出的材料不一定不如即时的记录准确，所以甄别并非简单地依据所谓材料的直接间接属性就能够轻而易举地判定。

其四，评价与实效兼顾。《论持久战》准确预见了全面抗战的发展形态，指出了以弱敌强、克敌制胜的战略方针，成为世界军事史上的重要著作，尤其是出自几乎没有军事教育背景的作者之手，堪称天才之作。其价值与地位，无论怎样评价都不为过。抗战时期国民党吹捧自己的领袖蒋介石为东亚唯一军事家，与欧洲各国那些顷刻间战败投降的军政领导人相比，蒋介石能够始终坚持抗战，表现的确不俗，可是有了毛泽东作比较，所谓军事家的美誉听上去就像是笑谈。抗战后，挟胜利之威的蒋介石不可一世，悍然发动内战，相形见绌之下，很快就被打回原形。

在国共两党争夺统一战线及抗战领导权的背景下，《论持久战》怎样影响了战争的进程，应该进一步全面深入考察。全面抗战打了八年之久，相持阶段尚未走完，主持国民政府的国民党及其领袖蒋介石难辞其咎。在限制甚至处心积虑设法消灭共产党及其领导的抗日武装的政策下，抗战实际上是装备好的国军不能战，而能战的八路军装备又太差。坊间传闻国共之间曾有将领对话，八路军将领声言有 20 个装备好的师，就可以与日军对战。国军将领对此并不怀疑，但表示蒋介石绝对不会将 20 个师的装备给中共。内耗增加了抗战的难度，无疑是持久战久拖不决的重要原因。此外，除了经济方面的欠缺，以及预判日本国内人民发生革命的情形未能出现等有待讨论之外，更为重要的问题是，敌后分散的游击战如何从战略高度把握，而通过无数小的战斗予以系统呈现，为军事史上没有先例的一大难题。目前无论历史著述还是文学作品，关于敌后战场仍然以有限的运动战为表现主体，至于游击战，则只能个案描述，无法整体展现。这在一定程度上也反映出研究者对于

《论持久战》的精髓未能理解到位，尚未摸索出恰当的叙述形式，有待于来者的探索和努力。

　　还有一个附带但是带有普遍性的问题，即表述方面力求引文行文合一。关于史学论著的文字表现形式，在《倾听历史：从史料史观之分到史论之合》（《武汉大学学报（哲学社会科学版）》2018 年第 3 期第 67—76 页）的文章中有所论列，试图说明引文与行文分离并非史学文字应有的常态，以及史论分家和文白转变之于此事的影响。文中未曾提及的另一重要因素，即近代日本的示范作用。清季民初的中国史学论著，从内容到形式，都发生了巨大变化。如体裁上由章节体取代纪传、编年与纪事本末体，成为主要和基本的形式，文字表现则行文与引文分离的史论结合日渐占据主导。由于近代中国的知识与制度转型主要是受日本东学的影响，包括分科之学及其形式内容，几乎都从模仿日本开始，国人最早的近代式史学论著，大都学习、仿效甚至直接翻译日本的著述。日本的东洋史、中国史，须引用汉文资料而用日文说明，所以形成引文与行文相分离的状态。实际上这在各种文字的史学论著中，未必是非如此不可的通例。即使大段引文，也不一定就是简单地罗列材料，再加以详细说明。陈寅恪式的列举史料，复以按语，包含许多的考辨、解读、勾连、曲折，以至于一些高明仔细阅读之下，仍然不大明了如何能够从所引材料得出相应的结论。这与近现代史普遍存在的断章取义式摘引或堆砌罗列然后用时下通行语言加以复述的做法，其实大相径庭。

　　凡事积久成习，时下要想一朝改变，诚属困难，但是奉为圭臬，也不免数典忘祖之嫌。本书在将就的前提下，不愿落入俗套，试图有所变化，力求通篇文字能够合为一体，同时希望读者也以一体视之。白话代文言并非倡导者所声言的利于我手写我口，也不一定比文言更擅长说理，毛泽东的文字之所以有力，文白相间正是特色之一。况且，尽管当时的文字与现在仍然有所差异，毕竟不像文白分别那样悬殊，形式与内容理所应当统一。

研究历史,常人往往要求得一个固定的结论,而研究者却更加重视根据各种相关因素理解和把握历史,有无一定的结论或是得出何种结论,因人而异,重要的是如何得出结论。看待历史和历史研究,于此可以显出分际。敢于正视历史,不让固化的观念妨碍对历史本相的认识,更不会因为观念与事实相冲突而削足适履,这不仅显现了治史的高下,还是文化高度自信的体现。

第一章　持久战思想的发生衍化

　　1938 年，毛泽东撰写了《论持久战》的长文，成为系统阐述抗日战争战略方针的重要文献。关于《论持久战》的渊源、版本、作用、影响等问题，原来已有定论式的说法，近年来更引起学术界重新探究的兴趣。可是仔细检讨既有的论定，看似大同之下，仍有不少歧异，相较于史事，更有难以贯通无碍之处。而形形色色的各种新议，由于各执一端甚至各执一偏，取材、视角和时段均未能完整覆盖，加上网络时代发声随意，不少信手拈来未经严谨专业验证的所谓新论据新论点层出不穷，质疑之声依然不绝于耳。吠影吠声之下，即使专业人士也不免将信将疑。有鉴于近代史料史事的繁多庞杂，应尽可能依时序详尽系统地爬梳整理所有的材料与事实，避免各种随心所欲的创见和盲人摸象的偏蔽淆乱视听。依据详人所略的原则，深入探究持久战思想的渊源流变，显示各种相关言论在发生演化的进程中处于何种地位，可以为进一步讨论各种抗日持久战主张（包括国民党和国民政府方面）与《论持久战》的联系及分别、《论持久战》的言说对象和主要目的，以及《论持久战》的传播与反响奠定坚实的基础，使得完整条贯近代中国持久战问题的材料与事实成为可能。

第一节 "持久战"的缘起

近年来关于《论持久战》的争议,最为聚讼纷纭的莫过于究竟是谁最早提出持久战的概念及其战略构想。坊间和学界就此找出了不少证据,新论迭出,显示在《论持久战》之前,许多国共要人已经具有或表达过持久战的意向,甚至直接提出了持久战的概念和办法。还有人进一步上溯,从甲午战争以来中外人士的言论中寻找持久战思想的蛛丝马迹,也发现了若干疑似的证据。照此办法,相信将来还有可能层出不穷地找出更多的信息,不断拉长和扩张近代中国持久战概念产生及衍化的时间与空间。

关于此事的探究,如果重心仅仅放在到底是谁最早提出持久战的问题,显然存在相当多的误读错解。首先应当明确,《论持久战》的作者毛泽东从未以持久战的发明者自居,不少学人已经注意到,《论持久战》开篇就声明:"能胜利还是不能胜利? 能速胜还是不能速胜? 很多人都说持久战,但是为什么是持久战? 怎样进行持久战?"[①]既然"很多人都说持久战",可见毛泽东不仅没有自认为提出了"持久战"的概念,而且交代得很清楚,在他之前,已经有很多人都在说。《论持久战》就是论述以中国的抗日战争为中心的持久战而非提出持久战,其中也包括审视和评议前人的持久战思想言论。

这一点以往的宣传或许有所含混,而受众乃至研究者也不无误解,以至于有人甚至声称《论持久战》也不是毛泽东提出的,这就大谬不然,因为持久战虽然不是毛泽东的发明,《论持久战》却毫无疑问是其创作。

---

① 毛泽东:《论持久战》(1938 年 5 月),《毛泽东选集》第 2 卷,北京,人民出版社,1991 年,第 439 页。

在很多人都说过持久战之后，毛泽东撰写《论持久战》，旨在结合全面抗战爆发以来的经验教训，进一步探究为什么是持久战、抗日持久战的表现形式以及怎样进行持久战。只有尽可能全面了解之前不同时期不同方面的人们怎样论说持久战，各自把自认为的持久战说到什么程度，才能把握《论持久战》的不同凡响之处究竟何在。同时，还要将《论持久战》问世之始的即时反响与后来逐渐加深的认识之间的联系及分别梳理清楚，使得混为一谈所引起的种种误读错解得到正本清源。

持久战是应用广泛的军事术语，除了专门领域，还被借用于形容种种久拖不决之事。历史上，持久战的内涵外延在大体相同相近之下，也有不少的因时因地因人而异，不宜用后来的定义涵盖裁断所有史事，而应当梳理所有史事以把握其发生衍化的历史进程，进而认识持久战与《论持久战》的联系和区别。系统掌握《论持久战》之前形形色色的持久战思想观念的内涵外延及其渊源流变，可以更加清晰准确地认识《论持久战》的历史地位及其作用。

就此而论，应当注意分别以下各点：其一，长期战争的观念虽然与持久战大意吻合，毕竟不是完全重合，不能觉得似是，就说成全同。此节在汉语系统中尤其应当保持慎之又慎的高度自觉，否则史上世间各事无不相互关联，总有近似之点，却不可因此而彼此替代。其二，一般性的长期作战思想，与军事战略专指的持久战不宜一概而论。其三，一般性的持久战与对日持久战，同样属于虽有联系亦有分别之事。

与中文"持久战"一词对应的西文词汇较为繁复，凡是持续时间较长或拖而不决之事，都可能被译成持久战，所以早期"持久战"每每作为形容词使用。不过，持久战本来是军事用语，《论持久战》即主要是就战争的战略而言，而军事用语的使用较为严格。军事上的持久战作为一种特定的战法，与其他战法必然有着明确的分别，不能随心所欲，牵扯混淆。

在中文世界的军事领域，至少1914年已经有完整清晰的持久战论述。由浙江军事编辑处编辑发行的《兵事杂志》1914年第4、5期"学术"栏连载"楚魂"的《决战与持久战》，将战斗分为决战与持久战两大类，"决战为始终决胜负之战，而持久战为非决战之一切战斗也"。包括《论持久战》在内，后来对日抗战的持久战思想，将速决战作为持久战的对应，主要是为了强调日本企图速战速决，其实严格说来，持久战就是为了避免决战，因而一般而言，以决战为持久战的对应更加贴切。

决战与持久战的意义分别，全由战斗目的而生。决战分为战略与战术两种，相应地持久战也分为战略与战术两种。战略决战的目的是歼灭敌人，使敌国降伏，所以取攻势作战。战术决战则由指挥官的意图而定。

战略持久战为指挥官根据战略计划分派部分兵力与以特别目的而行的战法，也就是分遣支队与以各种任务期达本军战斗目的的战法。所以战略的持久战不分攻击防御，其目的是在战术的必要条件下，争取时间。所派担任各种任务的支队，属于战术分兵。但凡攻击歼敌以外的战斗行为，如前卫、侧卫、收容、前哨等等，均为持久战。有战略持久战目的的支队一旦与敌遭遇，也可酌情改为战术决战。否则实行步步防御，着着退守，则为战术的持久战。

依照作者的看法，日俄战争中俄军在辽阳、沙河、黑沟台及奉天的战斗，皆为战略决战，而得利寺之战，则为战术决战，目的是以部分兵力局部决胜，以利全军。至于战斗中战略战术的决战与持久战的相互转换，则依据具体情形变化多端。凡是辅助决战目的的其他战斗行为，如前卫、后卫、侧卫的警戒，为本军主力提供掩护，侦查、佯攻等，均可视为战术的持久战。以持久战为目的的部队，应酌情进行决战，因为击破敌人能够最完全达成持久战的目的。包括掩护本军退却的部队，受敌压迫时，亦可出其不意断然实施攻击。①

---

① 楚魂：《决战与持久战》，《兵事杂志》（浙江）第 4 期，1914 年 7 月，第 24—25 页，"学术"；第 5 期，1914 年 8 月，第 21—25 页，"学术"。

持久战的问题一直为《兵事杂志》所关注，两年后，又刊发了岳璋的《持久战之本义》，针对持久战究竟是防御战还是攻击战的问题，明确回答："以严格之意义律之，则持久战者，非攻击战，亦非防御战也。故各国步兵操典，咸以其与防御、攻击分别记载之。"论者指出，持久战为战术上的一种手段，因为静止的实施之时较多，所以近人每每以为防御的一种形式。实际上，"持久战并无歼灭敌兵之目的，不过为移于攻击或防御之一阶段耳。故持久战于攻击或防御时，皆能用之，不拘何时，其性质惟在求得时间之余裕，或抑止敌兵以达某目的，或趋避决战而已"。具体包括：一、在大部队中任掩护展开的部队为达其任务时的战斗。二、掩护比邻部队或迂回部队动作时先与敌轻战的战斗。三、所到一地先行作战，以待增援部队到达时的战斗。四、守候本队进出隘路时的战斗。五、援护后方本队阵地之部队的战斗。六、在一地为争取时间以达某要求的战斗。七、后卫的战斗。

持久战的阵地，应与其目的一致，必须确保在所要时间内，不致引起决战。因而凡是敌能俄然接近于我，使我没有脱离战斗的余地，不得不转而决战的阵地，则不适于持久战。持久战的阵地，务必坚固，如含有攻击性质，则于所要时间后，不能妨碍本队的运动或协同作战。持久战在于求得所要的时间，在此期限内，只要地形没有妨碍，可以更番占领其他阵地，不必拘守一地。

持久战军队的使用，依据目的的不同而各异，但总以力避决战，以求时间的余裕，故以不使敌兵接近于我为原则，宜远距离即用火战或展开优势火力。兵力的展开，必须广大正面，使敌不能以运动容易的密集队形前进。同时，持久战为趋避决战起见，必有退却或步步防御之时，因此，展开的兵力宜小，以易于运动指挥。要留预备队，必要时用于退却、掩护及收容。由此则正面兵力以少为贵。两种看似相反的情况应审时度势，平衡协调。

总之，持久战无论积极还是消极，都有一定的度，过之则变为攻击或单纯防御。各兵种的配置,均应以此为准,如炮兵宜于远距离压制敌兵,所有火力都要迫使敌兵不使之接近,以免持久战转为决战。持久战必须完成任务,才能实现,若轻于决战,则不能达到目的,变成专守防御。若指挥官决心攻击,也是放弃持久战的性质。①

由此可见,持久战的概念早已有之,民初已经进入中国的正规军事思想领域。其本源应来自欧式军事思想和近代战争实践,以日俄战争为例以及岳璋引述德国步兵操典关于持久战性质转化的内容,都足以显示其思想渊源。而这样的持久战,与第一次世界大战欧洲的战争情形颇为类似,主要是一种有目的规避决战的军事观念。持久战不以歼敌为目的,当与一般军事思想相悖。不过,战略性的持久战意在避免不利于我的情况下过早进入决战,通过持久战寻求敌我对比的转变等等内容,则与后来中国抗战时期的持久战观念相通。

有鉴于此,有的辞典称持久战是中国人民解放军与国内外敌人斗争的重要战略指导方针,如果作为持久战的意涵之一,是可以的,但是作为持久战的全部内涵,则显然并不妥当。因为持久战并不是只有中国共产党领导的军队才使用,而且人民解放军也不会始终以持久战作为战略方针。任何战争的根本目的是决战以战胜敌人,持久战只是在局势不利于我之际,争取时间,改变敌我对比态势,以便最终战胜强敌。

尽管持久战有战略与战术之分,关于持久战的探讨,很长时间主要是集中在战术层面。如祝康的《决战与持久战之研究》设定的案例,就是配合南军第一师占领 A 村的先遣支队(以步兵四营野炮二连为基干),面对兵力未详的南进之敌,作战方案之一,是占领 E 川右岸高地,持久防御,守待全师到达,并掩护其进出。其后所有的行动均依据双方

---

① 岳璋:《持久战之本义》,《兵事杂志》(浙江)第 24 期,1916 年,第 57—61页,"学术"。

态势变化，相应地采取决战或持久战战术。① 由此可见，虽然并无绝对的攻守之分，持久战的作战形式仍以阵地防守为主，局部的进攻仅仅是作为防御的延伸，这与《论持久战》所主张的以运动战为主，阵地战和游击战为辅的战法相去何止道里计。

随着持久战概念的应用积久成习，也逐渐被用于形容军事以外的一般行为事实。如战事陷于僵局，被称为持久战，对外交涉、社会纷争、议会议事久拖不决，也被指为持久战。民国时期，军阀混战，兵连祸结，天津《大公报》发表评论《持久战中之种种危机》，引"俄国大革命起因于欧战之延长，即可知无结果无办法之持久战，势非引起意外之祸变不止"，呼吁世人注意，共促当局者郑重关切，以免国家万劫不复之祸。② 所谓持久战，即战事陷入僵局，战乱经久不息之谓。

第二节　德国持久战军事理论的输入及影响

面对中日矛盾的不断激化，如何让弱而大的中国能够对抗小而强的日本，始终是国人梦绕魂萦的头等大事，完善持久战的战略思想，成为有识之士共同努力的方向。

实际上，持久战主要是第一次世界大战前后形成的新战法，战后即正式进入德国的战术教程，并很快传入中国。1929 年由民智书局出版的许崇灏译《德国联合兵种之指挥与战斗》，其底本系德国国防部 1921 至 1923 年所颁发，其中第十一章"特种情形下之战斗"的第一节就是"持久战"。该书出过多个中译本，其中若干译本又有多个版本，如 1931 年、1933 年共和书局出版，吴光杰、刘家侒译的《联合兵种之指挥

---

① 祝康：《决战与持久战之研究》，《兵事杂志》（浙江）第 67 期，1919 年 11 月，第 7—11 页，"学术"；第 68 期，1919 年 12 月，第 9—12 页，"学术"。

② 《持久战中之种种危机》，《大公报》（天津）1930 年 9 月 12 日，第 1 张第 2 版，"社评"。

与战斗》,1932 年中央陆军军官学校编译出版的《德译联合兵种之指挥与战斗》(与共和书局版完全相同),1934 年共和书局出版的吴光杰、刘家佺合译,训练总监部审定的《最新修改联合兵种之指挥与战斗》,1935 年军用图书社出版的唐天闲译《德国联合兵种之指挥与战斗》等,与之相关的还有 1936 年军用图书社出版的张贞瑞编、训练总监部审定的《联合兵种之指挥与战斗答解》(卷上)。各书关于持久战的具体内容表述为:"部队指挥官所负之责对于广正面作持久战,筹思所以运用其兵力之方式,若有特殊之战斗目的,则不必文字正式晓示于部队。各部队惟有当攻击时,鼓其彻底之决心以进取,而于防御时,尽其最后之力量,以坚守指定之阵地而已。"①

军事部门的教科书比较精炼概括,军事专家的个人著述则更详细地总结了一战的经验。1932 年中央陆军军官学校出版了德国扩亨霍斯(von Cochenhausen)著、杜沄翻译的《军队指挥》,该书是总结第一次世界大战经验的代表作。同一底本由吴光杰译、杨杰校,中文书名也是《军队指挥》,作者名则译为德国可亨豪逊。第一次世界大战时,吴光杰曾作为中国的观战武官,参观俄法和巴尔干战场。该书第十五章"特种情形下之战斗"第一种情形也是"持久战",开头借用克劳塞维茨的名言定义持久战:"其目的在牵制敌人,保持本军之实力,俟彼筋疲力竭。"也就是说,持久战是以牵制或欺骗敌军为目的的战斗形式。此种战法无须决战,要有计划地故意作局部避让,以延获时间,有时或用攻击,而常出于防御方式。持久战时时要求节省兵力,赢得时间上与局部上之利。军队不应异视持久战的攻击或防御,乃求决战的攻击或防御。对于部队而言,只有攻击和防御之别,而指挥官则须成竹在胸,按自己的意旨施行持久战或决战,决定各部队的任务。若以持久目的施行攻击,则攻

---

① 吴光杰、刘家佺合译:《德译联合兵种之指挥与战斗》,南京,中央陆军军官学校,1932 年,第 305—306 页。

击目标不必深入敌方。持久战中，步兵的使用应力求节省，须在远距离尽可能利用重机枪射击。持久战需要高超的指挥技能，因其常系以少敌众，以弱敌强，其作战目的是被动的，不在求胜，且须避免决战，故指挥者必具坚强意志，伟大决心，不能完全按照战术规定施行，要相机决断，这种临机措置较作战更为重要。持久战虽有防御性质，但主要目的不是占领地方，而是与敌长久相持，减少自己的损失。①

由德国军事教科书和专著衍化出来的中文军事教材为数不少，1932 年军用图书社出版的李刚译《战术问答一千题》，以问答形式将有关书籍所涉基本战术内容加以陈述解释，其中第三篇第五章为"持久战"，所解答为："持久战者，谓欲避免决战，求得时间之余裕，或欺骗敌人等时所行之战斗。"实施持久战的时机：1. 欺骗敌人时。2. 抑留敌人时。3. 后得时间之余裕时（如后卫占领阵地，掩护本队安全退却）。持久战多借守势达成目的，但是非出于积极的行动则难以达到目的时，也往往会取攻势。②

中央陆军军官学校武汉分校 1936 年出版的《战术教程》，第十编"诸兵连合之运动战"第六章为"持久战"，其"通则·要旨"在以避免决战图得时间之余裕，或欲欺骗敌军等时施行。持久战通常立于守势，也有非取攻势，不能达到其目的者。持久战的军队部署及战斗指导，虽因目的、地形及敌方行动而有所差异，原则仍然是须控制强大的预备队，且务必避免决战。非取攻势不能达其任务时，当断然实行。若取守势，即全力保持阵地。并从攻击、防御两方面，概括论述了持久战的具体实施办法。③

谭家骏编译的《新军队指挥》1937 年由兵学新书社出版，第十章为"持久战"，规定持久战之目的，要适应敌人的兵力及其行动企图、

① 吴光杰译、杨杰校：《德译军队指挥》，1936 年，第 368—369、371—372 页。
② 李刚译：《战术问答一千题》，南京，军用图书社，1932 年，第 213—214 页。
③ 《战术教程》，中央陆军军官学校武汉分校，1936 年，第 270—273 页。

地形等情况,借防御、对限制目标攻击、佯动战及局部战斗回避来达成。对敌或待机或进而求敌,当有与敌损害的机会时,必须充分利用,或作成类似机会。持久战紧要的是爱惜我方兵力,以可行为限,使敌蒙受极大的损害。持久的时期越长,其实行越需要广大的地域。持久抵抗为持久战最主要的战斗法。如持久防御,应依据情况对目标攻击加以限制,如向两翼、侧面及正面的弱点而施行。为迅速把握机会,通常予以下级指挥官采取某种程度攻势行动的自由。有变化的行动、机动力、速力、出敌不意、伪装及其他蒙骗敌人者,可增大持久战的效力,掌握一时的主动,更长久地阻止敌人。持久战必需广大正面,但要在负有特别困难任务的战斗焦点集结兵力弹药,其他战斗正面仅用少量兵力。①

　　正规军事院校多种军事教科书的使用,表明持久战的军事思想已经成为当时国防军军事教育和军事训练的必要环节,虽然一般而言持久战在其中所占的篇幅不大,内容相对比较简单,却使得这一新战法的理念在军队的军官层面得到一定程度的普及。

　　原原本本地输入引进之余,因应时势的需要,以及各种译本存在翻译不明和文字表述有异等问题,有识之士试图对新型的持久战进行综合解释。1935 年,宁墨公在军事参议院军事汇刊编辑所编发的《军事汇刊》第 19 期发表《对于持久战原则之说明》,全面而详细地论述了持久战的意义、目的、运用时期、时间性、运用时机、部署及指导要领、防御要旨、难点、指挥官的责任等问题,他说:"持久战者,在避免或迟延其决战,而欲得时间、地域及其战斗距离等,以达其战胜之目的者也。"并延

---

　　①　谭家骏编译:《新军队指挥》(德国国防部 1936 年改正版),南京,兵学新书社,1937 年,第 146—147 页。谭家骏(1883—1959),字炳勋,湖南长沙人。北京陆军大学毕业。历任湖南都督府参谋、陆大上校教官、少将教官、湘军总司令部中将参谋长、南京编遣委员会设计处中将处长、南京军事参议院参议兼军事汇刊编辑社社长。

续前人的意思，将持久战分为战略与战术两种。战略的持久战，"欲使敌立于不利之地位，或使敌不得制我于不利之地位，故暂时牺牲决战之心理，而以缠绵战局为趣旨。倘不并用战术的决战，则我之企图，易为敌人所窥破，势必陷于各个击破之惨境"。于此论及战略的持久战与战术的决战之间的辩证关系。

战略的持久战通常用于下列时期：1. 战略上某一要点始终在我领有，不使敌骤然攻陷时。2. 牵制敌军于广阔正面，阻止其战斗前进时。3. 压迫敌人于某时期，而我夺取战略的作战根据地时。

战略持久战与战略决战性质不同，后者持续攻击，前者专取守势，即使间或采用攻击动作，一旦任务完成，便仍归守势，即"持久防御"。所以战略决战是攻势作战，战略持久战则兼有攻势与守势作战。

战术的持久战，为战术上欲争取时间及其距离的胜果，避免决战。惟敌人不欲使我达成任务，我则以小战支持，维持战斗，并无歼灭敌人的本意。也就是新战争法上所谓"自卫抗战"。若以防御达成持久目的，又称为"持久防御"。战术的决战为反复攻击，战术的持久战则攻势为佯攻，守势为阵地防御。

战术的持久战，一般多由负有某种任务的部队实行，战略的持久战，则往往无所区别。具体实施的主体包括：1. 任集中或开进等掩护的特种部队。2. 任兵站线、防御根据地及其他军事上掩护的特务队。3. 对于前卫、侧卫、后卫、前哨等以持久战为本旨的部队。4. 基于威胁或牵制等目的而出动的部队。5. 战斗中因增强的目的而续行到达的部队。

持久战的目的，以避免决战为本旨，所以多取守势，但有时非采取积极的行动则难以达到目的，亦可进行攻击。部队指挥官没有与敌决战之意，一经接触，极端以避免正面战斗为目的。若由于敌人的重大压迫，结果陷于决战之势，从战争形式考察，似为决战，其实指挥官意在暂时排除当面的障碍，并无歼灭敌人的决心，只是为了争取时间，达到战利的结果,所以实际上仍属持久战。

持久战虽立于守势,如果时机许可,亦可暂取攻势。适用于持久战的时机有六种:1. 劣势一方欲以守战对抗优势一方。2. 因党略政略的关系,有所期待而不欲决战时。3. 因国际联合作战,时间尚未成熟时。4. 基于海空军的协同尚未一致时。5. 战略上不得已采用慢性作战时。6. 战术上处于不利地位,非延长时日,不能恢复攻击时。

持久战以获得时间的余裕而能从容应战为标准,但就战争时间的经过演绎,分为两种:一是普通持久战的时间性,意在不使敌人进入决战距离,有时亦取攻势,包括前卫战、后卫战、侧卫战、前哨战等等;二是单纯持久战的时间性,以自己的生存为要旨,不必全歼敌人。不过,事实上能够如此指导者甚少,通常以步步持久防御抵抗为目的。持久防御与作战地域有关,战术分为两种,其一,步步防御,只要时间有余裕,失地亦在所不惜。其二,旨在保守地域。实施起来,或攻守兼用,为一时的持久战,或固守一地,为专守的持久战。

持久战的本质是避免决战,通常处于守势,但在下列时机亦可采用攻势:1. 回避决战争取时间的胜果时。2. 以掩护为目的,不得已必须取攻势时。3. 欲欺骗敌军,使其误以助攻为主攻时。4. 欲威胁佯攻以抑留敌人于一地时。5. 欲牵制敌主力使之穷于应付时。

持久战为软性战斗,军队部署应采用步步防战为原则,根据《德联指挥》《昭四战术教程》及其他参考书,其方法包括展开航空兵、炮兵、骑兵等远程机动压制敌人,造成错觉;第一线少用步兵,后方配置强大预备队;制造伪装工事,实行无线电欺骗,并保证后方即时供应。指导持久战,其要在利用攻击者逐次接近时,以延期为目的施以各种谨慎的处置,及攻击者准备决战时,有预定的各种计划,尔后使用各种作战手段,尽可能延缓我方决战的时机,同时推进部分兵力于前方,使敌人误认为我军主力,以为有系统的抵抗,且使敌之前进步骤,非常迟缓。倘为持久防御时,若能占据控制有利的地点,足以使敌误认我军的作战方式,甚至一时作正式决战，而我占据该地的薄弱部，于地形有利时，日间可与敌脱离，以期避免决战。具体要领：1. 散布流言或虚假情报，使敌误判。2. 指挥官对于广正面务须运用持久作战方式，若有特殊战斗目的，意图不必告知部下，但夜间必须固守阵地。3. 多用佯攻，不必增援。4. 隐蔽地兵力宜小，开阔地稍大。5. 行动隐秘，注意防空，以免泄密。

持久防御，要由数线阵地累积的时间，获得整个抵抗计划的时间。因此，每一防御阵地，务须决定防御战斗的程度。必须同时具备四个要素，即能行有利的战斗，退却容易的地域，便于占领新阵地，退却时不损害战斗力。防御方式分为一地防御、后退防御两种，前者又分为长时间和短时间两种，分别在于投入步兵还是仅以远程火力拒敌，以免不易脱离。后者亦即步步防御，须配置强大预备队，决定后退的时机，阵地须有能抗击敌人的地形，并预先配置所需的部队。

实施持久战，其要在于适时变化态势，以争取时间。攻势持久战应逐段向前推进，其步骤以适切作战目的，并牵制或欺骗敌人为标准。守势持久战，则以赢得时间，消耗敌人兵力，培养我之战斗力为主旨。所以不可于时间未至之前，遗弃尺寸土地与敌人，必须坚持防线，步步退守，而又不致陷入决战的漩涡之中为要。其难点在于把握抵抗与撤退的时机，该时机视地形的强固及敌人兵力、战斗方式为转移。通常抵抗地带有开阔前地及良好、易接近的掩蔽，防御正面有强固障碍物，即使薄弱劣势的部队，在敌人先头部队迫近时，亦能长时间抵抗，并且不难于日间撤退，使敌之接近步骤无计划而愈见迟缓，则我军撤退时间可以有效延长。

持久战在时间和空间上，均示弱于敌，指挥官的责任尤为重要。若有攻击企图，应限制前方攻击的目标；若持久防御，应以尔后能隐蔽撤退而毫无损害为目的，利用天然障碍，规定防御阵地的主战斗线。具体任务为：1. 攻势时避免实质性的战斗。2. 战斗正面广阔时，以大部队施行持久战,务必巩固地形。①

专业化的军事探讨之外,鉴于中日全面战争的危机日益迫近,对全社会进行国防战备宣传教育日显重要,持久战成为其中的重要内容。1934 年起,南京中央军官学校高级教官、军校编译处处长吴光杰在"中央广播电台"主讲"国民军事常识",每周一次,每次一小时,历时两年半,其中多次论述持久战。如讲防御战时,已将持久防御说了大概,接着又专门讲述持久战等战法。他认为:"所谓持久战,就是一种缓兵之计,不论是攻击或是防御,举凡准备未妥,不能和敌人决战,同时敌人利在速战的时候,就得利用佯战,就是假意的战斗,一方面欺骗敌人以迷误他的方向或迟滞他的行动,一方面求得时间上的余暇,使我军得着充分的准备和适切的布置,好与敌人决战。这种佯战就是今天所讲的持久战。"

由于持久战要以寡敌众,以弱抗强,同时战斗目的不在求胜,所以必须避免与敌决战,注意攻防及转换。攻击时各部队要鼓足勇气,抱定决心,以求进取,防御时要倾尽全力,以绝大的毅力坚守指定的阵地。持久战的战斗方法在上述条件下运用,无论攻防,均不能按照战术规定施行,要以临机应变,巧避巧打为常法。以持久为目的的攻击,不外迷惑或牵制敌人,通常事先预定步骤,然后按步施行。指挥官对决战的地点时间要有先见之明,然后考虑敏捷的撤退,即可达到持久的目的。

担任持久战的指挥官必须具有高明的作战艺术,运用敏锐的头脑处置一切。攻击时要实行突击,以牵制敌军主力,夜间则须认清敌军前

---

① 宁墨公:《对于持久战原则之说明》,《军事汇刊》第 19 期,1935 年 10 月 15 日,第 37—44 页,"论说"。宁李泰(1887—1960),字墨公,福建建宁洛阳堡柿树下人,本姓李,因过继给姑父,兼祧二姓。18 岁入福州武备学堂,后保送保定陆军军校。民初赴云南,任讲武堂少校教官。继而就读于昆明法政学校,毕业后历任安宁、楚雄县长。北伐时,任国民革命军第十四军团参谋长,后转入中央陆军军官学校教育处,任第 5 期至 18 期战术、后方勤务教官。

后卫，使用假攻击，切勿因小胜而妄求大胜，忘却原来的目的，以免遭遇大的失败，造成主力的溃退，被敌人各个击破。步兵要采取纵深梯次配备，以免全力过早或被迫卷入战斗，应留有余力，活动自如。要善用巧妙突击，强固侧翼警戒。如此，我军兵力虽少，不致受敌包围，以免被迫决战。若我军佯攻，敌军信以为真，实施反攻，应预先计划临时退避方法，从其他方面用兵突击，使敌不敢贸然追击而仍受牵制。待我军主力准备妥当，即行参与主力决战。

防御性的持久战不在争占地区，而是长久与敌相持，执行的部队应占领高地，巧妙伪装，宽正面布置部队，保证射击视野广阔，居高临下，控制敌军；各部队尤其是炮兵和重机枪撤退时容易获得安全掩护。倘若再能布置数层防御阵地，充分利用天然及人工障碍物，则足以阻止敌军。总之，持久战的防御阵地，不仅抵抗可以持久，还要撤退便利，指挥官预先要通盘筹划撤退，以免临时部分先期撤走，产生空隙，为敌所乘。最好事前熟思于何处仅用少数兵力可以使敌损伤受阻，尽量不用预备队收复失地。有时可以攻击方式遏止敌军。

持久战无论攻击或防守，均为假意的战斗，但要将假的当作真的施行，使敌认假作真来应付，所以秘诀就是欺骗和隐匿自己的企图，用尽妙计使敌不能察知我军的兵力和目的，令敌军误认和犹疑。达成目的的办法，就是多设伪工事，到处施行假攻击，在隐蔽处节约兵力，在开阔处使用大兵力，分散配置炮兵，"一静即掩〔偃〕旗息鼓如入九渊，一动就蜂起云涌如在九天"，使敌人没有判断的标准，再加以散布流言，广泛宣传，使敌人摇惑不定，以达目的。若能于相当时机引诱敌人到不利的地区，让我军主力给予沉痛打击，导致其失败，这样的持久战就更有价值。所以持久战不仅要争取时间的余裕，更要为全军制造战胜的机会。以局部决战为坚持战略持久战的必要战术手段，与《论持久战》的主张在取向上大体一致。

与持久战相关的还有村落战和森林战，森林和村落适于军队的隐蔽运动及作为准备阵地，尤以遇到空军较强的敌人更为适当，可以用较弱的兵力对付较强的敌人，适于持久战或假战，但不能作为大决战的战场，否则消耗过多兵力，徒劳无益。持久战、村落战和森林战，都是特种战斗。① 在前述德国的军事教科书以及专著中，村落战和森林战就是作为与持久战相关联的特种战斗加以论述。

值得注意的是，宁、吴二人具有特殊身份，他们都是南京中央军官学校的教官。两人均授少将衔，抗战时期参与军事机要。吴光杰有多种军事译著，除前面引述过的《军队指挥》等书外，还有《国防刍议》《步兵操典》《兵器学》《民众防空》《新时代之要塞》《英汉军语辞典》《步兵教练手册》《装甲部队》等。宁、吴二人的著述言论，表明国民政府军方对持久战已有较为全面系统的认识，其学术理据和实战经验，主要来自德国和日本，这也符合战前国民革命军主要借鉴德国、日本的军事理论和战略战术的实情。吴光杰与国民政府高层的关系尤为紧密，能够直接或间接影响决策层的认识及决心。可以断定，到 1935 年，持久战的军事思想以及相应的战略战术对于国民政府决策层、国民革命军乃至社会大众，都已经不再是完全陌生之事。

第三节 淞沪抗战与对日持久战的提出

"二十一条"之后，中日冲突持续加剧，越来越多的中国人意识到，

---

① 吴光杰：《持久战村落战森林战之研究》，《广播周报》第 43 期，1935 年 7 月 13 日，第 32—34 页，"演讲"。吴光杰（1886—1970），字霖泉，安徽肥东县湖滨乡六家畈人。1907 年起，先后入保定陆军幼年及速成学校。辛亥于汉口加入革命军，继而任南京临时政府陆军部军械司科员、陆军部长黄兴的副官。1912 年，由陆军部保送德国柏林工科大学及陆军炮工大学就读，1915 年秋，应德国大本营之邀，作为中国观战武官，到德法、德俄及巴尔干各战场考察。回国后历任汉阳兵工厂炮厂主任、吴淞陆军军官教导团教育长、陆军检阅使署教练处炮兵主任、南京中央军校高级教官、训练总监部军官外国语文补习所所长等职。

两国迟早必有一战，积贫积弱的中国面对日本咄咄逼人的侵略，如何确保国家不亡，而且能够战而胜之，成为人们苦思冥想的重大问题。1921年，蒋百里即预见到中日战争将是持久的，认为富于侵略性的近邻日本最为危险，"我们对于敌人制胜的唯一方法，就是事事与之相反，就是他利于速战，我都用持久之方法来使他疲敝。他的武力中心放在第一线，我们都放在第二线，而且在腹地内深深的藏着，使他一时有力没用处。我断定这个办法一定可以制敌人的死命"。① 这可以说是中国对日持久抗战思想的较早雏形。

"九一八"事变后，日军很快占领东北全境，进而威胁华北乃至整个中国。紧接着1932年"一·二八"事变，淞沪抗战爆发，日本全面侵华的野心暴露无遗。强敌压迫之下，抗击日寇的战略问题引起举国上下的广泛关注，持久战的主张很快成为朝野上下异口同声的重要选项。

"一·二八"事变发生不到一个月，《民众三日刊》就发表署名"下乘"的文章《准备对暴日作持久战》，认为侵华日军虽然战事不利，日本帝国主义者为维持其本身存在和威权起见，一定会继续对中国增兵，进一步施加压迫，而中国则不得不保种卫国。最后的胜利无疑属于理直气壮的中国，可是就日本继续增兵看，战争是持久性的。"于此我们为获得最后的胜利起见，则应当准备对暴日作持久战！"②《平旦周报》与

---

① 蒋百里：《世界军事大势与中国国情》，《改造》第3卷第9号，1921年5月，第58—59页。此文为蒋百里在湖南教育会的演讲，1922年收入《裁兵计画书》第三编"附录"。蒋复璁、薛光前主编：《蒋百里全集》第4辑，台北，传记文学出版社，1971年，第159页；谭徐锋主编：《蒋百里全集》第1卷（北京，北京工业大学出版社，2015年），第299页。吴仰湘《蒋百里对中国抗战的理论探索与贡献》（《安徽史学》2006年第5期第75—80页）、杜继东《蒋百里的抗战救国思想与实践》（李细珠、赵庆云主编：《张海鹏先生八秩初度纪念文集》，北京，社会科学文献出版社，2018年，第247页）等文均已论及此节。

② 下乘：《准备对暴日作持久战》（上），《民众三日刊》第1卷第39期，1932年2月26日，第9页。

之呼应,载文提出《自卫战与持久战》,主张"我们应当对日之压迫抗,对日之暴力战,作持久的自卫之战!"①《抗争》也发文《淞沪得失与抗日持久战》,一面赞扬十九路军予敌军以重大教训,使强寇知我民族不可欺侮,一洗预颟无耻之徒不抵抗主义之奇耻,一面认为该军孤军奋战,放弃淞沪反而有利于长期抵抗。国人应该认识到,"此次淞沪之战,系整个中华民族与日本帝国主义长期斗争之开始,非局部战争,非一朝一夕所能决胜负。故偶胜偶进,不必得意,偶败偶退,不必气馁,吾民族日所祈求者在于长期奋斗,争得最后胜利"。十九路军弃守淞沪,既非战败而退,淞沪得失于我军事上无所损其毫末。"总之,吾民族欲求生存,必须人人具坚决心,谋长期奋斗。"②

如何才能实现战略的持久战,"下乘"的看法是:"我们为准备作持久战,以不屈不挠的精神,使日本帝国主义者屈伏于公理、正义底下,因此,我们便要观察国际情势与敌人的情势及我们本身要注意的地方。"③也就是说,持久战能否实现,取决于国际和敌我三方面的情势变化。这与后来《论持久战》观察分析的维度基本一致。

关于国际形势,因为中国事件均与各国相关,而中日战争发生于太平洋的重要口岸上海,与各国更有重大关系,所以应注意国际情势及各国对上海事件的态度。除中日双方外,与上海事变关系最密切的是英美两国。英国自身困难,采取观望态度;美国与日本争霸太平洋,严重冲突,惟因自身矛盾以及帝国主义列强相互间的牵制,不愿太露锋芒,出手对日干涉。其他如法、意、俄等国也以观望为主。只要日本不直接

---

① 毕安:《自卫战与持久战》,《平旦周报》第3、4期合刊,1932年2月15日,第16页。

② 孤军:《淞沪得失与抗日持久战》,《抗争:外交评论》第1卷第2期,1932年3月7日,第3—4页。

③ 下乘:《准备对暴日作持久战》(上),《民众三日刊》第1卷第39期,1932年2月26日,第9页。

侵害各国利益,无论其对华如何凶暴,各国都依然会作壁上观。不过,上海是万国商场,每年中外贸易主要由上海输入,若战事继续扩大,各国商务衰废停滞,便会要求停战。届时中国便可以追究战争责任,要求赔偿。"假使世界还有一线光明,我们的主张是胜利的。退一万步说,各国只要求停战,不辨白谁是战祸的责任者,那我们为民族生存的战争,保卫国土的战争,各国是无权干涉我们的行动,只有对侵略者、压迫者劝告停止袭击,于中国的光荣战争是无损害的。由此看来,国际情势是与我们对日本帝国主义者作持久战是有利的,是胜利属于我们的。"①

与"下乘"对各国有所寄望不同,毕安指责一些同胞目光浅薄,正在憧憬幸冀,做着明知不可能而不得不如是想的迷梦,以为国联必会进行有效制裁,美国将采取行动,从而引发日美战争,其他各国也会出面干预,由此转由外交谈判解决冲突。此种幻想如不打破,则中国真的没救了。国联不过是冰筑之山,并非能够真正有效地保障世界和平的组织,否则日本不敢无视其决议,"我们若仍以为稳靠,宁非自骗?"美国为金元帝国,资本过剩,希望开辟中国市场,担忧日本独占满洲及整个中国利益。只要日本唱门户开放之调,践利益均沾之言,则美国可能立即改变态度,与日本携手共同作宰割中国的屠夫。国联巴黎会议时以及近来两国外交官的互动,已经显露端倪。"我们欲美不协而谋我尤可以得,又怎能望它予我格外之助,始终之援?"至于外交谈判,只能解决战事发生前的交涉,战争一旦爆发,必须一面从事外交斡旋,一面勇敢不屈地武力抵御。"总之,我们不能望徒有其名的国联,作有效的制裁;我们不能望居心叵测的美国,作死力的帮助;更不能望空泛的谈判,不生实效的调解,可以减少野心如火的日人侵我之横蛮。我们只有自立自

① 下乘:《准备对暴日作持久战》(上),《民众三日刊》第 1 卷第 39 期,1932年 2 月 26 日,第 9—10 页。

强，自救自卫，拿自己的力量，挽回自己的命运，以自己的颈血，驱散恶敌的淫氛，以自己'宁死不屈'的精神，救出自己于'只有亡'的末路。"①

敌情方面，日本统治阶级对于战事意见分歧，资产阶级一派主张经济侵略的渐进主义，封建军阀一派则主张武力压迫的急进政策，外交上姿态强硬。"九一八"和"一·二八"是日本军阀盲目的凶暴行动，不合于日本的生存以及国际情势，日本对中国的暴行，暴露自身统治阶级的矛盾冲突。同时，日本侵华加剧了帝国主义国家之间的利益冲突和矛盾，使之处于1914年德国类似的危险地位。而日本国内的阶级矛盾也趋于激化，劳动者的觉醒将使日本处于1905年俄国的地位，国家主义的"忠君爱国"已经不能驱使民众到火线去当炮灰，这将促使帝国主义国家的崩溃。战争将加剧日本的经济困难，财政上更加捉襟见肘。种种矛盾之下，日本实在是外强中干。中国惟有坚决抵抗，作持久的战争，才能使日本帝国主义宛转垂毙，实现中国民族的解放。② 也就是说，只要对暴日作持久战，"多行不义"的日本帝国主义者就必然会"自毙"。

关于中国持久战的立意与准备，该文认为，中国民族80年来受国际帝国主义的侵略压迫，其中压迫最凶暴，剥削最残酷的，就是日本帝国主义者。因为地理接近，日本对中国的野心比其他列强更大。中国民族的解放运动，首先就要打断日本帝国主义强加的铁链。这是中国民族生死存亡的自救工作。"九一八"和"一·二八"事变使日本帝国主义与中国民族的斗争极端尖锐化，并非和平谈判或任何委曲求全所能阻止。日本帝国主义垂死挣扎，斗争势必扩大，值此民族生死存亡关头，要准备对日长期斗争。日本侵略中国的方式有两种，一是借暴力压迫得来的利益和不平等条约的保障，进行经济侵略；一是借强大暴力，

---

① 毕安：《自卫战与持久战》，《平旦周报》第3、4期合刊，1932年2月15日，第15—16页。

② 下乘：《准备对暴日作持久战》（上），《民众三日刊》第1卷第39期，1932年2月26日，第10—11页。

实行领土占领，变中国为日本的殖民地。抵抗日本的侵略，也要在这两方面展开。

中国对暴日的持久战，时间不能预定，准备也要特别充分，以免"功败垂成"。经济方面，日本是工业尤其是轻工业发达的国家，商品要出口中国及南洋，为此，对日作战期间，中国全境要抵制日货，使之绝迹，南洋一带也要发动华侨抵制日货，使日本的商品无处销售，导致工厂倒闭。"九一八"事变后的四个多月里，中国南、北、中部及香港的日货进口额均大幅度减少。如果下最大决心，进行大规模的抵抗经济侵略运动，必可使日本帝国主义者对华经济侵略至于灭绝。如果长此以往，日本全国的工厂关门，工人失业，与资本家及政府的矛盾激化，导致社会动荡，士兵也不再作资产阶级的武装走狗，国外战争变成国内战争，日本帝国主义的穷途末路就要到了，再也无力压迫中国。至于抵抗经济侵略的进行程序，要有全盘的精密计划，发动各方面民众，在运输、搬运、销售各个环节禁止日货，凡违反纪律者，以通敌论罪，同时严禁各方面与日本发生经济关系，包括存款、商贸、服务等，并拒绝向日本提供及输出原料。为达此目的，须广泛宣传，使全国民众即使在穷乡僻壤也负有抵抗任务。

军事方面，日本海陆空军数量有限，尤其是陆军，总共只有 21 个师，25 万人，另有预备役 240 万人，除非全数开来中国，否则不能分配于中国的广大地面。而日军全部来华既不可行，亦无可能，日本的财力无法负担，内部矛盾及本土防守也不允许。其海空军虽强，但海军的用途有限，空军只可做威吓之用。

至于中国持久抵抗暴力的办法，作者认为，上海战争证明，中国军队的战斗力强于日军，要持久抵抗，应扩大范围，最低限度必须恢复东北的行动。因此，必须有总动员的方针，除抵制经济侵略外，要将全国现有的 300 余万兵力准备起来，在沿江沿海各要隘进行配备，上海方面要布置雄厚的预备军，其他如粮食筹划、弹药接济、交通整顿，都要通盘筹划。民众方面要扩大义勇军组织,集中退伍军人和知识分子,由民众组织抗日领导机关,指挥一切抗日行动。如此,则日本帝国主义的暴力便不能动摇中国民族抗日的分毫了。

在各种不利于持久抗日的因素中,中国政府的情形最令人担忧,"我们认为蒋介石、汪精卫所作所为在过去事实的表现,完全是取'不抵抗'的投降政策,企图在日本帝国主义者的怜悯下稳固他们的统治权",东北数千里疆土作了"不抵抗"的牺牲。应由民众督促以"不抵抗"丧失国土的蒋介石、张学良等,以"罪该万死"之身,督率专门制造内乱的军队收复失地,然后再听候民众的公判。在全国民众一致抗日的时候,蒋、汪、张等皆不敢说不抵抗,但只是口头的抵抗,民众要看事实表现,欺骗的手段不能再有效力。在中国民族生死决斗的关头,不容有只图自私自利的汉奸存在。①

对于政府的担心,已经不仅仅是人们心中的隐忧,"孤军"的断言,表达了许多人的共同心声,他说:"总之,吾民族欲求生存,必须人人具坚决心,谋长期奋斗,尤须秉国者坐言起行,从速命令沿海各军,与暴日决殊死战。若秉国者仍因循不决,以不抵抗及乞怜国联为外交秘诀,一面任前线将士浴血,一面与敌人谋妥协,则我忠勇之将士虽能坚守淞沪,其结果亦徒供卖国者作馈赠品耳!吾人于今日痛定思痛之余,对人诚不愿多所责备,惟愿国人以沉勇之精神,必死之决心,继续奋斗,实行下列几事:(一)继续予十九路军以精神及物质之援助,使此忠勇卫国之将士能对敌作持久战。(二)严防政府对日外交屈服,并反对闸北划中立区,不准签订任何丧权辱国条约。(三)各地人民与军队应扩大抗日战争,继十九路军在淞沪之后,起而抵抗暴日。(四)督促政府出兵讨伐满洲伪国,收复东北失地。(五)认清上海事件系与东北事件联带而起,

---

① 下乘:《准备对暴日作持久战》(下),《民众三日刊》第1卷第40期,1932年2月29日,第8—11页。

上海事件不能舍东北而单独解决。"这些举措，既"为长期抗日荦荦之大端，亦为中华民族谋生存之要着"。①

也有人担心十九路军孤军奋战，蔡廷锴难免成为马占山第二，重蹈其覆辙，提出应设法使十九路军的精神扩大与勇气延长，增强抗日自卫战的持久性。其概括答案是："要全国各阶级的觉悟的革命分子，成立广大的坚固的联合战线。"此说看似不错，可是详细的解释，却是解析流行市面的两种舶来品理论的错误。作者认为，第一种是共产党的理论，包括托派和干派两类，前者认定中国是资本主义社会，主张实行无产阶级以城市为中心的暴动；后者认定中国封建经济尚占绝对优势，主张实行以农村流氓为主体的流寇式窜扰。两派理论不同，方式一贯，都是阶级斗争。其根本错误在于把殖民地里面的阶级利益置于民族利益之上。实则中国的资本主义发展和封建经济的衰落，都是由于帝国主义的经济掠夺，可见中国的命运全操于帝国主义之手。唯一的出路，"是反帝国主义的政治压迫，抗帝国主义的经济侵掠。各阶级的民众，应该认定民族的利益超越阶级的利益，而坚定地认识现时最重要的斗争，是向帝国主义作拼死的抗战，在血路中去先求民族的出路"。

第二种是社会民主党的理论，"他们根本的政纲，是实行工农平民联合战线的革命"。所谓平民，即城市小资产阶级。然而孙中山说，中国只有大贫与小贫。即使有所谓资产阶级，也不过是帝国主义掠夺之下，可怜性较浅一点的殖民地的一个社会阶层。至少可以说其中必有一部分也需要革命。在此危急关头，不能笼统地把民族资产阶级排除在外。"所以，我们认定，凡维护民族利益者，不论属何阶级，我们应当联之合之；凡危害民族利益者，不论属何阶级，我们应当打之倒之！我们目前的战线，应该是所有各阶级觉悟分子的总和。"

---

① 孤军:《淞沪得失与抗日持久战》，《抗争：外交评论》第 1 卷第 2 期，1932 年 3 月 7 日，第 4 页。

上述言论看似讲理之下,不无派别意识,而作者的结论更加充满成见,他说:"总之,共产党也好,社会民主党也好,他们成功之日,即民族灭亡之时。试问,民族已亡,阶级何在;民族不救,阶级何由而兴?"至于以资产阶级利益为前提的国家主义派,同此理由也应予以反对。望全国同胞"勿受邪说之迷,勿信一执之偏,共同努力于抗日之战,以共死之心,求同生之路;以共难之义,求同存之荣!然后抗日自卫之战,方克持久而得最后胜利"。

为此,作者呼吁各方军事领袖,应秉相忍为国之心,去个人旧时之嫌,不要以上海战事为十九路军一军之私斗,必须打破地方割据主义,消除派系纷争,大家同心将枪尖瞄准共同的敌人日本,这样抗日的自卫战必能持久,也必能取得最后的胜利。[1]

对日持久作战,要全国一致动员,无论时间多久,始终坚持抵抗到底。"日本帝国主义者在各种矛盾包围中,在暴力无所威胁中,在经济断绝关系中,如不倒毙,请将作者之头砍下,悬诸国门以谢国人。民众们!民族存亡在此一举,奋斗到底,准备作持久斗争,最后之胜利是在中国民族手上,中国民族解放就在胜利声中获得了。"[2]只是如果成见在胸,障目蔽心,如何能够团结一致,共御强敌?

1936年绥远战事发生,《家庭周刊》以"向辰"的名义发表编者之言《希望全国同胞一致起来预备持久战》,指出绥远事件有背景,有作用,"绝不似短期所能终了的,更不是马马虎虎所能平息的"。既然战事有延长的可能,应有整个的计划,于是重提"九一八"事变时的爱国捐倡议,呼吁全体国民每人每月捐款一角,有钱则多捐,以增厚战时经济实

---

① 毕安:《自卫战与持久战》,《平旦周报》第3、4期合刊,1932年2月15日,第16—17页。

② 下乘:《准备对暴日作持久战》(下),《民众三日刊》第1卷第40期,1932年2月29日,第11页。

力，要求国民"一致起来，预备持久战"。[①]

这一时期各方谈论的持久战主张，对于我方主要是强调决心和意志，"愿国人毋存苟安之心，勿妄想停战议和。以最大之决心，谋持久战，则最后胜利，必属诸吾人"。[②] 对于敌方则有所轻视，似乎只要国人一致抗战，下定决心，就会取得胜利，而对日本的强大军事实力以及抗战的艰难困苦程度估计严重不足，更少深究具体以什么样的方法步骤，才能克服困难，战胜强敌，获得最后的胜利。

第四节　中共的抗日持久战战略及其渊源

概括而论，相较于《论持久战》，全面抗战前国人持久战思想主张的渊源流变有两个显著特征：其一，军事理论主要来自域外，在中国自身的军事训练和战争实践中缺乏相应的基础，多少有些纸上谈兵的意味，而且主要停留于战术层面，战略层面的内容过于宽泛笼统。虽然有人论及战略持久战与战术决战的相互关系，却没有深入探究具体的战法及其操作实施的步骤。

其二，不约而同地提出了对日抗战的持久战主张，认定中国抗日必须实行持久战，才能争取最后胜利，并从敌我及国际三方面分析论证了为什么是持久战以及为什么只有持久战才能战胜日本，同时提出了民族利益高于一切和全国团结抗日的重要性，反对国民党和国民政府妥协投降的"不抵抗"，至于如何实行持久战，则主要是强调正义、决心、勇气和牺牲精神等主观因素，形同口号式的宣传，缺乏具有战略全局高度的阶段划分和具体措施。有的论者还存在严重的党派偏见。

[①] 向辰：《希望全国同胞一致起来预备持久战》，《家庭周刊》乙种第 121 期，1936 年 12 月 6 日，第 10—11 页。

[②] 孤军：《淞沪得失与抗日持久战》，《抗争：外交评论》第 1 卷第 2 期，1932 年 3 月 7 日，第 4 页。

不仅如此,即使与同时期中共的主张相比,包括国民党和国民政府在内,其他各方的持久战观念也存在明显差距。中共中央在遵义会议后,不仅改变了对国民党军作战的军事路线,重新回到第五次反"围剿"之前行之有效的战略战术上来,也逐步调整了对外政治路线。早在全面抗战爆发前,1935 年 12 月 23 日举行的中共中央政治局瓦窑堡会议,就通过了《中共中央关于军事战略问题的决议》,主要针对日本侵华形势,提出党的战略方针,其中作为作战指挥的一般原则第五项明确提出:"战略的持久战,战役的速决战,反对战役持久战,反对'拼消耗'。"①这表明中共中央至此已经确定抵抗日本侵华的战争将会是持久战,并且以持久战为军事战略方针的重要原则。只是这时持久战还不是作为整体的战略方针,诸如运动战、集中兵力打歼灭战、游击战争等等,都是与持久战并列的作战指挥的一般原则。

中共中央的决议,显示中共领导层在即将来临的抗日战争的战略方针上,已经形成一定的共识。此后,中共负责人在不同场合,以不同方式,分别阐述了对抗日战争持久性预判的理据。1936 年 7 月 16 日,毛泽东与斯诺谈话,回答战争要延长多久的问题,认为主要看中国自己的力量(抗日统一战线的发展)、国际援助以及日本国内的革命,条件成熟快,战争将迅速结束,否则会延长。但日本必败,中国必胜的结果不变,只是牺牲大,要经过一个痛苦的时期。日本人民的革命,不仅可能,而且肯定,是不可避免的。②

1937 年 4 月 24 日,《解放》周刊创刊号刊登洛甫(张闻天)的《迎接

---

① 《中央关于军事战略问题的决议(瓦窑堡会议)》(1935 年 12 月 23 日政治局通过),中央档案馆编:《中共中央文件选集》第 10 册(1934—1935),北京,中共中央党校出版社,1991 年,第 594 页。

② 《和美国记者斯诺的谈话·论反对日本帝国主义》(1936 年 7 月 16 日),中共中央文献研究室编:《毛泽东文集》第 1 卷,北京,人民出版社,1993 年,第401—402 页。

对日直接抗战伟大时期的到来》，称"胜利只能是持久的艰苦工作的结果，而不是他的开始。我们的前途是光明的，然而这必然是一个持久的战争。抗日战争不是靠少数人的冒险冲锋就能够得到胜利的。这里需要全民族的总动员，需要千百万大军的准备"。①

毛泽东的谈话和张闻天的文章，表明中共领导层充分认识到抗日战争势必是一场全民族的艰苦持久战争，必须举国上下，全民动员，长期坚持，才有可能最终获胜。在与斯诺的谈话中，毛泽东概述了中国抗日战争的战略方针，强调决定战争胜负的是运动战，主力必须以运动战为主，阵地战、游击战为辅，反对专守防御的阵地战；战争前期，尤其要避免一切大决战，反对集中兵力在狭小阵地上打消耗战。中国要具有战胜日本并消灭日本帝国主义的实力，必须具备三个条件，即中国抗日统一战线的完成，国际抗日统一战线的完成，日本国内人民和日本殖民地人民的革命运动的兴起，其中中国人民的大联合是主要的。毛泽东还以红军的战争史为例，指出抗日战争中，中国所占的优势，比内战时红军的地位强得多。就算日本占领中国一万万至二万万人口的区域，离战败还很远呢，仍然有很大的力量同日本作战。问题的中心点还是中国全体人民团结起来，建立举国一致的抗日阵线。在回答斯诺关于共产党政府和红军如何与国民党军队合作共同抗日，即在必须将所有中国军队置于统一指挥下的对外战争中，红军是否同意服从最高军事委员会的军事和政治决定的问题时，毛泽东明确表示，只要这样一个委员会是真正抗日的，我们的政府将衷心服从它的决定。红军不会开进抗日军队占领的任何地区，不会采取机会主义的办法来利用任何战争局势。红军有十年革命斗争的经验，不论基地大小，都能进行战争，基

---

① 洛甫：《迎接对日直接抗战伟大时期的到来》，《解放》周刊创刊号，1937年4月24日，第6页，"论著"。目录上标题为《迎接对日直接抗战的伟大时期的到来》。

地越大,能够动员的抗日力量就越强大。①

毛泽东所说的中国抗战的战略方针,在《论持久战》中有进一步的展开论述,但从军事角度看,则大体已备。这样的军事战略和战法,既是根据敌强我弱敌小我大的力量对比和整个国内外形势做出的战略判断,也是由红军长期实行的战略战术延伸发展而来,不仅国内其他军队不曾拥有,在世界战争史上,也罕有先例。也就是说,尽管国人早已普遍意识到中日之战将是持久战,尽管持久战的军事思想已经进入中国的军事思想和军事教育、训练领域,还是不能照本宣科地制订出详细的持久战军事战略方针。尤其是中国共产党领导的军队,其战略方针主要来自革命战争的实践,是由无数鲜血和生命凝聚而成的宝贵结晶,同时也是毛泽东根据中国国情和革命战争实际灵活用兵的体现,在世界军事史上具有鲜明的独创性。

1935 年 12 月,毛泽东在《论反对日本帝国主义的策略》的报告中说:"中国革命战争还是持久战,帝国主义的力量和革命发展的不平衡,规定了这个持久性。""帝国主义还是一个严重的力量,革命力量的不平衡状态是一个严重的缺点,要打倒敌人必须准备作持久战。"②有学者据此断言,中共领导人中最早提出"持久战"思想的是毛泽东。③

值得注意的是,所谓"还是持久战",意味着之前中国的革命战争也是持久战。1936 年 12 月毛泽东所写《中国革命战争的战略问题》,指出中国革命战争具有四个主要特点:即经过一次大革命的政治经济不平衡的半殖民地大国,强大的敌人,弱小的红军,土地革命。这些特点,规定了中国革命战争的指导路线及其许多战略战术的原则,第一、第四

---

① 《和美国记者斯诺的谈话・论反对日本帝国主义》(1936 年 7 月 16 日),中共中央文献研究室编:《毛泽东文集》第 1 卷,第 401—405 页。

② 毛泽东:《论反对日本帝国主义的策略》(1935 年 12 月 27 日),《毛泽东选集》第 1 卷,第 153 页。

③ 杨天石:《找寻真实的蒋介石:蒋介石日记解读 2》,第 72 页。

特点，规定了红军可能发展和可能战胜敌人，第二、第三特点，规定了红军不可能很快发展和不可能很快战胜敌人，"即是规定了战争的持久，而且如果弄得不好的话，还可能失败"。顺利条件和困难条件同时存在，是中国革命的根本规律，由此规定的战略方向，其中就包括"反对战役的持久战和战略的速决战，承认战略的持久战和战役的速决战"，以及反对游击主义而承认游击性，反对固定的作战线和阵地战，承认非固定的作战线和运动战，等等。

"战略的持久战，战役和战斗的速决战，这是一件事的两方面，这是国内革命战争的两个同时并重的原则，也可以适用于反对帝国主义的战争。"一旦中日全面战争爆发，就能够转而应用于中华民族的抗战。由于中国的反动势力由许多帝国主义支持，国内革命势力没有聚积到足以突破内外敌人的主要阵地以前，国际革命势力没有打破和钳制大部分国际反动势力以前，革命战争依然是持久的。这是长期战略方针。古今中外的战争，包括战役和战斗，无不要求速决，旷日持久总是认为不利。惟独中国的战争，战略上不能不以最大的忍耐对待之，不能不以持久战对待之。战役和战斗的原则相反，不是持久而是速决。局部战役和战斗的持久方针是为了主力的速决战。

比照《论持久战》的相关论述，上述论断显而易见有着高度的相似性。也就是说，中共是将之前国内革命战争的战略方针应用于对外反侵略的民族战争。只是执行这一战略方针的作战主体由过去的红军变成全国抗日的军队，而由红军改编而来的八路军新四军在总的战略方针之下，具体实行不同的作战方式。不过，这时毛泽东关于整个持久战过程的阶段划分只有战略退却和战略反攻两个阶段，敌我对比变化是在战略退却阶段发生，在战略反攻阶段继续造成。①

---

① 毛泽东：《中国革命战争的战略问题》(1936 年 12 月)，《毛泽东选集》第 1 卷，第 188—237 页。

　　中国革命战争战略方针的确立，是红军指战员用巨大牺牲换来的宝贵经验总结，尤其是第五次反"围剿"失利，红军被迫进行战略大转移的惨痛教训，使得中共军政领导层痛定思痛，深刻反省，确定了正确的军事指挥原则。1935 年 1 月的遵义会议上，决定主要根据毛泽东发言的内容，委托张闻天起草《中央关于反对敌人五次"围剿"的总结的决议》。该决议后于 1935 年 2 月 8 日在云南威信召开的政治局会议上正式通过。正是在总结五次"围剿"和反"围剿"成败得失的基础上，对中国革命战争持久战的战略方针做了系统归纳和表述。据此，红军战略的持久战与战役战斗的速决战，与蒋介石的"围剿"方针形成尖锐对立。历次"围剿"失败后，蒋介石及其外国军事顾问深知长驱直入的战略战术相对于红军在苏区内的作战极端不利，"因此五次'围剿'中采用了持久战与堡垒主义的战略战术，企图逐渐消耗我们的有生力量与物质资材，紧缩我们的苏区，最后寻求我主力决战，以达到消灭我们的目的"。由于红军未能采取决战防御即攻势防御战略，集中优势兵力，在运动战中各个击破敌人，以单纯防御即专守防御和阵地战应对，"使敌人持久战与堡垒主义的战略战术达到了他的目的"。我们的战略路线是决战防御，即不是单纯防御，而是为了寻求决战的防御，为了转入反攻与进攻的防御。应以游击战与运动战相配合，在次要方面引诱钳制敌人，主力则进至适当距离，或转移到敌人侧后隐蔽集结，以寻求有利时机突击敌人。

　　单纯防御路线的领导者在持久战与速决战的认识上是错误的，"必须明白中国国内战争不是一个短时期的战争，而是长期的持久的战争"。在不利的条件下可以暂时退却，保存力量，在有利条件下转入反攻进攻。同时，为了进行长期的持久战，对于每一次"围剿"与每一个战役，必须极力争取战局之速决。战役与战斗的持久战对于我们是没有胜利前途的。因为要进行战争的持久战与战役的速决战，所以一定要给予红军以必须的休养兵力与教育训练的时间，这是争取战争胜利的必要条件。还必须反对那种把保持有生力量与保卫苏区互相对立起来的理论。只有保持有生力量，才能真正保卫苏区。在战争持久战的原则下，要反对过分估计敌人力量的保守主义和对敌人力量估计不足的冒险主义。①

　　遵义会议的军事总结以及《中国革命战争的战略问题》，对国内革命战争的持久战与速决战的辩证关系，做了最好的论述，为中国共产党提出的抗日战争持久战战略方针奠定了坚实的基础，并且在全面抗战第一阶段的战事中得到充分验证。毛泽东依据红军革命战争的战略战术，结合全面抗战第一阶段战事的成败得失，在《论持久战》中进一步系统阐述了中国全民抗战的战略方针。就此而论，没有国内革命战争"围剿"与反"围剿"的浴血奋战，中共就不可能提出成熟的全国抗日战争的战略方针。

---

　　① 《中央关于反对敌人五次"围剿"的总结的决议（遵义会议）》（1935 年 2 月 8 日政治局会议通过），中央档案馆编：《中共中央文件选集》第 10 册（1934—1935），第 454—455、460—463 页。

第二章　全面抗战初期各方的持久战主张

　　全面抗战爆发前，国共及社会各界均提出了各自的持久战主张。而不同党派对于持久抗战的理念形同实异，抗战期间按照自己的认定各行其是，导致在一致高举持久战旗帜下的各说各话。各种持久战构想只有在抗日战争的实际进程中进行验证比较鉴别，才能显现高下优劣，由此或隐或显地相互之间产生一定的影响制约作用。不仅如此，各方的即时反应对于认识《论持久战》的逐渐完善深化有所影响，而随着时势的变化，后来的解读也不无逐层叠加形成时代意见，与历史意见不能完全吻合的成分。

第一节　卢沟桥事变后持久战呼声高涨

　　卢沟桥事变爆发，国民政府虽然被迫应战，却并未做好抗战的准备，有一个极短的时间，宣传和平，并几度进行外交折冲，直到宋哲元部离开北平，上海事变发生，才将冲突视为战争。由于敌机到处轰炸，国民政府下定重大决心，领导全国抗战，并提出两个口号，一是全面抗战，二是长期抗战。全面抗战意义浅显，就是国民总动员，凡属国民均要作抗战中的一个战士。长期抗战意义较深，说者多语焉不详。所谓长期抗战必得最后胜利，道理是属于经济的，也就是只要能长期抗战下去，日本的侵略就必然会由其国内整个经济的破产，受到严重打击，以至退兵回去，中国得以复我主权，还我河山。① 实际上，长期抗战的基础是全面抗战，而国民党和国民政府的全面抗战在各方看来仍有片面抗战之嫌。

1937 年 8 月 6 日，《晶报》刊发短评《持久战先齐持久心》，声言："'持久战'三个字，是我们当局最近喊出来的口号，而深深的印入了我们全国民众的心里，因为这是我们对付敌人的方法，实在也是逼迫到我们最后的一个方法了。不过我们既决定而坚持了这持久战三个字，我们就要咬紧牙关，立定脚跟，无论怎样的苦，都要忍耐下去，不可有一丝一毫的动摇。尤其是大家要齐心，一致对外，国内同胞，即使有些小抵牾，想到了外面的敌人，自家人便没有什么过不去了。因为要作持久之计，万不可以浮躁，凡事要想一个透彻，策一个完全，不能立时三刻的跳起来，不顾一切，而最要紧的是刚刚吃一点小苦，便说'受不住了''受不住了'，这种薄弱庸懦的国民性，畏难苟安的心理，已经不能容于这个世界了。须知持久战就是预备持久奋斗，就是安排持久吃苦，而尤其是要大家齐起持久的心来。"②

8 月 11 日，《新闻报》发表社论《持久战》，首先提出，民元外蒙古独立时，孙中山拟订拒战方略，以五年为期，每年出兵百万，继续奋战。我方人口繁庶，而帝俄劳师糜饷，将不戢自焚。"此为对外言持久战者之先河。"可惜当国者未能恢张远略，以隐忍迁就了结。"近世战局，因飞机战车，日新月异，子弹消耗，数量尤巨，故军备完整与军备较为落后之

① 郭世珍：《长期抗战何以胜利必属于我》，《闽政与公余非常时期合刊》第12 号，1937 年 12 月 31 日，第 43 页。

② 微妙：《持久战先齐持久心》，《晶报》1937 年 8 月 6 日，第 2 版。

国家战,甲国所牺牲之人力,必较少于乙国,而甲国所消耗之物力,必远倍于乙国。"平津卢沟之战,日军死伤约为我军四分之一,兵费则一月之间就将第一次筹得的 9600 万圆用罄,而所用兵力不过 3 个师。以日俄战争为例,战斗区域限于辽宁中东南部,历时一年八个月,日军所用军费高达 20 亿。现在物价上升一两倍,若战争历时一年,至少须 20 亿以上。加上沿江各口日侨撤退及商业休止,耗损在 30 亿左右。日本发行的公债已达饱和,现金五次运往国外,难以承受如此巨大的负担。"故日人利于速战即决,决不愿旷日持久。"

"至于我国情形则反是",五年前长城战役,历时两月,动员 30 余师,费用不过 2000 万元。战时物质设备不如人,消耗金钱亦较少,作战上不免吃亏,却有利于持久战。"盖持久战即消耗战,而消耗之分数,不外于人力与财力。"中国尚未完全进入近代工商业社会,财力的数字统计稍逊于日本,但是因为战费较省,他国一年之用,我国可用三五年,人已举鼎绝膑,我尚可再接再厉。中日人口七比一(不计台湾、朝鲜),而平津各战死伤为四比一,如果兵略能制事于机先,又有新锐武装的军队早日赶到,还可减少。凡此均为适宜于持久战的天然条件。作者进而提出:"持久战之必要办法,一为于后方扩大训练,二为于后方加紧垦殖。"①

淞沪再战两个月后,第三战区前敌总指挥陈诚发表《对于持久战应有的认识》,认定日本求速战速决,试图迫使中国屈服,中国则深切窥破敌人的阴谋诡计,择定唯一的战术即持久战、消耗战,以制敌死命。只要正确运用这一战术,在坚毅的长期作战中,必然能消灭敌人的力量,保证最后胜利的获得。

鉴于华北战事失利与牺牲重大引起部分军民对持久战的前途感到忧虑,甚至怀疑整个战局,苦闷动摇,陈诚指为严重的现象,不可容忍的

①　梦蕉:《持久战》,《新闻报》1937 年 8 月 11 日,第 4 版,"社论"。

错误,要坚决反对悲观失望的情绪,进行无情的斗争。而产生错误的原因,是对持久战缺乏明确认识和坚定决心。应当注意:1. 不能和不可存依赖心理而限制战斗。雁门关失守,人们以为晋北战局已陷绝境。其实现代战争由平面进入立体,空军和重炮使关隘不可恃,天险的得失未必是胜负的关键。要因地因时制宜,才能获胜。2. 精神战胜一切。武器装备不如敌人精良优裕,但有伟大的精神,就是为国家民族的生存与世界之正义和平而奋战的牺牲精神,据此可以克服一切困难,战胜任何凶暴的敌人。以正义之师抱定百折不挠的精神,一切物质的困难和缺陷,都可以克服补救。3. 务存必胜的决心。胜利的决心是军事上胜利的最大前提。缺乏信心的原因,一是贪生怕死,二是保全实力,三是借口武器低劣,掩饰恐日病。战争越持久,困难越大,能否转危为安,反败为胜,必须抱持最大的胜利决心。4. 不惜任何牺牲。此次对日作战,关乎国运的存亡,我们国家民族的兴衰生死,完全视乎这一战,要取得最后胜利,唯一的秘诀便是不怕牺牲。战略上固然应以最小的牺牲求最大的成功,但必要时必须不惜牺牲。

从上述对持久战的应有认识出发,无论时间多长,牺牲多大,失地多广,也要继续奋战,一决雌雄。只要咬紧牙关,持久到底,就有翻身的一日。战争延长到半年以上,敌人国内就可能发生政治经济崩溃,引起内部叛乱和国际干涉。总之一句话,谁能坚持到最后一分钟,谁就是最后的胜利者。①

陈诚的意愿得到前线将士和社会各界的支持,10 月 1 日午后,淞沪抗战前线总司令接见中央社记者,即表示《持久战我必获最后胜利》。② 钱亦石明确提出:"我们需要的是持久战",日本帝国主义速战

---

① 陈诚:《对于持久战应有的认识》,原载《救亡日报》,《抗战半月刊》第 1 卷第 5 号,1937 年,第 59—60 页。多家期刊予以转载。

② 《某总司令谈沪战:持久战我必获最后胜利》,《中央通讯社稿》1937 年 10 月上。

速决之梦破灭,已陷于中国长期战争的策略中,为此,它企图封锁海岸,截断华南和西北的交通,阻止中国对外联系。淞沪战线主动后撤,符合稳扎稳打的持久战策略。①

郭汉烈鉴于中日全面战爆发,"提出两个口号,即:一,殊死战;二,持久战,以作全国上下一致努力抗战的指针"。殊死战是献给前方将士,在强敌武器占优的情况下,只有胜不骄败不馁,愈败愈战,拼个你死我活,才能取胜。持久战是献给后方民众,希望继续不断地接济前方的军火和补充兵力。持久战须具有精神和物质两项基本条件,前者要安定社会秩序,平息日本和汉奸的谣言,稳固后方,使前方将士一心杀敌。后者要节约财力,储备物力,以备前方急需。同时努力生产,保证战时经济。"前方殊死战"和"后方持久战"同样重要,尤其是日本人口少,国家强而穷,军事上利于速战,中国人口众多,近年来币制统一,经济实行统制,财力物力做好持久战的准备。今后的问题,就是落实后方持久战精神与物质的两个基本条件。"在'前方殊死战''后方持久战'的夹击的战术下,而把所谓'皇军'打个下马威。"②

持久战的重要支撑,无疑是后方的建设。战时成为大后方的四川,在抗战爆发之始就意识到《持久战中之后方工作》的重要性。淞沪战争重开一星期,合江县县长周荫棠在四川省党部发表演讲,鉴于民族抗战全面展开,前方后方都要竭尽全力,争取最后胜利,中间的小胜小负,不能决定全盘战事的得失。"我们从中央政府当局直接间接的表示,都可见到我们这次的抗敌战争,不但是全面抗战,而且是长期抗战和持久抗战。"日本国内的政治、经济和社会心理,极形矛盾和恐慌,利于速战而不利于持久。坚持长期抗战,可使敌内部陷于崩溃。持久战中,不仅

---

① 钱亦石:《我们需要的是持久战》,《世界知识、妇女生活、中华公论、国民周刊战时联合旬刊》第 3 期,1937 年 9 月 21 日,第 73 页。

② 郭汉烈:《殊死战与持久战》,《八一三》半周刊第 3 号,1937 年 9 月 8 日,第 2 页。

前方将士要决心牺牲，抗敌杀贼，后方民众也要抱定与国家共存亡的信念，以为后援，巩固后方，前方的士气与后方的工作息息相关。而且敌人海陆空军倾全力而来，肆意践踏，尤其是空军连日轰炸后方，也许会到四川来骚扰。因此我们要倾尽全力，才能支持长期抗战，争取最后胜利。否则会懈弛分散抗战力量。

后方亟应注意的工作主要有：1. 唤起民众信赖政务，拥护政府抗敌政策，绝对服从中央的领导指挥，切勿轻信浮言，或因暂时的小胜而冲动，以免动摇长期抗战的决心。2. 抱定毁家纾难、以身许国的意志，与国家共存亡，有钱出钱，有力出力，所有身家性命都集中到抗敌杀贼的用途上。3. 实行政府倡导的节约运动，化无用为有用，加强抗战的国力。4. 肃清汉奸土匪和日本间谍，制止敌人扰害后方的阴谋，巩固后方的安宁秩序，增强前方杀敌的力量。5. 加强防空防毒设备，使敌人的轰炸和投毒无所施其技。

"总之，现代的国际战争，是要全国各方在中央政府领导之下，总动员应战，所有前方后方，都要集中精力到对敌作战的一点上。尤其是我们民族抗敌的战争，是长期战争，更要前方后方一齐努力抗敌杀贼，才能争得最后的胜利。"① 不过，抗战到底说时容易做时难，一番慷慨陈词的周荫棠，1940 年竟然在日军轰炸时弃职潜逃。

邵令江的《持久战的精神条件》认为，上海抗战已经达到消耗战的目的，国军移到固定的国防线，正式的阵地战从此开始。华北方面已把敌人引入内地，战线拉长，使敌人的力量分散，我军占据有利地形，必能逐次整个摧毁敌人的侵略武力。同时，"政府已经决计与敌人作持久战"，将部分机关转移到长江上游，表示政府长期抗战坚持到底的决心。有些悲观论者以为首都濒危，抗战前途堪忧，是大错特错。必须认清，

---

① 周荫棠在省党部讲演：《持久战中之后方工作》，《广汉县政周刊》第 18 期，1937 年 8 月 29 日，第 1—2 页。

战线越长,胜利越有把握,时间越久,胜利越大。此次抗战是中华民族生死存亡的关键,不是短时间可以解决,也不是侥幸可以成功的,必定要大牺牲大流血,才能获得最后的胜利。历史上,拿破仑进攻俄国,不可一世,最终战败,全军覆没。俄国用焦土抗战坚壁清野的策略,终获胜利,这是持久战一个很好的例证。第一次世界大战德军想速战速决,法国军民坚持抗战,击退德军,是持久战的第二个例证。1922 年希土战争,土军先退后胜,是持久战的第三个例证。"历史告诉我们,战争的胜负要看最后的结果,不在战事过程中的进退。现在双方阵地的变动,都与全局无关,我们的精神决不可因暂时的进退而摇动;我们最要紧的是抱牺牲的决心,求民族的解放,坚持到底,贯彻持久战计划。"

怎样才能坚持持久战,是目前的一个重大问题。军事和物质方面的人员补充、技术训练、军需接济、装械配备等专门问题固然重要,"但是持久战的精神条件尤其不可少,因为'精神可以战胜物质'。这次对日抗战,我们必须充分运用这个原则,把我们至大至刚的精神,尽量发挥出来"。具体而言,必须把握四点:

1. 抱定必胜的信念,但不可有一毫侥幸的心理。有自信才有胆量,有气魄,一切困难都可以打破。只有抱定必胜的信念,才能达到最后的胜利。我们不可依赖他国的援助,更不可希望敌人国内发生革命,这些都是侥幸心理的表现。用自己的力量杀退敌人,获得最后胜利,才是真正的胜利。

2. 宁可成仁取义,不可贪生怕死。抗战是你死我活的斗争,怕敌必败,不怕敌必胜。人人抱牺牲的决心,才能求得整个民族的解放。怕死就会投降敌人,被用来攻打自己的同胞。如现在上海方面的敌人,最前线的是投降者,第二线是台湾和朝鲜人,最后一线才是日本人。投降者成为自相残杀的工具,是我国革命史上一个大污点。"我们惟有抱牺牲决心,拥护唯一领袖,服从中央命令,才是救亡御侮的大道。"

3. 必须坚忍沉着,奋斗到底。要忍受艰苦卓绝的生活,坚持最后五分钟。"吃得苦中苦，才能持久作战，打倒敌人，获得最后胜利。"

4. 始终精诚团结，拥护最高领袖。用整个中华民族的力量抗战，可以打倒任何强敌，倘若不能万众一心，各怀私见，必定被敌分化，中了敌人以华制华各个击破的毒计。现在出现了许多新刊物，还在鼓吹民主政治和其他空洞的议论，忘却了这是整个民族的生死关头，任意将承平时代的论调来麻醉同胞，减低抗敌情绪，分散抗敌力量，这是很危险的。这些人纵然不是汉奸，却做着汉奸同样的自杀工作。"须知道现在无论何党何派，无论何人，只要是中华民国的国民，都应该集中三民主义的革命旗帜之下，拥护中央政府和最高领袖，精神团结，共赴国难，才能把握最后胜利。"①

说这番话的邵令江（1903—1938），别号景群，浙江余姚人。北京中国公学大学部毕业。1926 年到广州，历任黄埔军校政治训练处上尉科员、考核统计股少校股长、政训大队中校队长、国民革命军第四军第 26 师政治部副主任、主任。1936 年 8 月任中央军校第四分校（广州）政治部副主任，升任少将主任。其言论折射了原来广东等分立势力拥护中央的态度，也体现了国民党和国民政府通过抗日实现集权的取向。在中共和各界人士看来，政治上的民主改革不仅不与统一抗战相冲突，而且是实现全民抗战必不可少的条件。否则，单靠信心勇气的牺牲精神，不可能战胜强敌。

针对敌强我弱的态势，有人认为全民抗战固然要努力奋斗，可是一味向前，结果不免无谓的大牺牲。应有良好的持久战计划，才能使敌人经济崩溃，战斗力减低，夺取最后胜利。要有钱出钱，有力出力，凡是中华民国的国民，都应该在持久战中做抗敌工作，尤其要肃清汉奸，因为抗战屡屡失利的原因，敌人的飞机大炮太厉害之外，就是汉奸为虎作

---

① 邵令江：《持久战的精神条件》，《新粤周刊》第 1 卷第 18 期，1937 年 12 月 1 日，第 5—9 页，"专论"。

伥，多方助敌。①

《抗战三日刊》的时评认为，日本侵华，只是少数军阀和财阀的暴行，其国内人心涣散，财政危机四伏，所以要速战速决，中国则要利用敌人的弱点，用持久战促成其崩溃。持久战的重要条件，除军事方面不失时机，坚持抗战，外交方面积极推动，运用灵敏外，主要是心理和物质的基础。心理上认清挽救危亡的抗战历程是艰苦的，其间军事上或有失利，最后的胜利取决于能否坚持，能否反攻，以及源源不断的后援。民众应百折不挠，义无反顾，永不心灰意冷，丧失勇气。物质上须注意继续生产，加强国防经济建设，确保供应。②

"问鹃"着重探讨了持久战与兵力补充的问题，在他看来，战争胜负，首要在兵力强弱。中国原来实行募兵制，且不设后备兵，补充抽调，较为困难。最近实施兵役法，成效不彰，尤其是资质不精，训练时间太短或方法不良。现在形势紧迫，必须最短期内练出最能战的新兵加入前线，才能增强战斗力。因此只能在训练方法上加以研究。尤其应注意下列两方面：

其一，减少普通制式操演，注重战斗教练，不能一味按部就班。要创制新活的教材，暂时去掉与作战无关的制式，保留有关的基本动作、基本技术和基本战术练习。要加强夜间训练。过去红军在江西作战时，以赣南一隅，与全国之师对抗数年之久，持续力之强韧，令对垒的国军也非常佩服，以为有值得研究之处。经多方探问，知其教练新兵不在形式上的整齐，而在作战能力的培养，每人大抵只受三星期训练，就可加入作战。受训时专教打靶、掷弹等技术，因此排队走路不好看，打仗却非常厉害。"倘采用他们的办法，以全国之大，壮丁之众，生力军将如

---

① 雷震涵：《如何达到持久战》，《船山期刊》1937 年下期，第 11—12 页，"论著"。

② 韬奋：《持久战的重要条件》，《抗战三日刊》第 4 号，1937 年 8 月 29 日，第 2 页，"时评"。

潮水的奔集,就与暴日打上十年二十年也未尝不可。持久战的胜利,自必属于我们的了。"另外,广西出兵最多,其练兵向主活用教材及厉行机会教育两点,最近更加压缩精简,用最短的时间,练成最精锐的战士。除作战技术培养外,更处处养成"敌人观念",平时如战时,并因时因地施教,两周可教会很多知识。

其二,宜广调伤愈官长充教官,增加抗战经验,不要仅仅依靠书本和自身的教育。因为一般教材和经验,不能适应抗战的情况。而伤愈的中下级军官则知己知彼,练成新兵后即可带队出发,再选新愈的军官练新兵,轮流继替,较易取胜。[1]

太原沦陷、大名失守以及上海一带战事变化,一部分人流露出悲观动摇的情绪,王承基认为,"这是由于对于持久战没有正确认识的原故,应有纠正的必要!"抗战是争取整个民族生存的伟大神圣的斗争,是长时期的艰苦的战争,每一个中国人都应负起救亡的责任,抱定牺牲一切的决心,加强最后胜利的信念,不但要保卫大上海和华北,还要收复失地。在一个长期的民族解放的持久战争过程中,一时军事上的胜败得失是战略上常有的事,真正的失败是中途妥协,中途妥协,便是整个灭亡。抗战的根本在求得民族解放,必须加强坚持到底的决心和信念。11 月 7 日蒋介石对外报记者的谈话,指出此次抗战的要旨"在始终保持我军的战斗力,而尽量消耗敌人力量,使我军达到持久抵抗的目的!"非常明确地解释了抗战的意义。今后必须加强抗战的信念,努力完成伟大的使命。唯有持久抗战,才能争取民族的独立、自由和解放![2]

来华外国记者也认定"不妥协的持久战是中国的出路",他在华北

---

① 问鹃:《持久战与兵力的补充问题》,《大公报》(汉口)1937 年 12 月 7 日,第 2 版;12 月 8 日,第 3 版。

② 王承基:《我们对持久战应有的认识》,《社会日报》1937 年 11 月 20 日,第 3 版。

从山东到山西两千里的前线旅行了一遍,称日军的战略是用强大的机械化和摩托化的兵力,迅速重击各铁路线正面的中国军队,使之放弃重要城市据点,然后派小队清剿两翼留在后面的中国军队,再继续前进。中国军队武器薄弱,抵挡不住日军的飞机大炮坦克。可是,留在敌后的中国军队已变成游击队,尤其在山区,日军若正面遇到坚强的抵抗,后方又有八路军发动的广泛的游击战,形势就完全不同。在八路军进入晋北察南之前,东北的流亡学生已经放出囚犯,一块上山组织义勇军,在中共来人的领导下,集合部分西北军的散兵和通州的保安队,发动农民,从西山直到保定,人数众多,加上八路军正规部队以及察南雁北退下来的军队,声势更大。如果没有正面强有力的抵抗,日军数十万大军进行清剿,游击战再高明也难以持久。目前的要点,是坚决不妥协的抗战到底,军事上要有全面计划,单纯的阵地战或游击战都不能取胜,必须以绝大的力量死守正面阵地,同时尽一切可能援助敌后游击队,如此一来,华北、上海、黄河沿线日军各有数十万人不能脱身。必须动员一二百万以上的军队,才能真正展开持久战与消耗战,使经济的、社会的、国际关系的和其他一切因素发挥效力,最终制敌死命。也就是说,中国的出路在于绝对地不妥协、不苟安,展开坚强的阵地战与广大的游击战有计划地相配合的持久战局,才能打到最后胜利。①

持久战当然要争取国际援助,但更要依靠自力更生,不能依赖外援和国际支持,要用更坚决彻底有效的持久战来打击敌人,加速国际局势的发展与变化。首先要动员全国的人力物力支持战争,尤其是发动、组织和武装广大农民。其次要改造各级政府,吸引有能力有勇气的人充实之。再次要扩充和训练军队,加强政治教育。最后要建立国防经济

---

① 羊枣:《不妥协的持久战是中国的出路——一位外国名记者的谈话》,原载《救亡日报》,《救亡文辑》旬刊第 3 期,1937 年 10 月 30 日,第 5—7 页,"救亡言论"。

体系，实施战时财政制度。①

第二节　两种持久战取向

抗日战争将是持久战，早在全面抗战爆发前就已经成为举国上下的共识。但是持久战是多久，以及如何进行持久战，国共两党的主张明显不同。在相当多的人心中，持久战只是相对于日本的速战速决而言，在坚信中国必须以持久战争取最后胜利的同时，日本是否能够支撑持久战成为热议的话题。而日本能够支撑多长时间的战争，关系到中国的抗日持久战究竟需要坚持多久。思慕的《日本的军需资源与持久战》，根据各种统计资料，专门论述日本与战争有关的各种资源严重短缺，如铁、其他金属、燃料、化工原料、橡胶、粮食等，平时就相当贫乏，战时需要膨胀，更加恐慌。寻求代用品和开发新资源都不能应急，加上财政入不敷出，资源不够支撑一年以上的需要，绝不能作持久战。②

王达夫的《日本经济能作持久战吗？》，旨在深入探究人们常说的日本财政危机严重，不能支持长期战争，究竟到了什么程度。日本是依赖外贸的国家，1936 年的贸易额为 12 亿余圆，中国是其第三大输出国，1936 年对华输出 3.5 亿余圆，卢沟桥事变后完全落空。1937 年 5 月中旬前，日本输出将近 12 亿圆，输入达 17 亿多，入超近 6 亿圆。日本的黄金储备很少，1937 年曾六次运出黄金共 3.3 亿日金圆。日本银行的金准备为 4.25 亿，后增加 1 亿圆，若每年入超有增无减，抗战只要支持一年半，日本的黄金就流净，财政就根本破产。日本的军费大膨胀，日常生活用品生产异常缩减，失业工人达 200 余万，人民生活极端困苦，

---

① 胡伊默：《抗战以来的国际与国内》，《战时乡村》第 1 卷第 1 期，1938 年 1 月 20 日，第 3 页。

② 思慕：《日本的军需资源与持久战》，《商业月报·战时特刊》第 3 号，1937 年 10 月 15 日，第 2—7 页，"专文"。

最低生活指数大幅提高,物价暴涨,长期战争将导致严重骚乱。以往日本的财政赤字靠发行公债填补,至 1936 年已发行 115 亿圆,1937 年的预算为 37 亿圆,上海战事后临时追加 22.24 亿圆,日本国民每人要负担 280 余圆国债,对政府怨声载道。而日本的资本家也不愿持久战。只要全国上下一心,长期抗战,日本必遭惨败。①

中国驻横滨总领事邵毓麟依据最新资料对日本的经济力量进行分析检讨,作为《敌情的总观察》小册子的一部分,《大美晚报》转载,题为《日本的经济力能作持久战吗?》。作者认为,现代战争决定于一国的财力、人力、火力三要素。战争由速决战转为持久战时,财力即经济力的强弱尤为左右战局的最大要素。在中国军队的抵抗下,日本速战速决的梦想破灭,转为"长期惩膺"。不过,其经济很难支撑长期作战的局面。②

日本人撰写的关于日本不宜于持久战的文章,被译介来佐证中国坚持持久战的正确。8 月 7 日《申报》刊登日本《每日新闻》所刊高木友三郎《论对华不宜持久战》一文的译文,高木认为,战争至少在一年以上,而日本最担忧经济关系恶化,对华贸易停滞,在华北、华南的日人企业不能继续经营,中国沿海及长江航运断绝,入超增加。若加发公债,难以消化,贸易统制,则物价飞涨,限制价格,又不易彻底。加之增派军

---

① 王达夫:《日本经济能作持久战吗?》,《抵抗三日刊》第 9 号,1937 年 9 月 16 日,第 6 页。王达夫,1905—1978,原名王均予,湖北宜昌人。曾任小学教员。1926 年先后加入国民党、共产党,历任国民党宜昌市党部宣传部代部长、湖北省党部特派员、中共宜昌市委秘书长、宜昌县委临时书记、临时中央局出版部第三科科长,创建中国青年同盟,任负责人,广州市委书记兼外县工委书记,稍后任延安解放社发行科科长。

② 《日本的经济力能作持久战吗?》,《大美晚报》1938 年 3 月 18—21 日,均为第 4 页。

队，劳力减少，生产力锐减。恐怕半年以后就会大恐慌。①

日本《改造》杂志第 19 卷第 8 号刊登三岛康夫的《消耗战？决战？》，认为武力侵占沿海并进入中国内地，中国依地势退至四川，继续抵抗，其广大面积可作持久战，会对日本不利。其一，日本经济不能长期战争，强行则暴露各方面矛盾；且易引发日苏战争，以及英美对华援助。其二，中国常用红军的游击战略袭扰日军及其后方，日本的力量将愈益消耗。②《抵抗三日刊》将此文翻译刊载，意在反证中国宜于持久战。

上述文字，显示国人在抗战初期，虽然意识到中国的抗日战争必然是持久战，不可能迅速战胜日本，但是对于持久的久究竟是多久的预判，显然过于乐观。尤其是关于日本国力对于战争的支撑，多从静态的角度立论，缺少弹性。这样看似坚韧的乐观，成为后来眼看日本迟迟未被中国的抗战拖垮，转而悲观的重要原因。

中国方面，原有的悲观论和速胜论在不利形势下进一步发酵，前者倾向投降，后者陷入绝望。更为重要的是，战事发生以来，虽然朝野上下早就普遍认识到中日之战是持久战，可是持久到底要多久，估计严重不足。许多持久战的论述认为日本撑不过一年半，就会引起经济崩溃，社会动荡，国际干预。然而，抗战进行了一年，中国仍然节节败退，而日本不仅军事上似乎越来越强，经济和国内社会情况也完全没有崩盘的迹象，于是不少人开始怀疑中日两国究竟哪一方更有可能经受不住持久战。

正是在这样的背景下，抗战各方有针对性地展开新一轮持久战的讨论和宣传。反映国民党和国民政府的主要主张，一是坚定信念，全力

---

① 《论对华不宜持久战》，《申报》1937 年 8 月 7 日，第 4 版；芳菲：《日本决不能作持久战》，《晶报》1937 年 8 月 9 日，第 2 版。

② 林永炘译：《日对持久战的忧虑》，《抵抗三日刊》第 25 号，1937 年 11 月 9 日，第 6 页。

以赴；二是服从政府和领袖。二者相辅相成。

　　"九一八"之后就提出发动整个民族解放战争，实行焦土抗战的李宗仁，为《反侵略》杂志撰文《反侵略与持久战》，针对一般恐日病和悲观论者因为军事上的顿挫信心动摇，怀疑抗战的不良情绪，强调抗战是中华民族唯一的出路，抗战得到各国人民的种种援助，只有抗战才能争得国家民族的自由平等，提高国际地位，奠定复兴中国的基础。近代国际战争，尤其是弱小民族与帝国主义的战争，后者力求速战速决，前者却利于长期战、持久战。中国同样宜于消耗战持久战，"即使延长十年八年，甚至数十年也可支持下去"。不必与军力强盛的敌人在战场上争夺一时的胜负，要利用地势，据隘坚守，以运动战游击战来尽量消耗敌人的实力，待其消耗殆尽，便可全力反攻，一举扫荡。①

　　李宗仁是军人，有军事指挥的实战经验，所提到的用运动战游击战来消耗敌人，在全面抗战以来中国军队的作战实践以及国民党、国民政府的持久战宣传中并不常见，更多的情况是一味强调抵抗到底的精神。尤其是全面抗战初期，希望很快引起国际干预，因而集中精锐兵力到沪宁一带，实施专守防御的阵地战，军事上毫无胜算，所谓持久战，不过是坚守阵地到底，争取国际转机的代名词。而支撑战斗到最后一人之必死决心的精神支柱，就是无条件的服从和意志决胜法。

　　云南日报社长陈玉科的《持久战的精神基础——国民心理》一文，声言："中国抗战是民族解放战争，战争的目的是在中华民族的解放，战争的本质是革命战争。"所应用的是持久战略，争取主动，全面攻击。蒋介石在 11 月 1 日的《告国民书》中说："革命战争是凭藉坚强不屈的革命精神，与坚忍不拔的民族意识。"革命精神与民族意识是抗战最后胜利的决定因素，"不可忽略国民心理在战争中的地位"。"战争，在表面

---

　　①　李宗仁：《反侵略与持久战》，《反侵略》第 1 卷第 3 期，1938 年 9 月 17 日，第 37—38 页。

上,是交战国双方武力的结算,其实归根究底说,战争完全是一个国家民族的心理决斗。"要想始终在抗战中立于主动地位,必须依赖决定战争胜负的精神因素,具有更坚强的意志者,就是最后的胜利者,所以每个中国人应发挥革命精神与民族意识,去争取抗战的最后胜利。如果心理崩溃,必败无疑。因此,要强化抗战意念。①

如何保持坚定意志,主要就是强化对领袖的信仰。广西各界抗敌后援会主编的《克敌周刊》刊载国民党广西省党部代表袁石之的《持久战应有之认识》,高度肯定中共在抗日的旗帜下宣言服从国民政府,确认三民主义为中国今日之必需,形成全民族的救亡阵线,是伟大的转变和中国民族史上空前的伟绩,同时批评许多人的抗战情绪跟着国际形势的弛张而消长,或一时的胜败而兴奋消沉,是没有根本认清既定国策,对抗战的前途没有必胜的信念。对党和领袖的信仰不坚定,如何能够拯救国家民族的危亡,完成抗战建国的大业。他认为明治日本以及土耳其、法、意等国的复兴,主要是由于其旺盛的民族性,以及认识国家民族的利益高于一切,忠于国家,忠于领袖的精神。而中国具备其他条件,只要全国国民认识国家利益高于个人利益,民族生命重于个人生命,把自己的力量贡献给国家,拥护政府,信赖领袖,使领袖能够按部就班地执行抗战建国的计划,不久的将来就能看见一个新兴的中国。

上海"八一三"抗战开始,中国政府即根据敌我的社会、政治、经济、军事情况,决定采取长期消耗战的战略。现在日本三个月内征服中国的计划已告失败,证明长期抗战已收奇效。如今日本加紧压迫,战局更加紧张,如何应对,应如蒋介石所说,国际形势不能完全信赖,可靠的只有自身。而自己的物质力量不足,只有加强精神方面的训练和准备。所以今后唯一的出路,"就只有大家统一意志,集中力量,大家在一个统

① 陈玉科:《持久战的精神基础——国民心理》,《新动向》第 1 卷第 12 期,1938 年 12 月 31 日,第 375—377 页。

帅命令之下,去发挥全部的力量"。只要人人抱必死之心,抵御外侮,就必定成功。全国人民精神团结,可以弥补器械的不足,充分发挥战斗力,用全民族的力量来对抗暴日的侵略。抗战以来,最高领袖屡次劝谕国民,共同负担救亡责任,前方将士也英勇作战,惟后方尤其是城市的知识阶级,必须消除个人主义,放弃物质享受,以身作则,领导民众,支持抗战直到最后胜利。①

有人根据蒋介石所说持久抗战决胜的中心,不在南京,不在大都市,而寄于全国的乡村与广大的民心,认为占人口百分之八十的农民是主要兵源和民心所在,发动农民,加强农民的抗战决心,尤为重要。而动员农民的有效途径,就是改善乡村政治,祛除腐化,建立威信,推进乡村政务。应按照孙中山的建国大纲,实行地方自治,选举乡村长,改变以前由县长委派者多为土豪劣绅或无知之徒的情况。具体而言,要切实施行选举罢免权,由人民自由选举及罢免;当选者要集中进行教育,明了政治趋势;定期召开乡民大会,引发人民发表意见的兴趣。全国可以效法广西的基层政治组织,积极有计划地改善乡村政治。②

与国民党和国民政府片面强调服从领袖和空洞提倡精神制胜的主张不同,中共的持久战突出动员和武装民众的重要性,强调运动战为主,游击战、阵地战为辅的战略方针。而且这样的主张不仅体现于中共发起的宣传之中,也反映到社会各方的持久战舆论里面。《教育杂志》第 28 卷第 1 号刊登的《战时补充教材》分析了抗战的形势,针对假借与污蔑游击战的错误言行得出结论:一、欲争取抗战的胜利,只有正规战,但目前敌人深入中国,游击战成为配合正规军作战的主要辅助战术。

---

① 石之:《持久战应有之认识》,《克敌周刊》第 16 期,1938 年 6 月 25 日,第 7—8 页。

② 钟绍英:《持久战与改善乡村政治》,《克敌周刊》第 14 期,1938 年 6 月 11 日,第 7—8 页;《云南抗敌后援会特刊》第 27 期,1938 年 8 月 27 日,第 1 版,"言论"。

二、正规军派出的支队和战区的武装民众，都应负起组织和发展游击战的责任，其中心条件，是信任和依靠群众。三、凡假借游击战名义企图逃避战争或扰乱自己后方的，都应禁止。游击战的真正作用，只有在持久战中才能发扬光大，并完成配合主力作战的伟大任务。

怎样才能进行持久战，文章主要引述周恩来在这一主题的文章中所说的具体办法：一、巩固前线。在蒋介石的领导下，各部队各战区统一规划部署，相互配合，改变专守防御的战略战术，实行大范围运动战。万一敌人突破某些支点，必须抛弃过去全线后撤的办法，正面坚持纵深抵抗，将突击兵力转移到敌人侧后寻求新的战机，避免全线溃退，敌跟踪追击，将我各个击破。

二、建设新军备。在最短期内，在现有军队的基础上，决心建立几十个装备新式武器和政治坚定的国防师，其编制必须适合对日作战和新的技术条件，干部必须以有抗战经验的军官为骨干，并迅速培养训练大批青年军政干部。官兵教育必须着重于实战经验的联系、技术条件的提高和政治训练的加紧。政治上官兵平等，军民一致，经济公开，严格纪律，达到指挥、武装、纪律、待遇、补给和作战计划的全面统一。

三、建立军事工业。集中各种专门人才和资金，建立统一而分布合理的国防工业，有计划地集中生产重要且急需的军火及军工器械。

四、发展敌占区的广大游击战。日军兵力有限，只能占领交通要道和大城市，后方空虚，应派遣得力部队到敌占区侧后为游击战骨干，动员组织武装民众，首先自立，一直发展成能够脱离自己的乡村城镇的武装队伍，进行广大的游击战，袭扰敌人，配合主力作战，使敌不易在占领区建立汉奸组织和军队，难以统治。

五、进行广大的征募兵役运动，其工作中心是动员新兵上前线。政府应组成各级征兵委员会，统一机构，组织指导征兵运动。各民众团体以此为中心，有组织有计划地到乡村中去，召集群众大会，优待救济军属，成立各乡村群众选举的动员委员会及优待抗日军人家属委员会，以各种形式造成上前线杀敌的热潮。

六、巩固后方。在重要城市构筑和加强要塞及支点，巩固全国的交通运输，动员民众参加抗战，肃清汉奸敌探托匪，造成统一强固的后方。

七、加强国防机构。改造军政机构，将重复、庞大、分散变为集中划一，有适当的科学的集权与分工，以适合抗战需要。

八、运用国际有利条件。抗战要建立在自力更生的基础上，反对幻想出兵式的外援，但要运用有利条件。以全国统一的对外宣传，向世界提供有计划有系统有组织的材料；各党派团体联名通电，派人到海外争取和扩大各国援助。①

周恩来的八条办法，主要就是针对全面抗战以来中国军队专守防御、忽视运动战游击战的不恰当战略，以及没有广泛动员民众的单纯军事路线。在国共合作的形式下，中共可以服从坚持抗战的国民政府及其领袖的指挥，但是并不简单地认为只要服从蒋介石，就能够取得抗战的胜利，而是更加强调动员和武装民众，发挥民众抗战救国的主动精神，造成人民战争的决定性作用。

《抗战三日刊》发表了编者的抗战理论介绍《怎样争取持久战的胜利?》，主要介绍彭德怀所写《争取持久抗战胜利的先决问题》的小册子，文章首先引述了小册子引言中的话，"三个月的抗战过程给了我们不少的痛苦教训，暂时局部的失利固然不足以判断整个抗战的胜败，但是假如不以最高的警觉来找出造成这一形势的原因，检讨出今后努力的方针，那也很易使抗战走入更困难的状态，使国人走到彷徨悲观莫知所措的地步。找寻争取抗战胜利的方法，比任何时候都要更加迫切了"。彭德怀是正在前线作战的军事专家，他由抗战实际经验所得到的意见，值得郑重介绍。彭指出的最重要一点是"敌我力量对比的变动性"，中国

① 《什么叫做游击战》《怎样进行持久战》，《教育杂志》第 28 卷第 1 号，1938 年，第 97—99 页，"战时补充教材"。所引周恩来的文章《怎样进行持久抗战?》，原载《群众》第 1 卷第 5 期，1938 年 1 月 8 日，第 81—84 页。

只有持久（战）才能生长力量。人们常常听到，中国必须持久抗战才能得到最后的胜利，但是有些人看到敌人目前武力占优，我国力量较弱，担心越拼越消耗，是否能拼得过敌人。有些人利用这种心理动摇国人持久战的决心，甚至嘴上主战，同时倡言"弱国牺牲论"，认为不战亡，战亦亡。对这种汉奸理论应迎头痛击，中国持久战不但不会耗完力量，还会生长力量，这一点非常重要。

更为重要的是，如何在持久抗战中实现中国力量的增长，引起敌我力量的变化，关键就在民众动员和全民抗战。通过持久抗战，在宽大的民主政治与改善人民生活的条件下，高度发挥整个民族的力量，向来被人讥为一盘散沙的中国民众，将会很快凝成钢铁一般的力量。国内的磨擦亦必随之而减弱，全国人民将会各尽所能，坚决拥护领导抗战的政府，争取民族的解放。被压迫被侵略的国家和民族，往往是在自卫的解放斗争中，生长与团结自己的力量。侵略者在持久战中只能逐渐削弱，加深本国的矛盾。从经济、军事、国际各方面情况看，只有而且能够从持久战中改变强弱的现势，既不要被恐日及弱国牺牲论者所散布的民族失败主义所迷惑，也不要被急性病者的悲观失望所沮丧。

游击战争的定义应该是群众战争，是群众直接参加抗战的最高形式。游击战的发展极大地危害敌人，成为我主力军作战的有力助手。游击战可以迷惑、疲困、阻扰、分散敌人，配合主力，敌人深入一步，即被群众武装重围一层，不断受到袭扰围困，消耗疲惫，造成主力消灭敌人的条件和机会。只要有群众，就能发展游击战。我们有充分的条件在敌后和侧翼等敌人的薄弱之处开展广泛的游击战。只要认识到发展游击战的重要，相信群众的力量，给以相当的推动与帮助，便可号召起广大群众加入游击战，进行抗日武装斗争。

民众动员与全民抗战有着重要关系，中华民族能否从持久的抗日战争中求得自己的独立自由和解放，完全在于能否动员全国一切人力物力，为争取抗战胜利而进行顽强的不疲倦的斗争。彭批评三个月来，全国民众拥护政府，拥护前线将士，可惜在传统政策下，除少数区域外，民众没有取得参加抗战的自由，也没有采取适当的政策动员全民族的力量，以致蕴藏在群众中的极丰富的战斗力量，依然没有大大发挥出来，使抗战始终停止在单纯军事防御的阶段，并未掀起全面和全民族的抗战。

惧怕民众力量抬头是毫无道理的，只有压迫者才惧怕被压迫者的反抗，今天中国的压迫者是日本帝国主义，整个中华民族都是被压迫者，政府在领导全国反抗侵略，除了汉奸以外，人人拥护抗日政府，没有人会反对。抗日过程中，贫苦人民要求改善其生活，使自己得有余力献给国家，这是合理的，对于抗日战争有利，不致减少政府的收入，对于富有者也不过在合理负担的原则下，少得一点租息，却在整个民族抗战胜利之下保持了自己的身家，不致为日寇所侵占。真正害怕中国民众力量的，是日本帝国主义，而不应该是中国政府和发财人。阻碍与压迫民众参战的运动，只有利于日本的侵略，使民族的生命遭受危害。动员和发动民众参加抗战，只会提高政府的威信与增强抗日的力量，使持久的抗战具有坚实的基础，只有这样的全民族抗战，才能最终战胜日本帝国主义。

在《抗战》的编者看来，彭德怀不是消极地批评上述严重的现象，而是希望能够及时纠正，使痛苦的回忆变成宝贵的教训，今天的教训变成将来的胜利。时机愈加紧迫，已经暴露的弱点不能再存在了，建立正确的方针，不能再迟缓了。今天全国同胞的责任，是拥护、推动与帮助政府和领袖，从困难中去争求民族的独立自由和解放。① 也就是说，对于政府和领袖，不仅要拥护，更要推动与帮助，推动他们实行全民抗战，帮助他们纠正错误。民众与政府及领袖的关系，不再是支配与服从，而是

---

① 编者：《怎样争取持久战的胜利？》(11 月 10 日，上海)，《抗战三日刊》第 26 号，1937 年 11 月 13 日，第 8—9 页，"抗战理论介绍"。

相互砥砺促进。

同样主张持久战，国民党是专守防御的持久战，其动员民众意在贡献所有的人力物力给政府，共产党则军事上主张以运动战为主，游击战阵地战为辅（中共领导的军队则以敌后游击战为主），政治上要求动员和武装民众，造成人民战争，实行真正的全民抗战全面抗战。国共两种不同的持久战主张，在《论持久战》问世后的持久战舆论中进一步得到展现。

第三节　中共抗日持久战战略方针的确定

彭德怀的持久抗战主张和对国民政府抗战作为的批评，显然不只是提供个人意见，而是相当程度表达了中共对抗日战争的基本方针。在毛泽东的《论持久战》问世之前，中共党内不仅明确提出了抗日持久战战略，并展开了一系列论述，而且已经作为党的方针正式向共产国际报告。也就是说，中共关于抗日战争的战略方针，并非在全面抗战爆发一年后才由《论持久战》提出。虽然已有论者指出《论持久战》之前多位中共领导人关于持久战的论述，可是实际上视为个人言行而非党的集体意志，且限于思想而非战略方针的层面，这样的判断，还不能充分完整地呈现实际情形。

全面抗战爆发后，中共领导人陆续对革命战争延续一贯的持久战战略方针进行了一系列阐述。1937 年 9 月 1 日，毛泽东在中央一级积极分子会议上做了《中日战争爆发后的形势与任务》的报告，在"甲、形势"的"（三）结论"部分，明确指出抗战"是持久战"。① 10 月，在《目前抗战形势与党的任务报告提纲》中，毛泽东认为目前的失利是暂时和部

①　《中日战争爆发后的形势与任务》(1937 年 9 月 1 日)，中共中央文献研究室编：《毛泽东文集》第 2 卷，第 9 页。

分的,"决胜负的战争尚在前面,最后胜负要在持久战中去解决"。决定战争胜负的三个因素是:中国、日本、国际的力量,而决定因素是中国的力量。其结论为:"(一)中国有力量战胜日本。国内外的形势对中国有利。(二)今天的中心实在坚持抗战,进行持久战。"①

在此前后,张闻天、周恩来、朱德、彭德怀、任弼时、博古等人也从不同方面对"持久战"或"长期抗战"的方针进行了阐述。

1937 年 7 月 26 日,《解放》第 12 期发表朱德的《实行对日抗战》,指出:"抗战不是那么容易的事件,也许有着超过我们想象之外的困难,它将是一个持久的、艰苦的抗战。这需要我们动员与集中全国一切人力、智力、财力与物力以赴之!"②8 月 15 日,中共洛川会议通过《中共中央关于目前形势与党的任务的决定》,表达了几乎同样的意思:"在今后抗战过程中,可能发生许多挫败、退却、内部的分化叛变、暂时与局部的妥协等不利的情况……因为〔此〕应该看到这一抗战是困苦的持久战。"③

9 月 18 日,张闻天撰写了《论抗日民族革命战争的持久性》,其中一节专论"战争的持久性",认为日本的速战速决战略很难实现,而中国也很难在短期内战胜日本,"因此中日战争谁胜谁负的问题,是不能在短时期内最后解决的。中日两国的战争,将带有持久的性质"。"日本帝国主义从速战速决转变到持久战将是不得已的与被逼的。而中国,则必须用持久战以战胜日本。因为这种持久战对于日本非常不利,而对于中国却是有利的。中日战争愈持久,则日本国内的矛盾愈益尖锐

---

① 《目前抗战形势与党的任务报告提纲》(1937 年 10 月),中共中央文献研究室编:《毛泽东文集》第 2 卷,第 50—52 页。

② 朱德:《实行对日抗战》,《解放》周刊第 1 卷第 12 期,1937 年 7 月 26 日,第 13 页。

③ 《中共中央关于目前形势与党的任务的决定》,《解放》周刊第 1 卷第 15 期,1937 年 9 月 6 日,第 6 页,"论著"。

化，日本方面的困难愈益增加。这就是造成了中国战胜日本的有利条件。"①

12 月 25 日，《群众》周刊第 1 卷第 3 期刊登周恩来的《目前抗战形势与坚持长期抗战的任务》，认为："部分领土的丧失与军事上的失利，决不能决定整个抗战的胜负，只有长期抗战，才能决定整个抗战的最后胜负。"②

1938 年 1 月 8 日，《群众》第 1 卷第 5 期发表周恩来的《怎样进行持久抗战》，这是《论持久战》之前中共领导人论述持久战最为详尽的文章。该文开宗明义，旗帜鲜明地指出："只有持久抗战，才能争取最后胜利，这是抗战五个月中最主要的教训！五个月前，抗战初起，我们即主张坚持长期抗战，决定最后胜负的方针。"当时有人以为可以局部幸胜，牵动国际大战，不成则转而妥协屈服。要消灭离心动摇现象，"贯彻持久抗战的方针，就必须对于怎样进行持久抗战，提出更积极更具体的任务"。

为了"回答怎样进行持久抗战的问题"，周恩来首先总结了抗战 5 个月的主要经验教训，包括统一团结的意志和英勇战斗的精神以及抗战准备不足，必须在持久战中发扬和增加长处，提高军队的技术和装备现代化；应以山地战、运动战为主，阵地战、游击战为辅（淞沪抗战时若能抽出相当数量和质量好的部队到北方战场，以运动战打击敌人，效果更好），统一集中指挥与机断专行的分工相互补充协调；民众运动应以动员参战为一切工作的中心；进一步运用国际有利条件，肃清汉奸，制裁特殊化思想、汉奸理论、亲日派活动以及日本侦探和托匪言行。

抗战的经验教训表明，决定持久抗战、争取最后胜利的基本条件已

① 洛甫：《论抗日民族革命战争的持久性》，《解放》周刊第 1 卷第 17 期，1937 年 9 月 25 日，第 4 页，"时评"。

② 周恩来：《目前抗战形势与坚持长期抗战的任务》，《群众》第 1 卷第 3 号，1937 年 12 月 25 日，第 53 页，"专载"。

经获得,现在的困难是如何渡过青黄不接的难关,阻止敌人深入。要巩固前线,改变专守防御,在广大地区以运动战消灭敌人,抛弃前线后撤的办法,正面留下钳制部队,坚守纵深配备的支点,将突击兵力转移到敌人侧后,实施机动作战;建设新的军备,建立几十个新式武装和政治坚定的国防师;建立统一的国防军事工业;发展敌占区的广大游击战;进行广泛的征募兵役运动;巩固后方;加强国防机构;运用国际有利条件等。

上述一切具体办法,都是为着实现一个目的,"即是争取持久抗战的最后胜利"。要贯彻抗战到底的方针,"必须首先加强和巩固中华民族能够支持长期抗战的信心和决心","必须坚决相信进行这些持久抗战的具体办法,是能够渡过目前难关、准备进行决定的战斗的"。[①]

1月9日,周恩来为1月11日创刊的《新华日报》题词:"坚持长期抗战,争取最后胜利。"[②]同年7月,又为《新民报》抗战周年纪念特刊题词:"全面团结,持久斗争,抗战必胜,建国必成。"反复表达了长期抗战的决心和抗战必胜的信心。[③]

1月22日,任弼时撰文《怎样渡过抗战的困难时期》,指出中华民族面临屈服投降和抗战到底两条道路,"中华民族的伟大力量将在继续持久抗战中涌现、滋长、生息、培养、发育起来。在最大的决心与努力之下,国防军队可巩固与扩大,军事工业可以建立,人民愈发动愈团结愈有力量,游击运动愈扩大愈斗争也就愈坚强。这一切的总和,就成不可战胜的力量……我们的抗战越持久,力量越加壮大;而敌人的侵略战争

---

① 周恩来:《怎样进行持久抗战?》(1938年1月7日),《群众》第1卷第5期,1938年1月8日,第81—84页。

② 《新华日报》1938年1月12日,第3版。

③ 中共中央文献研究室第二编研部编:《周恩来题词集解》,北京,中央文献出版社,2012年,第23页。另参见张卫波:《毛泽东〈论持久战〉的传播与影响》,《军事历史研究》2016年第3期,第85页。

愈延长,则其不能解决的困难将愈增加,恰成相反的发展。故我利于持久以取胜;敌须速决,持久必遭失败"。在国际上,"中国抵抗侵略的抗战愈持久,是可以得到国际间更多的同情与帮助。但日本侵略战争愈深入愈延长,则其国际地位愈孤立"。在敌我力量对比变化的情况下,"我们将看见中国的持久抗战将产生由失败而取得许多小的胜利,由不利局势转入有利局势,由完全被动防御转入主动战的战略上反攻的新过程"。或认为任弼时初步提出了抗日战争三阶段论,实则文章只是在叙述过程中分别使用了"被动防御"、"对峙局势"和"战略反攻"等不同表述,固然有显示区别之意,可是要说提出了三阶段论,即使是初步,也显得相当勉强,可以进一步斟酌。①

中国胜负的关键,是动员全中国人民参加全面抗战,单是政府的抗战是危险的。抗战开始几个月的全面只是地域,而不是成分。社会的全民抗战与地域的全面抗战,成为国共持久抗战主张和行动的重要分别。在张闻天看来,"四万万中国人民,是我们取之不尽用之不竭的伟大力量的泉源。只有依靠这一伟大力量,我们才能进行持久战,才能最后战胜日本帝国主义"。国民政府虽然抗战,却惧怕民众参加抗战,不肯发动和武装民众,民众的力量无从发挥,是抗战各种障碍与困难产生的根源。"在抗日的持久战中,部分的挫折和失败是不能免的……我们相信在这一抗日的持久战中,必将锻炼出无数这类坚定的、英勇的、充满民族自信心的民族英雄,在他们的统率下前进着千千万万有组织的、自觉的、全副武装的抗日大众。"②

1937 年 11 月 27 日,《解放》周刊发表彭德怀的《争取持久抗战胜利的先决问题》,文章首先重申抗战必然是持久战的判定,因为敌我双

---

① 任弼时:《怎样渡过抗战的困难时期》,《新华日报》1938 年 2 月 14 日至 15 日,均为第 4 版。

② 洛甫:《论抗日民族革命战争的持久性》,《解放》周刊第 1 卷第 17 期,1937 年 9 月 25 日,第 4—6 页。

方的形势决定，"从持久战中去取得抗战的最后胜利，已成为唯一正确的公论了"。虽然目前敌强我弱，但"敌我力量的对比决不是一成不变的东西，在持久抗战的过程中，是必然会变动的"。历史上不乏弱国在持久战下战胜强大侵略者的事实。"伟大的中华民族，有着数千年的灿烂光辉的历史，有着高度的文化，有着不愿当亡国奴的四万〈万〉五千万同胞，有着无量的蕴藏着的资源，有着充分的条件，在持久抗战中迅速改变自己的劣势地位而变为优势地位，必能最后战胜日本帝国主义。"敌我力量对比的转变，只有在持久抗战中才能实现，我们将实行民主政治，改善人民生活，高度发挥整个民族的力量。由于中国持久顽强的抗战，敌人则会削弱自己，加深矛盾。持久战也会造成经济力量对比的变动，战争愈持久，敌人愈困难，"而我反能在持久战中，发展民族的经济，树立国家的经济基础，以至于完全脱离帝国主义的羁绊"。"从任何一方面看，我们只有而且能够从持久战中，改变强弱的现势，最终的战胜日本帝国主义……我们每一个不愿当亡国奴的中国人，是要坚决的从持久战中去取得胜利的。""中国抗战的胜利，是在持久的消耗战中间来解决的……只有坚持持久的抗战，才能最终的战胜敌人。要进行持久的抗战，就要在抗战中动员一切人力、物力，团结与生长民族的力量，高度的发挥民众抗战的热情，建立正确的战略和战术，转变敌我力量对比的现势。"所以，"全民的动员，是持久抗战胜利的保障"。①

　　同年周恩来撰文《对日作战刍议》，开宗明义提出："对日抗战是持久性的战争。因之，必须由现实中央政府所发动领导的全国军队的抗战，发展到全民族全面的抗战，才能争取民族革命战争的最后胜利。全民族抗战必须在全民族中进行战争动员，不单是军队动员，而且要进行政治上、经济上、军事上各方面的动员；不单是前线动员，而且要进行后

---

　　①　彭德怀:《争取持久抗战胜利的先决问题》，《解放》周刊第 1 卷第 25 期，1937 年 11 月 27 日，第 10—12、15 页。

方动员。战争愈持久，后方的作用愈增加其比重。"全国军队抗战与全民族抗战，是全面的地域性与社会性分别的另一表述。

政治动员应在政治民主化的原则下进行，国防最高会议要成为战争领导机关，负责实施国防大计；国防会议参议会要成为讨论和决定国防大计的权力机关，并扩大组织；国防最高会议要下设动员委员会，容纳各方面人才，负责实施全国各方面的动员计划，其组织要推广到全国各省县市区乡。必须动员广大民众，这样"广大民众才能成为支持持久战的不竭源泉"。经济动员要在经济国防化的原则下进行，不仅要支持长期的对日抗战，并且要由此达到中华民族的复兴。"抗战的发动和持久，尤其日寇的封锁，将改变着中华民族的整个经济生活。"军事动员要在军事普遍化的原则下进行，不仅要动员全国军队，并且要动员全民族参战。①

1938 年 2 月 22 日，徐特立在长沙写了《关于武装农民问题》，强调"我们的军事要时刻不忘持久作战的原则。因战争的持久，就需要人力和财力"。②

中共领导人在不同时间不同场合异口同声的表态，表明抗日战争持久战的战略方针已经成为全党共识，言论上众口一词，行动上协调一致，绝不仅仅是不约而同的个人看法。作为共产国际领导下的分支组织，中共还正式向共产国际报告了自己的政治决定。1938 年 3 月，任弼时赴莫斯科任中共驻共产国际代表团负责人。4 月 14 日，他代表中共中央向共产国际提交的书面报告大纲《中国抗日战争的形势与中国

---

① 周恩来：《对日作战刍议》，中共中央文献研究室、中国人民解放军军事科学院编：《周恩来军事文选》第 2 卷，北京，人民出版社，1997 年，第 79—81 页。该文的军事动员部分未写完。

② 徐特立：《关于武装农民问题》，武衡等编：《徐特立文存》第 2 卷，广州，广东教育出版社，1995 年，第 35 页。原载 1938 年 5 月播种社出版的《抗战中的政治问题——徐特立先生论文集》。

共产党的工作和任务》撰写完毕，5月17日出席共产国际执委会主席团会议，就书面报告进行口头说明和补充，明确指出："中日战争爆发后，在日本，因为它在军事、经济、财源及政治上，都是需要求得速战速决，战争延长是于它不利的，而在中国，则需要采取持久的抵抗，在持久战中，去消耗敌人，组织自己的力量，求得最后去击败敌人。因此，持久抗战以求得最后胜利，是中国抗战的总方针。"这是中共中央向共产国际的正式报告。

在中共看来，上海、太原、南京失陷后，国民政府当局丧失了阻敌深入和保卫武汉的信心，蒋介石及其左右对持久抗战各项具体办法亦无多大兴趣，而希望苏联出兵。中共则争取前线将领，坚持华北和东南的持久抗战，蒋亦发表《告全国军民书》，声明抗战到底的决心。"中共中央估计，中国的抗战只是暂时的部分的失败与挫折，而不是最后决定胜负的失败。最后的胜负，要在长期持久战中去解决。"

中国的持久抗战方针，具备有利条件，中国地大物博，人口众多，"在持久战中，中国会更加团结，民族仇恨愈益加深，新的力量可以培养生息。这都有利于持久的抵抗"。日本则人口财富有限，侵略战争得不到全国的拥护，越持久越困难。国际环境也有利于中国争取外援。"这一切条件，都是有利于中国的持久抗战以致胜日本的。"要设法克服困难，度过危机，3月初中共中央估计武汉两三个月内可能失陷，会引起国民政府对抗战方针产生新的动摇。"在抗战问题上，目前摆在中国党面前的最基本的任务，是防止和克服中国政府对抗战方针的动摇，以一切努力，争取中国能持久抗战，以求得最后战胜日本帝国主义。"万一武汉、西安沦陷，仍然要推动政府继续抗战，"保障抗战能够持久，而且使抗战转入有利的发展，直至战胜日寇的最基本的任务，就在于培养与创造新的力量"。"为着防止和克服政府对抗战方针的新的动摇，须努力提高政府、军队与人民持久抗战的胜利信心，反对一切投降理论与失败主义的思想。这就是中共在目前抗战问题上的中心任务。"①

中共关于抗战形势及国民政府能否坚持抗战的分析估计,未雨绸缪地预见到形势可能出现的变化,并针对性地采取了相应措施,制定了应对办法。在政治方面,要求继续坚持持久抗战、必定胜利的信念。3月31日,中共中央政治局会议做出《目前抗战形势与如何继续抗战和争取抗战胜利》的总结,针对武汉保卫战的成败是否决定抗战成败的问题,坚持认为,万一武汉不守,抗战会遭遇更大更多的困难,"但继续长期抗战和争取抗战的最后胜利的基本条件依然存在的"。这些条件仍然分为我方、敌方和国际三方面,我方全民族团结,国共合作,统一政府、军队和民众武装,人口众多,地大物博;敌方财政困难枯竭,军工原料缺乏,国内反战运动增长,统治阶级内部裂痕日深,兵力不足,战线延长,军队堕落,后方不稳;国际上无产阶级和被压迫民族及爱好和平人士广泛同情援助,社会主义苏联同情援助,英、法、美态度友好,德、意、日则内部冲突。同时各方面也存在大量问题和困难。要清楚认识有利条件和优点,勇敢看清各种严重的弱点和困难并予以克服,使我国能够继续长期抗战并争取最后胜利。②

1938年4月5日,《解放》第34期发布《中华民国陕甘宁边区政府告民众书》,向全国民众发出呼吁:"我们的战略,在坚持长期的抗战中,去消耗敌人有生力量与物质力量,直到最后完全歼灭敌人。""我们并坚信,在巩固全国团结,持久抗战中,一定能将日寇侵略势力逐出中国,实现独立自由幸福的新中国。"③

---

① 任弼时:《中国抗日战争的形势与中国共产党的工作和任务》(1938年5月17日),《任弼时选集》,北京,人民出版社,1987年,第167、171—172、175—176页。

② 陈绍禹(王明):《三月政治局会议的总结——目前抗战形势与如何继续抗战和争取抗战胜利》,《群众》第1卷第19期,1938年4月23日,第323—326页。

③ 《中华民国陕甘宁边区政府告民众书》,《解放》第34期,1938年4月5日,第26页,"来件"。

5 月 13 日,毛泽东致电陈绍禹等,针对 4 月 26 日汉口《大公报》称徐州会战是日本军阀的最后挣扎,不失为准决战的说法,认为"《大公报》否认持久战,提倡准决战的论调"是不对的,徐州决战只是某种程度的战役决战,不是战略决战。必须准备徐州失败后有充足力量保卫武汉。①

5 月 21 日、28 日,《群众》第 23、24 期连载彭德怀的《第二期抗战与我们的任务》,该文写于 3 月 24 日,在分析了敌我形势之后得出结论:"虽然敌人在军事上取得了些胜利,占领了我国许多重要的城市与大块领土,然而这只是军事上暂时的部分的失利,绝不能认为是最后的失败。只有在持久战争中,才能解决最后胜负问题。"②

为了应对局势的变化,中共方面提出的军事对策主要有两点,一是应尽量减少单纯阵地防御,采取大兵团大范围的运动战,二是要广泛发动和开展敌后游击战。

1938 年 2 月 23 日,毛泽东等致电朱德等,提出为了保卫西安、武汉,必须告诉国民党,如果近百万军队均退至黄河以南平汉以西的内线,将形成极大困难。总方针应是在敌深入进攻的条件下,部署足够力量于外线,配合内线主力作战,"造成有利于持久战之军事政治形势"。③

是月,毛泽东与美国合众社记者王公达谈话,认为"中国抗战的过程必然是先败后胜、转弱为强"。军事上要以运动战、阵地战、游击战三种方式相互配合,以运动战为主,阵地战、游击战为辅,必能使敌军处于

---

① 《〈大公报〉提倡准决战的论调是不对的》(1938 年 5 月 13 日),中共中央文献研究室、中国人民解放军军事科学院编:《毛泽东军事文集》第 2 卷,北京,军事科学出版社、中央文献出版社,1993 年,第 222 页。

② 彭德怀:《第二期抗战与我们的任务》,《群众》第 1 卷第 23 期,1938 年 5 月 21 日,第 402 页,"转载"。

③ 《关于战略计划和将来行动的意见》(1938 年 2 月 23 日),中共中央文献研究室编:《毛泽东文集》第 2 卷,第 97 页。

极困难地位。武器装备和技术提升后，阵地战能够有力配合运动战，游击战则始终是辅助。但在抗战中占有重要战略地位。①

同年 5 月，毛泽东撰写了《抗日游击战争的战略问题》，一方面强调"整个的抗日战争，由于日寇是强国，是进攻的，我们是弱国，是防御的，因而决定了我们是战略上的防御战与持久战"。另一方面，则根据游击战在持久战中的角色地位，尤其是八路军、新四军的作战特点，将游击战争从战术层面提高到战略层面。因为中国大而弱，战争具有长期性，游击战主要是外线单独作战，而且是大规模的，与战略防御及战略进攻产生关联。虽然整体仍处于辅助地位，却必须在战略层面加以考察。在山西与国军合作抗战时，毛泽东就指示八路军，阵地防御的成败我们不负责，独立自主的山地游击战的成败我们必须负责。抗日游击战的六个战略问题之一，涉及持久战中的速决战，即"在战略的持久战之中采取战役与战斗的速决战"，"只有战役与战斗的速决战集合了很多……才能达到战略持久的目的"。②

华北是八路军建立敌后根据地和开展抗日游击战的主要区域，也是中共持久战战略方针能否实现的重要依托，中共中央发布多项文件，要求八路军各部在华北坚持长期抗战。华北要开展游击战，建立敌后根据地，长期对日作战，成为各部队的主要方针。

早在 1937 年 10 月 13 日，王若飞就撰文表示："我们对日作战的总的战略方针，应从坚决持久的大规模的运动战中，去消耗削弱敌人的力量，以致完全把他驱出中国去。"并提出《华北游击战争的展开》。③ 针

---

① 《毛泽东与合众社记者的谈话》，《解放》周刊第 32 期，1938 年 3 月 5 日，第 1—2 页。

② 毛泽东：《抗日游击战争的战略问题》，《解放》周刊第 40 期，1938 年 5 月 30 日，第 5—6 页。

③ 若飞：《华北游击战争的展开》，《解放》周刊第 1 卷第 21 期，1937 年 10 月 30 日，第 10 页。

对中央军"虽口头同意我们对持久战与游击战主张,但其心已不在晋,各军均纷纷谋退过河",周恩来旗帜鲜明地向中共中央表示应坚持华北抗战。①

11 月 16 日,周恩来在山西临汾党政军民联欢大会上演讲《目前抗战危机与坚持华北抗战的任务》,指出:"只有全民众起来抗战,抗战才能持久。"而"坚持抗战必须以坚持华北战争为中心。华北抗战能持久,日寇将无法实现其全部阴谋。目前太原已失,华北抗战能继续吗? 能持久吗? 我们回答:绝对地能。"即使敌人占领风陵渡,"我们也还是有办法在华北在山西进行持久抗战"。持久战有下列条件:甲、敌人兵力不足,只能占据城市和交通线。乙、"在地形上,持久战也是可能的"。山西全境、冀察西部、热冀边地都是山地,便于我军活动。丙、中国人适应气候。丁、"民众的反抗,是持久战的最主要的条件"。戊、民众武装初步发展,"特别是晋冀察边的广大发展,将是我华北持久战的模范根据地"。己、"政府领袖和军队的决心成为争取华北持久抗战的主要条件"。庚、"八路军留在华北作战,也为推动和领导华北持久抗战的重要因素"。"这一切有利的条件,将决定着华北持久抗战的极大可能……它的持久战,将影响和推动着全国抗战的开展……这个游击战将有胜利的前途。它要在持久战中,壮大自己,武装人民。"实现华北持久战的任务主要有四项:一、军队改造。二、开放政权。三、开放民运。四、肃清汉奸。②

1938 年 2 月 5 日,刘少奇的《关于抗日游击战争的政策问题》明确提出:"要准备长期坚持华北抗战,在最困难最严重的环境之下坚持华北的游击战争。日寇是一个强大的敌人,只有在持久战争中才能最后

---

①　《反对妥协求和,坚持华北抗战》(1937 年 11 月 13 日),中共中央文献编辑委员会编:《周恩来选集》上卷,北京,人民出版社,1980 年,第 79 页。

②　《目前抗战危机与坚持华北抗战的任务》(1937 年 11 月 16 日),中共中央文献编辑委员会编:《周恩来选集》上卷,第 83—87 页。

战胜它。"日寇不利于持久战，"但是由于全中国坚持抗战，它非使战争持久不可"。要采取各种政策，坚持统一战线，团结广大人民，"在持久战争中去战胜日寇"。①

八路军各部的军事领导积极响应中共中央的号召。林彪《论华北正规战的基本教训与游击战争的发展条件》，指抗战以来不断失利的根本教训就是阵地战的消极防御，使得地大的优点成为弱点，利于敌包围迂回，陷于被动挨打。中国不可能一下子战胜敌人，"只有在持久战中逐渐转变敌我强弱形势，才能最后的战胜敌人"。在持久战中，政治上要实行统一战线，军事上要运动进攻。② 5 月 21 日，徐向前在《群众》第1 卷第 23 期发表《开展河北的游击战争》，首先就指出"河北在持久抗战上的意义"，认定"开展河北游击战争，在中国的持久抗战与取得抗战胜利上，是有其伟大意义的"。③

综上可见，《论持久战》固然体现了毛泽东个人的政治军事天赋，同时也是中共集体智慧的结晶。尽管毛泽东在红军发展的历史上曾经几度处于少数甚至孤立的地位，并不意味着其棋高一筹全然与众不同，相反，正是由于毛泽东往往凝聚和代表了多数人的共识，才能让广大指战员心有灵犀地领会其战略意旨，并且得心应手地予以创造性实施。

---

① 刘少奇：《关于抗日游击战争中的政策问题》(1938 年 2 月 5 日)，中共中央文献研究室、中央档案馆编：《建党以来重要文献选编(1921—1949)》第 15 册，北京，中央文献出版社，2011 年，第 65、74 页。

② 林彪：《论华北正规战的基本教训与游击战争的发展条件》，《解放》周刊第 43、44 期合刊，1938 年 7 月 1 日，第 57 页。

③ 徐向前：《开展河北的游击战争》，《群众》第 1 卷第 23 期，1938 年 5 月 21 日，第 387 页。

第三章 《论持久战》的言说对象

　　《论持久战》是毛泽东总结全面抗战展开 10 个月经验教训所写的名篇，系统地阐述了抗日持久战的性质、过程和发展阶段，历来受到各方的高度重视。正因为如此，以往多就字面意思加以阐释和解读，并不会产生多少疑问。近年来，随着相关历史的研究逐渐扩展，文本与史事如何相互印证，成为深入探究的取向之一。与之相应，围绕《论持久战》的各种质疑与困惑也日见增多。其中的一大问题，就是言说对象究竟是谁。换言之，即《论持久战》是为何以及对谁而写。现行的各种意见说法大都言之有据，有的更是旁征博引，曲折周转，可是相较于文本与史事，总觉得未必得当，因而心有未安。有鉴于此，应当回到文本本身，首先语境式地理解作者的本意，然后再考察朝向各个方面的引申之义。

第一节　问题的提出

　　探究《论持久战》的言说对象，与弄清楚《论持久战》的本义其实是一事两面。关于此节，最为典型的是坊间乃至学界一些人认定，以往都认为《论持久战》旨在提出"持久战"的战略思想和战略方针，可是，随着材料的增多和视野的拓宽，发现"持久战"并非发端于《论持久战》，于是出现不少探源之说，意在找寻持久战的发明权，从而改变持久战始于《论持久战》的误解，甚至由此演变出所谓《论持久战》因袭前人的种种说法。

之所以出现这样的问题，主要是有的解读者和追究者将提出"持久战"战略与写作《论持久战》的旨趣相混淆。"持久战"的军事原理早在20世纪10年代已经进入中国的正规军事教育领域，后来更发展成为中国应对日本侵华野心及行动的普遍共识。全面抗战爆发后，持久战是中共始终坚持的战略方针，不仅中共领导层众口一词，各地各级党政军负责人也分别从不同的角度、方面或范围加以论述，口径基本一致，并且上报共产国际，可见这是中共决策层的集体意志，并非到《论持久战》才形成和提出这一战略方针。同时，国民党、国民政府乃至社会各界，对于持久战也并不陌生。除了妥协投降者外，只要是主张对日抗战，几乎不约而同地认识到必须是长期的持久战。尽管国共双方的持久战理念以及实施办法相去甚远，《论持久战》既非一般性地提出持久战的主张，也不是中共首次提出抗日战争的战略方针。那么，人们自然会问，毛泽东倾心用力撰写《论持久战》，究竟意欲何为？

本来这一问题的答案也是相当清晰的，只是由于对《论持久战》的本意存在诸多误读错解，加之围绕《论持久战》的写作和发表，国内外党内外在军事、政治方面发生了一连串重要事件，与《论持久战》涉及的史事有着千丝万缕的关联，影响到对于文本的解读，于是导致各有侧重的理解，毛泽东的写作旨意反而成了聚讼不已的问题。杨奎松的《毛泽东为什么要写〈论持久战〉？》，专列一节讨论《毛泽东撰写〈论持久战〉一文的初衷》，引述了先行研究中的代表性观点，并做出自己的评判。

以作者关注的问题为聚焦点，先行研究主要有两种观点：其一，美国学者瑞贝卡·卡尔的《毛泽东传》认为，毛泽东撰写《论持久战》是想要让读者们相信:"只要所有中国人联合起来,找到正确的作战方法,中国完全能够在目前的形势下生存,有能力对抗日本,也可以赢得这场战争。"①这也是通常人们所熟知的看法,多数相关著述基本采用这样的说法。不过,在杨奎松看来,这未必是毛泽东发愿的初衷和专文论说的主要目的。表面上,文章的标题就叫"论持久战",文中也明确讲主要想讨论的确是持久战的问题。但作者也明确表示,《论持久战》主要不是讨论中国要不要或该不该打持久战,而是针对"很多人都说持久战,但是为什么是持久战? 怎样进行持久战? 很多人都说最后胜利,但是为什么会有最后胜利? 怎样争取最后胜利?"等等问题,来阐述"我们共产党人"的主张。②

其二,刘益涛《激流勇进——毛泽东抗战理论与实践》认为,《论持久战》主要是为了"解决指导全党进行抗日战争的战略方针问题"。③杨奎松称这一看法或许更接近历史事实。毛泽东虽然说这篇文章是写给"全国大多数人民"的,共产党人的主张"还未为全国大多数人民所完全了解",需要做"宣传解释"的工作。但是,他紧接着写道:抗战以来,发生了各种急性病。"有些人轻视抗日战争中游击战争的战略地位,他们对于'在全体上,运动战是主要的,游击战是辅助的;在部分上,游击战是主要的,运动战是辅助的'这个提法,表示怀疑;他们不赞成八路军这样的战略方针:'基本的游击战,但不放松有利条件下的运动战。'认为这是'机械的'观点。"④ 显然,毛泽东在这里批评的"轻视"、"怀疑""不赞成"八路军的游击战战略方针的"有些人",不是大多数人民,甚至

① [美]瑞贝卡·卡尔著、龚格格译:《毛泽东传》,长沙,湖南人民出版社,2013 年,第 97 页。

② 毛泽东:《论持久战》,《解放》周刊第 43、44 期合刊,1938 年 7 月 1 日,第 3 页。

③ 刘益涛:《激流勇进——毛泽东抗战理论与实践》,北京,中央党史出版社,2005 年,第 199 页。

④ 毛泽东:《论持久战》,《解放》周刊第 43、44 期合刊,1938 年 7 月 1 日,第 4 页。

也不是"友党"、"友军"，而是党内有些同志。

其三，在刘益涛观点的基础上，杨奎松进一步揭示《论持久战》的潜在主旨。所讨论的重点在于下面的结论：《论持久战》的主旨其实不在论证中国该不该和能不能进行持久战，而是通过宏大的视野和中外历史的比较，着眼于说明中国抗战为什么能够坚持下去并取得最终的胜利。毛泽东之所以要写这篇文章，显然与此前发生而此时仍未解决的党内争论有着直接的关系。他坚持游击战争必能挫败日本这一判断并详加论证，其真正的目的就是要强调共产党及其领导的军队和群众性的游击战争不可替代的决定性作用。

毛泽东的逻辑很简单：中国因为弱于日本，战争初期正规军的作战固然重要，却无法持久。但因为中国大，日本只能占领有限的地区，由此也就不可避免地会使战争进入到敌我相持的阶段，并且为我在敌后敌人控制不到的广大地区留下广阔的活动空间，便利我创造根据地，组织民众武装，持续不断地发展游击战争，持久地消耗敌人的力量。用他的话来说，中国所以能够坚持抗日到底，根本在于"战争的伟力之最深厚的根源，存在于民众之中"。共产党从来就长于做民众工作，"过去内战时代的红军，以弱小的军力而常打胜仗，得力于组织起来与武装起来了的民众"。在民族战争的条件下，自然"比内战更能获得广大民众的援助"。[1] 因此，只要有共产党，和共产党领导的八路军，就不愁组织不起人民的游击战争，也就不愁中国坚持不到胜利的那一天。

在1938年的《论持久战》文中，毛泽东虽然没有也不能直截了当地强调共产党的地位和作用，但是他对游击战争在抗日战争中战略地位和重大意义的详尽论证，实际上清楚地强调了他自红军改编以来一直想要让党的各级领导干部相信的两个基本观点：1. 弱小的共产党只要

---

[1]　毛泽东：《论持久战》，《解放》周刊第 43、44 期合刊，1938 年 7 月 1 日，第 29、39 页。

能够与民众密切结合起来,就一定能够成为这场民族战争的领导力量;2. 弱小的八路军必须,也只能通过游击战争,才能实现"由'壮气军'地位到实力领导地位"的转变。①

上述三种观点,可以概括表述如下:其一,全面阐述共产党人的持久战战略方针,言说对象是全体中国人。其二,主要是为了"解决指导全党进行抗日战争的战略方针问题",言说对象是全党同志。其三,详尽论证游击战争在抗日战争中的战略地位和重大意义,不言自明地突显共产党的地位和作用,言说对象是党的各级领导干部。后两种观点有其共通性,但也不完全相同。三种观点的差异显示,言说对象的分别,主要根据是对《论持久战》主旨理解的不同。

这三种观点,未必能够覆盖关于《论持久战》主旨的所有看法,但至少可以说是三种具有代表性的观点。三种观点各有所据,有的还颇具洞见。只是通观文本和语境,有的略显宽泛,有的求之过深而不免于偏颇。一般而言,作者撰述之际,心中的言说对象往往不只一端,只不过有的比较显著,有的比较隐晦。在两种情形下,言说对象较为复杂,一是作者心思缜密,不好直言,而喜曲笔,表面的言说对象常常只是曲隐实际言说对象的障眼法,字面意思与实际意思相去甚远甚至可能截然相反,或是试图将深含的意思隐晦地传达给特定的读者,而不让一般人察觉;二是主旨涉及广大人群,必须考虑各方面接受的可能,尤其是代表一个政党对于国家民族生死攸关的重大问题阐述战略方针的文章,覆盖面无疑是越广泛越好。但是主旨的宏大广泛并不妨碍作者针对言说对象中的不同人群分别传递不同的意趣,这些分别相辅相成,并且由各个部分构成有机整体。《论持久战》即第二种的典型。

---

① 杨奎松:《毛泽东为什么要写〈论持久战〉?》《抗日战争研究》2018 年第 3 期。

第二节　因缘红军战法的全面抗战军事战略

判断《论持久战》的言说对象，关键是要厘清两个关系：一是中共的持久战思想与一般持久战主张的联系及分别；二是中共提出的全面抗战的战略方针与中共及其领导的军队实行的战略方针的区别及联系。在理解毛泽东的写作初衷方面，后一点尤为重要。

探究《论持久战》的言说对象，首要和基本的依据，无疑是《论持久战》的文本。治学从目录版本入手，在古代研究中较为讲究，研治近现代历史者却往往忽视。《论持久战》的研究一定程度上可谓例外。1938年5月26日至6月3日毛泽东在延安抗日战争研究会上发表专题演讲后，《论持久战》随即刊登于1938年7月1日出版的《解放》周刊第43、44期合本，同时由延安解放社出版了单行本。同年7月25日，武汉《新华日报》馆也出版了单行本。此后，敌后根据地和国民政府控制区陆续出版各种单行本。到1949年中华人民共和国成立前，据说先后出过170多种版本，可以说是毛泽东著作中影响最为广泛深远的论著之一。

众多版本当中，有的只是翻印，版式完全一样，有的则是重排，既出现手民之误，也有所校订改正。作者本人在刊物和单行本之间做过文字的校订，改正了一些错字。随着时局的变化，不同文本中出现了一些针对性的调整改变。尤其是解放后整理出版《毛泽东选集》时，所做改动较为关键。杨奎松从比较《解放》周刊首发本和《毛泽东选集》本中颇有发现，认为对于解读首发本的内涵很有助益。

探究《论持久战》写作时的言说对象，自然以《解放》周刊的初版本为首选。道理显然，后来的版本或许有意思更加清晰化的表述，但也存在时过境迁而偏离当时语境的可能。

全面抗战时期，国共两党乃至举国上下，大都主张持久战，可是各方的持久战内涵,却相去甚远。既往关于《论持久战》的历史定位,或认为主要是针对中国国民党内部分人的"中国必亡论"和"中国速胜论",或认为主要针对中国共产党内部分人轻视游击战的倾向,两种说法都不错,但是都不完整,与作者本人的初衷用意存在差异。作为系统阐述中国实行持久战以争取抗战胜利的战略论著,其实毛泽东在《论持久战》一开始就以"问题的提起"开宗明义地表明了写作的主旨和言说对象,而且恰与两个即将来临的重要纪念日有关,一是抗日战争一周年纪念日,二是中国共产党建立十七周年纪念日。

关于抗战一周年纪念,《论持久战》开篇的确提出必亡论和速胜论的问题,可是重点不仅是针锋相对地驳斥这两种错误观点,而且要设法解决"大多数人至今没有解决的"、"为什么是持久战? 怎样进行持久战?"以及"为什么会有最后胜利? 怎样争取最后胜利?"等等问题。这是因为虽然中共一向都在说必亡论和速胜论的不对,之所以"还未为全国大多数人民所完全了解。一半因为宣传解释的普及性不够,一半也因为客观事变的发展还未完全暴露其固有的性质,还未将其面貌鲜明地摆在人民群众之前,使人民无从看出其整个的趋势与前途,无从决定其整套的做法与努力"。①

而抗战 10 个月的经验,"尽够击破毫无根据的亡国论,也尽够说服急性朋友们的速胜论了。在这种情形下,很多人要求做个总结性的解释。尤其对持久战,有亡国论与速胜论的反对意见,也有空洞无物的了解"。② 既然亡国论和速胜论的反对意见已被事实击破说服,对持久战的总结性解释主要应是针对空洞无物的认识。而大多数人的认识空洞无物,与国民党和国民政府的持久战主张空洞无物关系极大。除了一味鼓吹精神意志之外,国民党和国民政府的持久战主张形同空泛的口

---

① 毛泽东:《论持久战》,《解放》周刊第 43、44 期合刊,1938 年 7 月 1 日,第 3 页。
② 毛泽东:《论持久战》,《解放》周刊第 43、44 期合刊,1938 年 7 月 1 日,第 3 页。

号，人们实在弄不清持久战到底应该如何战，怎样才能持久。

全面抗战爆发后，中国广泛流行着一种公式，"卢沟桥事变以来，四万万人一齐努力，最后胜利是中国的"。话虽不错，但是过于空洞，必须加以充实。所谓充实，就是要研究持久战，以便"决定其整套的做法与努力"。《论持久战》首先就要全面阐述为什么和怎样做，呈现充实的持久战战略的整套做法。这一取向，显然是面向全民族全社会，面向全体中国国民，乃至面向国际同道，因为"抗日战争与统一战线之所以能够坚持，是由于许多的因素：全国党派，从国民党到共产党；全国人民，从资本家到工人；全国军队，从主力军到游击队；国际方面，从各民主国家到社会主义国家，敌国方面，从国内反战的人民到前线反战的兵士，都在我们的抗战中尽了他们各种程度的努力"。①

关于中国共产党建立十七周年纪念，毛泽东说："我们共产党人，同其他抗战党派与全国人民一道，唯一的方向，是努力团结一切力量，战胜万恶的日寇……为了使每个共产党员在今后抗战中能够尽其更善更大的努力，也有着重地研究持久战的必要。"②

两相比较，前一取向显然是主要的，后一取向无疑同样重要，但是相比前一取向，只能处于次要地位。因为面向全国军民，其中也包括中国共产党。更为重要的是，中共提出的抗日战争的整套方针和做法，并非单就自身而言，而是针对抗战全局，批评国民党及国民政府的政治路线军事路线，旨在向全国军民阐述中国共产党关于抗日战争全局性的战略方针。而全面抗战的战略方针与中共领导的军队实行的战略战术，既有所联系，也有明显分别。就抗战全局而论，中共始终坚持这一战略方针，中共领导的军队的作战整体上也要服从这一战略方针，但是具体而论，中共领导的军队却要实行独立自主的敌后游击战，并不采取

---

① 毛泽东：《论持久战》，《解放》周刊第 43、44 期合刊，1938 年 7 月 1 日，第 3 页。
② 毛泽东：《论持久战》，《解放》周刊第 43、44 期合刊，1938 年 7 月 1 日，第 3 页。

所主张的国民革命军以运动战为主的战略。①

《论持久战》写作和发表之时，抗日战争的第一阶段接近尾声，正准备向第二阶段过渡。《论持久战》共 4 万余字，加结论共 20 个部分，分为 120 节，其中前 34 节集中谈抗日战争为什么是持久战，反驳必亡论和速胜论。第 35 至第 50 节谈三个阶段的划分及其特点。第 51 节至第 71 节主要谈战争的性质、目的、战争与政治等问题。第 72 至第 118 节谈持久战的战略战术，最后两节为结论。

抗日战争总的战略方针，是实行全面抗战，反对片面抗战，建立和坚持统一战线，充分动员民众。这虽然是中共提出的政治主张，对国共两党的要求是一致的。但是在军事上，中共提出的国共两党的军队所实行的战略，则完全不同，由国民党统帅的全国军队，战略上应以运动战为主，阵地战、游击战为辅。而中共领导的军队主要是坚持独立自主的敌后游击战。

既然中共主张的全国抗战的战略方针与中共领导的军队的战略战术不同，关于前者的论述，就不仅仅是针对中国共产党及其领导的军队和民众，而是面向全民族，包括甚至主要是国民党、国民政府和全体国民革命军，以及全国民众。中共深知自己的力量仍然弱小，在全国范围尚不具有正统性，全面抗战的实现，不可能离开国民党和国民政府，全面抗战的展开，也要以国民革命军为主体。同时中共又清楚地认识到国民党、国民政府和国民革命军存在严重问题，必须加以改造，才能适应抗战的需要，而改造的最主要动力，就是中国共产党及其领导的人民军队的影响。中共及其领导的军队在抗战时期的生存与发展，主要是在敌后，只有采取独立自主的游击战，动员和武装

---

① 刘雪明的《国共两党抗日持久战战略方针比较研究》（《求实》1995 年第 9 期第 19 页）概要点出全国抗战，运动战是主要作战形式，游击战起辅助作用，我军的作战方针则基本是游击战，不放松有利条件下的运动战。

广大民众，进行人民战争，才能保存自己，消灭敌人，发展壮大。而游击战在整个抗日战争中虽然居于辅助地位，在相持阶段则上升到战略主导地位，中共领导的军队必须通过广泛的游击战实现由弱到强的转化，并在反攻阶段成为运动战的重要力量。也就是说，游击战对于中共而言一开始就是具有战略地位的战法，国共合作全面抗战，中共领导的军队虽然编入国民革命军战斗序列，却不能简单地和同序列其他部队一样担负统一作战任务，甚至与国民党各军的配合作战也要适可而止。

上述方针早在全面抗战爆发前，已经由中共中央所确定，并非在《论持久战》中首次提出。《论持久战》根据全面抗战 10 个月的经验教训，证明中共战略方针的正确，以及国民党和国民政府军事战略的错误，并进一步阐明为何是持久战以及如何进行持久战。正如《论持久战》所引述的，关于抗日战争的战略方针，早在卢沟桥事变一年前的1936 年 7 月，毛泽东就在与美国记者斯诺的谈话中明确表示：

> 我们的战略方针，应该是使用我们的主力在很长的、变动不定的战线上作战。中国军队的胜利，必须在广阔的战场上进行高度的运动战，迅速的前进与迅速的后退，迅速的集中与迅速的分散。这就是大规模的运动战（几个译本都译作'游击战'，是错了的），而不是深沟高垒、层层设防、专靠防御工事的阵地战。这并不是说要放弃一切重要的军事地点，对于这些地点，只要有利，就应配置阵地战。但是转换全局的战略方针，必然要是运动战。阵地战虽也必需，但是属于辅助性质的第二种的方针。在地理上，战场这样的广大，我们作最有效的运动战，是可能的。并且日军遇到我军的猛烈活动，必得谨慎。他的战争机构很笨重，行动很慢，效力有限。如果我们集中兵力在一个狭小的阵地上作消耗战的抵抗，将使我军失掉地理上与经济组织上的有利条件，犯了阿比西尼亚的错误。战争的前期，我们要避免一切大的决战，要先用运动战逐渐破坏敌

人军队的精神与战斗力。①

值得注意的是,这一战略方针虽然主要是针对国民党统帅的正规军,却并非基于国民党军队的作战经验,而是基于红军对国民党军作战的经验,尤其是总结第五次反"围剿"失败的教训得到最终确定,是中国共产党领导的军队克敌制胜的主要战略方针。红军时期,前期以游击战为主,后期以运动战为主,二者相辅相成。1930 年在宁都举行的中央苏区第一次反"围剿"军民誓师大会上,毛泽东写了一副对联:"敌进我退,敌驻我扰,敌疲我打,敌退我追,游击战里操胜券;大步进退,诱敌深入,集中兵力,各个击破,运动战中歼敌人。"②生动而完整地概括了红军的战略方针。对此,以往的理解不免偏颇,只强调前面的十六字诀,以此作为中国工农红军游击战争的作战指导原则,认为红军的战略战术基本且始终是游击战,甚至称之为中国人民解放军战略战术体系形成和发展的基础。实际上,十六字诀的基本精神虽然贯穿于战略防御和战略进攻的两个阶段之中,但是作为游击战的战法,主要是应用于敌我力量对比过于悬殊之时。一旦红军形成一定的规模,可以取得局部的相对优势,就会过渡到以运动战为主的作战形式。

因此,十六字诀虽然被称为游击战方针,可是红军时期以游击战为主要作战形式,基本是在第一次反"围剿"之前,至少从第一次反"围剿"开始,就进入集中兵力以运动战为主要形式的时期。只不过这样的运动战开始还带有一定的游击战色彩,可谓具有游击战精神的运动战,与一般正规作战的运动战有所不同。毛泽东在 1936 年 12 月的《中国革命的战略问题》第七节"运动战"中谈到十年内战中红军的游击性和根据地的流动性,根据变化分为三期,从井冈山到江西第一次反"围剿"前

① 毛泽东:《论持久战》,《解放》周刊第 43、44 期合刊,1938 年 7 月 1 日,第 5 页。
② 中共中央文献研究室编,逄先知主编:《毛泽东年谱:1893—1949》修订本上卷,北京,中央文献出版社,2013 年,第 327 页。

为第一阶段，这时根据地还是游击区，红军的游击性流动性很大；第一次反"围剿"到第三次反"围剿"为第二阶段，方面军已经建立，游击性和流动性小了很多；此后到第五次反"围剿"为第三阶段，游击性和流动性更加缩小。但是完全否认小游击和小流动，导致长征的大游击和大流动。游击主义有两方面，一方面是非正规性，就是不集中、不统一、纪律不严、工作方法简单等，"另一方面是运动战的方针，是现在还需要的战略和战役作战的游击性，是无法阻止的根据地的流动性，是根据地建设计划的灵活变更性，是在红军建设上的不要不适时宜的正规化"。[1]

后来毛泽东进一步阐述国内战争到民族战争中党的军事战略的转变：国内战争前后分为两个战略时期，前期主要是游击战，后期主要是正规战。"但所谓正规战争是中国型的，只表现在集中兵力打运动战和指挥上、组织上的某种程度的集中性和计划性方面，其他则仍是游击性的，低级的，不能和外国军队一概而论，也和国民党的军队有些不同。因此，这种正规战，在某种意义上，是提高了的游击战。"抗日战争时期我党的军事任务大体也分为两个战略时期，前期（包括战略防御和战略相持阶段），主要是游击战争，后期主要是正规战争。但是抗战前期与内战前期的游击战有许多不同，是用比较正规的八路军去分散执行游击任务。后期的正规战也与内战时不同，武器更新换代后，军队和作战要起大的变革，军队将具有高度集中性和组织性，作战将获得高度的正规性，大大减少游击性，从中国型变到世界型。

由于红军时期的游击战带有运动战的特征，而红军运动战的游击性在不断缩小，尤其是集中兵力在运动中打歼灭战成为主导，与全面抗战时期以分散为主的游击战不尽相同，这也是部分八路军的军事指挥员在全面抗战初期不能理解为何要放弃自己熟悉且行之有效的运动

---

① 《中国革命战争的战略问题》(1936年12月)，中共中央文献研究室、中国人民解放军军事科学院编：《毛泽东军事文集》第1卷，第752—753页。

战,改行分散的山地游击战的重要原因。正如毛泽东所说:在抗战初期从过去的正规军和运动战转变为游击军和游击战之际,"曾经在中央和一部分军事干部之间发生过严重的争论"。①

不过,以运动战为主的正规战与游击战又有所联系,内战时期的红军与抗战时期的中国军队,都是战略上的防御战和持久战,战线上的内线作战,战役和战斗的进攻战、速决战以及外线作战,无论正规战还是游击战都一样,区别只是在于程度和表现形式。如游击战的基本方针是进攻,主要采取袭击战,进攻性、速决性要求更大,战役和战斗中包围敌人的外线圈很小。正规战虽然也要采取袭击战,但出敌不意的程度较小。游击战本来是分散的,普遍的,具体执行歼敌任务时,则须集中大力,打敌小部。游击战不仅要配合正规战,承担相持阶段的战略任务,还要逐渐发展为运动战,成为反攻阶段的重要力量。②

此外,第五次反"围剿"从运动战转为正规的防御性阵地战,导致红军大的失败,使得中共领导很容易认识到全面抗战初期国民党军事当局专守消极防御的错误。毛泽东在《论持久战》最初发表时,特意注明和斯诺谈话中的关于战略方针的表述是"运动战",而不是几个译本都弄错了的"游击战",说明他清晰地认定二者的重大分别,而当时很多人显然都误以为中共主张全面进行游击战。实际上,中共提出的全国抗战的军事战略与中共领导的军队所实行的战略有着显著不同,前者以运动战为主,阵地战和游击战为辅,后者则以游击战为主要形式。把握二者的分别与联系,《论持久战》的言说对象便不言自明。

---

① 《战争和战略问题》(1938 年 11 月 6 日),中共中央文献研究室、中国人民解放军军事科学院编:《毛泽东军事文集》第 2 卷,第 424、426 页。

② 参见《抗日游击战争的战略问题》(1938 年 5 月),中共中央文献研究室、中国人民解放军军事科学院编:《毛泽东军事文集》第 2 卷,第 234—235 页。

第三节　全面抗战初期的经验教训

　　抗战 10 个月的进程显示，在持久战第一阶段的第一期，由于国民党军事当局的主观错误，阵地战被放在主要地位，屡屡以单纯阵地防御的方式与日军形成决战，结果在武器装备和战术训练占有很大优势的日军攻势面前遭受重大损失。对此，中共领导人及其军事将领不断通过各种形式和渠道批评国民党方面战略方针和军事指挥的失当，阐明自己主张的正确战法，并提出各种具体建议。这些批评和建议政治上主要是反对片面抗战，主张全面的全民抗战，军事上则是反对消极被动的专守防御，主张积极主动的以运动战为主，阵地战游击战为辅的方针。

　　关于全面抗战初期军事失利的原因以及由此造成的危机，周恩来在 1937 年 10 月 19 日给毛泽东等的电报中有概括描述，他认为，目前中国战局正转入新的危机：（一）日军在沪 8 师团，其余在华驻屯军 7 师团半，关东军 2 师团，并加满蒙军，大约分布在平汉线 3 师，同蒲线 3 师，目的在从正太、同蒲两路从速拿下太原。（二）中国军队已用到最后预备队，全民全面动员、部队改造、战略战术改变，尚未开始。南京对持久战信心动摇，加以国际引诱，和平妥协空气抬头。上海方面用兵达 50 个师，消耗近 20 师。胡宗南第二次上去，又消耗。桂军 4 师调沪。华北方面近 60 师，能打的仅剩孙（连仲）、卫（立煌）、傅（作义）等，不上 10 师。全国预备队只有粤军 6 师、桂军 2 师、川军 9 师、滇军 3 师及武汉、陕西一部分中央军，总共不及 30 师。"故百数十万的正规军，真在战场上拼命的除我们外，尚不到二十万，比之日本在数量上亦居劣势，此最足令人警觉者。因此，黄河两岸正酝酿着放弃华北、逐鹿中原的危险。宋（哲元）、韩（复渠）、商（震）、万（福麟）及一切溃军在敌压下都企图转入黄河南岸，划河自保。川军出兵武汉，桂军扼陇海东段。于此，蒋(介石)不能无戒,阎(锡山)亦不能无感。如果南京和平机启,则妥协空气必风起各军,诱留红军单独在华北抗战的阴谋必大发展,局势亦必陷于混乱。"挽救方针为:"(四)分电蒋、程(潜)要求增加生力军到华北支持抗战,并揭破放弃华北阴谋,要阎、黄(绍竑)电蒋增兵。(五)反对各军退过黄河南岸企图及南京企图解决杂牌军队的阴谋。力争各军留在华北。"①

据此,全面抗战初期,主要分成两个战场:其一,华北战场,日军共有 9 个半师团并加满蒙军,中国军队约 60 个师,但是战斗力强的不到 10 个师。其二,上海战场,日军共 8 个师团,中国军队共 50 个师,虽然精锐较多,可是纯属专守防御,已经消耗殆半。因此,中国军队在两个战场均已陷入全面被动的局面。

造成这一不利结果,显然是由于国民党和国民政府的片面抗战政策以及军事指挥失当所致。1937 年 10 月,毛泽东的《目前抗战形势与党的任务报告提纲》指出,抗战失利的原因除政治因素之外,军事指挥十分落后是要因之一。应建立统一的国防军,使游击战与正规战配合起来,仅靠游击战是不能战胜日寇的。② 同月 25 日,毛泽东和英国记者贝特兰谈话,认为抗战的教训,政治上是没有全民参战,军事上则是被动的单纯防御,这样的打法没有可能取胜,要改变为积极攻击敌人的方针。八路军采取了与其他中国军队不同的战略战术,主要是在敌军翼侧和后方作战,与单纯正面防御大有区别。用一部分兵力于正面是必要的,但主力必须使用于侧面,采取包围迂回战法,独立自主地攻击敌人,才能保存自己的力量,消灭敌的力量。再则使用若干兵力于敌

---

① 《周恩来关于挽救中国战局新危机问题给毛泽东等的电报》(1937 年 10 月 19 日),中共中央文献研究室、中央档案馆编:《建党以来重要文献选编(1921—1949)第 14 册,第 594—596 页。

② 《目前抗战形势与党的任务报告提纲》(1937 年 10 月),中共中央文献研究室编:《毛泽东文集》第 2 卷,第 49、55 页。

人后方,其威力特别强大,因为捣乱了敌人的运输线和根据地。就是正面作战的军队,也不可用单纯防御的战法,主要应采取"反突击"。几个月来军事上的失利,作战方法失宜是重要原因之一。

谈到八路军采用的战法,毛泽东说名为独立自主的游击战和运动战。这和过去在国内战争时采用的战法,基本原则相同,但亦有某些区别。现阶段集中使用兵力之时较少,分散使用兵力之时较多,以便于在广大地域袭击敌人翼侧和后方。也就是说,应当减少集中兵力的运动战,主要是分散开展游击战,发动群众,建立敌后根据地。至于全国军队,因为数量广大,应以一部守正面,另一部分散进行游击战,主力也应经常集中地使用于敌之翼侧。军事上的第一要义是保存自己消灭敌人,而要达到此目的,必须采用独立自主的游击战和运动战,避免一切被动的呆板的战法。如果大量军队采用运动战,而八路军则用游击战以辅助之,则胜利之券,必操我手。① 八路军游击战的辅助作用,主要是在战略层面而非战役战斗层面。

军事首长的总结极具针对性。1937 年 10 月 17 日,原来对改变集中兵力打运动战心存疑虑的林彪撰文论《平型关战斗的经验》,毫不客气地指出:国民党军不能坚决执行作战计划,没有战斗决心和意志,战斗力太弱,尤其是"中央军队如果还是守着挨打战术,便真糟糕透了。他们对主要点应坚工固守,而不应到处守,应行决战防御与运动战,应集中优势兵力、飞机、大炮于决战点。至于他们军官的调动、政治工作的建立和对群众关系的改善,都是他们很重要的问题"。②

不久,林彪又专门写了《论华北正规战的基本教训与游击战争的发展条件》,深入而具体地讨论卢沟桥事变到临汾失陷华北正规战失利的

---

① 《毛泽东与英国记者贝特兰之谈话》(1937 年 10 月 25 日),《解放》周刊第 23 期,1937 年 11 月 13 日,第 4—6 页。

② 林彪:《平型关战斗的经验》,《解放》周刊第 25 期,1937 年 11 月 27 日,第 17 页。

原因，如作战地点与兵力部署不适当，各地正规战相互配合不够，游击战、民众运动与正规战配合不够等等，但是"根本教训并不是别的，而是'消极防御'。这个根本教训表现于我军除开极少的且为局部的几个战役是采取了以进攻对待敌人进攻，或在防御中实行进攻外，一般地是采取了设阵待敌的消极防御，即是当敌人正式攻击我军阵地的时候，我军并没有实行大举'逆袭'、'反突击'的攻势，而是一般的采取了单纯的以自己不充分的火力、不坚强的工事，抗击敌人猛烈的飞机大炮的消极的动作，并且还不是在狭的正面上、短的纵深上进行这种办法的防御，而是在近百里甚至数百里宽大正面上及纵深内进行这种防御，兵力是很散很散的分散在正面和纵深上的。这样地分散兵力去想守住所有地方的办法，结果使每个地方兵力都不足，处处都易被敌人各个击破，结果使每个地方都不能守得住"。①

华北正规战节节退守，遭受了不少挫败，积极意义是足足支持了将近 9 个月，给敌人以兵力、财力、时间的很大消耗，给华北民众以很强的民族观念与抗战决心，同时使军队受到很大锻炼，得到很多进步，而且掩护帮助了华北游击根据地的建立与游击战争的开展。同时，华北战场的所有战役无论胜负，都证明消极防御的战术，决不是中国抗战的出路。为了郑重说明这一问题，林彪分十点详细阐述：

一、中国面积广大的长处如果不善于利用，反而变成我之弱点和有利于敌人的条件。若采取进攻的战术，便有了广大的作战回旋地区，避免被动无把握应战。二、防御战须依靠坚固的现代化工事，中国各地的老城寨和关山天险，在新式武器发达和战争立体化的情形下，不能成为防御战的依靠。三、防御战需要强大火力，我军火力较弱，单纯防御恰恰暴露了自己的弱点，便利敌人发挥火力优势。四、取胜必须争取主

① 林彪：《论华北正规战的基本教训与游击战争的发展条件》（1938 年 5 月），《解放》周刊第 43、44 期合刊，1938 年 7 月 1 日，第 54 页。

动,消极防御完全被动,使敌处于主动地位,进攻则可以使敌陷入被动带来的一切困难之中。五、中国军队素质不一,战斗力悬殊,容易被敌人利用,只有主动进攻,才能扬长避短,转弱为强。六、消极防御最便利于敌人实行包围迂回的作战惯技,我军则容易军心动摇,不战自溃。七、消极防御无从发挥革命的正义自卫战忠勇奋发的攻击精神,导致恐慌消沉的情绪。八、设阵待敌的防御,使敌人可以完全掌握我军情况,我军反而难以充分掌握敌情。九、单纯防御不能达到防守的目的,只有积极进攻,才是达到防守目的的最好方法。十、最重要的一点,不论保卫和收复领土,还是保存实力,都必须消灭敌人。而"攻击为摧破敌之战斗力以压倒歼灭敌人之唯一手段,故除状况确有不得已之外,常应决行攻击以挽回战势"。① 这是《战斗纲要》明文记载的起码的也是举世公认的军事原则,应当坚决执行。

综上所述,中国抗战在战役战术上,应采取积极的进攻作战,决不应消极防御。抗战初期之所以一般采取消极防御的战术,原因在于:第一,不了解敌我的长短,不能扬长避短,运用相应的战术。第二,把战略上抗战、应战、防御战、持久战、守土抗战与战术上的防御战、持久战视为一物,把全国抗战的总方针作为每一次战役的实际方针,实行呆守阵地的守土抗战,敌攻击我还击的应战。不知道战略上的抗战、应战、持久战、防御战,要经过无数的战役进攻来进行,而且不能正确了解进攻的意义,混同战略进攻与战术进攻,误以为我国既无打到日本三岛去的野心,就不应当有进攻。且战术进攻不一定要攻坚,主要应进攻运动攻击之敌,包括围敌打援等。第三,缺乏从根本上解决敌人的观念,保存实力,应付作战,不知局部命运不能与全民族的命运分离,为全民族的生存而付出局部牺牲是必要的。事实上,愈想单独保存实力的部队,结

① 林彪:《论华北正规战的基本教训与游击战争的发展条件》(1938 年 5 月),《解放》周刊第 43、44 期合刊,1938 年 7 月 1 日,第 54—56 页。

果适得其反，因缺乏政治灵魂，比坚决战斗的部队更容易溃逃。

持久战在军事上应根据敌我优劣，扬长避短，实行进攻战术。只有切实这样做，才能争取战争的最后胜利。否则，尽管有战胜敌人的客观良好条件，胜利仍然不会自然到来。应该把战术进攻贯注一切作战行动中，无论防御退却，都应为着进攻，无论运动战、游击战、阵地战（指防御的阵地战），都应当把进攻作为灵魂、根本。①

彭德怀的看法具有全局性，且与林彪的看法基本相通，发表于1937 年 11 月 27 日的《争取持久抗战胜利的先决问题》明确指出："前线的暂时局部的失利，并不由于最高统帅不决心，前线将士们不勇敢。"真正的原因在于动员工作与军事作战的方针和指挥上，暴露了不可忽视的弱点。"动员全国人民参加抗日战争与建立正确的军事作战方针和指挥，是争取抗战胜利必须首先解决的前提。"不幸的是，华北抗战的3 个月中，"我们完全处于被动的地位。敌人进攻展开正面时，我军亦逐渐延伸抵抗，消耗于飞机大炮的火力下"。必须认清战略防御与战术进攻的关系。自卫抗战，战略上是防御的，但战术上若是单纯的专守防御，因为兵器远不如人，国防设备又极微弱，必然招致失败的恶果。"所以我们在战术上，应尽可能是进攻的，必要时亦应采取积极的防御（即攻势防御）。积极防御的要诀，在于乘敌在运动中或敌立足未稳时，集中优势兵力，以坚决、勇猛、迅速的手段歼灭敌人，减少敌人飞机大炮及其他机械、化学兵种配合的效能。只有在运动战中解决了敌人，打击了敌人，才是达到防御目的的最好手段。防御也是为着节约兵力，用在运动战中消灭敌人的手段。在游击战争的广泛开展的条件下，可以调动敌人，分散敌人，封锁敌人消息，使我正规军得以采取大步前进、大步后退的战术原则，求得运动战的机会。至若单纯的防御，不了解寻求出击

————————

①　林彪：《论华北正规战的基本教训与游击战争的发展条件》（1938 年 5月），《解放》周刊第 43、44 期合刊，1938 年 7 月 1 日，第 56—57 页。

的机会,不了解操纵敌人、调动敌人的巧妙办法,只晓得摆在一个阵地上拼消耗,这无异帮助了敌人发挥现代技术的威力。须知一个孤立无援的阵地是没有打不破的。"

他批评一位军事家声称"中国只要同敌人拼消耗,我死十个,敌死一个,最后我们也可取得胜利"的说法,"我很佩服他的坚决意志,但在战术的观点上说,我们却完全不能同意这样的主张。战术的要求是要以小的牺牲换得大的胜利,因此,我们才会讲求战术和指挥的艺术。我们决不是怕牺牲,而应随时准备牺牲去争取抗战的胜利;但这决不是要自己消耗于敌人的面前,而是怎样去消耗敌人"。要在战略上以少胜多,战役上以多胜少,必须实现以强攻弱的战术原则,扬长避短。具体为敌我兵力相等时,以小部牵制敌主力,我主力从敌侧后突击,歼敌一部,使敌由均势变劣势。持久才能生长力量,消耗敌人,改变敌我态势,唯一的办法就是发动群众的游击战争,在敌后建立小块小块的根据地,分散敌人力量,以战术胜利求得战役胜利。

具体到中国抗战的战法,"目前指挥作战的方针,在使用兵力上,主力应用在主要战区与利于反攻的方面。在战役战术上,主力应用于突击方面,而不应以多数或半数兵力使用于防御与钳制方面。在防御时,主力应控置为预备队,待机出击。在进攻时,主力应用在突击方面,不必多留预备队,以求一举而歼灭敌人,以大步前进的战术原则,深入敌人后方,攻敌要害,调动敌人,在敌后方左冲右突,破坏敌人作战计划,争取主动……今后应乘敌运动中,给以突然的袭击。总之,在技术弱于敌的军队方面,奇袭、伏击、夜袭胜过正规对战,包围迂回胜过中央突破,在敌人后方侧翼积极活动胜过正面抵抗"。①

由此可见,关于全面抗战 10 个月在国民党军事当局指挥下以国民

---

① 彭德怀:《争取持久抗战胜利的先决问题》,《解放》周刊第 25 期,1937 年 11 月 27 日,第 10—12 页。

革命军为主力的基本作战形式的利弊得失,中共党政军领导的认识高度一致。正面战场未能按照中共提出的战略方针实施军事行动,亦即没有实行以运动战为主,阵地战、游击战为辅的战法。《论持久战》一方面要向最高统帅部阐明持久战的正确战略方针,一方面要向全国军民展现中共的立场和主张,进而影响全面抗战。如果言说对象的重心是中共党内,则论述的中心道理上应该集中于敌后游击战。

第四节 《论持久战》的概括总结

中共方面的异口同声,显示全面抗战的战略方针尤其是以运动战为主的军事路线,早已成为党内共识,没有异议。所有关于第一期作战利弊得失的批评,就军事而言都建立在这一战略方针的基础之上,既反对单纯防御的阵地战,也不赞成以游击战为主。党内的意见分歧,主要在于中共领导的军队是否应该实行独立自主的敌后山地游击战。《论持久战》的相关论述吸取了各方面的意见,并做了进一步的系统概括,明确表示,抗战第一阶段的战争形式,"主要的是运动战,游击战与阵地战辅助之。阵地战虽在此阶段之第一期,由于主观错误把它放在主要地位,但从全阶段看,仍然是辅助的"。① 也就是说,国民党军事当局的错误从反面证明了中国共产党主张的战略方针的正确。

怎样具体地进行持久战呢? 毛泽东的答复是:"在第一、第二阶段即敌之进攻与保守阶段中,应该是战略防御中的战役与战斗的进攻战,战略持久中的战役与战斗的速决战,战略内线中的战役与战斗的外线作战。在第三阶段中,应该是战略的反攻战。"②敌分路进攻,处战略外线,我处战略内线,敌是战略进攻,我是战略防御,看起来于我不利。然

---

① 毛泽东:《论持久战》,《解放》周刊第 43、44 期合刊,1938 年 7 月 1 日,第 15 页。

② 毛泽东:《论持久战》,《解放》周刊第 43、44 期合刊,1938 年 7 月 1 日,第 25 页。

而我可以利用地广和兵多两个长处，不作死守的阵地战，采用灵活的运动战，以几个师对他一个师，几万人对他一万人，几路对他一路，从战场的外线，突然包围其一路而攻击之。于是敌之战略作战上的外线和进攻，在战役和战斗的作战上，就不得不变成内线和防御。我之战略作战上的内线和防御，在战役和战斗的作战上就变成了外线和进攻。由于敌军小而强（武器和人员的教养程度），我军大而弱，因此，战役和战斗不但应以多打少，从外线打内线，还须采取速决战的方针。为了实行速决，一般应不打驻止之敌，而打运动之敌，预将大兵隐蔽集结于敌必经通路之侧，乘敌运动之际，突然包围攻击，出其不意，速战速决，争取全部或大部或一部消灭他，或给与大的杀伤。每个月打一个像平型关、台儿庄一类的较大胜仗，就能大大地沮丧敌人的精神，振奋我军的士气，号召世界的声援。这样，我之战略的持久战，到战场作战就变成速决战。敌之战略的速决战，经过许多战役和战斗的败仗，就不得不改为持久战。

战役和战斗"外线的速决的进攻战"，对于战略上"内线的持久的防御战"说来，是相反的，然而，又恰是实现这一战略方针之必要的方针。如果战役和战斗也同样是"内线的持久的防御战"，例如抗战初期之所为，就完全不适合敌小我大、敌强我弱的情况，决然达不到战略目的，达不到总的持久战，而将为敌人所击败。所以，中共历来主张全国组成若干个大的野战兵团，兵力为敌每个野战兵团之兵力的二至四倍，采用上述方针，与敌周旋于广大战场之上。此方针不但用于正规战，也必须用于游击战。不但适用于战争的某一阶段，而且适用于战争的全过程。即使战略反攻阶段，我之技术条件增强，不再是以弱敌强，仍用多兵从外线采取速决的进攻战，就更能收大批俘获的成效。

抗日战争战场作战的基本方针，是外线的速决的进攻战。执行这一方针，有兵力的分散和集中、分进和合击、攻击和防御、突击和钳制、包围和迂回、前进和后退等种种战术或方法，要灵活使用和随机变换。

时机、地点、部队三个关节掌握不好，都无法取胜。

作为战争内容的战略内线、战略持久、战略防御中的战役和战斗的外线的速决的进攻战，在战争形式上就表现为运动战，即正规兵团在长战线和大战区上面，从事战役和战斗的外线的速决的进攻战，也包括为了便利于执行进攻战而在必要时机执行的"运动防御"，以及起辅助作用的阵地攻击和阵地防御。其特点是：正规兵团，战役与战斗的优势兵力，进攻性与流动性。

中国地大兵多，但军队的技术和教养不足；敌人则兵力不足，而技术和教养较优。在此情形下，应以进攻的运动战为主要作战形式，辅以其他形式。既要反对"有退无进"的逃跑主义，也要反对"有进无退"的拼命主义。

运动战的特点之一是流动性，不但许可而且要求野战军大踏步的前进和后退。战争的基本要求是：消灭敌人，保存自己。保存自己的目的，在于消灭敌人；而消灭敌人，又是保存自己的最有效的手段。因此，运动战决不是只有向后的运动，没有向前的运动；这样的"运动"，否定了运动战的基本的进攻性，实行的结果，中国虽大，也是要被"运动"掉的。

有进无退的拼命主义也不对。以战役和战斗上的外线的速决的进攻战为内容的运动战，包括辅助作用的阵地战以及"运动防御"和退却，没有这些，运动战便不能充分地执行。拼命主义惧怕丧失土地，不知道运动战的特点之一是流动性，不但许可而且要求野战军大踏步的进退。积极方面，为了陷敌于不利而利于我之作战，常常要求敌人在运动中，并要求有利于我之许多条件，如有利的地形、好打的敌情、能封锁消息的居民、敌人的疲劳和不意等。这就要求敌人的前进，虽暂时地丧失部分土地而不惜。因为暂时地部分地丧失土地，是全部地永久地保存土地和恢复土地的代价。消极方面，凡被迫处于不利地位，根本上危及军力的保存时，应该勇敢地退却，以便保存军力，在新的时机中再行打击敌人。明明已处于确定的不利情况，还要争一城一地的得失，结果不但城和地俱失，军力也不能保存。中共历来主张"诱敌深入"，就是因为这是战略防御中弱军对强军作战的最有效的军事政策。

中国的技术条件较弱，一般不能执行防御的和攻击的阵地战。敌人又利用中国土地广大，回避我阵地设施。因此阵地战不能用为重要手段，更不待说用为主要手段。然而在战争的第一、第二两阶段中，包括于运动战范围，而在战役作战上起其辅助作用的局部的阵地战，是可能的和必要的。为着节节抵抗以求消耗敌人和争取时间，而采取半阵地性的"运动防御"，更是属于运动战的必要部分。中国须努力增加新式武器，以便在战略反攻阶段能够充分地执行阵地攻击的任务。战略反攻阶段，无疑将提高阵地战的地位，因为那时敌人将坚守阵地，没有有力的阵地攻击以配合运动战，将不能达到收复失地之目的。虽然如此，第三阶段仍须力争以运动战为战争的主要形式。中国版图广大，相当长的时间内又技术贫弱，应该"把战争从壕沟里解放"出来。第三阶段中国的技术条件虽已增进，仍未必超过敌人，非努力讲求高度的运动战，不能达到最后胜利的目的。这样，整个抗日战争中，中国将不会以阵地战为主要形式，主要和重要的形式是运动战和游击战。在这些战争形式中，战争的领导艺术和人的活跃性能够得到充分发挥的机会。①

与日军作战，究竟应该如何实施运动战，毛泽东早有切实可行的成案。在《论持久战》写作之前，他已经生动具体地描述过全国组成若干大的野战兵团对日作战的方针。1937 年 12 月 5 日，毛泽东在延安的住处会见了《大公报》记者陆诒，后者是因为太原失守，陕北成了直接抗战的区域，为了理解陕北的动态，"听取那方面人对于眼前抗战紧急阶段的意见"，于 12 月 1 日专程前来了解情况的。陆诒于 12 月 4 日抵达

---

① 以上见毛泽东《论持久战》，《解放》周刊第 43、44 期合刊，1938 年 7 月 1 日，第 26、30、32—34 页。

延安,次日即获毛泽东的接见。谈话时毛泽东说:各战场挫折的最大教训,是参战的地域是全国性的,但参战的成分不是全国性的,最大的缺憾是尚未动员全国人民到抗战中来。反对日本帝国主义侵略的战争而不带群众性,是必然会遭遇失败的。此外,各战场采取"专守防御"的错误战略战术,敌人采用迂回和中央突破的战略,单纯防御,死守正面,使敌施展优势武器,集中击破我正面。必要的阵地和城市当然要守,但主要须配合侧后的迅雷不及掩耳的攻击,以独立自主的运动战来歼灭敌人。眼前最要紧的是改造军队素质,加强政治工作。中国只要精兵 30万,具有高度的民族意识与政治自觉性,再配以新式武器,官兵一致,富于攻击性,便可使目前战局全盘改观。并且推荐林彪师长最近发来的《抗日战争的经验》一文,希望《大公报》发表,供全国人士参考讨论。①

如何运用 30 万精兵,毛泽东也有具体设想。1938 年 1 月 13 日,毛泽东在陕北公学作关于时局中几个问题的演讲,主张中国抵抗日本侵略,应以运动战为主,游击战、阵地战为辅。②"阵地战可以攻势防御,运动战在敌人行动时打他个措手不及,游击战专在敌人后方扰乱。过去是阵地战的单纯防御,日本的飞机大炮容易得手,所以我们失败。假如现在有五军,每军五万人,长江南北四个军,黄河以北一个军,不守阵地,埋伏下来,专等敌人到后,出其不意地攻打他,定会收效。飞机大炮比为牙齿,阵地比为骨头,我们没有好牙齿,所以不要骨头。这就是不打阵地战的道理……游击战应该广泛地发展起来,扰乱敌人的休息部队,相机袭击他们……游击战这样重要,为什么只能作辅助队呢?因

---

① 陆诒:《毛泽东谈抗战前途》,《战地通信》第 10 期,1938 年 1 月 9 日,第 3 页,"陕北通信"。林彪的文章刊载于《解放》周刊第 28 期(1938 年 1 月 11 日,第 11—12 页)、《战地通信》第 11 期(1938 年 1 月 16 日,第 4—5 页)、《中华》第 66 期(1938 年 6 月)。

② 中共中央文献研究室编,逄先知主编:《毛泽东年谱:1893—1949》修订本中卷,第 47 页。

为最后的决定战还是要靠正规战"。①

毛泽东的演讲，显然是针对正面战场的战况，他不但有与国民党军队长期作战的经验，还可以通过后来战事的发展进一步验证。历史当然不能假设，也无法重新来过，可是，如果抗日战争的正面战场按照这样的战法进行大范围的外线运动战，战局无疑将发生很大变化，甚至整个进程很大程度会被改写，尤其是相持阶段不至于如此艰难困苦。抗战期间正面战场为数不多的几次胜利，也提供了重要佐证。

从是否有利于运动战的角度考虑，中共权衡华北、沪宁两个主战场，认为应该更加着重于华北战场。战事初起，1937 年 9 月 17 日，毛泽东就致电朱德等，判断敌攻华北以大迂回姿势，企图夺取太原，威胁平汉线中央军而最后击破之，夺取黄河以北，并威胁河南、山东之背，而利于最后夺取山东，完成其夺取华北五省之企图。其总的战略方针，是采取右翼迂回。至于上海进兵，于破坏中国经济命脉外，又钳制中央军主力，以便利其夺取华北。② 也就是说，在他看来，华北是日军的主攻方向，上海方面只是战略钳制。

抗战初期，战事遭受重大失利，周恩来于 1938 年 1 月 7 日完成《怎样进行持久抗战？》，总结教训，认为我军装备和技术条件落后，阵地战非我所长，我军如能抽出相当数量和质量好的部队，转移到北方战场上去，则在运动战中消灭敌人的把握，当较东战场为多，北方的战局也许更能开展。现在沪宁失陷，我军今后作战将更便于发挥中国军队在山地运动战中的特长。运动战是正规战的一种，阵地战、游击战是配合正规战的主要辅助战。只有在敌人占领和包围的区域，主力部队不易立足和不易集中行动的条件下，才以游击战争为主。游击战争本身不能

---

① 杨朔：《毛泽东特写》，《自由中国》（汉口）第 2 号，1938 年 5 月 10 日，第185—186 页。

② 《关于敌情判断及八路军的战略部署》（1937 年 9 月 17 日），中共中央文献研究室编：《毛泽东文集》第 2 卷，第 15 页。

驱逐日本帝国主义出中国，要最后战胜日本，不仅要发挥我军的运动战特长，而且要在提高技术条件和军队现代化的基础上，使我军转入阵地战。要改善指挥系统，一方面全国统一集中，一方面分工，依据战略计划授权各战区相机决断。要改变专守防御的战略战术，尽一切可能求得在广大地区以运动战消灭敌人，阻敌前进。万一敌人突破某些支点，必须抛弃过去前线后撤的办法，在正面留下钳制部队，坚守纵深配备的支点，将突击兵力转移到敌人侧后，寻求新的机动，以阻敌深入。①

后来中共中央进一步全面总结，指出中国抗战遭受军事失利，主观上有不少军事与政治的缺点错误，首先，全面抗战的决心下得太迟，致使敌趁机调动兵力来华。而中国军队反因和战未定，未能全部动员，以致未经激战，即失去平津，使敌得依托平津为军事重点，迅速沿津浦、平汉、平绥三路，向西向南进攻。其次，在战略布置上，没有能够以基本主力使用于华北，利用开阔战场，打击与消耗敌人，而被敌人将中国主力吸引于上海不利地区进行决战。上海战场狭窄，中国军队精锐消耗甚大。上海失陷后，又以重兵防守不易固守的南京，复受重大损失。而华北主要战场多系各省地方军队，战斗力弱，并且复杂不易指挥，故在溃退中损失甚大。再次，中国军队的战役战术多采取消极正面防堵的作战方针，没有积极防御的侧后方运动战的配合。以武器劣势的中国军队，特别在平原地带，不能抵御敌人坦克、大炮、飞机等新式武器的猛烈火力，而容易被突破导致溃乱。②

毛泽东与合众社记者王公达谈话时，再度阐述了组建野战兵团实施运动战并辅以游击战的方针。他认为，根据过去 7 个月作战的经验，

---

① 周恩来：《怎样进行持久抗战？》(1938 年 1 月 7 日)，《解放》周刊第 30 期，1937 年 2 月 8 日，第 7 页。

② 任弼时：《中国抗日战争的形势与中国共产党的工作和任务》(1938 年 5 月 17 日)，中共中央文献研究室、中央档案馆编：《建党以来重要文献选编(1921—1949)》第 15 册，第 304—305 页。

在军事上若能运用运动战、阵地战、游击战三种方式互相配合，必能使敌军处于极困难地位。目前除应以二三十万精兵组成数个强有力的野战军，从运动战中给敌前进部队以歼灭性打击外，还应抽调八九万军队组成二三十个基干游击兵团，每个兵团三四千人，派坚决而机动的指挥员领导，加强其政治工作，配置于从杭州到包头的敌人阵线前面，从这个长阵线的二三十个空隙中间，打到敌人后方去。如能运用得宜，结合民众，繁殖无数小游击队，必能在敌后方建立抗日根据地，发动千百万民众，有力地配合野战军的运动战，而使敌军疲于奔命。至于阵地战，由于我们技术不足，目前不应看作主要方式。但必须建设国防工业，自制重武器与高武器，同时设法输入这些武器，以便有能力进行防御的与进攻的阵地战。有人说，我们只主张游击战，这是乱说的。我们从来就主张运动战、阵地战、游击战三者的配合。在目前以运动战为主，以其他二者为辅，在将来要使阵地战能够有力地配合运动战。游击战始终是辅助的，但游击战在半殖民地的民族战争中，特别在地域广大的国家，无疑在战略上占据重大地位。①

第五节　改变全国抗战战法的努力

　　中共关于全面抗战战略方针的主张，并非一味自说自话，也不仅仅是旁观者清，而是想方设法影响全国军民，尤其是通过各种渠道不断地传递给国民党和国民政府最高统帅部，希望其能够改变战略方针及部署。早在 1937 年 8 月 4 日，毛泽东等就电告准备前往南京出席商讨国防问题会议的周恩来、朱德、叶剑英等，提出应在张家口至青岛、保定至潍县、太原至沧州布置三条防线，尤其要集中优势兵力于第二条防线，

---

　　① 《毛泽东与合众社记者的谈话》，《解放》周刊第 32 期，1938 年 3 月 5 日，第 1—2 页。

以便相机增援第一线并准备第二线决战。总的战略方针,暂时是攻势防御,应给进攻之敌以歼灭的反攻,绝不能是单纯防御。①

8月9日,朱德、周恩来抵达南京,向国民党提交的多项议案之一即《确立全国抗战之战略计划及作战原则案》,该案认为,中国对日政策,只有抗战一途。根据敌我双方的情况,估计日寇侵华战争的作战是以速战速决为原则,其战略部署主要战线是华北,西至察西,东至海,背靠平津与东北为其根据地,向南进攻。另有两条支线,一是"由察西向绥宁青进发,挑拨汉蒙回间之团结,利用蒙回奸,建立所谓蒙古国、回回国,以截断中苏联系";一是封锁沿海各港口,破坏沿海各工业城市,强占威胁首都。"我国抗战战略之基本方针是防御的、持久的战争,在长期艰苦英勇牺牲的战争中求得胜利"。因此,应确立七项对日作战原则:

> 一、战略的基本方针是持久的防御战,但应抓住适当时机与〔予〕以全线之反击,而根本的把日军从中国赶出去。二、在战役上应以速决战为原则。三、作战的基本原则是运动战,应在决定的地点、适当的时机,应集中绝对优势兵力与兵器,实行决然的突击,避免持久的阵地的消耗战。四、在必要的战略要点或政治经济的中心,设立坚强之工事,并配置足够的兵力,以钳制敌人。五、一切阵地的编成,避免单线的构筑,而应狭小其正面,伸长其纵深,在守备部队的作战关键亦应采取积极的动作,一般的应反对单纯的死守的防御,只有积极的动作起来,才能完成守配的任务。六、战略的内线,而在战役指导上,应是外线作战以求得歼灭敌人。七、广大的开展游击战争,其战线应摆在敌人之前线左右,以分散敌人、迷惑敌人、疲倦敌人,肃清敌人耳目,破坏敌人之资财地带以造成有

---

① 《对国防问题的意见》(1937年8月4日),中共中央文献研究室编:《毛泽东文集》第2卷,第3页。

利条件、有利时机，使主力在运动中消灭敌人。只有上述作战原则之下，才是保持持久战的有效方法和消灭敌人、取得抗战（胜利）的手段。①

相比于国民党和国民政府的战略方针及部署战法，中共的主张不仅更加清晰明确，而且体现了国共双方战略指导思想在持久战大原则之下的显著差异。

国防会议和国防联席会议主要是解决战与否的问题，并未涉及如何战。朱德、周恩来等人到达南京时，8月7日召开的国防会议和国防联席会议已经结束，决定按既定计划进行应对。但是该案仍然提交国民政府军事当局，等于正式向国民党和国民政府提出中共的全国抗战战略方针和作战原则。比照1937年3月全面抗战爆发前参谋本部拟订的《民国二十六年度作战计划（甲案）》，②大本营8月20日颁发的《国军战争指导方案》《国军作战指导计划》延续了以持久战应对速战速决的基本主旨，③不过在战略部署、作战方式等方面，依稀可见中共的影响。

在1938年2月23日关于保卫西安、武汉的战略计划及我军将来之行动给朱德等的电报中，毛泽东等具体指出：第一部：（一）将全部兵力处于平汉以西黄河以南之内线必不能保卫潼关与西安，如过去将全部兵力处于雁门关、娘子关内线不能保卫太原。（二）应分兵两部，一部固守郑、洛、潼线，策应以北诸军之作战，反对敌人渡河。一部黄河以北

---

① 《确立全国抗战之战略计划及作战原则案（1937年）》，《中共党史资料》2007年第3期，第10—12页。

② 《参谋本部拟〈民国二十六年度作战计划〉（甲案）》（1937年3月），中国第二历史档案馆编：《中华民国史档案资料汇编》第5辑第2编军事（1），南京，江苏古籍出版社，1998年，第593—613页。参见刘维开：《国防会议与国防联席会议之召开与影响》，《近代中国》第163期，2005年12月，第32—52页。

③ 中国第二历史档案馆：《南京国民政府大本营关于全面抗战作战指导方案等训令四件》，《民国档案》1987年第1期，第22页。

诸军,包括阎(锡山)、卫(立煌)及八路全部,坚持晋南晋西战局。万一临汾不守,洛阳被占,亦万不可渡河,而应转入外线,反过来攻敌之背,截断敌之来路,并图歼敌,根本破坏敌攻潼关计划。(三)保卫潼关,即保卫了武胜关。否则潼关一失,武胜关即处危险中。第二部:"(一)为保卫武胜关及武汉而战,首先须潼关确保在我手中,其次则用正面之阵地战,配合两翼之运动战。(二)两翼运动战,必须确定至少有二十万左右兵力,长期位于平汉以东,这与在山西配置重兵同等重要,非万不得已,不退豫鄂西,方能配合正面及西面诸军,有力地保卫武胜关及武汉,即使武汉不守,亦使敌处于我之包围中"。"我们认为必须告诉国民党,如果近百万军队均退至黄河以南平汉以西之内线,而陇海、平汉尽为敌占,则将形成极大困难。故总的方针,在敌深入进攻条件下,必须部署足够力量于外线,方能配合内线主力作战,增加敌人困难,减少自己困难,造成有利于持久战之军事政治形势。"①

1938 年 3 月初,中共中央政治局举行了三天的会议,议程之一,是讨论目前抗战形势与如何继续抗战和争取抗战胜利,陈绍禹所作总结中说:"在报告和讨论中,充分地表现出出席政治局会议〈的同志〉对目前时局和党的工作问题的意见完全一致。"这些完全一致的意见包括:"为的使第二期抗战能胜利进行,为的使我国能继续长期抗战和争取抗战的最后胜利,此次中共中央政治局会议认为我们对于目前抗战的许多重要问题有坦白表明意见的必要,这不仅是为的使我们党的全体同志对这些问题有清楚的认识和共同的了解,而且是为的使我们这些意见能提供国民党同志和国民政府当局以及全国各抗日党派各抗日部队各抗日团体和全体爱国同胞作为讨论和实行的参考材料"。其中关于"对军事问题的一般意见",首先就是:

----

① 《关于战略计划和将来行动的意见》(1938 年 2 月 23 日),中共中央文献研究室编:《毛泽东文集》第 2 卷,第 95—97 页。

确定和普遍地实行以运动战为主，配合以阵地战，辅之以游击战的战略方针。在抗战初期，只是八路军采取运动战和游击战的战略战术（八路军不能作阵地战，因为没有重炮），在平型关、广阳等战斗中，获得显著的打击敌人和歼灭敌人的胜利。在第二期抗战中，大部分在山西和山东河南等战线上的我国部队，也都开始在采取运动战为主的战略，在江浙皖各地，我军和地方人民武装也开始比较广泛的采用游击战术，所以能获到最近一个时期部分打击敌人和歼灭敌人的成效，特别是鲁南和山西各战线上的相当重要的胜利。为的保卫武汉和在河南山西山东各战线上给敌军以更大的打击，我们必须坚决确定及广泛实行以运动战为主而辅之以游击战和配合以阵地战的战略方针。为的能够真正顺利地实行这一战略，必须：第一，组织相当数量的野战军团，在运动战中来消灭敌人打击敌人和消耗敌人；第二，组织相当数量的挺进军团，深入敌人后方游击；第三，扼守几个重要支点，以阻止敌军的前进深入。①

其他意见还有，建立真正统一的政治坚定的战斗力强的国民革命军，即统一的国家军队；实行统一指挥，统一编制，统一武装，统一纪律，统一待遇，统一作战计划和统一作战行动；立即在军队中普遍建立有系统的政治教育制度；官兵一致，共甘苦死生；迅速普遍改善征兵制；建立几十师的有新式武装的部队作为全军的骨干。

在1937年底的中共中央政治局会议上，王明与毛泽东曾经意见分歧，上述总结，未必完全代表王明个人的意见，而是中共中央领导层的集体意志。1943年中共中央认定王明所犯的主要错误是：（一）主张速胜论，反对持久战；（二）迷信国民党，反对统一战线中的独立自主；（三）

① 陈绍禹（王明）：《三月政治局会议的总结——目前抗战形势与如何继续抗战和争取最后胜利》（1938年3月11日完稿），《群众》第1卷第19期，1938年4月23日。收入中央档案馆编：《中共中央文件选集》第11册（1936—1938），第430、446—448页。

主张运动战,反对游击战;(四)在武汉形成事实上的第二中央,并提倡党内闹独立性,破坏党纪军纪。① 其中第三条主要是针对八路军而言,王明认为八路军应该加入统一作战序列,采取与国民革命军一致的战法,只是对缺乏重武器的八路军作阵地战有所保留。但是诸如此类的差异,反而显示王明对会议的总结意在向国民党和国民政府当局坦陈的军事意见,与其他中共中央领导人没有分歧。也就是说,将这些意见提供给国民党和国民政府当局以及全国各抗日党派各抗日部队各抗日团体和全体爱国同胞作为讨论和实行的参考材料,是中共中央集体的正式决议。

中共党政军领导反复阐述抗日战争的战略方针,意在向全国抗日军民传达持久战的正确做法,影响国民党军事当局和国民革命军的指挥者,因为运动战的主要承担者是国民党军事当局及其指挥的国民革命军。中国军队实行专守防御,与之前十年内战时期"围剿"红军的作战方式不无关联,正如林彪所说:"由于不了解战争的政治性质之对于战术上的关系,不少的人提倡用曾国藩对付太平天国的防御战术,以之对付日寇;又有不少的人用过去内战时候的堡垒主义的传统,以之对付日寇。这些相信曾国藩战术思想的人和相信用堡垒主义对付日寇的人,是没有了解我们的抗战是革命性的战争,敌人是反革命性的战争;没有了解革命性的战争,就应当采取革命性的战术,采取进攻战术。曾国藩对付革命的太平天国的战术和我国过去内战时代对付革命的红军的战术,在今日我国革命性的抗日战争中是不适用的。且敌人的兵器技术条件,敌人的战略地位与内战时代的红军也是绝对不同的。"②"围剿"红军是以强敌弱,而且由于红军自身犯了战略错误,才看似有效。

---

① 《中央关于学习〈反对统一战线中的机会主义〉一文的指示》(1943 年 12 月 28 日),中央档案馆:《中共中央文件选集》第 14 册(1943—1944),第 143 页。

② 林彪:《论华北正规战的基本教训与游击战争的发展条件》(1938 年 5 月),《解放》周刊第 43、44 期合刊,1938 年 7 月 1 日,第 56 页。

不顾条件今非昔比，照搬套用，只能屡遭败绩。

红军的战略方针和作战形式，国民党军能否采用？毛泽东确信可以，他以"完全能够适用"明确回答英国记者贝特兰的提问："八路军的这些长处，是否也能适用于其他中国军队？"他认为，1924—1927年国民党的军队大体和后来八路军的精神一致，官兵团结、军民团结，设立党代表和政治部，作战方法与政治精神相配合，"不是被动的呆板的作战，而是主动的活泼的富于攻击精神的作战"。有几十万这样的军队作中心，就能战胜日本帝国主义。[①] 不过，应用的前提是必须改造，未经改造的国民革命军，很难采用红军的战法。抗战初期，虽然也有一些运动战的尝试，"但事实上，十个月经验，许多甚至多数的运动战战役，打成了消耗战"。[②] 尽管也造成敌人的消耗，但程度不足，而自己消耗较多，缴获较少。林彪总结平型关战斗，专门指出友军非但无力执行作战计划，连被八路军击溃败逃途中的日军也抵挡不住，可见战斗力差到何种地步。

整个全面抗战期间，国民党军很少完全采用红军式的大进大退的运动战，只不过一味专守防御的阵地战多少有些变化，增加了固守阵地情况下的侧翼包夹等战术。一般说来，战争初期弱势一方难免遭受一些失利，但主观上的缺点错误更加减少了胜利的机会，增大了战争的困难。而整个抗战时期乃至日后，国民党军即使被迫运动作战，也每每处于极大劣势，除了战争性质不同和战略方针错误，根本问题还在军队素质以及与之相应的指挥艺术。

1938年1月10日至11日，国民政府军事委员会在开封召开了第一、第五两个战区团长以上军官的军事会议，蒋介石作了《抗战检讨与

① 《毛泽东与英国记者贝特兰之谈话》(1937年10月25日)，《解放》周刊第23期，1937年11月13日，第6页；毛泽东：《和英国记者贝特兰的谈话》，《毛泽东选集》第2卷，第380页。

② 毛泽东：《论持久战》，《解放》周刊第43、44期合刊，1938年7月1日，第34页。

必胜要诀》的报告,总结国民党军队过去几个月失败的原因,并提出巩固武汉的战略任务。他认为第一期作战失败的原因,不在于兵器不如敌人,因为有些兵器比敌人的还要犀利;也不在根本没有国防设备,经过三年多的国防建设,花了很不少的金钱;也不在于士兵不愿意打仗,相反士兵作战很勇敢,富于牺牲精神,全营奉命死守阵地绝不后退,全部壮烈牺牲的战例,在敌人方面也不曾发现过。但是好兵器没有好好研究其使用和加以训练,以致不能发挥最好的效用;国防建设没有称职的人员好好执行;士兵作战英勇,高级将领却未曾尽心尽力地指挥。

蒋介石的检讨,全然没有反省自己作为最高统帅的错误决策应负最大的责任。叶剑英看似同意蒋介石的总结,但接着讲的话更凸显中共的意见。他认为第一期作战失利,暴露出许多在全面抗战前所见不到的弱点,如政治改革、军事技术进步、战略战术运用以及应对战场上许多复杂问题。抗战初期对于战略战术有许多不同意见,许多人以为,应该和敌人作阵地战,在阵地战中,还有把握取胜。但东战场失败的教训,给予这种主张否定的答复。第一期东战场回来的兵士说:作战是在"将不见兵,兵不见敌人"的状况下进行的。将领在后方用电话指挥作战,而敌人的炮火犀利,我军兵士终日躲在战壕里,敌机和炮火不断狂轰滥炸,结果阵地全部被毁,兵士全部阵亡。这种作战方法决不能再用,应给予敌人有力的打击,使之受到相当损害之后,就要迅速离开原来的阵地,避免更重大的牺牲。我军将领不但要善于进攻,也要善于转移。抗战必须实行这种办法,才能长久支持,保证最后取胜。

然而,有些人又转向另一个极端,在一次全国参谋工作人员会议上,竟有人以为我军根本不能作阵地战,应该把正规军一律改为游击队,才能和敌人周旋。把力量过分用于阵地战,消耗太大,损伤太重,固然不宜,而把军队都化为游击队,不知要打到何时,方能最后获胜。第一期作战证明我军并非没有抵抗敌人的力量,并非全不可能阵地战。不过,应该改变作战方式,一方面正规军组成主力,在一些军事要点上和敌人打运动战。所谓运动战，就是探知敌人是向我们某一点进攻时，乘敌人在行进中或队形变换中，集中主力，以迅速的行动，利用人民的掩护和有利地形，出其不意地在敌人侧后加以致命的袭击，将敌军分割围歼。另一方面，要进行广大的游击战，在敌后袭击敌人，破坏其交通线，迫使敌人分兵对付游击队，减少前方作战的兵力。运动战和游击战配合起来的新的作战方式比从前进步。第二期作战中采取这种新战术，结果大大削减了敌人进攻的锐气，敌人进展很慢，有时还遭受很大打击，例如最近临沂和台儿庄的大败。打击敌人的结果，消耗敌人，增强自己，积小胜为大胜。如果重复第一期作战失败死守阵地的大错误，势必全部毁于敌人猛烈的炮火之下。①

按照国民政府的分期，南京失陷后，抗战即进入第二期，国军有一些新的进步，最显著的有以下几点：

第一，战略战术上，开始改变单纯正面防堵的阵地战，部分组成了野战军，在敌侧后进行运动战，并注意游击战的配合。津浦线徐州以南及以北，即用这种方式，迟滞敌人前进。台儿庄胜利，也是因为战略战术的改进而获得。山西方面，蒋介石严令所有黄河北岸军队不准南渡，敌虽进到黄河北岸，因有三四十万中国军队留在山西、河北敌后作战，断截交通，敌陷于孤军深入而不敢贸然渡过黄河。

第二，作战地区和敌后游击战普遍发展，政府和军队注意组织人民游击队，或由正规军拨出小部队深入敌后，配合人民发动游击战争。游击战争不仅在八路军活动的华北起了很大作用，在山东、江苏、浙江一带，也有很大发展。敌人因为被游击队到处袭击，感到重大威胁，不得不分出重兵应付。

---

① 叶剑英：《中日战争发展趋势和八路军的近况》(1938 年 5 月 2 日)，中共中央文献研究室、中国人民解放军军事科学院编：《叶剑英军事文选》，北京，解放军出版社，1997 年，第 26—31 页。这是叶剑英在广州国立中山大学演讲的节选。原文载 1938 年 5 月 22 日统一出版社出版的《抗战大学》第 1 卷第 8 期。

第三,政治和技术的进步。官兵的政治觉悟有所提高,开始注意部队政治工作的建立,纪律比以前严紧,指挥上更加统一与进步。军阀制度逐渐减少,军队与人民的关系稍有改善。政府从国外购买了一批新武器,部分军队技术装备有所提高,特别是空军的战斗力重新恢复且有所增强。

这些进步,使中国抗战出现新的转机,不像过去那样遭受严重损失,或是随便向后溃退;同时使敌人的消耗增大,困难增多。①

不过,总体而言,最高统帅部和国民革命军的改变是有限的。林彪等八路军将领在肯定全国第二期抗战抛弃消极防御转到积极进攻的战术,已有明显进步的同时,指出还需要更普遍更彻底的转变,才能获得更多更大的胜利,保障最后取胜。② 后来随着苏、美援助的加大和武器装备的改善,以及训练的加强,国军的战斗力有所提升,凭借天险或坚固的工事,可以抵挡日军的进攻,同时改变了专守防御的作战方式,在定点固守的两翼,运动击敌,甚至形成包围,配合实施反击进攻。相持阶段正面战场的成功战例,均采取上述战法。而失败的战例,则仍然延续了第一阶段的错误战法。解放战争时期,国民党军队继续沿用阵地战,中共领导的军队则恢复以运动战为主,游击战、阵地战为辅的战法,尽管开始双方实力悬殊,可是很快就扭转局面,高下立见。

中共对于国民党在华北和沪宁两个战场平均用兵的意见较大,认为东战场不利于运动作战,应将部分精锐调往华北战场,以运动战与日军主力周旋,伺机歼敌。除了战略性考虑,其中也包含对于国民党放弃华北,使八路军孤悬敌后,甚至与日本妥协,让中共独力抗战的担忧。

———————

①　《中国抗日战争的形势与中国共产党的工作和任务》(1938 年 5 月 17日),中共中央文献研究室、中央档案馆编:《建党以来重要文献选编(1921—1949)》第 15 册,第 305—306 页。

②　林彪:《论华北正规战的基本教训与游击战争的发展条件》(1938 年 5月),《解放》周刊第 43、44 期合刊,1938 年 7 月 1 日,第 57 页。

中共领导人深知，共产党及其领导的军队力量过于弱小，不可能单独抗日，必须坚持国共合作，统一战线，以国民革命军作为主力，担任正面战场作战，同时认为，没有中共及其领导的军队坚持抗战，国民党、国民政府和国民革命军难以抗战到底。共产党及其领导的军队如果陷入内外夹击，导致失败，将会对抗战前途造成严重影响。从抗战全局考虑，中共及其领导的军队必须在敌后立于不败之地，才能确保全面抗战坚持到底。

国民党和国民政府方面，早在全面抗战爆发前的 1937 年 3 月，参谋本部就制订了《民国二十六年度作战计划（甲案）》，关于敌情判断，认为日军将凭借装备优势、绝对制海权以及在华北的强大根据地，积极进攻，以期速战速决。攻击方向一是华北黄淮，二是长江下游太湖附近地区。前者主要沿平汉—津浦两路，向郑州—济南—徐州前进，"期将我主力军歼灭，或将我国军向西北贫瘠之区压迫，期以封锁之。"另外分兵两路进攻大同、太原，包围山西，作为副作战。后者以陆海军协同登陆作战攻取我国最重要的经济工业中心及首都所在地，"期挫折我国抵抗之意志"。对此，中国的作战方针，"在山东半岛经海州—长江下游亘杭州湾迤南沿海岸，应根本击灭敌军登陆之企图。在黄河迤北地区，应击攘敌人于天津—北平—张家口之线，并乘好机越过长城，采积极之行动，而歼灭敌军。不得已时，应逐次占领预定阵地，作韧强之抗战，随时转移攻势，以求最后之胜利"。[①]

至少到此时，参谋本部的战略意图存在两方面的模糊，其一，战争开始是否就进入持久战，还是不得已之时才实行持久战。为此，其作战指导要领有开战之初华北以国军主力重点于平汉路沧州—河间—保定一线对经平津之敌实行决战，或以主力于德州—束鹿—石家庄一线与

---

① 《参谋本部拟〈民国二十六年度作战计划〉（甲案）》（1937 年 3 月），中国第二历史档案馆编：《中华民国史档案资料汇编》第 5 辑第 2 编军事（1），第 593、596—597 页。

敌第一次会战等选项,不得已才逐渐转入攻势防御或持久战。长江下游则全力占领上海,扑灭上海日军,阻止日军沿江海岸登陆,不得已时转为防御。其二,华北和长江下游有无主次之分,还是平均用力。参谋本部的设想显然是华北回旋余地较大,而长江下游不容有失,虽然意识到日军对此用兵可能是牵制性的,仍然强调"最后须确保乍浦—嘉兴—无锡—江阴之线,以巩卫首都"。①

全面抗战爆发后,国军果然是华北和长江下游分兵把守,但由于华北部队较为混杂,而且事先并未按照计划构筑防御工事,未能组织起有效的防御战,更不要说决战会战。长江下游方面,则投入精锐部队较多,防御工事也较成体系。蒋介石和国民政府军事当局,其实是在确保首都南京不失的情况下,才能兼顾华北战局。

1937年8月11日下午,中共代表周恩来、朱德等参加了军政部的谈话会,着重强调华北的重要性。周恩来认为:"敌之主要者为吞并整个华北,他处则扰乱及武装挑衅,但仍以华北问题为中心"。"主战场在华北方面……他方面如上海,敌有武装威胁之可能……惟主战场仍在华北,其局部扰乱,不过分散我兵力。故在坚定方针之下,可以采援兵。"并主张"装备良好部队宜尽量用于山地及农田地,以行运动战"。朱德也主张战略上持久防御,战术上采取攻势,离开干道,展开运动战。"今日情况判断,敌将来攻上海,但必系声东击西,以吸引我之兵力"。日军目前主要战线在张家口,以进兵华北。第一、二两战区为主战区,兵力虽多,仍须预备,"因敌必不以大兵在他方策动也"。长江上海等地应先制以各个击破敌人,以各方面胜利巩固主战场胜利。此外,周、朱还分别强调了游击战的重要性,以及如何组织

① 《参谋本部拟〈民国二十六年度作战计划〉(甲案)》(1937年3月),中国第二历史档案馆编:《中华民国史档案资料汇编》第5辑第2编军事(1),第597—598页。

施行游击战。①

　　在 8 月 20 日大本营颁布的第一号训令《国军战争指导方案》中，是否持久战的表述明确了，即"以达成持久战为基本主旨"，这是因为华北战场的局面已经不可能决战会战，而军政部 7 月 20 日召开的会议中，与会者明确主张以持久消耗敌人为目的，②与中共提交的《确立全国抗战之战略计划及作战原则案》强调战略方针是防御的持久战，看法一致。以此为原则，《国军战争指导方案》明确"主战场之正面在第一战区，主战场之侧背在第二战区"。在大本营第二号训令《国军作战指导计划》中，除明确主战场的正面、侧背在第一、第二战区外，还判定"敌国为牵制我国军兵力之转用及从政略上威胁我国军根据地起见，将以一部攻我淞沪，窥视我首都"。但是仍然要求确保京沪政治、经济重心。③

　　9 月 5 日军政部会议，关于战略问题，判定"我之重点在上海，虽胜利不能转移全战局；如在平绥置重点，则可转移全战局，而破坏敌人整个计划"。并提出"虽战略上持久，但战术上仍应攻势，以求速战速决"。"战略上虽采内线，但战术上仍应取外线，随时包围敌人"。"故集团防御战争、广大游击战争、广大民众之运动战，以此三原则，以行作战"。④联系前后的材料与事实，上述变化应该视为中共持久战战略方针一定程度发生影响的体现。只是国民党军事当局虽然判定华北为主战场，

---

　　①　《何应钦等于芦沟桥事变后筹划军事有关会议记录及附件》(1937 年 7—9 月)，中国第二历史档案馆编：《中华民国史档案资料汇编》第 5 辑第 2 编军事(2)，第 72—74 页。

　　②　《何应钦等于芦沟桥事变后筹划军事有关会议记录及附件》(1937 年 7—9 月)，中国第二历史档案馆编：《中华民国史档案资料汇编》第 5 辑第 2 编军事(2)，第 63 页。

　　③　中国第二历史档案馆：《南京国民政府大本营关于全面抗战作战指导方案等训令四件》，《民国档案》1987 年第 1 期，第 22、26—27 页。

　　④　《何应钦等于芦沟桥事变后筹划军事有关会议记录及附件》(1937 年 7—9 月)，中国第二历史档案馆编：《中华民国史档案资料汇编》第 5 辑第 2 编军事(2)，第 80—81 页。

可是对于战前鞭长莫及、政局混乱、国防不修的华北多少有些力不从心。至于东战场,由于华北战事不利,压力倍增,纵然有牵制日军主力的企图,背负确保沪宁的重任,也不敢轻易惹火烧身,甚至还抱怨日军将支战场当作主战场。

有一种说法,国民党坚持将主力放在东战场,是为了引诱日军自东向西仰攻,从而使其行动迟缓,陷入被动。此说多为事后揣测,不足为据。蒋介石坚守沪宁,政治考虑是希望引起国际关注,各强国出面干预,而不是军事上诱惑日军南下西进。直到 1938 年 5 月,在回答友人提问时他才表示:"我欲打破其侵占华北之战略,一则逼其军队不得不用于江南,二则还欲其军队分略黄河南岸,使其兵力不敷分配,更不能使其集中兵力安驻华北。盖必先打破其侵占华北之战略,而后乃可灭其侵略全华之野心也。总之,倭寇进占京沪,其外交政策已陷于不可自拔之境,而其进占鲁南,则其整个军略,亦陷于不可收拾之地矣。"①只是诱敌东进的战略谋划与布局,之前无论是蒋的日记还是参谋本部的作战计划都没有显示有力的证据,应该是事后想出来的遁词。

1938 年 11 月 25 日,蒋介石主持南岳军事会议第一次会议讲述开会宗旨,重新划分抗战的时期,宣称:这次抗战,依照预定的战略、政略来划分,只有两个时期,之前以开战到南京失陷为第一时期,鲁南会战到徐州撤退为第二时期,保卫武汉为第三时期,此番则改为从卢沟桥事变到武汉退军、岳州沦陷的 17 个月是第一时期,今后是第二期。第一期战略,是拿劣势的军备,一面逐次消耗优势日军,一面根据抗战的经验,来培养自己的力量,以逐渐完成最后战胜的布置。要诱敌深入,使日军陷入于进退维谷的境地。如平津失陷时,不能将全国部队调到华北,而要将主力部队机动使用,节节抵抗,逐步消耗敌人,引诱到长江流

① 黄自进、潘光哲编:《蒋中正总统五记——困勉记》下册,台北,"国史馆",2011 年,第 609—610 页。

域来。这种战略布置已经完成，尤其日军侵入广州以后，特别可以助成战略上的最后胜利。第二期抗战，是转守为攻、转败为胜的时期。日军兵力的使用，已经到了最大限度，且其派到中国境内的部队，随战区之扩大，力量分散，已疲敝不堪。[①] 此说不无为之前的战略及部署失当文过饰非之嫌。东南用兵，国军与日军都打成添油战，说明日军本来意在牵制，而国军也不是意图诱使日军分兵南下，减轻华北压力，其战略考量应该就是担心失去沪宁政经中心，希望坚守引起国际干预而已。

上海战事不利，国军退守第二道防线之时，有人就撰文指出，战略上要改变南重北轻的态度。日军兵分四路，前三路是警戒和牵制，一是从察哈尔西进，截断与苏俄的联络；二是封锁东南海岸；三是进攻上海，破坏我金融组织。真正进攻的一路则是由津浦、平汉两线南下。卢沟桥事变初起时，国人对此颇为注意，待到"八一三"沪战展开，全国视线集中于淞沪，致使北战场受到莫大的影响。如果仅注意上海的得失，就中了敌人分兵上海牵制华北的奸计。除了保卫上海，还要努力援助北战场的一切，使能握住晋省的胜利，而北方的战局或将有急转直下的希望，则上海的敌军将受到牵制，而不敢孤军深入了。[②] 这一意见，与中共的看法不谋而合，切中了国民党和国民政府军事当局决策失误的要害。

从运动战的角度看，华北较沪宁具有显而易见的优势。而且上海战事，双方都采取添油战术，不断投入重兵。国军方面，开始试图围歼驻沪日军，后来在日军增兵进攻的压力下，被迫改为阵地防御。由于战术消极，坚守不退的官兵成为日军优势火力的活靶，伤亡惨重。冯玉祥于上海战事失败之初就痛心疾首道："目今上海战事，已三月于兹，所用

---

① 吕芳上主编：《蒋中正先生年谱长编》第 5 册，台北，"国史馆"，2014 年，第635 页。

② 宓用：《抗战到底》，《汗血周刊》第 9 卷第 18 期，1937 年 11 月 7 日，第 35页。

兵力达七十六师,三混成旅之众,然皆如白健生所谓有战而无术,徒以血肉之篱障,御敌人之炮火耳。所谓至死不退,壮烈牺牲,复有何可取哉。"①1938 年 2 月中旬周恩来见冯玉祥时,谈及地形运用关于战争者甚巨,八路军能于忻口、五台一带制敌死命者,即利用优越地形所致。"故上海之战役能不囿于单纯之阵地,而广泛利用地形,则亦无补于大局也"。② 战事发展的结果,国际干预没有发生,中国军队的精锐损失殆尽,华北战局失去良机,所造成的严重后果不仅导致第一阶段的失利,更重要的是进一步扩大了敌我优劣对比,使得相持阶段的困难大幅度加剧。

中共的努力显然不仅限于向国民党主导的最高统帅部建言,更希望让全国军民了解自己的主张,批评第一阶段的战略战术失误,旨在向全国军民说明,只要战略方针正确,中国的抗战就能够最后取胜,同时对国民党和国民政府造成压力,促使其更好地实行全面抗战的方针。不过,国共合作虽然实现,中共军政领导的文章主要还是刊载于延安的《解放》周刊等媒体,受到国民党的封锁,传播不广。毛泽东撰写《论持久战》,详细阐述中共的持久战战略方针,中共各地各级组织全面动员,通过各种途径宣传《论持久战》,都是为了打破封锁,使得全国军民耳闻目睹共产党的抗日主张和战略,坚定抗战必胜的信念。《论持久战》及其宣传活动,成功地实现了中共和毛泽东的预判,系统展现了中共对于中国抗日战争的战略方针,并且说明了中共及其军队坚持独立自主的敌后游击战战略的必要性,为全面抗战进入新时期奠定了坚实的基础。

---

① 中国第二历史档案馆编:《冯玉祥日记》第 5 册(1937—1940),1937 年 11 月 27 日,南京,江苏古籍出版社,1992 年,第 286 页。

② 中国第二历史档案馆编:《冯玉祥日记》第 5 册(1937—1940),1938 年 2 月 14 日,第 379 页。

第四章　国共抗战的战略异同与政治纠葛

——《论持久战》的阐释

　　《论持久战》旨在向全国军民阐明中国共产党关于抗日战争的战略方针，而在军事战略方面，这一战略方针所规划的国民党指挥的正规军与中共领导的军队实行不同的作战形式，前者以运动战为主，阵地战、游击战为辅，后者则坚持独立自主的敌后游击战。在全面抗战的局势下之所以采取不同的军事战略，主要是由于持久战不同阶段的战略要求，以及国共两党的政治地位所决定，由此引发全面抗战时期运动战与游击战的战略地位争议，并涉及国共双方在统一战线中领导权的归属。以《论持久战》为中心，解读相关文本与史事，可见既往的认识存在不少偏差，值得深入探究，以求正本清源。

第一节　《论持久战》与全面抗战总战略

　　全面抗战爆发前，举国上下几乎异口同声主张反抗日本侵略必须实行持久战，但是深入考察，国共两党的持久战战略却形似而实不同，由此引发双方在军事和政治领域合作大局之下的诸多分歧。这些分歧被一些别有用心者曲解，淆乱了一些有心人的视听，也致使后来的研究者产生了不少困惑。

"七七"事变后，由于国民党和国民政府最高军事当局坚持消极的专守阵地防御，失去大范围运动战的地利优势，反而给与日军以正面突破和分割包围的机会，中国军队虽经英勇奋战，打破了日军速战速决的战略企图，可是损失惨重，不仅丢掉大片国土，而且精锐丧失殆尽，所指望的国际干预又迟迟不见动静。尤其是淞沪会战失败和首都南京失守，国民政府内部悲观情绪弥漫，原来希望速胜者转而怀疑抗战能否坚持。1937 年 11 月 20 日，汪精卫、孔祥熙、居正、熊式辉、王宠惠、何应钦等包围蒋介石，以既不能战，则应另想办法，转而求和。[①] 12 月 18 日，蒋介石慨叹"近日各方人士与重要同志，皆以为军事失败，非速求和不可，几乎众口一词"。[②] 12 月 27 日，国民政府召开国防最高会议常务委员会议，主席汪兆铭（精卫），讨论日本所提出的媾和条件，多主议和。次日公开发表对日主张，只是表明不接受日本的和谈条件，却没有根本否定和谈。[③]

另一方面，由于台儿庄战役的胜利，一些人冲昏了头脑，《大公报》1938 年 4 月 25 日和 26 日的社评称徐州战役是"准决战"，认为这一战，就是敌人的最后挣扎，我们胜了，"日阀就在精神上失了立场，只有静候着末日审判了"，甚至进而声称持久战方针应该改变。[④]

形势的发展变化表明，在相当长的一段时间里，亡国论和速胜论的倾向还会反复出现，影响妨碍中国坚定不移地实行持久抗战的决心。中共已经预见到，接下来的武汉和广州保卫战，也很难达到最终

---

① 中国第二历史档案馆编：《冯玉祥日记》第 5 册（1937—1940），1937 年 11 月 21 日，第 276—277 页。

② 《蒋中正日记》1937 年，1937 年 12 月 18 日，台北，抗战历史文献研究会，2015 年，非卖品，第 146 页。

③ 吕芳上主编：《蒋中正先生年谱长编》第 5 册，第 453—454 页。

④ 《这一战》，《大公报》（汉口）1938 年 4 月 26 日，第 2 版，"社评"；《对抗战前途之一般考察》，《大公报》（汉口）1938 年 4 月 25 日，第 2 版，"社评"。

阻止日军进攻的目的，如果保卫战失败，中国主要的中心大城市基本落入敌手，悲观情绪将会进一步加剧。不过，即使中国朝野各方坚持对日作战的主要战略仍是持久战、长期战和消耗战，在这一点上并不动摇，也有持久战如何进行才能更加有效的问题。国民党和国民政府的战略决策及相应调度不能体现持久战的优势，造成了重大牺牲，面对日军的武器优势，消极被动的专守阵地防御等于用血肉之躯作盾牌，可歌可泣，却毫无胜算，非但难以达到有效消耗敌人的目的，而且使自己蒙受不必要的巨大损失，严重影响了官兵的士气和民众抗战必胜的信念。

战争初期，国民政府仅仅是应战而非抗战，其所谓持久战，开始不过是固守阵地，死拼到底，以待局势变化，尤其是希望很快能引起国际干预，因而一味要求军民以精神战胜物质，牺牲自我，服从统帅，拼死坚守。可是枪炮无情，惨重而毫无希望的牺牲，不禁令人怀疑敌我双方究竟是谁承受不了持久战的重压。蒋介石不断抱怨指责各部队尤其是各省的军队缺乏必死的决心，不能坚定不移地贯彻其决策，并试图借机削除异己，进一步统一军队和军令政令，实则抗战第一阶段的重大失利，蒋介石的决策和指挥失当，无疑应负最主要责任。如果按照中共提出的战略战术，以运动战为主，阵地战、游击战为辅，集结若干大兵团在华北和黄淮与日军进行大范围的运动作战，效果当较单纯以大城市为中心的设防固守为佳。即使无法很快战胜日军，至少可以造成较大伤亡，并且有效地迟滞其战略进攻的速度进度，为全面动员民众和军队，布防规划赢得时间，同时能够尽可能保存精锐武装，与敌周旋，确保相持阶段的必要实力，缩短持久的时间，增加胜算。

与国民党的持久抗战主张政治上和军事上空洞无物相比，中共提出的持久战战略有着明确而且行之有效的政治军事路线。只是中国共产党提出的持久战战略，虽然已经公布，可是加以详细阐述的主要是党内的纲领文件，对外则基本是以个人谈话或发表署名文章的形式向社会进行扼要介绍,全面而系统的理论阐述不够。必须向全国军民详细讲述中国共产党关于抗日战争持久战的战略方针,澄清国人对于持久战的模糊认识,以防止将国民党和国民政府的持久战主张误认为唯一的持久战思想,导致对持久战的战略方针乃至整个抗战的前途失去信心。从积极的角度看,全面系统地公开阐述持久战的战略方针,有助于全国军民了解认识中共关于抗战的政治军事主张以及由此体现出来的理论素养,使中共在抗日民族统一战线中占据思想高地,增强在统一战线中的主导地位,进而争取全国抗战的领导权。

《论持久战》问世以及中共党政军系统围绕《论持久战》所展开的全面舆论宣传,就是为了向全国军民阐明中国共产党的抗日持久战战略方针,敦促国民党和国民政府接受中共的持久战主张,扭转被动战局,使持久战从政府一厢情愿的空洞口号真正落到实处,成为有效遏制敌人的有力武器,迎接更加艰苦的战略相持阶段的到来,同时扩大中国共产党在全国抗战中的影响力,以利于争取最终胜利。

由于是正面向全国军民阐述中国共产党的战略方针,善意批评国民党和国民政府的错误,既要清晰传达意思,又须有所节制,时过境迁,解读起来难免有些隔膜,过与不及的情况所在多有。《论持久战》当然首先要针对亡国论和速胜论的错误观念,坚定政府和民众抗战到底的决心以及最后胜利的信心,否则,就没有持久战可言。全面了解《论持久战》之前关于持久战的各方言论,以及写作《论持久战》的用意,对于准确把握《论持久战》文中的具体所指大有裨益。

《论持久战》延续和发展了中共关于革命战争和抗日战争的持久战的一贯论述,使之更加全面、系统和理论化,大幅度发展完善了持久战的战略思想,构建起完整的理论体系,在世界军事理论发展的历史进程中别树一帜,由此展现出中国共产党的持久战抗日战略方针与国民党和国民政府的主张不仅明显有别,而且高下立判。

关于《论持久战》的旨意,前人已有较多研究。相比于之前各方的持久战言说，《论持久战》的贡献主要体现在下列各点：

一、人民战争思想。国民政府的全面抗战，意在全国各地各界均服从其统一领导指挥，毫无保留地贡献全部力量。即使有人主张全民抗战，主要也是要求各阶层各方面有钱出钱有力出力，尤其是动员民众支援和保障军队作战。中共则提出兵民是胜利之本，要求放手广泛动员和武装民众，直接参加抗战。民众参战的主要形式是游击战争，敌后游击战具有战略意义。总体而言，是否武装民众，全民皆兵，造成人民战争的汪洋大海，是国共关于全面抗战主张和方针的显著分别。而国民党的全面抗战和全民抗战，无论是否实行游击战，说到底仍是军队的片面抗战。

二、统一战线主张。抗日战争是全面抗战和全民抗战，不是单纯的军事斗争，不能单靠军队和政府，要建立和巩固抗日民族统一战线，团结各党派各阶层及广大民众，实行政治、经济、社会各方面的改革。坚持统一战线，是抗日战争胜利的基本条件。

三、战略三阶段划分。正规军事教育领域的持久战着重于战术层面，战略上比较简单含糊，而国民政府则更多地停留于口号式的精神层面，只知道国土广阔和大纵深，以空间换时间。《论持久战》则从战略上分为三阶段，并阐述了各阶段的作战形态以及实现转折的基本条件。是否承认三阶段，是持久战真伪的判别关键。

四、持久战战法。全国抗日战争要坚持持久战，应以战略的持久战与战术的速决战相结合，以运动战为主，阵地战和游击战为辅，反对消极的单纯阵地防御。这既是针对国民党统帅的正规军 10 个月来不断严重失利的惨痛教训，又是坚持中共的一贯方针。至于中共领导的军队，在整编进入全国作战序列的前提下，以开展独立自主的敌后山地游击战为主。

五、明确长期性。之前的持久战，对于持久和长期的估计严重不足，虽然知道日本不易战胜，但又认为其最多只能支撑一年半载，就会财政破产,经济崩溃,引发内乱。同时对于外交和国际有所幻想,认为坚持到一定时期就会引起各国干预,甚至可能出兵介入战争。受此误导,只要不让日军速战速决,就称为持久战,如上海、南京、华北等地的战事,就是试图以持久坚守固定阵地来争取时间,引起国际局势的变化。蒋介石虽然知道抗战胜利必须依靠自己的力量,可是依然抱有侥幸心理。毛泽东战前对于持久的时限不做预估,通过10个月抗战的严酷现实,以及对武汉、广州、甚至西安等大城市可能继续失守的局面的预判,更加明确对抗战的长期性要有充分的准备。

作为阐述持久战战略方针的专著,《论持久战》在军事理论方面极大地丰富了持久战的战略战术思想。其说不仅依据红军时期国内革命战争的长期实践,也是对全面抗战10个月以来中国军队对日作战的经验教训的深刻总结,成为民族自卫战争的重要战略。此后,毛泽东的《抗日民族战争与抗日民族统一战线发展的新阶段》《战争与战略问题》等文章以及《中共扩大的六届六中全会政治决议案》,进一步阐述了持久战的战略方针。

《论持久战》的篇幅分配以及阐述重点,十分清楚地显示其言说对象主要是全国抗战军民,尤其是国民党、国民政府及其统领的国民革命军。全国抗日战争总的战略方针是以运动战为主,阵地战、游击战为辅,对于中共党内而言,早已形成决策和共识,没有专门针对性详细说明的必要,因为八路军的战略方针与之不同,是独立自主的山地游击战争,关键在于国民党军政当局能否接受这一克敌制胜的战略方针。中共必须千方百计地劝告和影响国民党军事当局改变已经造成重大失利的错误战法,同时向全国军民阐明正确的战略方针,以迫使国民党改变方略,更好地坚持持久抗战。即使国民党军事当局不能从善如流,也要让全国军民了解中共抗日方针的详情,显示从敌后游击战成长壮大起来的军队可以发展为运动战主力的前景,从而无论局面多么严酷,也能对抗战胜利保持信心。

　　《论持久战》的另一言说对象是中共党内不理解独立自主的游击战争战略方针的同志，"有些人轻视抗日战争中游击战争的战略地位，他们对于'在全体上，运动战是主要的，游击战是辅助的；在部分上，游击战是主要的，运动战是辅助的'这个提法，表示怀疑。他们不赞成八路军这样的战略方针：'基本的游击战，但不放松有利条件下的运动战。'认为这是'机械的'观点"。① 由于毛泽东稍早前已经专门阐述过《抗日游击战争的战略问题》，所以这方面并不是《论持久战》的重点。这从毛泽东本人的陈述以及《论持久战》的篇幅分配，不难予以认定。但是《论持久战》的确有杨奎松的论文所揭示的意思，即毛泽东在《论持久战》中讲得很清楚："第三阶段的运动战，已不全是由原来的正规军负担，将由游击战提高到的运动战去担负其一部分，也许是相当重要的一部分。"②这一要旨不仅是针对党内同志，同时也是向全国军民的郑重宣告。

　　轻视抗日战争中游击战争的战略地位以及不赞成八路军实行基本是游击战，但不放松有利条件下的运动战的战略方针，虽然主要出自党内同志，可是不以为然或心存疑虑的显然不仅限于中共党内。国共谈判时，国民党对此颇有保留，红军改编后，友军也每每不予理解，以至于中共方面要在不同场合反复说明。更为关键的是，中共提出的抗日战争战略总方针，在军事上与八路军实行的战略不一致，党内同志不赞成或有所疑虑，主要是因为急于和日军作战，以及不愿意转变内战时期已经习惯的运动战战法，重新回到分散游击的状态，可是也有少数人觉得有消极避战以保存实力之嫌。这样的看法或疑虑在社会各方难免普遍存在，不将这一问题从战略上予以阐明，就很难在全体抗日军民当中确

---

　　① 毛泽东：《论持久战》，《解放》周刊第 43、44 期合刊，1938 年 7 月 1 日，第 4 页。

　　② 毛泽东：《论持久战》，《解放》周刊第 43、44 期合刊，1938 年 7 月 1 日，第 33 页。另参见杨奎松：《毛泽东为什么要写〈论持久战〉？》，《抗日战争研究》2018 年第 3 期，第 20—33 页。

立威信,从而争取统一战线的领导权。

第二节　独立自主的敌后游击战

中共提出的持久战战略方针,包括政治、军事各方面,适用于所有抗日的党派和国民,是全国抗战总的战略方针,中共自己尤其要身体力行,做出表率。可是在军事战略方面,中共的战法却有着显著的分别,全国抗战总的军事战略以运动战为主,阵地战、游击战为辅,中共领导的八路军(以及后来的新四军)却采取独立自主的敌后游击战方针。也就是说,全面抗战正规军主要以运动战为作战形式,而八路军新四军则主要以游击战为作战形式。关于这样的分别,毛泽东不仅要向党内同志讲明白,也要向国民党、国民政府和全国各界说清楚。

在《论持久战》所划分的三阶段中,总体而言,运动战为主要作战形式,游击战在第一、第三阶段起辅助作用,在第二阶段则具有战略地位。而对于中共领导的军队而言,游击战从一开始就具有战略意义,到第三阶段才变为辅助性。第三阶段运动战重新回到战略主导地位,但是运动战的主体却不仅仅是第一阶段担负运动战任务的正规军,还包括从第二阶段游击战成长起来的武装力量,其中主要就是发展壮大的中共领导的军队。

《论持久战》以全面抗战的战略方针为主要的论述,表明其言说对象的主体不会是中共全党或党政军领导。而在论述游击战具有战略地位的部分,毛泽东首先要说服党内同志,尤其是中央的领导以及八路军的将领,同时还必须向国民党和全国军民阐明抗日战争游击战的重要性,以及为何中共领导的军队应该光明磊落地独立自主担负敌后游击战的重任。

中共领导的军队,除井冈山时期和抗日战争时期外,都是以运动战为主要作战形式。抗战时期敌后分散的游击战,无论在我军历史上还是世界战争史上，都具有特殊性。毛泽东坚持八路军等以分散游击为主要作战形式，是鉴于日军的武器装备和战术素质较我军具有较大优势，担心国民党借机消灭红色武装，以及在敌后必须分散发动群众，建立根据地，才能生存发展，坚持长期抗战，并且逐渐壮大。而中共及其领导的军队能够始终存在并逐步增强，是中国持久抗战的必要因素，非此国民党难免妥协，中华民族的存亡无法解救。更为重要的是，如果说国民党军队经过一定的改造，还可能承担运动战的任务，那么坚持游击战争，在毛泽东看来，"却只有在共产党领导之下才能出现"。古代的游击战争大都是失败的，"只有现代有了共产党的大国……才有胜利的游击战争"。① 没有共产党及其领导的军队，相持阶段具有战略地位的敌后游击战就无法坚持，自然也不可能转向第三阶段，更无法使游击队成长为具有实力领导地位的正规军，在反攻阶段扮演重要角色。所以毛泽东在《论持久战》中断言："中国的军事、经济、政治、文化虽不如日本之强，但在中国自己比较起来，却有了比任何一个历史时期更为进步的因素。中国今天的解放战争，就是在这种进步的基础上得到了持久战与最后胜利的可能性。"②

进而言之，和一些人认为只要坚持持久抗战，中国就必胜无疑的简单化判断不同，毛泽东并不否认中国面临抗战失败的亡国危险。"我们承认在中国面前摆着解放与亡国两个可能的前途，两者在猛烈斗争中。我们的任务在于实现解放而避免亡国。实现解放的条件，基本的是中国的进步，同时，加上敌人的困难和世界的援助。我们和亡国论者不同的，我们客观地而且全面地承认亡国与解放两个可能同时存在，着重指出解放的可能占居优势及达到解放的条件，并为争取这些条件而努力"。当时中国的进步，"在于它已经不是完全的封建国家，已经有了资

---

① 《战争和战略问题》(1938 年 11 月 6 日)，中共中央文献研究室、中国人民解放军军事科学院编：《毛泽东军事文集》第 2 卷，第 427 页。

② 毛泽东：《论持久战》，《解放》周刊第 43、44 期合刊，1938 年 7 月 1 日，第 8 页。

本主义,有了资产阶级与无产阶级,有了已经觉悟或正在觉悟的广大人民,有了国民党与共产党,有了政治上进步的军队,有了数十年革命的传统经验,特别是十五年以来的经验。这些经验教育了中国的人民,教育了中国的政党,今天恰好作了团结抗敌的基础"。如果说,俄国没有1905 年的经验就不会有 1917 年的胜利,"那末我们也可以说,如果没有十五年来的经验,也将不会有抗日的胜利"。①

　　1938 年是中国共产党成立 17 周年,而毛泽东用"十五年以来"或"十五年来"的时间概念,应当是刻意凸显国共合作的历史。在后来整理的文本中,他改动和增加了一些文字,所谓"比任何一个历史时期更为进步的因素",明确写为"中国共产党及其领导下的军队,就是这种进步因素的代表"。"有了政治上进步的军队",也说明"即共产党领导的中国红军",十五年则改为十七年,革命传统经验顺理成章地指明"特别是中国共产党成立以来的十七年的经验"。② 也就是说,在毛泽东看来,中国共产党及其领导的军队,是抗战胜利的根本保障。失去这样的保障,中国的抗日战争很难取得最后的胜利。在总的抗日战略下实行独立自主的战略方针,正是确保抗战胜利的必要条件。

　　这样的战略方针,与中共提出的全国抗战的战略方针明显有别,从而引起两方面的质疑。在党内,主要是刚从苏联回国的王明借共产国际的名义明确表示反对,要中共领导的军队完全作为正规军,参与全国抗战,服从最高统帅的统一指挥,认为游击战其实是消极避战。这种看法得到一部分人尤其是军事指挥员的赞同或有所共鸣。在党外,国民党军队的一些将领指责八路军游而不击,社会上也存在不解的质疑声。《论持久战》的另一层旨趣以及言说对象,就是阐明为何八路军等要实行独立自主的敌后游击战,以及这种独立自主的敌后游击战对于全国

---

　　① 　毛泽东:《论持久战》,《解放》周刊第 43、44 期合刊,1938 年 7 月 1 日,第9、12—13 页。

　　② 　毛泽东:《论持久战》(1938 年 5 月),《毛泽东选集》第 2 卷,第 449、452 页。

抗战最后胜利的意义，以说服党内同志，反击恶意攻讦，化解民意疑惑。

1936 年 7 月访谈时，斯诺问道："在实际行动中，共产党政府和红军怎么能与国民党军队合作共同抗日？"因为在一场对外战争中，必须将所有的中国军队置于统一的指挥之下。所以进一步的问题是："如果红军在最高军事委员会中享有代表权，红军同意服从最高军事委员会的军事和政治决定吗？"毛泽东明确表示："是的。只要这样一个委员会是真正抗日的，我们的政府将衷心服从它的决定。"斯诺进而问："红军是否同意除非得到最高军事委员会的同意或命令，不把它的部队开进国民党军队占领的地区，也不调动它的部队指向这些地区？"毛泽东同样给予明确答复："是的。我们当然不会把我们的军队开进抗日军队占领的任何地区去——一段时期以来，我们也没有这样做过。红军是不会采取机会主义的办法来利用任何战争局势的。"共产党对于国共合作的条件，就是"坚持要求对日本的侵略展开决定性的、最后的抗战"，以及"要求实施我们在建立民主共和国与国防政府的呼吁中所提出的主张"。红军的活动基地不论大小，都能进行战争，但基地越大，能动员的抗日力量就越强大。如果有三四个省，"就能把一支比南京的全部兵力还要大、还更有效率的抗日队伍投入到战争中去"。[①]

在 9 月的访谈中，毛泽东又进一步阐明："我们承认，在一场抵抗日本的战争中，全国军队必须有一个统一的指挥，但是我们也认为军事委员会应该是有代表性的。应该强调指出：这一点只有在成立抗日民族解放战线的基础上才有可能实现。有些国民党分子也在谈什么'统一'，但是却不支持民族解放和反帝运动。实际上很清楚，没有真正的反帝斗争就没有国家的统一。"[②]

---

① 《和美国记者斯诺的谈话·论反对日本帝国主义》（1936 年 7 月 16 日），中共中央文献研究室编：《毛泽东文集》第 1 卷，第 403—404 页。

② 《和美国记者斯诺的谈话·论统一战线》（1936 年 9 月 23 日），中共中央文献研究室编：《毛泽东文集》第 1 卷，第 410 页。

乍看起来,全面抗战期间八路军等坚持独立自主的敌后游击战,与上述表态似乎有所出入,其实宗旨是一致的。毛泽东的承诺有两个基本点:其一,服从真正抗日的军事委员会的军事和政治决定。其二,除非得到最高军事委员会的同意或命令,不开进抗日军队占领的任何地区。这两个基本点的前提是最高军事委员会必须真正抗日,并且具有代表性,只有在成立抗日民族解放战线的基础上,这一前提才能实现。

所谓服从,首先是服从最高军事委员会的抗日战略,总体上要配合抗日全局的军政部署,并且成为全面抗战的组成部分。其次是不能侵占其他抗日军队的利益,损害抗战大局。在八路军前出山西的时机、路线、兵力部署、以及在山西的作战计划等方面,中共都尽可能事先取得国民党的同意,但不能完全遵照其包藏恶意的安排。所谓独立自主,包含两个相互制约的层面,即政治上在统一战线中坚持独立自主,和军事上在总的战略方针下坚持独立自主。前者是以斗争求团结,后者则是争取对日作战的主动权,避免为国民党的错误战略所左右,同时防止国民党与日本联手压制中共及其领导的武装。

全面抗战之所以要服从国民党和国民政府,是因为国民政府是代表国家的正式政府,而国民党不但是中国的第一大党,也是掌控正式政府的执政党。中共及其领导的军队力量弱小,不能独立承担抗日救国的重任,因此全面抗战必须以国民党、国民政府和国民革命军为主体。只有坚持民族统一战线,才能实现全面抗战。同时中共必须坚持独立自主的方针,因为在中共领导人看来,国民党存在对日妥协倾向,又始终不肯放弃削弱甚至消灭中共及其武装的企图,没有斗争,一味服从,反而会助长其妥协倾向。在战局不利的情况下,还会动摇全国军民抗日的决心,使抗日军队在局部地区失去作为抗战主体的作用。或谓1937 年1 月中共中央对国民政府的四项保证,是放弃武装,归顺国民政府,甚至就是对自己失败的承认和对蒋介石领导的接受,标志着蒋介石统一中国的努力即将大功告成。① 其说完全不提前因后果，形同故意曲解。

早在 1937 年 3 月毛泽东与史沫特莱谈话时，针对"外面传说共产党现在的政策是向国民党屈服、投降和悔过"的问题，就明确表示，中共的让步"是建立在一个更大更重要的原则上面，这就是抗日救亡的必要性与紧急性。这叫做双方让步，互相团结，一致抗日。国民党中所有明智的领袖与党员，都是明白这种意义的。但国内有一部分带着阿 Q 精神的人，却洋洋得意地把我们的这种让步叫做'屈服、投降和悔过'"。② 1939 年，来访的美国记者斯诺又问及此事，他以在重庆与张群、在西安与蒋鼎文等人的谈话，以及陈立夫、蒋介石等人的言论为据，认为国共两党关于抗战政治基础的解释存在差别，"中共一再着重指出，统一战线是抗战的政治基础，但是，这种说法在国民党的文献上和言论中却没有什么地位。国民党以为抗战的政治基础，就是共产党和其他政治集团对于国民党独裁的屈服"。因此，"当着一个党否认另外一个党的存在时，能不能有一个两党之间的名义上的统一战线？"毛泽东的答复是，在大多数人的心中、口中、文字中、行动中，已有了名义上和实际上的统一战线。而在一小部分人中间，也许实际上承认了统一战线名义上却不愿承认。犹如希特勒原来称苏联只是一个名称，并非实际的国家，后来却与苏联签订条约。至于国民党声称对于其一党专政的屈服，那是他们胡说八道的自由。共产党从诞生之日起，就是一个独立的政党，从未放弃过独立性，也从未向任何个人、集团、党派屈服。要共产党屈服，大概比上天还难。况且蒋介石已经公开承认了共产党的合法存在，只

① 赖小刚：《通向成功的跳板：抗战时期中共在山东的崛起》，《文化纵横》2015 年第 5 期。网络版题为《中共藉抗日走向成功的真实原因：抗战期间中共在山东的崛起》，文字也有所不同，很可能是作者原来的文本。

② 《中日问题与西安事变——和史沫特莱的谈话》(1937 年 3 月 1 日)，中共中央文献研究室编：《毛泽东文集》第 1 卷，第 489—490 页。

是并未给予法律地位。①

为此，中共不仅始终坚持统一战线中的独立自主，而且要根据形势的发展变化进一步加强独立自主性。1937 年 11 月 15 日，毛泽东致电周恩来、朱德、彭德怀、任弼时等人，告以"目前山西工作原则是'在统一战线中进一步执行独立自主'"，原因在于山西境内的第二战区司令长官阎锡山、副司令长官黄绍竑，以及第十四集团军总司令卫立煌等部在日寇的打击下，"已基本上丧失在山西继续支持的精神与能力。我们须自己作主，减少对于他们的希望与依靠，故'独立自主'之实行，须比较过去'进一步'，这是完全必要的。但仍然是在统一战线中的独立自主，不是绝对的独立自主。在大的方面仍应与国民党及阎、黄、卫商量……仅仅不要希望与依靠他们，因为他们答应的东西很多不能兑现。我们计划要放在他们不答应不兑现不可靠时，我们还是能够干下去这样一个基点上"。② 国民党的军队在山西丧失了支撑抗日全局的意志和能力，中共和八路军如果不能进一步独立自主，则山西抗战将无法继续坚持下去。也就是说，坚持统一战线中的独立自主，一方面是因为政治上不能完全服从国民党，要防止国民党"反共"投降，另一方面，实际上需要考量国民党和侵华日军两个方面的变数，在国民党及其军队主观上不可靠客观上不能靠的情况下，必须增强独立自主性。

战争环境下，要实现政治上的独立自主，必须以军事上的独立自主为有力依托。

《论持久战》之前，毛泽东已经专门就"抗日游击战争的战略问题"发表论述，而《论持久战》仍以第 95 节就抗日战争的游击战加以进一步阐述。抗日战争的作战形式主要是运动战，其次即游击战。整个抗日

---

① 《同美国记者斯诺的谈话》(1939 年 9 月 24 日)，中共中央文献研究室编：《毛泽东文集》第 2 卷，第 238—241 页。

② 《在统一战线中进一步执行独立自主原则》(1937 年 11 月 15 日)，中共中央文献研究室编：《毛泽东文集》第 2 卷，第 70 页。

战争中,运动战是主要的,游击战是辅助的,说的是解决战争的命运,主要是依靠正规战,尤其是其中的运动战,游击战不能担负解决战争命运的主要责任。但不等于说,游击战在抗日战争中的战略地位不重要。游击战在整个抗日战争中的战略地位,仅仅次于运动战,因为没有游击战的辅助,也就不能战胜敌人。这样说包括了游击战向运动战发展的战略任务在内。长期的残酷的战争期间,游击战不停止于原来地位,而要提高到运动战。这样,游击战的战略作用就有两方面:一是辅助正规战,一是把自己也变为正规战。游击战在中国抗日战争中具有空前广大和空前持久的意义,其战略地位更加不能轻视。因此,在中国,游击战本身,不只有战术问题,还有特殊的战略问题。

持久战三阶段的作战形式,第一阶段运动战是主要的,游击战和阵地战是辅助的。第二阶段游击战将升到主要地位,而以运动战和阵地战辅助之。第三阶段运动战再升为主要形式,而辅之以阵地战和游击战。但第三阶段的运动战,已不全是由原来的正规军负担,而将由原来的游击军从游击战提高到运动战去担负一部分,也许是相当重要的一部分。从三个阶段来看,中国抗日战争中的游击战将在人类战争史上演出空前强大的一幕。为此,有必要在全国数百万正规军中,至少指定数十万人,分散于所有一切敌占地区,发动和配合民众武装,从事游击战。抗战时期敌后游击战的特点之一,就是相当程度上是由正规军发动和实施,正规军分散作游击战,集合起来又可作运动战。所以八路军的方针是:"基本的游击战,但不放松有利条件下的运动战。"①

虽然游击战在整个全面抗战中战略上不是居于主导地位,可是对于争取抗战的最终胜利却有着至关重要的作用。这是因为,抗日战争的第二阶段即战略的相持阶段,是整个战争的过渡时期和转变的枢纽。中国将变为独立国,还是沦为殖民地,不决定于第一阶段大城市是否丧

---

① 毛泽东:《论持久战》,《解放》周刊第 43、44 期合刊,1938 年 7 月 1 日,第 31 页。

失,而决定于第二阶段全民族努力的程度。如能坚持抗战,坚持统一战线和坚持持久战,中国将获得转弱为强的力量。而相持阶段的时间较长,战争十分残酷,历程非常艰难,必须动员全国民众,齐心一致,坚决维持一个统一政府,反对分裂,绝不动摇地坚持战争,扩大和巩固统一战线,排除一切悲观主义和妥协论,改造军队,动员全民,准备反攻。要实现这一战略目标,能否坚持敌后游击战争,成为关键环节。

在持久战的第一阶段,游击战处于辅助地位,八路军要配合友军作战,而在以游击战为战略主导的相持阶段,中国军队的作战形式主要是游击战,而以运动战辅助之。中国军队在正面战场与日军陷入僵持状态,敌后游击战争成为决定战争走向的战略主导。毛泽东虽然积极建议国民党军事当局派遣游击兵团深入敌后开展游击战,但是他预见到国民党的军队很难在敌后的艰苦条件下长期坚持游击战,游击战能否担负起战略主导的重任,实现反攻的战略转折,主要以共产党领导的八路军、新四军为主体。抗日战争的进程表明,毛泽东的预见相当准确,国民党的军队除了在日军无力占据的南方各地,在北方各省的游击战很少有成功的范例。如果八路军在全面抗战初期不实行独立自主的游击战方针,而是不遗余力地参加正面作战,按照国民党军事当局的部署及战法,即使拼光全部主力,也无法改变整个战局。不仅如此,没有敌后游击战的配合,正面战场第一阶段的失败还会更加惨重。更为重要的是,失去能够开辟和坚持敌后游击战的主要军队,相持阶段的到来势必更晚,而且很难坚持战略相持的态势。没有敌后游击战争,日军可以全力进攻,虽然中国国土辽阔,正面战场也很难抵御日军的攻势,更不要说由相持转而反攻。

中共领导的军队实行独立自主的敌后游击战战略方针,早在红军改编为八路军之前就已经确定,在与国民党交涉改编及如何开赴抗日前线的过程中,毛泽东等人始终坚持这一方针。1937 年 8 月 1 日,张闻天、毛泽东致电周恩来等,关于红军作战,须坚持下列两原则:"甲、在整个战略方针下执行独立自主的分散作战的游击战争，而不是阵地战，也不是集中作战，因此不能在战役战术上受束缚。只有如此才能发挥红军特长，给日寇以相当打击。乙、依上述原则，在开始阶段，红军以出三分之一的兵力为适宜，兵力过大，不能发挥游击战，而易受敌人的集中打击，其余兵力依战争发展，逐渐使用之。以上原则，请与各同志商定，并准备携告国民党"。① 8 月 4 日，张闻天、毛泽东电告准备前往南京出席国防会议的周恩来等人，总的战略方针是攻势防御，"正规战与游击战相配合，游击战以红军与其他适宜部队及人民武装担任之，在整个战略部署下给与独立自主的指挥权"。"担任游击战之部队，依地形条件及战况之发展，适当使用其兵力。为适应游击战性质，原则上应分开使用而不是集中使用"。②

接到张闻天、毛泽东的来电，朱德、周恩来等随即复电，其中关于红军如何参与全国抗战，提出作战方针以分区集团的防御钳制敌人，反对单守不攻和退却逃跑，要求独立自主担任一方面作战任务。次日，张闻天、毛泽东明确答复："红军担负以独立自主的游击运动战，钳制敌人大部分，消灭敌人一部的任务。"具体要求，指定冀察晋绥四省交界地区，向着沿平绥西进及沿平汉南进之敌，以出击侧面的扰乱、钳制和打击，协助友军作战，并派一部远出热河，但是，"这不是'独当一面'的意思，均是在一定地区内协助正面友军作战的意思。这样提出较自由、活泼而有效。即我们事实上只宜作侧面战，不宜作正面战，故不宜于以独当一面的语意提出"。③ 8 月 18 日，中共中央书记处指示朱德、周恩来、叶

① 《关于红军作战的原则》(1937 年 8 月 1 日)，中共中央文献研究室编：《毛泽东文集》第 2 卷，第 1 页。

② 《对国防问题的意见》(1937 年 8 月 4 日)，中共中央文献研究室编：《毛泽东文集》第 2 卷，第 3—4 页。

③ 《红军的作战任务与兵力使用原则》(1937 年 8 月 5 日)，中共中央文献研究室、中国人民解放军军事科学院编：《毛泽东军事文集》第 2 卷，第 25 页。

剑英，提出与国民党谈判的十项条件，其中要求国民党迅速承认并实行的，包括"（三）红军充任战略的游击支队；（四）在总的战略方针下，执行独立自主的游击战争，发挥红〈军〉之特长；（五）为适应游击战原则，须依情况出兵并使用兵力；（六）不分割使用"，请依据上述条件与国民党谈判，务求实现。①

在谈判过程中，国民党方面起初并不情愿接受这一原则。9 月 12 日，毛泽东致电彭德怀，同意其与周恩来去南京。"在晋、在冀、在京，均着重解释我军'独立自主的山地游击战争'这个基本原则，取得他们的彻底了解与同意"。此原则包含："（一）依照情况使用兵力的自由……（二）红军有发动群众、创造根据地、组织义勇军之自由，地方政权与邻近友军不得干涉。如不弄清这一点，必将发生无穷纠葛，而红军之伟大作用决不能发挥。（三）南京只作战略规定，红军有执行此战略之一切自由。（四）坚持依傍山地与不打硬仗的原则"。由于蒋鼎文坚持刘伯承师应速上前线，毛泽东揣测彼等用意，"或者不明白使用大兵团于一个狭小地域实不便于进行游击战争，如果是这样，可见我们对此原则并未向他们有过彻底坚持的说明；或者他们含有恶意，即企图迫使红军打硬仗"。②

经过谈判，蒋介石和国民政府军政部部长何应钦最终同意八路军主要以游击战配合友军作战。稍后，周恩来、彭德怀在山西又与阎锡山当面决定八路军按照这一方针展开行动。③

坚持独立自主，军事上一方面是预判抗日战争的长期性和残酷性，

①　《中央关于同国民党谈判的十项条件给朱德、周恩来、叶剑英的指示》（1937 年 8 月 18 日），中央档案馆编：《中共中央文件选集》第 11 册（1936—1938），第 322—323 页。

②　《对独立自主的山地游击战争的解释》（1937 年 9 月 12 日），中共中央文献研究室编：《毛泽东文集》第 2 卷，第 11 页。

③　《用游击战配合友军作战》（1937 年 10 月 16 日），中共中央文献研究室、中国人民解放军军事科学院编：《毛泽东军事文集》第 2 卷，第 85 页。

对国民党的战略方针及其指挥存有疑虑，认定被动挨打的军事部署和作战形式无法有效地达到最大限度地消灭敌人保存自己的目的，另一方面则对国民党有所警惕，担心其趁机削弱甚至消灭红军，进占根据地。针对蒋介石要求红军主力全部开往前线的企图，毛泽东认为应提出酌情使用兵力的原则，在此原则下，承认开拔主力，数量可以是二分之一或三分之二，但对蒋不说几分之几，"应估计蒋之军阀割据（红军全部开去是蒋之要求），又须估计陕甘是我们唯一可靠后方（蒋在陕甘则尚有十个师，以便把我们全部送去，他则稳占此后方）等等问题"。①

在与国民党谈判的同时，张闻天、毛泽东告诫党内："国民党阴谋已表现得很明显，他的企图是：（一）将红军全部送上前线。（二）分路出动，使不集中，强使听命。（三）红军受命出动后即变为蒋之属下，彼以命令行之。彼时党的问题与边区问题，由彼解决，甚至将不许发表宣言并取消苏区。"因事关重大，张、毛建议在洛川召开政治局扩大会议慎重讨论。② 在1937年8月22日至25日于冯家村召开的会议上，毛泽东作了关于军事问题和国共两党关系问题的报告，明确我军以创建根据地、钳制与消耗敌人、配合友军作战、保存和扩大自己为基本任务，执行独立自主的山地游击战的战略方针，实行由国内正规战向抗日游击战的军事战略转变，使游击战争担负起开辟敌后战场，配合正面战场，创建抗日根据地的历史使命。③ 国共合作达成协议后，中共中央革命军事委员会于8月25日下达命令，红军改编为国民革命军第八路军，并且强调："各师改编为国民革命军后，必须加强党的领导，保持和发挥十

---

① 《红军的作战任务与兵力使用原则》（1937年8月5日），中共中央文献研究室、中国人民解放军军事科学院编：《毛泽东军事文集》第2卷，第25—26页。

② 《洛川会议将讨论重大军事问题》（1937年8月18日），中共中央文献研究室、中国人民解放军军事科学院编：《毛泽东军事文集》第2卷，第32页。

③ 中国人民解放军军事科学院毛泽东军事思想研究所年谱组编：《毛泽东军事年谱》（1927—1958），南宁，广西人民出版社，1991年，第197页。

年斗争的光荣传统,坚决执行党中央与军委会的命令,保证红军在改编后成为共产党的党军,为党的路线及政策而斗争,完成中国革命之伟大使命。"①

第三节　敌后游击战的展开

　　设法说服国民党的同时,中共依照既定的基本原则准备调兵部署。9月17日,毛泽东致电朱德等,判断敌攻华北大约分为四路,总兵力约15万至20万人。阎锡山指挥下的傅作义、杨爱源、刘茂恩、汤恩伯各军均失锐气,不能指望这些军队能够在现阵地根本破坏敌人的战略计划。红军此时是支队性质,不起决战的决定作用。但如部署得当,能起在华北(主要在山西)支持游击战争的决定作用。② 四天后,毛泽东又电告彭德怀:"今日红军在决战问题上不起任何决定作用,而有一种自己的拿手好戏,在这种拿手戏中一定能起决定作用,这就是真正独立自主的山地游击战(不是运动战)。要实行这样的方针,就要战略上有有力部队处于敌之翼侧,就要以创造根据地发动群众为主,就要分散兵力,而不是以集中打仗为主。集中打仗则不能做群众工作,作群众工作则不能集中打仗,二者不能并举。然而,只有分散做群众工作,才是决定地制胜敌人、援助友军的唯一无二的办法,集中打仗在目前是毫无结果可言的。"毛泽东尤其强调要从远处大处着眼:"目前情况与过去国内战争根本不同,不能回想过去的味道,还要在目前照样再做。"林彪想以

---

　　① 《中央革命军事委员会命令》(1937年8月25日),中共中央文献研究室、中国人民解放军军事科学院编:《毛泽东军事文集》第2卷,第35页。

　　② 《关于敌情判断及八路军的战略部署》(1937年9月17日),中共中央文献研究室编:《毛泽东文集》第2卷,第15—16页。

陈光旅集中相机给敌以打击，暂时可以，长久仍以中心转向群众工作为宜。①

此电明确指出，抗战初期八路军的战略方针，与国内战争时期完全不同，过去是集中兵力通过运动战打歼灭战，现在则以分散发动群众为主，以便创建根据地，在敌后站稳脚跟，为迎接最为艰苦同时最为关键的相持阶段的到来做好充分准备。如果说国民党军队不能实行运动战和不愿开展敌后游击战主要是力所不及，八路军的将领们在全面抗战初期对于放弃运动战改以分散游击战为主，则是心有不甘。

9 月 25 日，毛泽东再度致电周恩来等并转刘少奇、朱德、彭德怀等，强调："整个华北工作，应以游击战争为唯一方向。一切工作，例如民运、统一战线等等，应环绕于游击战争。华北正规战如失败，我们不负责任；但游击战争如失败，我们须负严重的责任。"为此，应令河北党注全力于游击战争，并再次强调："要设想在敌整个占领华北后，我们能坚持广泛有力的游击战争。要告诉全党（要发动党内党外），今后没有别的工作，唯一的就是游击战争。为此目的，红军应给予一切可能的助力。"②同时一再提醒前敌指挥："目前红军不宜过早暴露，尤不宜过早派遣战术支队"。"若在敌之主力尚未集中于其主要的攻击点，敌之后方尚未十分空虚之时，暴露红军目标，引起敌人注意，那是不利的。若仅派遣战术支队，那是无益的。"③即使出于战役的考虑，配合国民党和阎锡山的军队作战，根本方针仍然是为了有利于发动民众，造成广泛的游击战争，创建根据地，以便坚持持久抗战。

---

① 《关于实行独立自主的山地游击战方针》(1937 年 9 月 21 日)，中共中央文献研究室编：《毛泽东文集》第 2 卷，第 19—20 页。

② 《整个华北工作应以游击战争为唯一方向》(1937 年 9 月 25 日)，中共中央文献研究室编：《毛泽东文集》第 2 卷，第 23 页。

③ 《关于华北作战的战略意见》(1937 年 9 月 25 日)，中共中央文献研究室、中国人民解放军军事科学院编：《毛泽东军事文集》第 2 卷，第 60—61 页。

　　负责北方局的刘少奇坚决贯彻中共中央的指示,连续发文阐述华北游击战争的问题,10 月 16 日的《抗日游击战争中各种基本政策问题》认为,游击战争是今后华北人民抗日的主要斗争形式。虽然今天全中国包括华北反对日本帝国主义的主要斗争方式是正规战争,但不幸今天抗日的正规战存在许多缺点,领导战争的政党和军政当局还坚持许多错误的方针,使得华北的抗日正规战争遭到严重的失败,游击战争将成为华北人民反对日本帝国主义的主要斗争形式。在游击战争继续扩大与胜利的过程中,将转变到以正规战争为华北人民抗日的主要斗争方式,最后驱逐日军出华北。[①] 11 月 15 日为中共中央北方局起草的决定《独立自主地领导华北抗日游击战争》指出,华北正规战大体结束,片面抗战很难支持,全面抗战尚未到来,华北进入游击战争的新阶段。如果华中华南的正规战不能继续坚持与扩大,华北要在困难条件下独立作战。华北游击战争有重新转变为正规战争、驱逐日寇出华北的胜利前途,这取决于八路军若干倍的扩大、武装民众和争取与改造友军的成功。[②]

　　王若飞也在《解放》周刊载文论述《华北游击战的展开》,认为八路军出现在战场上,对华北抗战产生了影响,平型关等胜利振奋了各路战线屡经战败的士气和全国人心。八路军以新的战略姿态,在山西华北展开广泛的运动战和游击战,不是单纯被动挨打的防御,抓住敌人弱点,主动歼敌,为友军提供了制胜的战略。八路军"独立自主的山地游击战"战略,是根据自己数量不大、物质技术贫弱、缺少新式武器等弱点。全国对日作战总的战略方针,应从坚决持久的大规模运动战中,消

---

　　① 《抗日游击战争中的若干基本问题》(1937 年 10 月 16 日),中共中央文献编辑委员会编:《刘少奇选集》上卷,北京,人民出版社,1981 年,第 80—82 页。原文由解放出版社印成单行本发行,收入《刘少奇选集》时,改为现名。

　　② 《独立自主地领导华北抗日游击战争》(1937 年 11 月 15 日),中共中央文献编辑委员会编:《刘少奇选集》上卷,第 94—96 页。

耗削弱敌人的力量，以致完全驱逐。八路军则应根据自己的力量和特长，发挥"独立自主的山地游击战争"，配合友军作战。如果友军改为攻势防御，组织武装民众抗战，可以消灭山西的五六万日军。友军严重失败的原因主要是，单纯军队抗战，军队未建立正确的政治工作，高级军官消极，单纯防御战略，坐等挨打等。①

抗战初期，华北的游击战争除了是否得当、是否必须外，更重要的是能否坚持、如何坚持。关于此节，杨奎松的论文讨论甚为深入。② 华北抗日游击战面对的困难，不仅是日军的强大优势，还有国民党摇摆不定的抗日态度和总想削弱甚至消灭中共武装的心怀不轨。如果正面战场的正规军不能坚持，或国民党对日妥协，华北抗日游击战的困难将大幅度增加。为了应对可能出现的严重局面，中共中央在坚持敌后游击战的前提下，有两种预案：一是坚持敌后尤其是山西的游击战，而八路军主力将根据局势变化，酌情撤回陕北；二是八路军主力继续留在山西，分散发展，伺机向华北其他地区扩张。

1937 年 10 月 19 日，周恩来致电毛泽东等，认为中国战局正转入新的危机，日军着重进攻华北和上海，南京对持久战信心动摇。中国军队上海方面兵力投入多，华北方面战力强的少。除八路军外，在战场上与敌力战的数量亦居劣势。因此黄河两岸正酝酿着放弃华北的危险。如果南京和平机启，则妥协空气弥漫，诱留红军单独在华北抗战的阴谋必大发展。应想方设法力争各军留在华北继续抗战，并揭破放弃华北的阴谋。③

① 若飞：《华北游击战争的展开》，《解放》周刊第 21 期，1937 年 10 月 30 日，第 9—12 页。
② 杨奎松：《毛泽东为什么要写〈论持久战〉?》，《抗日战争研究》2018 年第 3 期，第 20—33 页。
③ 《对挽救中国战局新危机的建议》(1937 年 10 月 19 日)，中共中央文献研究室、中国人民解放军军事科学院编：《周恩来军事文选》第 2 卷，第 40—42 页。

为了应对华北危局，11 月 17 日，刘少奇、杨尚昆等致电毛泽东、张闻天等，提出迅速扩大红军，争取华北游击战争胜利的建议，具体办法是，在半年内扩大红军游击队到二三十万人，坚持半个山西在我手中，转变成正规战，使得全国性的妥协求和成为不可能，此时蒋或再派兵到华北。因此，红军不宜以退过黄河为布置工作的出发点，成败的关键是扩大红军。① 为此，张闻天、毛泽东等于 11 月 23 日复电称：坚持山西游击战争的方针，为中央早已定下，不应动摇。坚决执行这一方针，决不能束缚红军主力的适当的使用与转移，两者不能混为一谈。红军主力的使用，决定于今后全国抗战形势的发展，不决定于山西一省的形势，不要仅看局部，要看到全国。应及时预防红军主力需要转移时，丧失坚持山西游击战争的自信心。② 也就是说，红军主力是否转移，取决于全国的局势，即使红军主力转移，山西的游击战争也要继续坚持。因此，必须预做准备，万一红军主力离开，山西仍能设法坚持游击战。

太原失守后，华北正规战基本结束，进入游击战阶段。这时八路军配合友军作战的任务已经很少，独力作战逐渐增多。在作战方法上，毛泽东要求晋察冀部队"避免正面抵抗，袭击敌之后尾部队"。"在敌之远近后方活动，使敌进一步仍在我包围中"。同时指出："在确有胜利条件下，集结适当力量给敌以部分的歼灭和有力打击，增加敌恐怖与进攻困难是必要的，但须详细审慎"。③

在全国抗战局势尚未稳定下来之前，关于红军主力的动向及其与

① 《刘少奇、杨尚昆关于迅速扩大红军争取华北游击战争胜利的建议给毛泽东、张闻天的电报》(1937 年 11 月 17 日)，中共中央文献研究室、中央档案馆编：《建党以来重要文献选编(1921—1949)》第 14 册，第 689—690 页。

② 《张闻天、毛泽东关于在山西坚决执行游击战争方针给刘少奇、杨尚昆的电报》(1937 年 11 月 23 日)，中共中央文献研究室、中央档案馆编：《建党以来重要文献选编(1921—1949)》第 14 册，第 691 页。

③ 《对进攻晋察冀边区之敌的作战方法》(1937 年 12 月 5 日)，中共中央文献研究室、中国人民解放军军事科学院编：《毛泽东军事文集》第 2 卷，第 126 页。

华北游击战的关系，始终是中共中央全局考量的重点。1938 年 3 月 7 日，朱德、彭德怀致电中共中央暨长江局，提出："（一）战略方面，在友军未撤退黄河以南之前，应坚决而积极地在华北坚持配合友军作战，争取连续的胜利，以达到有力地保卫武汉、保卫西北和巩固统一战线的目的。（二）作战方针方面。在日军主力未转移到华北时，积极保卫华北，收复失地。如日军主力转移华北，津浦路我军应向济南、浦口，江南我军应向京（南京）沪路积极进攻。"

毛泽东复电称：政治局决定之战略方针，包括现时在华北及将来转移至陕西、河南两个阶段，不是单指目前而言。在目前阶段，不但因蒋令，而且主要因战略需要，在不被敌根本隔断条件下，我军均应在敌后配合友军坚决作战，有效地消灭与削弱敌人，发动广泛的抗日运动，如此方能钳制与阻碍敌向潼关、西安与陕北的进攻。只要无被隔断危险，决不应过早渡过河来，更不应不顾蒋令不顾友军渡过河来。为了保障将来转移便利，必须巩固吕梁山脉之转移枢纽，并布置太岳山、王屋山工作。第一阶段的部署，要照顾第二阶段情况变化时的处置。在将来阶段，即敌大举进攻潼关、西安、武胜关、武汉及陕北时，在取得蒋（介石）、阎（锡山）、卫（立煌）同意后，八路主力及其他国军主力，应渡过河西河南，为保卫西北保卫武汉而战，而留适当兵力位于山西各区，继续坚持游击战。如敌突破吴堡线，进攻绥德，威胁延安，应准备从 120 师抽一个旅先行渡河击敌。如敌攻潼关，西安危急，而武胜关、武汉尚不危急，应准备抽出 115 师或至少一个旅，同时从阎、卫军抽一部，先行渡河击敌。但不论多少部队过河，均应事先力求取得蒋之同意，并与友军协同。

毛泽东进一步明确指示：在目前阶段，所有晋境军队，均应负担消灭敌人发动民众的任务。但同时应准备下一阶段情况迅速变化时的转移。如果八路全部被限制于华北敌之包围圈中，根本不能转移至陕甘豫地区，则对整个抗战及全国政治关系都是不利的。这是政治局战略决定的基本精神。从战争的长期性出发,必须如此,方为有利。因此,向阎、卫报告及召集军官会议时,应说在敌后作战的战略意义及依靠民众大有办法,但无论如何不要说全部长期在华北的话。事实上,蒋虽严令,但卫立煌的 54 师、83 师已从吉县过宜川,何柱国一部已从保德过府谷,可见卫立煌等执行命令之动摇。且应注意蒋的命令是双关的,一面包含战略需要的积极意义,一面又难免不包含恶意在内。[①]

此外,在敌大举摧毁我经济基础,以各种方式压缩我活动范围,以至回旋不易且占领黄河两岸各主要渡口截断我补给的情况下,华北只能留若干较小的游击兵团,各军主力要在黄河各渡口封锁以前渡过河来,以免陷入极大困难。"在敌人后方创设许多抗日根据地是完全可能的,是十分必要的。国共两党均须用极大努力去干,对此不应有任何猜疑。但不要把此事看得很容易,不要以为数十万正规军能在华北一隅长期作战"。[②] 由此可见,开展敌后游击战虽然已是中共的既定战略方针,但是具体如何实施,才能立于不败之地,仍然需要审时度势,做好各种应变的准备。

八路军的战法,同样适用于新四军。1938 年 5 月 4 日,毛泽东电告中共中央新四军分会书记、副军长项英:河北、山东的游击战证明,"在敌后进行游击战虽有困难,但比在敌前同友军一道并受其指挥反会要好些,方便些,放手些。敌情方面虽较严重,但只要有广大群众,活动地区充分,注意指挥的机动灵活,也会能够克服这种困难"。"在一定条件下,平原也是能发展游击战争的,条件与内战时候很大不同。"对于国

<hr />

① 《毛泽东关于八路军应准备转战陕甘豫地区给朱德、彭德怀的电报》(1938年 3 月 9 日),中共中央文献研究室、中央档案馆编:《建党以来重要文献选编(1921—1949)》第 15 册,第 152—154 页。

② 《与国民党谈华北军事时注意分两个阶段》(1938 年 3 月 17 日),中共中央文献研究室、中国人民解放军军事科学院编:《毛泽东军事文集》第 2 卷,第197—198 页。

民党的战区指挥系统，既要遵从命令，又须保持独立性，"薛岳（时任第十九集团军总司令兼第五军军长）等的不怀好意，值得严重注意。但现时方针不在与他争若干的时间与若干里的防地，而在服从他的命令开到他指定的地方去，到达那里以后就有自己的自由了。尔后不要对他事事请示与事事报告，只要报告大体上的行动经过及打捷报给他"。①

统一服从与独立自主既相辅相成，也存在矛盾，处理不好，会造成磨擦和冲突，必须以斗争求团结，有理、有利、有节，而把握适当的度，至关重要。

毋庸讳言，实行独立自主的敌后游击战，主观上就是为了保存实力，但是八路军保存基本的战斗力，乃是遵循一切战争的基本原则，即保存自己，消灭敌人，况且首先是针对具有绝对优势的日军，必须充分认识战争的长期性和残酷性，做好持久战的准备。如果在战略防御阶段无谓地消耗大量精锐，势必造成下一阶段作战更大的困难。八路军的战略方针绝非消极避战自保，中共还正式建议国民党军队也要尽可能避免无谓的牺牲，并且要求八路军对于国民党交由自己指挥的部队，采取爱护协助的态度，不使其担任最危险的任务，而是主要打几个小胜仗，以鼓舞士气。②

当牺牲为实现长久战略目的所必需时，八路军积极配合友军作战，并付出相当的代价。如山西不得不决战之际，八路军拟以林彪、贺龙两个师的主力，从东西两方破坏敌之侧后纵深地区，袭击铁路、公路交通线，阻滞日军攻势。为达到战役目的，中央指示 115 师应准备减员2000 至 2500 人，这对于兵力有限的八路军而言，可谓重大牺牲。"但在支持山西作战，即用以支持华北作战较为长久之战略目的上，却有很

① 《放手开展敌后游击战争》(1938 年 5 月 4 日)，中共中央文献研究室编：《毛泽东文集》第 2 卷，第 127—128 页。

② 《正确对待配属八路军指挥之友军》(1937 年 10 月 4 日)，中共中央文献研究室、中国人民解放军军事科学院编：《毛泽东军事文集》第 2 卷，第 70 页。

大意义"。① 只是华北国民党军队太杂，"无一个主力军。红军在力求配合作战，争取华北持久的原则下，须同时顾到友军不可靠时的处置"。② 阎锡山在山西战事不利的情况下，提出与八路军合组集团军，用游击战坚决抵抗日军进攻，并与八路军商量指挥之事，③即是鉴于后者在游击战方面的优长。晋军在山西能够长期坚持，很大程度上得益于八路军敌后游击战的开展。

八路军将领通过战斗实践，高度认同中共中央制定的作战原则。林彪总结平型关战斗的经验之一，就是"我军（八路军）在目前兵力与技术条件下，基本上应以在敌后袭击其后路为主。断敌后路是我们阻敌前进争取持久的最好方法。如经常集中大的兵力与敌作运动战，是不适宜的"。④ 同时他还从实战中清楚认识到，八路军应当坚持独立自主的分散的游击战，即使配合国民党军队进行运动战或阵地战，也是不适宜的。

中共不仅直接建议国民党军事当局不必拘守一城一地的得失，而且从抗战大局着眼，认为"在抗战过程中巩固蒋之地位，坚持抗战，坚决打击投降派，应是我们的总方针。而军队力量之保存，是执行此方针之基础"。武汉保卫战时，中共主张军事行动重在袭击敌人侧后，避免不利的决战，不可守则不惜断然放弃。"因目前许多军队的战斗力远不如

----

① 《关于华北作战的补充意见》（1937 年 10 月 6 日），中共中央文献研究室、中国人民解放军军事科学院编：《毛泽东军事文集》第 2 卷，第 77 页。

② 《华北战局重点在娘子关龙泉关一带之太行山脉》（1937 年 10 月 13 日），中共中央文献研究室、中国人民解放军军事科学院编：《毛泽东军事文集》第 2 卷，第 80 页。

③ 《游击战争主要应处于敌之翼侧及后方》（1937 年 10 月 23 日），中共中央文献研究室、中国人民解放军军事科学院编：《毛泽东军事文集》第 2 卷，第 96—97 页。时间应为 9 月 23 日。

④ 林彪：《平型关战斗的经验》（1937 年 10 月 17 日），《解放》周刊第 25 期，1937 年 11 月 27 日，第 17 页。

前,若再损失过大,将增加各将领对蒋之不满,投降派与割据派起而乘之,有影响蒋的地位及继续抗战之虞"。① 由此可见,中共坚持实行独立自主的敌后游击战战略,正是从争取抗战胜利的大局全局着眼,具有远见卓识的方针。

第四节　统一战线领导权的归属

毋庸讳言,保存实力也有面对国民党的考量,包括两个相互关联的方面:一是没有中共及其领导的军队,国民党很可能不会坚持抗战,而对日妥协;二是国民党始终包藏祸心,千方百计企图削弱乃至消灭中共及其领导的武装。一旦失去中共及其武装力量,则中国的抗战将无法获胜。这同样是为了确保抗战胜利的大局。

有一种普遍存在的观点,认为《论持久战》主要是主张游击战争,甚至说游击战是中共领导的人民军队的主要战法。此说有两方面的误解:其一,《论持久战》主要是阐述全面抗战的战略方针,在持久战的三阶段中,运动战才是主要作战形式,居主导地位,游击战虽然在相持阶段具有战略地位,整体而言仍是辅助性的。早在卢沟桥事变前一年,1936 年 7 月,毛泽东就在与美国记者斯诺的谈话中明确表示:"转换全局的战略方针,必然要是运动战。"在《解放》周刊发表谈话的正式文本时,毛泽东还专门增加了一处夹注,强调自己说的是"运动战","几个译本都译作'游击战',是错了的"。②

其二,八路军、新四军虽然实行独立自主的敌后游击战,但是游击战并非中共领导的军队的主要战法,除了第一次反"围剿"之前和抗日战争的防御、相持阶段,中共领导的军队都是以运动战为主要作战形

---

① 《我们在抗战过程中的总方针》(1938 年 8 月 6 日),中共中央文献研究室、中国人民解放军军事科学院编:《毛泽东军事文集》第 2 卷,第 359 页。

② 毛泽东:《论持久战》,《解放》周刊第 43、44 期合刊,1938 年 7 月 1 日,第 5 页。

式。毛泽东与英国记者贝特兰谈话时的确说过："现在第八路军采用的战法，我们名之为'独立自主的运动游击战'。这和我们过去在国内战争时采用的战法，其基本原则是相同的。但亦有某些区别，拿现时这一阶段的情况来讲，集中使用兵力之时较少，分散使用兵力之时较多，这是为着在广大地域袭击敌人翼侧和后方之必要而采用的。"在游击战与运动战并举的前提下，八路军与红军作战的基本原则当然相同，而较少集中兵力与较多分散兵力，则有着显著的差异，不能一概而论。至于八路军与全国其他军队，战法的区别更为明显。"若在全国军队，因其数量广大，除以一部守正面及以另一部分散进行游击战外，主力应经常集中地使用于敌之翼侧。军事上的第一要义是保存自己消灭敌人，而要达到此目的，必须采用'独立自主的运动战与游击战'，避免一切被动的呆板的机械的战法。如果大量军队采用运动战，而红军则用游击战以辅助之，则胜利之券，必操我手"。①

由此连带产生三个问题，其一，抗日战争的领导权归属。其二，《论持久战》对国民党、国民政府及其统领的军队的影响。其三，《论持久战》的战略方针的有效性。

既然全国抗日战争的战略方针是以运动战为主，阵地战、游击战为辅，而中共领导的军队则主要起辅助作用，即使在第二阶段游击战上升到主要地位，总体而言，仍然不能简单地说中共领导了正规军正面战场的对日抗战。那么，究竟如何理解中共在抗日战争中的领导权问题？

按照毛泽东的想法，中共在抗战中必须争取领导权，而实现领导权，主要是通过统一战线。毛泽东在1936年7月与斯诺谈话时回答所提出的问题："在什么条件下，中国能战胜并消灭日本帝国主义的实力

① 《毛泽东与英国记者贝特兰之谈话》（1937年10月25日），《解放》周刊第23期，1937年11月13日，第5—6页。《毛泽东选集》第2卷所收录的《和英国记者贝特兰的谈话》（第378—379页），文字有所增减，尤其是将游击战与运动战的先后次序颠倒，游击战在前，运动战在后。

呢?"就明确指出:"要有三个条件:第一,是中国抗日统一战线的完成;第二,是国际抗日统一战线的完成;第三,是日本国内人民及被压迫民族的革命运动的兴起。三个条件中,中国人民的大联合是主要的。"①在《论持久战》中,毛泽东又引述了这次谈话的内容。中共领导层确信,即使在国民党投降的情况下,仍然必须坚持民族统一战线,否则就不能团结全民族的力量,抵抗日本的侵略,并且最终战胜日本帝国主义。只要统一战线存在,中共就可以通过统一战线,影响各党各派各界,进而实现对抗日战争的领导权。在整个抗战过程中,国共之间一直存在或明或暗的斗争,其中一个重要问题,就是争夺抗日战争的领导权。如果简单地说中共领导了全面抗战的全过程,与许多事实不能吻合尚在其次,更重要的是也要概括承受领导不力的责任,这显然是不公正的。不能因为抗战取得了最后胜利,就认为中共自始至终全面占据领导地位。事实上,正是由于中共的领导权未能全面覆盖,国民党和国民政府的错误方针始终延续,抗日战争才会进行得异乎寻常的艰难。而《论持久战》的发布及宣传,正是中共努力争取实现领导权的重要体现。

与之相关的问题,就是《论持久战》究竟发挥了多大的影响力。《论持久战》发表出版后,中共在全国范围内进行了有组织的正面宣传,社会各界尤其是左翼人士予以积极响应,的确在社会上产生了广泛的影响,使得中共关于抗日战争的态度、政策和方针深入人心,对于改变中国共产党及其领导的革命武装的公众形象,认识和理解中共及其军队在抗日战争中的地位,起到重要作用。有些意见认为,《论持久战》对于国民党、国民政府及其军队的将领有着显著影响,则与事实存在明显的差距。已有学者对所涉及的相关史事加以认真考证,予以澄清,如蒋介石是否看过《论持久战》、白崇禧等人对《论持久战》的反应等,②这些考

① 毛泽东:《论持久战》,《解放》周刊第 43、44 期合刊,1938 年 7 月 1 日,第 4 页。
② 详见杨天石:《找寻真实的蒋介石:蒋介石日记解读2》,第 61—74 页。

证大体是可信的,至少不应继续夸大《论持久战》对于国民党及其军队将领的影响。

当然,中共关于全面抗战战略的意见,也不能说对国民党和国民政府毫无影响,只是直接作用的对象不一定是蒋介石。1937 年 8 月 9 日朱德、周恩来等人到达南京时,虽然 8 月 7 日召开的国防会议和国防联席会议已经结束,但是中共专门准备的《确立全国抗战之战略计划及作战原则案》,仍然提交给了国民政府军事当局。大本营 8 月 20 日颁发的《国军战争指导方案》和《国军作战指导计划》,延续了以持久战应对速战速决的主旨,[①]但是比照 1937 年 3 月全面抗战爆发前参谋本部拟订的《民国二十六年度作战计划(甲案)》,[②]可见在战略部署、作战方式等方面,出现了一些微妙的变化。

大本营第一号训令《国军战争指导方案》,将全国划分为五个战区,第一战区的作战区域为冀省及鲁北,司令长官由大元帅蒋介石兼。第二战区的作战区域为晋察绥,司令长官为阎锡山。第三战区作战区域为苏南及浙江,冯玉祥、顾祝同分任正副司令长官。第四战区作战区域为闽粤,何应钦、余汉谋为正副司令长官。第五战区作战区域为苏北及鲁省,大元帅兼司令长官,韩复榘为副司令长官。[③]

根据大本营第二号训令《国军作战指导计划》,关于第一期对日作

---

① 中国第二历史档案馆:《南京国民政府大本营关于全面抗战作战指导方案等训令四件》,《民国档案》1987 年第 1 期,第 22 页。

② 中国第二历史档案馆编:《中华民国史档案资料汇编》第 5 辑第 2 编军事(1),第 593—613 页。

③ 《民国档案》1987 年第 1 期刊布的《南京国民政府大本营关于全面抗战作战指导方案等训令四件》,据编者说明,是从南京中国第二历史档案馆藏国民党"战史编纂委员会"档案中录出,几份训令内容上有些自相矛盾之处。其中最为明显的就是《战争指导方案》规定将全军区分为四战区,可是紧接着"甲、第一部"却列出五个战区。而《国军作战指导计划》则只列出四个战区,没有第五战区。编者注意及此,在正文中予以校正,但是未说明差异的由来,也没有对两说作出判断。

战的敌情判断是，日军为使驻平津一带部队作战便利，将派一部主力进占平绥线的张家口、南口等要点，尔后或深入山西威胁第一战区侧背，或转进于正定、保定方面，协助其平津部队实施攻击。同时"为牵制我国军兵力之转用及从政略上威胁我国军根据地起见"，将以一部攻淞沪，窥视首都南京；并以一部攻胶东，侧应平津攻势；或分兵登陆海州，窥伺徐州。至于闽粤方面，日本当无陆军作战能力。

依据上述判断，指导方案确定："主战场之正面在第一战区，主战场之侧背在第二战区。"①这一战略判断与中共的建议相吻合，较全面抗战前夕参谋本部拟订的《民国二十六年度作战计划（甲案）》的南北并重明显改变。指导计划进一步确定，为限制平津敌军自由转移兵力于平绥路，以及使第二战区在平绥路方面作战便利起见，应即派主力约两个军近迫当面之敌，实行柔性攻击，同时抽调平汉路北端机动性大而富于游击战经验的部队约三个师（能多更好），归第二战区长官指挥，进至怀来、万全之线以北。

第三号训令《第一战区北正面作战指导计划》的指导要领为：以平汉、津浦两铁路为轴心，"以防守部队采纵深疏散据点式之防御配置，以机动部队控制于侧翼，如敌向我进攻，则协力于防守部队向敌侧背围攻而歼灭之，同时在前线之部队应组织便衣游击队，渡过永定河，深入平津铁路以东地区组织民众，破坏交通，以牵制敌人之运动。为达方针后项所述之目的，应以强有力之机动部队向南口、怀来、完全之西南地区挺进，直接或间接援助我南口、万全一带之守军"。② 强调机动性、游击战、正面防御的梯次配备以及截击敌军侧背等等作战思想及相应战法，皆非国军所长，而且《民国二十六年度作战计划（甲案）》没有相关内容，

① 中国第二历史档案馆：《南京国民政府大本营关于全面抗战作战指导方案等训令四件》，《民国档案》1987 年第 1 期，第 26 页。

② 中国第二历史档案馆：《南京国民政府大本营关于全面抗战作战指导方案等训令四件》，《民国档案》1987 年第 1 期，第 28 页。

当与中共提交的《确立全国抗战之战略计划及作战原则案》直接相关。

不过，国民党和国民政府军事当局并未根本解决南北并重的战略抉择问题，尽管确定第一战区为主战场，实际上军事天平却进一步偏向第三战区。第一、第二战区的具体作战任务是：前者为"近迫该当面之敌，实行柔性之攻击，以吸引其主力，俾我第二、第三战区之作战，得从容展布，但如敌军企图真面目与我决战时，则应毅然尽全力以防制之"。后者为"打破敌军惯用包围行动之企图，使其对我第一战区不敢放胆施行正面之攻击，同时牵制热河以东之敌军，使其对青岛、淞沪之作战，不能转用兵力"。而第三战区的作战任务是："迅将目下侵入淞沪之敌陆、海军及其空军陆上根据地扫荡扑灭，以准备敌军再来时之应战，同时对于浙江沿海敌可登陆之地区，迅速构成据点式之阵地，阻止敌人登陆，或乘机歼灭之。"第四战区为准备应战，第五战区为防止敌军登陆，为"确保我国军南北两战场作战连系之中枢"。为此，身兼第一战区司令长官的蒋介石决定将海空军全部投入淞沪战场，以阻止日军登陆，确保沪宁不失。大本营第四号训令下达的《第三战区作战指导计划》，即要求"以达成巩固首都及经济策源地为作战指导之基本原则"。①

海军因为地利，集中于淞沪战场，闭塞吴淞口以及协助各要塞及陆地部队作战，可以理解。而空军"应集中主力，协同陆军先歼灭淞沪之敌（以敌舰及炮兵为主目标）"，②就有些说不过去。蒋预想日军很难在东南战场全力进攻，可能只是牵制国军调兵到华北，并且从政略上威胁中国的根据地，进窥首都南京。因而重兵把守，开始阶段甚至主动发起进攻，试图御敌于国门之外。不料日军海陆两军争功，不断增兵加强攻势，国军方面只好随之跟进，双方打成添油战术，虽然一度相持不下，最

---

① 中国第二历史档案馆：《南京国民政府大本营关于全面抗战作战指导方案等训令四件》，《民国档案》1987年第1期，第22—23、30页。

② 中国第二历史档案馆：《南京国民政府大本营关于全面抗战作战指导方案等训令四件》，《民国档案》1987年第1期，第27页。

终还是大量消耗了精锐，全线崩溃，总体而言，得不偿失。

更为重要的是，抗日战争的实际进程与《论持久战》的预测高度吻合，证明毛泽东的确高瞻远瞩，如果全国军民完全按照《论持久战》的政治路线和战略方针，抗战的进程无疑会顺利得多。然而，无论政治改革还是军事方略，国民党、国民政府及其军队都没有根本性的改变。南京失陷后作战方式的变化，发生于《论持久战》问世之前，更多的是吸收国民政府所说抗战第一阶段失败的惨痛教训以及中共方面的意见做出的部分调整，距离中共所主张的全面抗战的战略方针，即以运动战为主，阵地战、游击战为辅的战法，差距依然显著。可以说，运动战、游击战及其相互配合，始终是国民党军队的弱项。在抗战前后的两次国内战争中，开始处于弱势的中共领导的军队都是凭借这一战法，打败了相对强大的国民党军队。如果抗日战争时期能够实行中共提出的总的战略方针，第一阶段的损失当不会如此惨重，而且势必给日军造成重大障碍，同时有助于保存实力，使得第二阶段的抗战不至于如此艰难。如果不是第一阶段国民党军事当局实行专守防御，造成精锐几乎尽失，且后来始终没有完全改变战略方针，第二阶段又不断制造磨擦，消耗内力，中国的抗日战争应当不会拖延如此之久，中日之间强弱态势的转变也不会如此之难，以至于若不是国际反法西斯战线的局势扭转，获胜的同盟国联手合力打击日本，胜利的曙光仍迟迟不能浮现，大后方的民众甚至已经开始怀疑持久抗战能否继续坚持下去。

既然国民党军事当局基本未能采纳中共提出的抗日战争总的战略方针，其有效性究竟如何，自然成为值得讨论的问题。历史当然不能假设，但是战争可以推演。如果国民党军事当局采用中共提出的战略方针，并且由毛泽东担任指挥战争的统帅，抗日战争的历史是否会在相当程度上被改写？虽然总体上三个阶段的进程转换不会改变，但是各个阶段的战况以及持续时间很可能发生变化。当然前提是必须全面改造国民党、国民政府和国民革命军。提出这一问题所欲讨论的主要有两点：其一，日军是否战斗力超强，使得中国军队难以甚至无法战胜？其二，作为执政党和正式政权，国民党和国民政府对于抗日战争的不利是否应该承担政治和军事的责任？二者相互关联。

关于抗日战争时期日军的战斗力，既有抗日神剧和某些夸诞回忆的罔顾事实，也有单就正面战场和敌后战场的战绩分别立论的局限。两种观点都不免偏于一端。据《论持久战》的分析，日军的长处，一是武器装备较好，二是官兵的教养即组织性较强。所谓武器装备较好，海军方面，优势最大，空军（海陆航空兵）次之，至于陆军，差距并没有那么显著。尤其是中央军的精锐部队，有的武器装备甚至较日军还略胜一筹。当然，中国军队素质不一，所谓杂牌军的装备，与日军差距较大，八路军、新四军的整体劣势尤为明显。况且装备的优劣还有整体供应配备良否的问题，即使轻武器的差距不明显，武器质量和弹药配备也相去较大。

军事素质方面，日军的单兵训练相当优异，中下级指挥官也有较高素养，加上日军过去屡战未尝败绩而形成的自信心，对天皇和对鬼神的迷信，骄慢自尊，对中国人的轻视等，战斗精神较为顽强。太平洋战争中，在战役战术指挥得当的情况下，日本陆军的战斗力甚至让火力占据压倒性优势的美军也头痛不已。

不过，日军虽强，却并非无懈可击。其战斗指挥，即部队战术和小兵团战术颇有高明之处，战略战役指挥却有许多不行。《论持久战》指出，之前日军所犯错误计其大者有五，一是对中国抗战的决心和展现的力量估计不足，逐渐增兵。二是没有主攻方向。台儿庄战役以前，华中、华北大体平分兵力，两方内部又各自平分。台儿庄败仗后，把主力集中徐州方向，暂时有所改变。三是缺少战略协同。华中、华北两集团各自内部大体协同，但两集团间则很不协同。四是失去战略时机。南京、太原两地占领后的停顿，主要是因为兵力不足，没有战略追击队。五是包围多歼灭少，击破者多，俘获者少，表现其指挥的笨拙。

破坏日军自信的有效方式除政治争取之外，军事上主要是多打歼灭战，展现中国军民不可屈服的精神和英勇顽强的战斗力。"抗日战争的正确要求应该是：'尽可能的歼灭战。'在一切有利场合，每战集中优势兵力，采用包围迂回战术——不能包围其全部也包围其一部，不能俘获所包围之全部也俘获所包围之一部，不能俘获所包围之一部也大量杀伤所包围之一部。而在一切不利于执行歼灭战的场合，则执行消耗战。对于前者，用集中兵力的原则；对于后者，用分散兵力的原则。在战役的指挥关系上，对于前者，用集中指挥的原则；对于后者，用分散指挥的原则。这些，就是抗日战争战场作战的基本方针"。[①]

可是，由于国民党军事当局执行错误的战略方针，实行专守防御的阵地战，不敢或不能采用运动战为主，阵地战、游击战为辅的战法，中国军队失去了在运动战中多打歼灭战的有利条件，使得中日两军的差距大幅度扩大，日军的缺点被掩盖，优势进一步放大，中国军队则相反，优势减少甚至消失，缺点却无限放大。如果改变战略战法，中日两军的差距势将显著缩小，以弱势军队战胜强势军队的可能性便会相应增加。因此，国民党军事当局对于抗战初期的严重失利以及抗战进程的延长，是难辞其咎的。如果说《论持久战》极大地影响了国民党军政当局，则无疑会导致对《论持久战》的战略方针有效性的怀疑。也就是说，夸大《论持久战》的影响与贬低《论持久战》的效用，其实是一事两面。

全面抗战期间，国民党的持久战在战略上空洞无物，实行起来则陷入消极的专守阵地防御，在阶段划分方面又前后矛盾，不明确相持阶段的地位，谈不上是从战役持久到战略持久的转变，更像是不得不长期应战，与其说是战胜强敌的积极进取战略，毋宁说是从被动应对到消极拖延的无奈之举。真正坚持按照中共中央制订、《论持久战》详细阐述的战略方针进行持久抗战的，还是共产党领导的军队和根据地民众。问

---

① 毛泽东：《论持久战》，《解放》周刊第 43、44 期合刊，1938 年 7 月 1 日，第 35 页。

题在于，在战争中逐渐发展的八路军、新四军的装备训练太差，运动作战机动性有限，据点攻坚更加力不从心，难以与日军正面抗衡。同时又遭到国民党"反共"的夹击，无法全力对日作战，也难以放手发展壮大。而其敌后游击战的战法，在战史乃至影视作品中，只有战斗性表现，迄今为止尚未形成恰当的战略性展现形式，甚至表现游击战本身也基本还是以运动战的战例为主。由于第三阶段即战略反攻阶段的到来主要是由国际反法西斯战线所促成，从游击战到正规战的过渡尚未充分实现，从"壮气军"到实力领导地位的转变尚未全部完成，日本就在国际反法西斯联盟的强大压力下宣告投降，《论持久战》预示的转变到了国内战争再度爆发之际，才很快展现出惊人的强大潜力，让获得美援而实力大增的国民党军队仅仅经过三年的较量，就彻底败下阵来。

第五章　鼓与呼:《论持久战》的舆论攻势

　　《论持久战》问世之后,引起正在浴血抗战的国内各方各界的高度关注。该书所提出的人民战争,统一战线,抗战三阶段,游击战争,以运动战为主、阵地战和游击战为辅,反对单纯消极的阵地防御等主张,使得战略层面的持久战思想趋于完善和成熟,在世界军事史上据有重要地位,受到普遍的重视。不过,《论持久战》既非一般性地提出持久战的主张,也不是单独提出中共抗日战争的战略,而是向国民政府以及全国军民全面系统地阐述整个中国抗日战争的战略方针。作者乃至中国共产党的领导层都希望尽早让全国各界更多的人看到,使之全面了解中共关于抗日战争的态度和方针,认清形势,树立必胜的信念。

　　《论持久战》虽然尽可能通俗易懂,毛泽东的文字又极具感召力,毕竟是以战略问题为主要内容的军事著作,为了撰写该书,毛泽东及其助手还大量参考了国内外各种军事理论,一般人要想看明白,并不容易。为此,中共利用统一战线成立、能够合法活动的便利条件,在全国范围展开宣传和讲解《论持久战》的舆论攻势,扩大政治影响,以加强中共在统一战线中的地位和作用。

此外，王明回国后，在抗日战争的战略方针问题上与毛泽东等人意见分歧，主张一切经过统一战线，甚至一切服从国民政府，反对独立自主的政略战法，因为有共产国际的尚方宝剑，一度得到党内不少的支持。通过《论持久战》的宣传，也可以检验中共党内的政治生态，毛泽东的主张是否得到多数人的拥护，以及在党内的领导地位是否稳固。

关于《论持久战》的传播，前人已经有所研究，只是取材范围不免局限，一些问题未能触及，一些说法似是而非，尚有进一步检讨的必要和扩展的空间。传播主要有两方面，一是中国共产党的党政军系统各级机构及其所属报刊的鼓动以及左翼人士的呼应，二是全国各界各方的反响。

第一节　鼓动

1938 年 5 月 26 日至 6 月 3 日，毛泽东在延安抗日战争研究会上做了《论持久战》的演讲。演讲稿整理后，油印成册，在党内传阅。由于油印的数量有限，决定公开发表和出版。1938 年 7 月 1 日，延安解放周刊社的《解放》第 43、44 期合刊全文正式刊出《论持久战》。当月，延安解放出版社又作为抗日战争研究会编的《抗日战争丛书》之一出版了单行本，由新华书店向全国发行。① 《论持久战》出版后，《解放》在广告中加写了说明：“《论持久战》为毛泽东同志在延安‘抗日战争研究会’上的演讲，对抗日战争的持久性与中国胜利的必然性，作深刻的阐发，并正确的指出怎样进行持久战，怎样争取最后胜利。”②

《论持久战》虽然在延安及时得到发表、出版，并向国统区和敌后发行，可是，尽管中共已经取得合法地位，《解放》周刊的发行量也达到万

---

① 《解放》周刊第 43、44 期，1938 年 7 月 1 日，第 41 页。这是《抗日战争丛书》的新书预告，丛书共四种，《论持久战》位列第二，“各册在付印中，不日出版。”

② 《解放》周刊第 49 期，1938 年 8 月 20 日，第 12 页。

份，发行地区包括上海、南京、武汉、西安乃至平津，毕竟传播渠道有限，且多次遭到国民政府和各地军政当局的禁售和扣押，解放社的出版物也难以在边区以外的地区流行。必须主动出击，扩大影响，才能迅速打开局面。

《论持久战》问世之际，正值国共合作联合抗战较为密切之时，中共利用政党合法化以及在全国各地设立多处党政军办事处、举办多种公开报刊的有利条件，开动所有宣传机器，向各地各界开展强大的宣传攻势，全面阐述《论持久战》的内容意义。

南京失守后，武汉聚集了国共两党的许多重要机构和各界人士的社会团体，一时间成为战时的政治文化中心。为了进一步扩大持久战思想的传播范围，1938 年 7 月上旬，中共中央电示长江局在武汉出版的《新华日报》刊登《论持久战》，由于王明对毛泽东的战略方针不以为然，从中作梗，借口文章太长，不予刊载，而且拒绝中共中央分期登载的要求。同属长江局的《群众》周刊也未刊载。

尽管《新华日报》《群众》没有全文刊载《论持久战》，并不等于说王明可以一手遮天，完全无视《论持久战》。而且此事恰好说明中共中央明确要求各地传播和宣传《论持久战》，中共领导下的党政军系统对此应当予以响应。1937 年 7 月 11 日，《新华日报》发表社论《论内外线夹击敌人的方针》，主张在武汉保卫战中，运动战与阵地战应有密切的配合，并随时准备充分发动游击战，将敌人的后方变为前线，建立根据地，与敌人持久作战，准备将来的战略反攻。而这一在内外线夹击敌人的战略方针，须以加强部队，动员民众，发挥军民合作的威力，切实改革政治机构，真正实现抗战建国纲领等政治条件做保证。① 这与《论持久战》的主张相吻合。该刊摘录的毛泽东语录"一切军事行动的指导方

---

① 《论内外线夹击敌人的方针》，《新华日报》1938 年 7 月 11 日，第 1 版，"社论"。

针,都根据于一个基本的原则,就是:尽可能的保存自己力量,消灭敌人力量"。也是《论持久战》所阐述的重要思想。

从 7 月 16 日起,《新华日报》刊登了《解放》第 43、44 期合刊的目录,该合刊为抗战一周年纪念特辑,第一篇就是《论持久战》。7 月 22 日起,《新华日报》又刊登新书预告,为《新群丛书》第十二种,朱德著《抗日游击战争》,《新群丛书》第十五种,毛泽东著《论持久战》,前者实价一角,后者则为即出,可见当时尚未出版。标明的出版机构为新华日报馆,总经售处为各地生活书店及本报图书课。直到 7 月 28 日,这一广告继续刊载,《论持久战》仍是即出状态。而 8 月 6 日的广告,《论持久战》确定为实价二角,应该已经出版发行。目前所知《新群丛书》中《论持久战》的出版时间是 7 月 25 日,调整后的新书广告仍然继续刊登。8 月 18 日,《新华日报》的《新群丛书》广告改版,不仅在首位以大号字醒目地凸显《论持久战》,而且加了一段说明:"本文可说是第三期抗战后划时代的重要文献,凡军事家及救亡工作者,均宜精研细读。为便于阅读与携带起见,特印成单行本,以饷读者。"8 月 19 日,该广告再度改版,说明文字改为:"本文实为坚持抗战争取抗战胜利的指南,凡属军政人员与救亡工作者,均宜精研细读,以求理论和实践之合一。兹为便于携带与参考起见,特印成单行本,以广流传。"①说明文字反映出对《论持久战》的评价不断提升。

武汉保卫战尚未结束,《新华日报》又发表社论《论目前抗战形势》,针对速亡论和速胜论,指出:15 个月的战斗经验证明,中国抗战是长期的不是短期的,持久战的方针是确定的。抗战必须经过毛泽东所说的三阶段,才能争取最后胜利,先是敌进我退,继而彼此相持,最后我进敌退,一个或两个阶段不能达成目标。三个阶段的演进转变,使抗战愈持

---

① 以上均见当日《新华日报》第 1 版。

久，才能愈有力地转入新阶段。①

《群众》周刊从 1938 年 7 月 23 日出版的第 2 卷第 6、7 期合刊起也刊登《论持久战》的新书预告，同样标明为新华日报馆出版。② 此外，有关方面还编辑了《毛泽东言论集》，"为作者近年来所发表重要言论著作的一个选集，包括《抗日游击战争的战略问题》《论持久战》《论新阶段》等，分论著、报告、谈话等，计十数万言。近期出版"。③ 不过，1939 年 3 月 25 日出版的《群众》第 19 期又刊出《毛泽东救国言论选集》的预告，内容相同，字数却为"二十余万言"。④ 直到 1939 年 6 月 18 日出版的《群众》第 3 卷第 5 期刊登的广告，才标明该书"业已出版"。⑤

八路军驻沪办事处创办的理论刊物《民族公论》，介绍和宣传《论持久战》成为重要内容。日本在战争进行一年后，由速决战改为长期战，可是他们说不出长期战的理论和实际究竟是怎么一回事，"反是在中国，在日本所欲臣服的中国，倒有抗战领袖毛泽东先生替他们把这个问题解剖得清清楚楚，并且很不客气的预言了日本的失败。毛先生精深博大的著作，完全是根据现实的周密剖析而出之以政治家的风度，在中日战争问题上尤为划时代的杰作。它不但将对于远东，包括日本在内，发生巨大影响，即在欧美人士对于此次战争的考察上，也会发生深远的意义"。

1938 年 10 月，该刊发表署名"纯"的文章《持久战的理论与实际》，详细介绍了《论持久战》的主要论点，并且指出，早在战争爆发前一年，毛泽东就清楚地把这次战争及其过程作了一个大体的预言，并由一年的战争予以证明。中日战争的形式由战争的性质决定，这是半殖民地

---

① 《论目前抗战形势》(上)，《新华日报》1938 年 10 月 7 日，第 1 版，"社论"。
② 《群众》第 2 卷第 6、7 期合刊，1938 年 7 月 23 日，第 537 页
③ 《毛泽东言论集》，《群众》第 2 卷第 14 期，1939 年 2 月 14 日，第 640 页。
④ 《群众》第 2 卷第 19 期，1939 年 3 月 25 日，第 709 页。
⑤ 《群众》第 3 卷第 5 期，1939 年 6 月 18 日，第 177 页。

半封建的中国与垂死期的日本帝国主义的决死战。中日双方的许多特点正相反对,最后的胜利将属于中国,而整个持久战要经历三个阶段。"该文一切论点都有着事实与数字的佐证,而行文之客观、冷静,切合实际,态度公正光明,全无浮躁的感情夹杂其间,尤足见大政治家的风度。"

早在 1936 年会见美国记者斯诺时,毛泽东就将中国和国际抗日统一战线的完成以及日本国内人民及被压迫民族革命运动的兴起,作为中国战胜日本的三个条件,并以中国人民的大联合为主要。而战争的延长期,也要看中国抗日统一战线的实力以及中日两国其他许多决定因素如何而定。除了中国要以自己的力量为主外,国际间给予中国的援助与日本国内的革命也很有关系。国际援助和日本国内革命来得快,战争将迅速结束,否则将延长。但中国必胜、日本必败的结果是一样的,只是牺牲重大,要经过一个很痛苦的时期。

毛泽东的预言至今有效。因此,"读过毛氏的《论持久战》之后,无论何人,无论他的政治信仰如何,只要他持有公平的论断,他就得承认毛氏必然的要在国际事变上一天一天起着更加重要的领导作用,同时凡注意谛听他的预言的人们也将在全世界上一天一天的增多起来"。[1]该刊还转载了《新华日报》刊发的社论《论目前抗战形势》,作为阐述《论持久战》思想的重要文献。[2]

中共广东省委领导的统战刊物《抗战大学》刊载了"大学讲座"《〈论持久战〉研究提纲》。《论持久战》分为上下两部分,上部论述抗日战争为什么是持久战与最后胜利为什么是中国的,下部着重讨论怎样进行持久战与怎样争取最后胜利,研究提纲则细分为四部分:1. 抗日战争

---

① 纯:《持久战的理论与实际》,《民族公论》第 1 卷第 2 期,1938 年 10 月 20 日,第 51—55 页。

② 《论目前抗战形势》,《民族公论》第 1 卷第 3 期,1938 年 11 月 20 日,第 177—188 页。

概观；2. 这个战争是什么战争；3. 这个战争要怎样做；4. 进行持久战的具体战略方针；每部分又分为若干要点。

提纲引述《论持久战》的开篇，称卢沟桥事变一年前，毛泽东就已经一般性地估计了中日战争的形势，并指示了争取胜利的各种方针，抗战的发展证明其指示的正确，以后还将继续证明。面对亡国论和速胜论的反对意见，以及对持久战空洞无物的了解，"伟大的战略家毛泽东将军发表了《论持久战》的演讲，正是为了要纠正亡国论与速胜论的错误，尤其是为了更加充实持久战论的内容，使中国人民从此看出战争的整个趋势与前途，并从此决定其整个的做法与努力，《论持久战》的发表，实质上将尽了抗战的舵手的作用，是毫无疑义的。正因为如此，每个中国人民都有对毛泽东将军的《论持久战》加以详细研究的必要"。

关于驳倒亡国论，提纲主要依据《论持久战》的相关论述，认为要扫除两种忧虑，一是惧怕对日妥协会成功，二是怀疑政治不能进步。前者的根据仍在日本、中国、国际三方面因素，使得妥协的危机虽然存在，但不会成功，坚持抗战是主导。后者则说明应该将抗战与建国联系起来，政治越改进，抗战越能坚持，抗战越坚持，政治越能改进。进步与缓慢是目前时局的两个特点，与战争的迫切要求不相称，使得爱国志士大为忧虑。而中日及世界大局将推动进步，在战争中克服腐败。革命战争是一种抗毒素，不但排除敌人的毒焰，也将清洗自己的污浊。

有鉴于此，虽然亡国与解放两个可能的前途同时存在，也有妥协倾向和腐败现象，但解放的可能占据优势，要争取实现解放的条件，克服妥协倾向，消除腐败现象。只有战略的持久战，才是争取最后胜利的唯一途径，只有争取最后胜利的一切条件，才可能缩短战争的过程。①

由中共江苏省委和八路军驻上海办事处协同在上海出版的《每日

----

① 《〈论持久战〉研究提纲》，《抗战大学》第 2 卷第 1 期，1938 年 9 月 1 日，第 278—280 页，"大学讲座"。

译报》，于 1938 年 8 月 23 日公开发表了《论持久战》全文。1938 年 8 月 10 日创刊的《抗战知识》，由中国共产党控制的诸暨抗日自卫委员会主办，共产党员郦咸明任主编，在第 2 期用 11 页的篇幅详细摘录介绍了《论持久战》的内容。1938 年《青年战友》第 1 卷第 1 期的"名词解释"，以《论持久战》为依据，介绍《持久战的三个阶段》。该刊的由来，系中共泉州中心县委加强对《泉州日报》的工作，争取了倾向进步的总编辑朱少希，并于 1937 年派共产党员许印滴、郭耘（即李铁）和李展到《泉州日报》工作，借用该报版面创办《青年战友》和《抗战导报》两个专刊，宣传抗日，反映共产党的抗日民族统一战线政策，使之成为当时泉州地区主张抗日民主的进步刊物。1939 年秋停刊。

此外，继 1938 年 7 月 25 日汉口《新华日报》馆出版单行本《论持久战》后，东北书店、香港新民主出版社、新华社、辽东建国书社、《译报》图书部也先后出版发行了《论持久战》。1939 年 1 月初，新华社又出版了《论持久战》的校正本，与《解放》发表的有某些小的字句上的不同，并附录彭德怀的《争取持久抗战胜利的先决条件》和周恩来的《怎样进行持久抗战》。随后，重庆、桂林、西安等地的《新华日报》馆，也相继出版了铅印订正本。1939 年，抗战编译社出版了《〈论持久战〉研究提纲》单行本，太行文化教育出版社出版了《〈论持久战〉浅说》。①

为了让世界上更多的人了解中国的抗战，中共党组织还决定将《论持久战》译成英文。翻译工作由香港《大公报》驻美国记者、年仅 20 多岁的女地下党员杨刚承担，她与美国著名女作家项美丽（Emily Hahn，1905—1997）结为好友。后者 1935 年作为《纽约客》杂志社中国海岸通信记者来到上海，兼任上海英文报《字林西报》的编辑和记者，与邵洵美结识并相恋。两人相互支持，合作出版了《声色》画报、抗日月刊《自由

---

① 参见张卫波：《毛泽东〈论持久战〉的传播与影响》，《军事历史研究》2016 年第 3 期，第 87—89 页。

谭》《公正评论》（*Candid Comment*）。在项美丽、邵洵美的帮助下，杨刚很快就完成了《论持久战》的翻译和定稿。

在协助杨刚翻译时，邵洵美认真阅读了《论持久战》全文，并在以项美丽的名义编辑出版、实际上由自己主编的英文版《自由谭》上撰文道："这本《论持久战》的小册子，洋洋数万言，讨论的范围不能说不广，研究的技术不能说不精，含蓄的意识不能说不高，但是写得'浅近'，人人能了解，人人能欣赏。万人传诵，中外称颂，决不是偶然事也。"①

《论持久战》还在翻译过程中，邵洵美就在以项美丽的名义创办的英文杂志*Candid Comment*上予以连载，并在编者按中写道："近十年来，在中国的出版物中，没有别的书比这一本更能吸引大众的注意了。"②《论持久战》从 1938 年 11 月 1 日至 1939 年 2 月 9 日在《公正评论》上分 4 次连载完毕。连载过程中，邵洵美还计划发行单行本。1939年 1 月 20 日，毛泽东特地为英译单行本写了一篇 1000 字的序言，题目为《抗战与外援的关系》，先行发表于《八路军军政杂志》，其中写道："上海的朋友在将我的《论持久战》翻成英文本，我听了当然是高兴的，因为伟大的中国抗战，不但是中国的事，东方的事，也是世界的事。"③《译丛周报》1938 年第 40、41 期也刊登过中英文对照的《论持久战》。

译稿完成后，中共地下党组织把译稿的排印和发行托付给邵洵美。邵洵美的时代印刷厂不能印制外文书籍，遂交给与上海时代图书公司素有业务往来的一家印刷厂。2 个月后，印成 500 册，一部分由杨刚经中共地下渠道发出，另一部分由邵洵美与友人王永禄以及项美丽的朋友、德国驻沪实习领事的皮特·华尔夫夜间开车塞进霞飞路、虹桥路一

---

① 《论持久战》，《自由谭》第 1 卷第 2 期，1938 年 10 月 1 日，第 3 页。

② 周惠斌：《〈论持久战〉英译本的由来》，《中华读书报》2012 年 1 月 18 日，第 14 版。

③ 《抗战与外援的关系——〈论持久战〉英译本序言》（1939 年 1 月 20 日），中共中央文献研究室编：《毛泽东文集》第 2 卷，第 145—146 页。

带洋人寓所的信箱。《论持久战》英译本在寓居上海的外国人士中辗转传播，并迅速传到海外，引起世界的关注。①

第二节　呼应

在中共党政军各方面的协调努力下，《论持久战》很快传播到全国各地，成为坚持抗战的各界人士宣传解释持久战的重要依据。《民主》1938 年第 1 卷第 4 期以《持久战的政治条件》为题，摘录刊载了《论持久战》的相关内容。②《民主》于 1938 年 6 月 5 日创刊，由彭文应编辑兼发行。彭文应生于 1904 年 6 月 27 日，江西安福人。13 岁考入留美预科清华学校，任《清华周刊》总编辑、学生评议部长，参加五四运动。1925 年公费赴美国留学，相继获威士康辛大学政治系学士学位、哥伦比亚大学政治硕士学位。"九一八"事变后，任哥伦比亚留美中国学生会会长。1932 年回国，任上海法学院、光华大学教授。1935 年参加上海各界救国会。1938 年参加宪政协进会和民主同志会，与中共关系密切。③

武汉失守后，面对抗战军事不利的严峻形势，持久战再度成为人们关注的焦点。富庶繁华的广州号称"民族城"，是中国革命的发源地，武汉则是最后一个全国政治经济文化中心，也是辛亥和北伐两个伟大的历史中心，两地的陷落，对国民心理产生巨大冲击，造成悲观动摇和张皇失措，热血青年也感到焦虑，本来抗战信心就不足或将个人利益置于民族利益之上的人，更加绝望，故意夸大困难，有意无意地散布悲观失

---

① 周惠斌：《〈论持久战〉英译本的由来》，《中华读书报》2012 年 1 月 18 日，第 14 版。

② 毛泽东：《持久战的政治条件》，《民主》半月刊第 1 卷第 4 期，1938 年 8 月 5 日，第 10—11 页，"民主言论选辑"。

③ 彭文应后任民盟上海主任委员，被划为右派。

望的种子。少数敌探、间谍和汉奸则趁机挑拨离间，分化瓦解抗战阵营的团结。于是有人专门提出在广州、武汉失守后怎样进行坚持持久战的宣传运动的问题，以求消除人们的失败主义情绪，激发各阶层的抗战热情，打开今日的难局。他们呼吁各民众团体、宣传队和爱国者个人在各阶层展开时局的讨论，说明抗战的真相和持久战的可能，证明有能力克服当前的一切困难，消除广大民众的疑虑，回击敌人汉奸的谣言和一切阴谋。而《论持久战》成为宣传运动最有力的武器。当时各方的言论，也是《论持久战》实际作用的最好映衬，显示出该书究竟产生了多大的影响，以及产生了怎样的影响。

发起持久战宣传的《全民抗战五日刊》由出狱不久的邹韬奋①主编，对中共的主张显然比较熟悉。所提出的重要理据，正是《论持久战》的重要论点。广州、武汉的退出之所以不是中日战争的终结，中国还能继续作战，是因为抗战是持久战，退出广州、武汉仅仅是抗战第一阶段（敌之战略进攻，我之战略防御时期）转入第二阶段（敌之战略保守，我之准备反攻时期）的过渡，武汉和广州保卫战，只是消耗战，而非决战，抗战的第三阶段才是我之战略反攻，敌之战略退却。两地失守，说明敌人力量仍然强于我，增加了我方的困难，使第一阶段向第二阶段过渡的过程拉长。但我军实行战略转移，保全了主力，并不是简单的败退。

今日时局的重心，不在两座城池的得失，而是继续坚持持久战，防止中途屈服、妥协或变相妥协，甚至停止抗战。前者为生路，后者为民族自杀之路。国人必须用更大的热情、更忠诚的态度拥护抗战领袖坚持持久战方针和根本国策，反对、打击一切动摇和各式妥协的言论行

---

① 邹韬奋（1895—1944），本名恩润，江西余江人，生于福建永安。南洋公学大学电机科二年级时，考入圣约翰大学文科三年级。毕业后任中华职业教育社编辑部主任，主编《教育与职业》月刊及《职业教育丛书》。接手改造《生活周刊》，任中国民权保障同盟执行委员。创办《大众生活》《生活日报》。因当局迫害，几度流亡海外及被捕入狱。

动,巩固持久抗战,扫荡敌人的一切阴谋诡计。抗战高于一切,坚持持久战是第一位的战斗口号。

为了达到上述目的,要用真凭实据进行广泛宣传与说服。为此,各团体、舆论界、个人、专家要搜集 15 个月以来的抗战资料,分门别类地加以整理,要将我国政治、经济、军事、民运的进步,现存物力、实际的政区、人力、所得到的国际同情与援助,今后的国际交通、军火来源、自己的制造能力、国民经济自力更生的办法、抗战中可歌可泣的英勇故事、敌人的残暴等等,用各种方式做成宣传资料,同时深入研究敌国一年多来的政治、军事、经济、外交、社会各方面的危机,以及国际形势的一切变化,也一并做成宣传资料,用丰富的材料对怀疑论作出答复。通过宣传,传达最高统帅坚持持久战的意旨,扫荡悲观和妥协情绪,动员全民族的力量应对当前危局,争取胜利转入相持局面。①

虽然国共双方从全面抗战爆发前就都主张持久战,中日战争将是持久战可谓众所周知,可是日军一路打到岳阳、长沙,许多人就要问最后胜利什么时候才能到来,抗战的"底"到底在哪里。在《论持久战》的宣传者看来,这些人应当先了解什么是持久战。"照毛泽东先生说,持久战可以分做三个阶段"。像楼梯的三级,第一阶段敌强我弱,敌进我退,败仗多,大城市会沦陷。第二阶段在敌后发动广泛的游击战,使之不能前进,敌我力量逐渐平衡。第三阶段是反攻,敌我力量对比发生转变。但这样的转变必须靠中国人的斗争。②

《论持久战》的论断得到中共领导的军队作战行动的有力支撑,有人甚至声称:"由于第八路军在华北和新四军在江南所造成的光荣战

---

①　柳湜:《退出广州武汉后抗战局势之关键——怎样进行坚持持久战的宣传运动》,《全民抗战五日刊》第 33 号,1938 年 10 月 30 日,第 398—399 页。柳湜为该刊编者。

②　毛玲:《持久战》,《抗建副刊》第 1 卷第 5 期,1938 年 11 月 21 日,第 1 版。该刊随《抗战论坛》发行。

绩，毛泽东先生的《论持久战》愈加显出它的正确性；在烁耀的天才的光芒下，所谓'五四宿将'之流的'高论'格外表现出卑暗，乃至黯然无色。"依附于国民政府的所谓"五四宿将"的抗战言论，与《论持久战》相比，已经相形见绌。

如何将《论持久战》的理论应用于分析抗战形势的实际，成为《论持久战》宣传的重要环节。关于持久战的一般原则以及战略上诸问题，《论持久战》说得很详细，而持久战现阶段的具体问题，还有进一步阐述的必要。首先从军事上看，日军利在速战速决，战争开始侧重中央突破，辅以外线迂回，尤其是徐州陷落前，企图对我大规模包围歼灭。而我军计划正确，打破其梦想，日军以大量代价只换得一座空城。后由于黄河决口，敌被迫放弃沿平汉路直驱武汉的计划，改由长江沿岸进攻，欲以"沿江跃进"与"包围武汉"达到目的。在我军顽强抵抗下，日军损失惨重。

政治上，我有很大进步，外交政策日趋明朗，动员民众日渐积极，但是仍有缺点，尤其是动员民众太不够，否则可以对敌绵长的交通线造成更大威胁。希望参政会议对此多加注意，一一补救，使持久战的胜利得到政治上的进一步保证。

经济是持久战胜利的最重要因素，也是克敌制胜的最有力武器，值得特别注意。抗战一年多，在日本的捣乱下，由于主政者处置得宜以及国人对抗战的热情支持，金融仍然稳定，节约献金和产业内移，作用重大，尤其是后者，不仅奠定持久战胜利的基础，也为建国工作做成一个雏形。

一般人对武汉保卫战的看法不免偏颇，有的以为能保与否，对抗战具有决定性作用，必须全力保卫，否则中国的抗战也就完了。也有人认为武汉与南京、徐州一样，失陷与否，无碍大局。实则武汉越能持久保卫，就越能消耗敌人，加速其崩溃，夺取最后胜利。但保卫武汉的作用是有限的，以为失去大城市，抗战就会完结，尤其错误。要正确执行保卫武汉的工作,必须依照毛泽东所说:"民兵是胜利之本。"①

武汉沦陷后,作者继续运用《论持久战》来分析战局,他说:"天才底把握着最前进的科学方法——唯物论辩证法,更由于其对中国本身客观情势的熟谙,毛泽东先生发表了《论持久战》一文,这一本博得全世界称誉的名著,深刻明晰底预示了抗战前途和我们自己应走的路。这一历史上不朽的文献,对于整个抗战刻画了一个大概的轮廓。"即持久战必须经过三个阶段,其中第一阶段是"八一三"至广州、武汉陷落乃至此后一段时间。

一般人误解持久战的阶段划分,以为一、二两个阶段的差别,在于前者以运动战为主,后者以游击战为主,由此推论广州、武汉陷落后,战争已进入第二阶段。实则《论持久战》明确指出,第一阶段的特征是敌之战略进攻,我之战略防御。目前这一态势并未改变。当然,防御不是被动挨打,即便不能"以攻代守",也要"以攻助守"。所以战役和战斗的方针必须是"外线的速决的进攻战"。武汉保卫战于运动战的运用不够灵活,以致收效不彰。这是湖南保卫战必须深切注意的一点。

日军进攻的步骤,首先要打通粤汉路,巩固华中华南的地位,建立"中央联合组织"的傀儡;其次进攻兰州,截断西北国际交通线,进而将广州、武汉、兰州联系起来。可是打通粤汉路的企图,无论北上还是南下,由于丘陵山地的缘故,都十分困难。我军可以乘机采取有利战术,完成持久战的第一阶段。

武汉陷落后,抗战出现相当严重的危机,主要不在军事方面,而是政治上的。直到蒋介石发出抗战建国纲领宣言,参政会热切拥护,危机即完全消灭。政府和最高军事当局对于游击战开始重视,最近委派军事专家分赴各游击区,调整游击队,说明我们军事上取得很大进步。不

① 穆扬:《持久战的现阶段》,《自学》旬刊(上海)第 1 卷第 6 期,1938 年 10 月 10 日,第 190—192 页,"战局分析"。

过要特别重视沦陷区的政治工作，否则游击战很难展开。朱德将军最近对西北社记者发表谈话（《华美》第 29 期转载），详细说明华北各游击区及游击队的发展，不单使一般人对抗战增强信心，也给各游击队的指挥员和政治工作者很大的指示，说明只有政治工作做得好的游击队，才能取得广大的民众基础，才能有前途。游击战是持久战第二阶段的支柱，也是第三阶段力量的胚胎，责任重大。每个游击队的指挥员、战斗员及政治工作者必须记住"游击队是鱼，民众是水"这句话，并决心执行这一原则，否则不配从事游击战工作。①

随着战局的发展，处于持久战第一、第二阶段过渡期的人们，自然十分关注何时以及如何转入第二阶段的问题。持续"战局分析"的穆扬认为，到 1938 年底已经得到鲜明的征兆，尤其是军事方面。武汉失陷后，由于日军的攻势凶猛，一班短视的人对持久战的信念动摇。最高统帅鉴于华南方面日军兵力薄弱，在粤汉路南段发动大规模反攻，使之在北段的攻势被迫改为退守。这不仅打击了"和平梦想"的人，坚定了全国对持久战的信仰，也预示不久将实现转入第二阶段。湘鄂战局敌我互有进退，日军因为兵力薄弱、气候严寒以及敌后游击战的发展，西进攻击西安、兰州的企图也难以实现。②

在持久战战略中，政治工作极端重要，目的是动员民众。持久战整体而言是全民抗战，必须全民动员，尤其是关键的相持阶段，游击战的地位上升，而游击战与民众的关系更加重要。所以持久战与民众运动，成为深入讨论的话题。"毛泽东先生的《论持久战》，是用客观的观点，根据一年来抗战的经验，分析全部敌我因素的相互关系，将正确的结论告诉我们的。他说：'中国不会亡，最后胜利是中国的，但不能速胜，抗

---

① 穆扬：《持久战第一阶段的完成》，《自学》旬刊（上海）第 1 卷第 9 期，1938 年 11 月 10 日，第 298—300 页，"战局分析"。

② 穆扬：《持久战转入第二阶段的征兆》，《自学》旬刊（上海）第 1 卷第 11 期，1938 年 11 月 30 日，第 370—372 页，"战局分析"。

日战争是持久战。'这一篇论文，是对于'抗战必胜，建国必成'最充实最正确的理论文章。"大多数国民怀有中国最后必胜的信仰，但只不过是信仰，"很少人能指出最后胜利的理论根据；而即使有所指出，也不过是部分的偏面的。并且在敌兵节节进展，国军步步退却的过程中，更难看出敌我的全部相互关系，对于如何努力把敌人赶出国外去的问题，简直不知有什么办法。大家觉得胜利的最大希望，是寄托在敌人国内经济的崩溃与革命的爆发。这篇《论持久战》，用客观的事实，充实了我们最后胜利的信仰，使我们看清并承认敌人的优点与中国的弱点"。

坚持持久战并争取最后胜利，必须努力削弱敌方的优点，扩大其缺点，加强自己的优点，并克服缺点，进而改变敌我态势。持久战三个阶段时间的长短，要看全国上下的努力。一般认为保卫大武汉是抗战的第三期，其实更正确地说还是第一阶段的第三期。至于许多人以为快到决战时期，好像最后的胜利指日可待，则全然不对。希望尽早决战，即变成空想主义的速胜论。缩短持久战的唯一途径，就是全国一致的努力，争取抗战胜利的中心关键，就是全面的全民族的持久战，就是动员全国一切力量，从各方面打击侵略者，最终实现民族解放。

全面抗战的全面性体现于：一、不单纯是军事抗战，包括军事、政治、经济、外交、文化各方面相互配合；二、不仅是政府和军队的抗战，要全国各阶层人民广泛动员和参与；三、不仅是交战地区，包括敌后和大后方的广大地区，都要动员起来，支持抗战。持久战战胜强敌的关键，在于全国各方面的动员和一致的团结。战争胜负的决定因素是人不是物，"战争的伟力之最深厚的根源，存在于民众之中"。

全面动员民众，重要的是组织民众和武装民众，不仅在战区，敌后也应如此。这样可以在军事上支持军队或游击队，同时巩固和扩大统一战线。抗战胜利的主要政治条件，是巩固统一战线，不单是各党派，而是各党各派各阶层各军队的统一战线，是政府和人民的统一战线，是全民族的统一战线。凡是愿意抗日的，都欢迎参加。现在抗战的严重缺点，就是还没有造成工农商学兵一切爱国民众的统一战线，两大政党的合作，因为没有全民族统一战线的支持，不能做到民众所希望的效果，时时引起磨擦。唯一的补救方法，就是各阶层民众严密组织起来，努力实现政府颁布的抗日建国纲领。只有民众自己来推动政府，才能使政府与人民密切合作，减少国共磨擦，压制破坏统一战线的阴谋，肃清不利于抗战的土豪劣绅、贪官污吏、敌探汉奸，使民族解放与社会解放迅速成功。中央和地方政府必须实行民主政治，使各党派各阶层民众参加政府，增强全国抗战的领导，使政府的一切行动、设施，能代表整个民族利益，使中央政府成为真正团结各党派各阶层实力集中的抗敌政府。"抗日与民主互为条件，惟有这样集中的民主政府，才能负起打倒日本帝国主义，实现民族解放的大任，惟有这样的集中民主政府，才能代表全民族利益，才能有力量巩固统一战线，支持持久抗战，而把握住最后胜利。"

参政会是政治走向民主的体现，但政治民主化还十分不够。动员民众的方式，既缺少注意民众自动性的提高，又很少顾到民众本身的利益，未能脱却旧的手法，是"驱之使战"，而非"教之使战"，没有造成各党派各阶层民众尽量贡献意见与力量的机会。民众应该在政府的统一方针下，自动地组织起来，援助政府，要求政府，使政府执行民众的意志，加强抗战的力量。此外，全国民众还要支持政府在平等原则基础上与一切反侵略的民主国家密切联合，促进独立自主的外交，保证民主势力的胜利。与各国的人民运动及其组织联合，共同进行正义斗争。

经济上，必须扩大民众组织，巩固国内团结，建立民主集中的国防政府，动员全国的人力，使人人都相信政府，人人都能自由参加抗战，然后才能使人人自动地出钱出力，展开经济建设和经济斗争。文化教育则要普及民众的政治觉悟，提高国民的抗战认识，使全国青年学生成为民族解放的先锋，对民众进行宣传，集中各种专门人才，运用言论出版集会结社自由，训练、培养和发挥民众的自治能力，准备做民权主义之民主国家的公民,使民意机关真正代表民意,自觉拒绝奴化教育,加强抗战意志。

　　动员和组织全国民众,是加强各种抗战要素的主要前提。为支持全民族的持久战,政府迫切需要动员和组织民众,同时这也是民众自己责无旁贷的任务。国共两党都认识到动员和组织民众是民族革命解放运动的最大前提,问题是民众如何自动扩大组织起来,地方当局如何执行动员组织民众的纲领。应该改变过去包办民众运动的方式,否则难免包而不办。抗战初期,当局严禁民众运动,连前线慰劳也遭到拒绝。上海抗敌后援会某些成员消极怠工,任凭民众慰劳品堆积如山,而前线将士却忍饥挨饿,军队孤立无援,损失惨重。

　　现在全国性的农工商学职业组织还没有端倪,各地政府不顾中央意志,而有损害人民言论出版集会结社的合法自由的行动,如解散救国团体,派军警逮捕各团体领袖,包围学校,搜捕学生,查禁抗日救国的书报等。而在敌后,民众运动反而有所开展,各地民众与游击队打成一片。这种情形显示,如果民众消极等待政府举措,地方沦陷后虽然被迫起而抗争,却很难彼此联络,发展为强大有力的运动。

　　民众运动的自动扩大和民众组织的自动进行,一般原则为:1. 公开与民主。对外向社会公开,请求政府指导,对内实行民主。因为只有民主的组织,才能团结一致,共同负责,自动发挥能力,与团体配合,发生强大力量,产生许多民众领袖。经过民主团体的训练与经验,才能争取民主政治的实现并参与民主政治的行政。如果组织不民主化,就可能被少数人操纵,产生反作用。2. 适合当地情况随机应变。3. 各种组织的联络与统一,避免分散分化,直到成立全国性的统一领导机关。4. 选拔与训练能够代表民众意见的领袖。5. 知识分子负有教育、动员和组织民众的重大责任。

　　中国战胜日本的三个条件中,中国人民的大联合是主要的,"只有自动的伟大的全国民众的严密组织与不断努力,才能达到持久战的目的,才能冲破一切民族解放社会解放的障碍,而获得最后胜利"。[①] 很显然,这个最后的胜利已经不仅仅是抗日战争的胜利。

第三节　补充

《论持久战》主要集中于军事战略以及与军事相关的政治论述,较少经济与文化的内容。结合《论持久战》的宣传讲解,一些专业人士运用《论持久战》的理论,针对抗战以来中国的变化,着重从经济和文化方面进行论述,使得经济文化与持久战的关系得到深入阐发,不仅充实了《论持久战》的思想,其意义甚至超越抗战救亡的范畴,很可能对改变近代中国的格局走向发生作用。

全面抗战爆发后获释出狱的许涤新,任职于武汉《新华日报》,他撰写了《持久战底经济条件》一文,针对亡国论和速胜论两种倾向,比较中日两国的经济条件,论证持久战的必然性和必要性。在他看来,全面抗战爆发前的亡国论和速胜论,虽然被 15 个月来的事实粉碎无余,但在抗战的每一阶段,还会以各色各样的形式表现出来。特别在广州失陷武汉退出之时,一些对抗战没有信心的人越发动摇起来,以为中国不堪再战,企图通过种种方式,响应敌人的政治分割阴谋,中途妥协,出卖民族。另一方面,急性者面对战局扩大,急躁起来,主张以背城借一的办法,幻望冒险一战而胜。两种说法都有害于抗战和中华民族的前途,悲观失望的投降主义乃是主要危险。为了中华民族光明的前途,应无情地打击中途妥协的亡国论,为了保存抗战的力量,应耐性地克服孤注一掷的速胜论,坚信中国不会亡国,最后胜利属于中国,但是中国不能速胜,抗日战争是持久战,所以必须坚持抗战,坚持持久战。

---

① 四夫:《持久战与民众运动》,《民族公论》第 1 卷第 2 期,1938 年 10 月 20 日,第 56—69 页。

要粉碎亡国论，克服速胜论，不能单靠空洞的言辞，应当把中国能够而且不得不进行持久战的条件详细告诉民众，使他们去把握争取最后胜利的条件。决定持久战的条件包括军事、政治、经济、地理、国际形势等。就经济而论，日本是帝国主义国家，军力、经济力和政治组织力，在远东最强，在世界五六个帝国主义国家中，也占有重要地位。它有规模颇大的纺织业和轻工业，也有在军事上具有决定意义的五金工业、机器工业和化学工业。铁路、航空比中国稠密得多，航运势力及于全球。总的生产财富（包括工厂、机器、商品、铁路、电厂、瓦斯厂）达 300 多亿圆，造成侵略中国的基本条件，决定了战争的不可避免和中国的不能速胜。同时，帝国主义时代的资本主义充满着寄生性和腐朽性，三井、三菱、住友、安田、久原、鲇川等独占资本家掌握了国家的大部分财富，工农大众却在失业、饥饿、破产中，过着非人的生活。侵华战争是为了扩大独占资本家的利益，满铁和满洲重工业公司千方百计汲取东北的资源，华北发展会社等组织也是抢夺中国资源的机关。对于日本的工农大众非但没有利益，而且增加其负担，牺牲其生命。以此为代价抢来的赃品，只是增加少数独占资本家的财产。因此侵华战争是退步的。

同时，日本资本主义虽然达到最后阶段，农村却存在封建剥削关系，75％的农民成为地主的奴隶，中小地主日渐没落，土地逐渐集中到几个大地主手中。发动侵华战争的目的之一，就是掠夺中国的土地，安置没落的中小地主，解决自身的社会矛盾。带着军事封建性的帝国主义国家进行贪婪残酷的侵略，战争具有特殊的野蛮性。而日本虽是强国，但先天不足，棉花、橡皮、铁、石油主要靠进口，煤炭虽然勉强自给，但储量不足，品质恶劣，不能用于炼钢。有色金属除铜以外，也要依赖进口。物力资源缺乏导致财政金融上捉襟见肘。1928 年日本银行存金量为 10.62 亿圆，到 1937 年底，只剩 3.1 亿圆。迫不得已，只能改变日圆与黄金的比率，自欺欺人地提高名义上的黄金数量。财政上竭泽而渔，日本人民已无力维持被剥削的状态，卢沟桥事变前，日本国债已经很难推销。

外援方面，盟友德、意两国陷入破产深渊，自顾不暇，而且本来的关系就是尔虞我诈。

中国是半殖民地半封建社会，列强凭借政治经济方面的显著优势，扶植封建势力，阻碍中国的民族资本主义发展，使中国的国民经济沦为列强的附庸。1931 年在华投资额，英国 11.892 亿美元，日本 11.362亿美元，美国 2.732 亿美元。汇丰、花旗、正金等外国银行，支配中国的金融界。外商在重工业部门占尽优势。煤矿总投资中，日资占11.73%，日、英、德与中国合资者占 40.5%，纯粹华资仅占 48.22%。铁业中国每年约 200 余万吨，其中百分之五六十在东北，关内约 90 万吨，也有 90% 与日资有关。电气工业外资占 50%，中外合资 3%，纯粹华资 47%。轻工业中，1936 年英、日资本占纱锭总数 46.8%，线锭总数 73.4%，布机总数 55.1%。交通事业中外商更占压倒性优势，1932年中国各口岸往来外洋船舶共 445.4805 万吨，华轮只占 7.9%；国内航业，华商亦只占三分之一。

虽然中国的经济力较日本弱，但内部的社会条件不同，处于最为进步的历史阶段。日本的内部矛盾无法解决，为了少数人利益的侵略，进一步加剧了内部矛盾。1937 年，日本发生了 1956 次罢工，逃避兵役和反战反侵略日益发展，1938 年 2 月底一次就逮捕了 4500 名不稳分子。中国则在亡国灭种的威胁下，举国上下各阶层各党派团结在民族抗日统一战线之中，在争取独立自由幸福的三民主义旗帜下，为中国的光明前途而奋斗，举国一致与日本的分崩离析形成对照。中国的经济虽然落后，但已经不是完全的封建国家，有了资本主义。"'有了资产阶级与无产阶级，有了已经觉悟或正在觉悟的广大人民，有了国民党与共产党，有了政治上进步的军队，有了数十年革命传统经验，特别是十五年以来的经验'（毛泽东先生语）。"这些条件，将现在的中国与各个历史时期区别出来，也与世界上其他国家的抵抗运动区别开来。

中国的经济资源亦比日本占优，土地居世界第四，而疆域广大是争取抗战胜利的必要条件，仅西南、西北十余省就比欧洲任何国家都大，可以随机应变，能够收集力量，以图再举。且资源丰富，各省几乎都有煤炭，山西、湖南、云南和四川的煤矿更是丰富广大。中国的铁矿储量共 13 亿吨，其中 5 亿吨含有其他金属；四川、甘肃、陕西、新疆有丰富的石油藏量。湖南的镍，江西的钨，贵州的水银，广西的锰，云南的铜、锡和锌都很丰富。农产方面，华南的稻，华北的小麦、高粱、大豆和黍，花生、棉花到处可见。这是中国能够长期抗战的另一特点。

中国经济发展的不统一不平衡，平时是国民经济的弱点和落后的表现，阻碍了中国产业的较快现代化，但在持久战的今日，对付敌人的军事分割，建立敌后抗日堡垒，在西南西北推进国防生产，反而成为有利因素，各地可以有限度地支持下去，不必严重依赖大都市。将上海与中国各地隔断造成的损失，远不如将纽约与美国其他地方割断带来的损失严重。日本封锁中国的沿海，但无法封锁西部，西南西北可以独立提高生产，增强国防。

由于时代进步，先进阶级团结抗战，地大物博和经济不统一，决定了中国的抗日战争是长期的持久战。日本作为帝国主义国家，资本输出是最主要的经济基础之一，榨取海外国家和殖民地是其生活条件。中国是半殖民地半封建国家，经济力政治力不如敌人，不能速胜。但中国的抗战是进步的正义性的，日本的战争是退步的野蛮的，侵华得不到国内外民众的拥护，加强了日本民众对于日本军阀财阀的愤恨，加深了国外大众对于日本军阀财阀的厌恶。中国的抗战则能够唤起全国团结，激起敌国人民的同情，号召世界多数国家的援助，得到了持久战最后胜利的可能性。加上中国地大物博，人多兵多，日本则国度小，人力、物力、财力缺乏，所以日本希望速战速决，中国可以赢得持久战。

当然，上述条件时刻在变动之中，16 个月的抗战，日本的优势大大削弱，农村经济中征发了将近百万壮丁和 25％的马匹，生产资料涨价，

生产力降低，1938 年日本粮食歉收一百万石以上，轻工业中丝织厂
45％，棉织厂 53％，人造丝厂 44％，毛线厂 60％的机器摆着自然消耗，
失业工人达 180 万人。对外贸易 1938 年上半年出口较去年同期减少
21.5％，进口减少 25.1％。除去满洲、关东、华中、华北，则出口减少
38.9％，进口减少 48.1％。金融财政方面，去年 8 月至今年 6 月，运往
美国的黄金值 8.78 亿日圆，10 个月中金准备减少 60％，国债达
137.21 亿圆。

　　反观中国，尽管日本用尽各种手段翻印发行伪法币，扰乱市场，法
币制度依然屹立，汇兑基金依然充足，财政更加有系统和巩固。虽然沿
海大城市失陷，民族资本却大量向西南发展，57 家工厂迁移到四川。
成渝、湘桂间的新铁路正在修建，西南各省的其他铁路及公路亦在积极
测量和建设。国际贸易中国由入超变为出超，8 月份出超额 36.7 万余
元。敌我经济力此消彼长，日本不断削弱，中国不断增强。经济条件规
定了中日战争是持久战，经济措施要以坚持持久战为前提，为持久战服
务。不能离开抗战谈经济建设，没有其他条件的配合，没有动员民众，
改善民众生活等，很难得到提高生产，增强国防的效果。①

　　持久战的第一阶段，口岸和中心城市相继沦陷，广州和武汉失守，
中国彻底走向"内地经济"和"自给经济"，农村经济一天天被提高到现
代中国经济史上前所未有的重要地位，逐渐成为长期抗战的唯一经济
基础。持久战与农村经济的关系，日益受到重视。从形式上看，这种情
况是倒退，而且落后的生产关系与进步的民族解放战争不和谐，生产力
又极度低下，不能应付需要。但这一转变又带来诸多进步的现象和有
利的条件，重要的有三点：一、外贸被封锁，内地市场完全脱离帝国主义
的羁绊，踏入独立自主之途。二、由于都市经济被破坏，以银行资本为

---

① 许涤新：《持久战底经济条件》，《时事类编》特刊第 26 期，1938 年 11 月 16
日，第 16—21 页。

骨干的民族主力资本大规模向内地移动，而渐以农村为其主要活动范围。三、由于政府的积极统制与提倡，以及民族主力资本和新式经济机构的内移，农村经济现代化的成分大大增加和扩大。这些足以纠正中国过去经济病态的重要部分，为此后抗战建国奠定健全的基础。由以前的农家自给自足转到目前的国民自给自足，是历史的前进而非重演。

自从闭关自守被列强打破，中国的农业手工业紧密结合的经济纽带断裂，自给自足的自然经济被破坏，农村就成为帝国主义倾销商品和获得原料的半殖民地市场。其重要表现为：随着农村手工业的破产，以及工业和农业的分离，内地的商品市场已有高度发展；随着海外和国内通都大邑的需要的增加，若干农产品如丝、茶、棉花、烟叶、桐油、米、麦等，已经高度商品化；由于外贸和内地对通商口岸的贸易经常入超，以及机制品对农产品的剪刀差经常存在，内地资金已极度枯竭，农民普遍贫穷化，农村生产力极度低减，地主、商人和高利贷者对农村生产者的超经济剥削更加残酷，使农村经济永无发展的可能。

抗战使中国经济走入自给自足之途，一方面恢复了独立自主地位，一方面扫除了农村凋敝的外在原因。但这一转变也破坏了整个经济的平衡，使经济生活发生短期紊乱。尤其是大宗工业品的供应发生恐慌，重要农产品的销路出现呆滞。因此工业品价格暴涨，农产品高度商品化的部分则下跌。部分手工业必然发展起来弥补内地机制工业的不足，而部分农民将陷入破产。因此，发展内地工业并调整和统制重要农产品的产销，以迅速建立新的经济平衡，成为当务之急。

由于战前和战时的种种因素，都市"充血"和农村"贫血"的病症极其严重，而都市资金又聚集到银行家之手。到1935年，银行存款已达38亿元，与国民经济完全脱节。经过1931—1935年经济总危机的洗礼，以及政府对银行的统制力加强，施行新币制政策，集中纸币发行和现金准备，彻底整顿公债并统一发行，金融业已日趋健全而逐渐成为经济建设的支柱。

就农村放款而言，自1931年上海银行与华洋义赈会订立2万元的河北信用合作社放款，此后银行对农村的投资突飞猛进，到1936年，达7500万元，并由单纯信用借款扩大到生产、运销、仓库、渔业等借款，由各银行单独放款进至集团放款（如中华农业贷款银团），说明银行资本在抗战前已踏入农村，并为战时大量资金内迁奠定基础。战争爆发后，农贷从此前在银行投资中不甚重要的地位变成唯一范围；从各银行自身的零星活动变为在经济部农本局为中心的统一政策和计划下，政府与金融界通力合作，积极推行；放款范围进一步扩大到农田水利等基本建设；地域则由沿海转到以西南为大本营。

停滞了数千年的中国经济，直到"九一八"以后，东北、华北彻底殖民化，才在长江下游走向现代化。包括主力资本形成，银行资本统一于政府统制之下，货币制度和金融机构现代化，银行资本积极参与经济建设，水陆空交通飞跃发展，产业组织健全化（成立国货联营公司、中国棉业、茶叶公司，华南米业公司，以及水泥、火柴联合组织）等。随着经济势力内迁，各种现代经济组织和力量集中到内地，使内地经济发生重大改变。

抗战引发的中国经济急剧变化，一方面是困难和落后，一方面则是有利的条件和进步的力量。不要为困难和落后的现象所蒙蔽，应认清进步力量而利用一切有利条件来克服困难，铲除落后，达到"抗战必胜，建国必成"的最终目的。[①]

持久战中文化运动应该扮演什么角色，是国人尤其是文化界关注

---

① 吴半农：《持久战中的农村经济》（1938年11月12日），《中国农村》第5卷第3期，1938年12月1日，第2—3页。吴半农（1905—1978），原名吴祖光，号曲林，别号伯龙。安徽泾县茂林人。吴组湘兄。1929年清华大学经济系毕业，任北平社会调查所副研究员。1936年获哥伦比亚大学经济系硕士学位。中央研究院社会研究所研究员，国民政府经济部秘书。《中国农村》为中国农村经济研究会机关刊物，由左翼学人主导。

的重要问题。胡风《论持久战中的文化运动》专门讨论这一问题。他认为，持久战的战略问题，"在毛泽东先生底《游击战的战略问题》和《论持久战》里面，我们有了用人类历史底理论遗产综合了一年来的痛苦经验的可宝贵的纲领"，而持久战的战略决定了文化运动的形式。

　　抗战爆发后，作为全国文化中心的上海文化界被两种态度所支配，一是文化活动从此无关紧要，文化工作者应该上前线，还有人发起"投笔从戎"运动，出版界也响应罢工，人称"前线主义"；一是文化人应做文化工作，但应以战时材料与战争配合，没有考虑文化工作的战略问题，文化工作与战争结合过程中的干部问题，以及文化工作本质上形式上的变化发展问题，不妨称为"市侩主义"。一年的战争，我们付出了土地、生命、财产的巨大代价，同时也争得政治、军事、文化的不少进步，坚决否定了前线主义和市侩主义观点，用事实证明文化活动对于战争的有用，暗示了文化工作者与战争的结合决不是简单的"投笔从戎"。应从初步的收获中探求文化活动的方向。

　　首先，文化活动应与现实斗争结合的一般性原则，不仅仅表现在理论或作品反映及批判现实方面，现在文化工作者广泛进入人民大众中间，参与战地服务团、宣传队、演剧队、工作团；原来聚居几个中心地的文化人分散到各地，使得地方性的小杂志或报纸副刊、壁报发展迅速；文化机关内迁，促进提升了各地的文化活动；无数文化人参军，使军人得到政治教育的机会，并间接教育民众。文化运动与大众结合，使大众的启蒙运动即初步的文化运动或文化运动的基础得到空前的发展。

　　由此展现出来新的趋向，内容上现实主义占据绝对优势，一切活动都是反映现实，解答现实问题；文化工作的旧干部得到改造，新干部不断出现，努力面向现实，深入实际，并在现实斗争中得到锻炼和成长。这些进步的取得，都是由于文化运动与民众的结合，促成地方文化的形成和发展。

　　地方文化的根源，在于社会经济发展的不均衡和政治的不统一，以及没有大众统一的国语和方言分布，更重要的，是由持久战的战略所决定。华北、江南的沦陷以及敌后抗日根据地的建立，在交通困难的情况下形成文化区隔，各区域的民众动员日益深入，文化活动日渐展开，报刊、教育和文化机构以地方为依托，若与社会经济发展状况及方言语系相应，将使地方文化的发展前途更加远大。对象特定化、方法小型化和语言方言化，是文艺大众化战时的趋向。与统一战线的巩固扩大及战争的坚决持久一同，其成长将使战争走向必胜的大路。①

不过，紧接着胡风又提出，"长期而又广大的抗日战争，是军事、政治、经济、文化各方面犬牙交错的战争"，由此导致文化活动的新方向，是否只是各自为政，不要具有领导影响的集中力量？

中国的新文化运动，除了最初以广州、北京为中心的两个短暂时期，中心主要是在上海。因为上海能够最快最便利地和海外的文化思想接触，有出版资本以及掌握全国发行路线，较少受政治波澜的妨害以及可以从出版资本中讨生活，所以成为文化人的主要聚居地，而且与社会运动的主要力量所在地相关联。战争改变了这一局势，武汉一度成为全国的文化中心，然后进一步转移和分散深入。今后还会出现新的中心，但应该不止一个，也不止一种模式。

尽管以牟利为目的，产生了一些不良倾向甚至恶果，客观上新书业在新文化运动史上起到重要作用。持久战过程中，中心和各地相互作用，文化工作应与政治任务所领导的革命民族战争一致，政治力量应该积极推动文化运动，文化运动则要积极为政治目的克服困难。因为千

---

① 胡风：《论持久战中的文化运动》，《国民公论》第 1 卷第 1 号，1938 年 9 月 11 日，第 8—10 页。《华美》1938 年第 32 期第 769—771 页转载。《国民公论》由救国会创刊于汉口，多位编辑人员是中共党员。胡风（1902—1985），原名张光人，湖北蕲春人。北京大学预科，改入清华大学英文系，不久留学日本庆应大学英文科。因参加革命活动被驱逐，回国任左联宣传部长、行政书记，主张大众文学，任中华全国文艺界抗敌协会常委。

千万万民众的文化运动需要远大的指导原则和坚强的指导力量,由于对敌斗争的残酷性和复杂性,也不是仅仅依靠出版商所能做到。

因此,新的文化中心的领导力量表现在其他形式上。首先是抗日统一战线下携手作战的各大政党的文化活动,包括机关报刊、丛书及教育机构。"为了忠实地执行统一战线底原则和彻底地发动民众底抗日力量而进行文化教育活动的西北,无疑地是一个文化中心。"其次是全国需要文化团体的组织、出版和研究活动。第三是无党无派、能反映现实生活和民众要求且影响巨大的报刊。第四是战时的国家文化机关,可能组建战时国家文化局,使文化运动与政府进一步合作,有计划地推动各地方、战区、敌后根据地乃至敌占区的文化活动。作为持久战里文化阵营的中心堡垒,将推动各地展开文化启蒙,创造干部,确定策略,传播理论,配合战争。①

胡风还认为,战争客观上使国民文化有普及和提高的需要及可能,实现普及和提高应作为我们工作的任务。他针对性地批评错误的认识,即认为战争是非常简单的行为,只消把"抗战到底,最后的胜利必属于我"这些简单道理反复告诉民众,使他们习惯成自然,由条件反射变成无条件反射就可以了,用不着高深的理论和卓越的艺术,在战争中提高文化是浪费民众的力量,结果反而妨害战争。这是由过度热心产生的焦躁,把动员民众视同操纵玩偶。战争是力量的竞赛,弱者要战胜强者,必须在力量对比发生变化之后,而中国积弱,根据《论持久战》的判断,"完全是百年来各种历史错误积累下来的结果,使得中国的进步因素限制在今天的状态。现在要战胜这一个强敌,非有长期的广大的努力是不可的"。文化上的提高进步,正是努力的一面,由此使中国人民在战争中得到锻炼,改变今天的状态而走向胜利。

---

① 胡风:《关于文化中心问题——〈论持久战中的文化运动〉之二》,《国民公论》第1卷第2号,1938年9月21日,第15—16页。

发扬牺牲精神与精神胜利法要严格区分，文化运动必须与公式主义分手，从民众的生活、困苦、希望出发，进行宣传动员，诱发并养成其自动性、创造力，使之迎头赶上世界进步文化。陕北和鲁西北的文化运动，普及与提高相辅相成。地方文化活动往往与启蒙教育结合在一起，即使识字运动也与旧式识字教育不同，是以现代思维方法做基础，同时赋予国民文化运动丰富的内容，走向提高的目标。国民文化的提高就存在于全民动员的持久战之中。抗战与建国紧密联系，民族战争一面抵抗强敌，一面改造自己，通过改造取得最后胜利，与最后胜利同来的则是民主政治的实现，国民经济的发展，以及国民文化的繁昌。① 五四以来一直争论不已的普及与提高、启蒙与救亡究竟先后缓急应该如何取舍的问题，变得相辅相成，相得益彰。

中共在各地的各类刊物不约而同地讲解评论以及翻译介绍，表明《论持久战》的集中宣传是有组织的统一行动。由此造成强大的宣传攻势，使得《论持久战》很快就家喻户晓，引起广泛关注，鼓舞了全国军民的抗战信念，吹拂了悲观和焦躁情绪，打击了妥协求和倾向，对国民党和国民政府的抗战不力有所促动，并传播了敌后游击战具有战略意义的理念，树立了中共及其领导的军队坚决抗战的正面形象。左翼人士的踊跃呼应，一方面大幅度扩展了《论持久战》的影响，另一方面也彰显中共和毛泽东的号召力，进一步确立了毛泽东作为中共领袖的形象。而经济与文化的补充论述，既显示了《论持久战》的思想指导作用，也延伸了《论持久战》战略方针的内容，使之更加完整详密。

《论持久战》的宣传攻势，还凸显了中共在理论和宣传上的能力及影响远远超过国民党和国民政府，不仅《论持久战》本身较国民党和国

---

① 胡风：《要普及也要提高——〈论持久战中的文化运动〉之三》，《国民公论》第 1 卷第 3 号，1938 年 10 月 1 日，第 17—19 页。

民政府方面的持久战论述精彩许多,就连呼应《论持久战》的左翼人士的文字功力和理论深度,也明显较偏向国民党的一方强。一般社会民众的观感,双方高下立判。所谓得民心者得天下,围绕《论持久战》的宣传与争议,民心的天平显然朝着共产党一方倾斜,从而促使国共双方的力量对比发生变化。

第六章　《论持久战》的各方反响

　　1938 年 7 月，毛泽东的《论持久战》在《解放》周刊发表，并出版了单行本，中共的党政军系统，利用联合抗战合法化的有利条件，在左翼人士的配合下，全力展开舆论宣传，尽可能快速广泛地将《论持久战》传达给各地各界民众，使包括国民党、国民政府和国民革命军在内的全国军民全面了解中共关于抗日战争的态度和方针，认清形势，树立必胜的信念。随着局势的变化，社会各方表面上变为响应国民党和国民政府的持久战主张，实际上呼应《论持久战》仍是持久战舆论的稳定内核。包括作为重要补充的经济论述，主要也以《论持久战》为依据或参照。

第一节　从《论持久战》到"最高领袖"

　　《论持久战》问世后，中共展开有组织有系统的宣传，不仅得到左翼人士的呼应，也引起社会各界的积极反应，进一步向全国军民传递了《论持久战》集中体现的中国共产党对日抗战的战略思想。

　　《译报周刊》的《战争知识辞典》解释持久战，主要就是依据《论持久战》的文字。①《青年大众》的"书报介绍"发表了署名"蓓蒂"的《〈论持久战〉读后》,所据底本系 1938 年 9 月 4 日由译报馆出版。读后感从《论持久战》提出的问题说起,即大多数中国人对"最后胜利"、"抗战到底"耳熟能详,"但是首先要知道战争的过程究竟会怎样? 能够胜利还是不能够胜利? 为什么会有最后胜利? 怎样去争取最后胜利? 持久战是什么? 怎样进行持久战?"这些每个人需要解决的问题实际上大多数人至今还不能解决,"因此'最后胜利'的信念还是'谜'样的盘旋在每一个不愿做亡国奴的人们的脑海中。朋友! 你要打破这'最后胜利'的'谜'吗? 你要增加'最后胜利'的信念吗? 那末毛泽东先生的《论持久战》是最能满足你这一个急迫需要解决的问题了"。

在介绍了《论持久战》的主要内容后,作者声称:《论持久战》是毛泽东 7 月 1 日纪念中国共产党建立十七周年纪念日的演讲稿,"当时几乎全世界各报都有转载的。由此,可知这一篇全世界所注意的作品,它是已经成为现代历史上的一部伟大的论著了;也可以说是完成了我们祖国抗战一年来的第一部文献。总之,本书是每一个不愿做亡国奴隶的人们应读的一本巨著,也是增加抗战信念和理解抗战意义的一部读物,更是清算一切'亡国论'、'唯武器论'的一篇总账"。

作者认为,《论持久战》的最大特点,是把握住"最后胜利"的中心主题——持久战,用实际经验来论述和检讨一年来抗战的结果,几乎没有一字一句是空谈,尤其是写作的技巧方面,能达到简短、通俗、实践三个要点。"因此,本书的出版可以说是'抗战文献'里的新的伟大之收获!"②

创办于浙江金华的《浙江军训》,在第 2 期刊登署名"耀康"的《谈持

① 《持久战》,《译报周刊》第 1 卷第 3 期,1938 年 10 月 26 日,第 77—78 页。该刊标明"参见毛泽东《论持久战》"。

② 蓓蒂:《〈论持久战〉读后》:《青年大众》创刊号,1938 年 10 月 9 日,第 21—22 页,"书报介绍"。

久战的三阶段》，依据《论持久战》的主要观点，结合全面抗战以来的局势变化，讲述为什么要持久战以及持久战三阶段的基本态势。持久战是由敌强我弱、敌小我大，以及敌退步寡助、我进步多助等因素所决定，必然是长期的消耗战。"所以'持久战的三阶段'便是这抗日战争的规律，是决定战争的发展进程。"第一阶段即战略防御阶段，从"七七"事变到放弃武汉。在中国的坚持抵抗下，敌强我弱的形势有量的变化，但敌取得一定程度的胜利，中国遭受一定程度的损失，如主要大城市、交通线、工商业、土地与人口、国家与人民部分财产资源损失，妥协倾向的酝酿等。同时也有颇大进步，政治上国内各党派大团结，抗战建国纲领颁布，国民参政会等民意机关设立，民众组训普遍发展，政治民主化有所进步；经济上法币政策稳固，入超减少，外汇增加，民族工业抬头，西南西北经济基础奠定；军事上革命战略的灵活运用，游击战的创造，全国军队的英勇抵抗和政治认识进步。这种进步成为第二阶段继续抗战的主要基础。日方虽然占领了重要大城市和资源，但伤亡数十万兵员和付出 100 亿以上的支出，消耗大量武器弹药，士气颓靡，国内人心不满，国际舆论责备，已感到精疲力竭。国际方面，德、意助敌，欧洲大战酝酿，于我不利，而英、美、法、苏同盟可能成立，援华增长和对日制裁，和平阵线巩固，则于我有利。

我方放弃武汉后，日军还能继续进攻，至其被迫停止战略进攻，还有一个过渡期，所以还不是第一阶段的完结和第二阶段的开始。但出现了许多新形势，体现了持久战第二阶段的基本特点。在此阶段，中国将一方面更困难，一方面更进步：困难在于失地扩大，财政经济穷困，主要国际交通线被割断，国际援助减少，汪精卫叛国，全国性的伪政权可能成立，妥协空气、悲观情绪增长；进步在于游击战扩大，民众运动发展，新的战时财政经济政策实施，以及南岳会议后"政治重于军事，后方重于前方，民众重于军队，精神重于物质"等口号的提出，并以三分之一兵力打入游击区，组训民众，变敌人后方为前线，以三分之一兵力与敌相持,以三分之一兵力调到后方整顿,作为第三阶段总反攻的准备。

准备反攻的第二阶段,是三阶段中主要的中间阶段,也是最困难艰苦的时期,必须用尽一切努力停止敌之进攻,达到敌我相持局面,并掩护我准备反攻。第三阶段是收复失地的反攻阶段,也是持久战的最后阶段,所谓抗战到底,就必须完成这个阶段。该阶段到来的早迟,取决于第二阶段反攻准备的努力程度。要进一步加强国内的统一和团结以及国际宣传和外交,争取有利于我的国际形势,建立自由独立的民主国家。

三个阶段的发展,是依据敌我现有条件对比和未来可能的变化对整个战争过程做出的估计,要想变成现实,有待于众人一致地努力。现在日军想进攻宜昌、长沙、樊城、襄阳、梧州、西安,威胁重庆,虽然有此能力,但占领武汉、广州、南昌后,兵力不足与分散的弱点更加暴露,要想打通粤汉线和西兰公路,需要北防苏联,东阻美国,南抗英、法,对内镇压人民,在正面和占领地区对付日益扩大的广泛战争,国际国内矛盾日渐加深,都成为致命伤。我们必须认清这一点,不因主要大城市的丧失而动摇信念,同心协力帮助政府有计划地部署粤汉路、陇海路和西兰公路,扩大敌后游击战,进一步加深敌人兵力不足与分散的弱点,使战争转入敌我相持的新阶段,并完成第二阶段准备反攻的任务。这是用实践贯彻三阶段理论的迫切任务。①

自 1939 年起,国共磨擦加剧,国民党和国民政府采取各种“防共限共”措施,原来两党合作抗日的宽松局面大为恶化,谈论持久战者不便公开呼应《论持久战》,转而较多称引国民党和国民政府的持久战言论。只是《论持久战》已经深入人心,即使表面有意回避,实际影响依然时时处处显现出来。

---

① 耀康:《谈持久战的三阶段》,《浙江军训》第 1 卷第 2 期,1939 年 6 月 15 日,第 33—37 页。

　　1939 年 1 月 21 日，张君劢在中华大学发表演讲《持久战之信心》，他开头并未断然认定主和就是妥协、汉奸，只是鉴于战争依然继续，中国站在交叉路口，主张审视敌我情形，明确采取何种方针。抗战打了 18 个月，出乎意料之外，起初有人预料中日之战不过数日或数月，因为日本长期准备，中国却年年内战，消耗实力。战事至今，中国的力量还没有打完，但究竟应该继续下去，还是就此结束，要看敌国和国际情势。

　　早在南京沦陷、武汉失守之时，日本就要媾和。原因不在筋疲力尽，而是想多保存实力，一则应付四面八方的强国，不能将实力用完，以便对付俄、英、美、法，二则经济枯竭，财政有限，三则人力补充要留出后备，四则国际纠纷日益增多，容易引起冲突。不过，国联的对日谴责只是空言，国联里的各国援助很少，倒是国联以外的俄国、德国给与武器等方面的不少帮助。日本的弱点暴露和英、美、法态度渐有利于我，国家又还有力量，只要继续抵抗下去，就有可能利用敌人的弱点变成我们的胜利，关键是今后的一年能否支持下去。①

　　"八一三"两周年纪念之际，先后在上海、武汉、广东参加战地服务团的何家槐撰文《纪念八一三要加强团结坚持持久战》，认为中国自"八一三"以来，在军事、政治、经济、文化、外交各方面都有飞跃进步，敌人"速战速决"与"速和速结"的迷梦都无法实现。日本来华作战已达 30 余师团，伤亡百万，公债总额近 200 亿，却越陷越深。我们则军事上有平型关、台儿庄、南浔线、鄂北、中条山、五台山等大胜；政治上全国大团结，各级民意机关建立，国民政府和蒋介石的威信提高，民众运动蓬勃兴起；经济上西北、西南两大工业基地奠定，法币巩固，外汇稳定，农村

---

　　① 张君劢：《持久战之自信心》，《再生》周刊第 15 期，1939 年 2 月 14 日，第 1—2 页。张君劢(1887—1969)，江苏宝山人。12 岁入上海广方言馆学习，短期入上海震旦学院、南京高等学堂读书，1906 年东渡留学早稻田大学经济科，民初入柏林大学读博士学位。回国后秘密成立中国国家社会党，任党魁。抗战时高唱民族主义。

合作事业推行；文化思想上最大的空前成功，就是全国人民、各党派一致竭诚拥护和信奉三民主义，在蒋介石的领导和全国先觉的号召下，三民主义已成为抗战建国的最高原则和四亿五千万人民奋斗的共同目标。

比较敌我情况，可以说胜利在握，国际形势进一步加强信心、决心。目前由于英、日谈判和少数汉奸败类造谣，部分人认识不清，怀疑动摇。日本和德、意用"反共防俄"做侵略烟幕，事实上却轰炸英舰，焚毁教堂，杀伤殴辱外侨，狙击英大使，封锁天津租界和珠江、长江，使得英、美、法、苏愿意援助中国，孤立日本。张伯伦的妥协政策为一时苟安牺牲弱小，养虎遗患，等于自掘坟墓。

在此背景下，汪伪在上海、香港、广州等地加紧活动，替日寇散布和平空气，分裂国内团结。蒋介石在驳斥敌相近卫文麿荒谬声明的训词中，清楚指出："在我们全国一致实行三民主义的中国，若再谈共同防共，完全是无的放矢，我们可以说，他不过是要以共同防共的名义，首先控制我国的军事，进而控制我国政治文化以至于外交。"日寇的"反共"，实际就是要以华制华。

此外，还有一批本来信心不坚的人动摇、观望、灰心，幻想英、日谈判可以重建太平洋秩序，阻止日寇侵略，恢复"七七"以前的情形，甚至希望英、日能够成立变相的慕尼黑协定，划分在华势力范围，各自相安无事，太太平平地过顺民日子。完全依赖外援或完全不相信国际援助的力量，甚至根本否认和平阵线的存在和发展，想走德、意路线，都是危害抗战建国，足以亡国灭种的危险倾向。我们必须加强团结，抗战到底，只要不中途妥协投降，不任意分裂磨擦，友邦决不会也决不可能使我们变成捷克第二。有五千年历史的伟大民族，绝不会牺牲在一纸协定之下。可是如果自己内部不加强团结，不加紧动员民众武装民众，深入敌后工作，领导和发展游击战，大胆提拔青年干部，健全行政机构，厉行节约，努力生产，实施精神总动员，一味依赖外援，不谋自力更生，或昧于国际环境，不知如何争取外援，那么变相的慕尼黑协定并不是绝对不可能的。

蒋介石明白昭示："我们是一个革命的国家，无论遇任何艰苦，都要有独立奋斗的决心，而决不稍存依赖和观望的心理。"我们自始就决定要以自力支撑独立奋斗到底，有友邦援助当然希望得到，没有也要坚持到底。我们应该遵照这个贤明的指示，自己把握自己的命运，决不让任何人代为决定。在"八一三"两周年纪念的日子，回顾以往的英勇战绩，痛念牺牲的战士和水深火热的同胞，环视风云日险危机日深的宇内，尤其应该立定百折不挠的决心和坚持抗战胜利的信心，加倍努力，达成第二期抗战的神圣任务。①

抗战坚持了两年，粉碎了一切悲观论、失败论、怀疑论，减少了对敌人的恐惧，增强了民族自信，奠定了持久抗战的决心。不过，一般人又滋生出"拖下去"的念头，误以为持久战只是拖。为此，方直以对话的形式专文讨论《论持久战与"拖下去"》，强调持久战决不只是无原则、无条件地拖延时间，否则拖不垮敌人，反而可能把自己拖下水。持久战固然要以时间换胜利，拖得越久，对敌越不利，但是持久战的时间一方面必定是长期性，另一方面又必定要尽可能缩短，持久战需要长时间是不得已，争取尽可能短却是必要的。持久战论者一方面不赞成粗蛮的、孤注一掷的和敌人硬碰一下就算了的"英雄主义"性急病，同时也反对所谓"百年战争"无限期拖下去的理论。

持久战的长期性和尽可能短并不矛盾，长期性由于敌强我弱，敌小我大，必须用持久战消耗敌人的国力，发展自己的国力，改变敌我力量

①　何家槐：《纪念"八·一三"要加强团结坚持久战》，中国国民党广东省执行委员会编印：《广东民众》第1卷第4期，1939年6月16日，第19—20页。何家槐(1911—1969)，浙江义乌人，中国公学大学部、暨南大学学习，加入左联，任大众文艺委员会主任，1934年加入中共，任左联组织部部长、闸北区委书记。发起成立中国文艺家协会，当选为候补理事。

对比。但战争本身是残酷的，不能无谓地牺牲消耗，单纯地拖也会亡国。因为敌人可以利用中国的人力物力，生长其力量，也就不怕拖了。中日战争的长短，完全看全民动员和国人积极努力的程度，以及由此导致的中日力量对比的变化，我们并不能完全支配时间。所以持久战也要争取时间，不争取就得不到时间。过去两年的时间，是由上海、华北、南京、徐州、武汉等大规模战斗以及无数中小战役，数百万将士、全民支持、政府和统帅、将领的努力争取得来。如果不抵抗，敌人可以不战亡我。如果政略、战略不正确，指挥不力，斗志不坚，人民不支持，也不能坚持两年，且越打越强。两年抗战，以空间换时间，放弃大城市和交通线，争取了相当时间，消耗了敌人相当的力量，培养了自己相当的新生力量，所以才有今日的局面，从退守的第一阶段进到转入相持局面的第二阶段的过渡时间。

即使如此，今后的时间也不是从容自如，不能产生错觉，使抗战松懈。现在不少人过早低估敌人的力量，以为敌人已经无力进攻，我们不必过于紧张，只要拖长时间就是了。这是非常有害的，今天的时间比前两年还要紧张。蒋介石训示："越临胜利的关头，我们将越艰苦"，所以"要一天做三天的事"。今天我们仍要用争取时间来消耗敌人，培养自己的力量，达到真正的相持局面。抗战第二阶段是造成的相持局面，但相持不是偏安，而是要造成敌我力量渐趋平等，使敌人无力像过去一样进攻。相持是在犬牙交错的战争中消耗敌人，发展自己，今后不能再用空间争取时间，而要在争空间的同时争时间，不能让敌人更深入，要采取不断的小反攻、全国广大的游击战去牵制、疲乏、打击敌人，要使全面全民战争进一步展开，并着重敌后。这一阶段的战争比之前更艰苦，战争规模更广大深入，战争方式将各具独立作战性质，战斗也越发残酷激烈，自己的新生力量需要更加努力。如果松懈一分，敌人就会继续深入，一处松懈，可以牵动全局。所以今日一面要争取当前的胜利，一面也要每天进步与准备，否则相持也将相持不下去，大反攻将成为不可能。不仅军事如此，政治、经济、民运、文化各领域无不如此。

目前许多方面的松懈现象，正是危机的体现，应特别指出并加以纠正。敌人正盼望我们松懈下来，并时刻造成令人产生错觉的假象。如着重在占领区扫荡，对其他区域则采取比较和缓的跳跃式进攻，或在某一时间单用政治阴谋，挑拨离间，分化瓦解，使我逐渐失去战斗力，同时利用占领区开发的人力物力，以战养战，达到完全以华制华的目的，弥补先天不足，然后再利用国际和中国的弱点，大举歼灭我们的抵抗力，亡我国家。有鉴于此，"今日谁人松懈抗战，对抗战怠工，谁就帮助了敌人，谁就是民族的罪人"。①

第二节　国共表里

尽管"反共"之风令持久战的舆论有所顾忌，《论持久战》的影响已经深入人心，即使名词术语的解释，虽然不无党派之见掺杂其间，征引一些国民党和国民政府的口号，基本内容仍是取自《论持久战》或受其影响。如"心水"解释《速决战与持久战》，就说："这两个名词都是指军事上的战略而言。论其性质，绝不相同。前者是拥有高度机械化部队或雄厚兵力的国家，在敌人劣势之下，倾其全力，于短时期内结束战争，征服的方法。"持久战"乃是一种弱小国家去对付强大的敌人的方法，其目的在以空间争取时间，以时间争取最后胜利"。持久战的运用，需要具备下列条件：一、有广大的土地。二、物力人力丰富，但未经充分开发和利用。三、军事尚待组织或机械化。这样才能一节节抵抗而撤退主力，以土地消耗敌人实力，延长时间，争取军队质量的改进，开发战时资源，逐渐达到与敌人相等的程度，然后大

---

① 方直：《论持久战与"拖下去"》，韬奋、柳湜编辑：《全民抗战》周刊第 77 号，1939 年 7 月 1 日，第 1110—1111 页。

举反攻,争取胜利。①

另一种对持久战的解释,首先以蒋介石所说为据:"此次抗战非一年半载可了,必经非常之困苦与艰难始可获得最后之胜利。"进而称:"这告诉我们:抗日战争是长期的而不是短期的,战略方针是持久战而不是速决战。"不过接下来具体解释为什么要打持久战,却是依据《论持久战》的内容:因为敌人是帝国主义国家,我们则是半殖民地国家,战争初期敌优我劣,但是日本国家小,财力兵力不足,经不起长期消耗;其战争性质是退步的,不仅激发中国人民团结抗战,也与本国人民及其殖民统治下的人民对立,将会激起士兵和民众的反战运动,以致爆发社会革命。日本侵华也排挤了列强的在华利益,引起普遍反对,社会主义苏联和全世界劳工阶层以及一般爱好和平的先进人士更是援华制日,使日本陷入孤立。

中国地大物博,人多兵多,经得起长期战争。抗日战争是反侵略的正义战争,而且是在中国前所未有的进步基础上进行。我们有进步的人民、政党和军队,在长期抗战的过程中,必然会发展出更进步的伟大力量。抗战与世界反法西斯斗争不可分离,得到国际援助和各国人民的支持,加上主观努力,客观的有利条件还会加倍发展。

中日战争的长期性,表现于三个不同阶段,即战略防御(敌进攻)、战略相持和战略反攻(敌退却)。亡国论者只看到敌强我弱的一面,忽视了我们在抗战过程中将发展起来的优点,得出抗战必亡的结论。速胜论则夸大自己的力量,忽视了敌人是准备多年的帝国主义者,我们是半殖民地国家,得出速战速决的结论。二者对于抗战都是有害的。我们唯有把握住持久战的正确方针,发动全民族的力量,力

---

① 心水:《速战速决与持久战》,《现实》半月刊(奉化)第 1 卷第 1 期,1939年,第 20 页,"术语浅释"。

求进步，动员广大人民参战，克服一切困难，争取最后胜利的到来。①
包括三阶段在内的这些具体内容，与国民党的主张明显不同，显然来自
《论持久战》。

还有人根据抗战两年的形势变化，提出持久战的发展问题。《论持
久战》既分析了中国必胜的原因，又警告人们中国也有战败的可能。抗
战两年多的事实，证明中国尽量向有利条件发展，日本军阀的企图被全
民族的坚强抗战所粉碎，过去中国必胜的可能性，现今将成为现实性，
剩下的就是最后胜利的时间问题。虽然不能确切，但可以预估。战胜
日本的条件主要是自身力量增长、国际援助程度和日本国内的革命形
势，其中最主要起决定作用的是自身力量的生长。

抗战以来，中国政治上渐趋民主化，各项兴革证明中国在进步；经
济上开发西南，建筑交通网；军事上更是一日千里。湘北会战胜利，是
全国力量生长的总表现。国际上，苏联友好，英国虽然在远东有对日妥
协的可能，但实力在苏、美之后。日本则陷入孤立。

日本国内革命势力的增长是无疑的，不过在法西斯的严密统治下，
外部无从得知。湘北会战使得日本内部矛盾尖锐化，日本国内经济捉
襟见肘。武汉弃守以来，我们先后取得山西反扫荡、湖北随枣、湘北会
战的胜利，日本只能保持一些据点，无力控制广大区域。基于上述原
因，中国至多再作一年的准备，再加些反攻的时间，两年后将是庆祝胜
利之日。②

1939 年，一份以《持久战》为名的杂志问世，由侯佩璜题写刊名，作
者有马葵、林防风、易于史、张佐华、刘文阶、柳湜、童振华等。创刊同人
鉴于韶关的精神食粮缺乏，决定创办此刊，因为都是兼差，不能全力以

---

① 《术语释义·持久战》，《战地动员》半月刊第 6 期，1939 年 1 月 5 日，"大
众辞典"。

② X. M：《持久战的发展》，《新知》半月刊第 3 卷第 1 期，1939 年 11 月 10
日，第 13 页。

赴,且时间仓促,较为潦草。① 该刊在韶关编辑,在邵阳印刷,首期35000字,第2期起增至5万字。②

1939年6月10日出版的《持久战》第2号刊登刘文阶的《怎样支持持久战》,作者没有引述《论持久战》,而是称引"我们贤明领袖"的话:"唯有拼全民之生命牺牲到底,再无中途停顿妥协之理。"坚信只要我们坚决支持持久抗战,就会导致敌人总崩溃,取得最后胜利。不过,作者进而提出支持持久战的基本条件,却隐约显露出《论持久战》的影响。这些条件包括:

政治上,依照政治重于军事的原则,切实改善政治以配合军事,努力使机构人事合理化,明朗化,以达到抗战中建国的目的。具体应做到:1. 强化统一阵线,各党派精诚团结。2. 切实施行抗战救国纲领。3. 建立三民主义的民族国家。4. 调整政治机构适应于战时。5. 党政军民密切联系,打成一片。6. 发动全民参加抗战,打击汉奸政权。7. 组训知识青年为动员民众的基干。8. 转化封建势力成为抗战势力。

经济上,抗战建国需要切实建立国防经济,实施民生主义,解决人民生活,改善战时商业,平定市价,实行计划统制,必需品可由国营。另要完成:1. 鼓励华侨及资本家投资开发资源。2. 建立军需工业及举办内地轻重工业。3. 迅速征工,建筑西北西南铁路公路网。4. 广设国家集体农场,以利人民耕种。5. 推行合作社制度,实行集体消费。6. 改善农民生活并改良其生产方式。7. 举办各种手工艺以济民困。8. 开采内地各种矿产。9. 厉行春种冬耕,增加粮食生产。10. 组织难民,垦殖荒地。

军事上,必须基于领袖所定天才战略,配合政略,利用天时地利人

① 《编后记》,《持久战》第1号,1939年5月15日,第12页。
② 《编后小记》,《持久战》第2号,1939年6月10日,第6页。柳湜(1903—1968),湖南长沙人,中共党员。

和，机动灵活地歼灭敌人，争取主动，达到以逸待劳的目的。同时步步为营，处处设防，时时联络，刻刻通报，并完成：1. 军队的现代化机械化。2. 改良军风纪，增强纪律性，以求军民合作。3. 加强军队政治工作，使之认识军人的责任，誓死卫国。4. 使将士皆知明耻教战之义，舍生忘死，勇敢抗战。5. 妥善推行兵役，使人民踊跃参加，以增兵源而优兵种。6. 民主地发动民众，组织游击队，扰乱敌后。7. 对敌军做政治工作，策反伪军。8. 设立大规模兵工厂，制造现代兵器。9. 尽力扩充空军，增购飞机，争取制空权。10. 统一指挥，统一编配，主动进攻，机动袭击。

外交上，设法开拓外交环境，推进外交路线，加强国际联系，并做到：1. 促进集体安全，孤立敌人。2. 利用国联予敌人精神打击。3. 基于和平不可分原则建立外围战线。4. 联络同情我国的各国人士进行反日。5. 唤起弱小民族共同奋斗，策动朝鲜、台湾的民族革命。6. 与和平各国共同互立反侵略公约。7. 把握时机，争取外交主动和国际援助。8. 尽量鼓动英、法，督促其政府助我。9. 间接推动美国政府的远东政策，激励美人反日。10. 加强中苏关系，密切联络，争取更大援助。①

有人专文讨论《持久战与争取主动》，指"争取主动是持久战的最高原则"。持久的目的在于消耗敌人，必须主动，不仅要威胁敌人的据点，破坏敌人的交通，还要袭击敌人，歼灭敌人。从积极抵抗，到各路突击，再到全线反攻，是胜利的必经过程。只有最后决战时才应一举克复所有的大小城市，现在则应包围封锁，强迫敌军被动防守，切断其联络，消耗其人力物力，奠定未来大胜利的基础。自 1939 年 4 月以来，分路突击的新战略成效显著，日军疲于奔命，伤亡惨重，各战场的敌我伤亡比明显改变。为了促进胜利的到来，前后方所有同胞要动员所有力量，在

① 刘文阶：《怎样支持持久战》，《持久战》第 2 号，1939 年 6 月 10 日，第 16 页。

蒋介石的最高领导下,保持艰苦得来的攻势,争取各战场的主动,展开广大的游击战,加紧歼灭敌人,完成持久战的任务。①

徐均良着重探讨《持久战中游击队与兵役》,强调决定战争胜负的因素不止一种,而兵员物资能否源源不断地补充接济,具有重要作用。抗日军兴,战区延伸十余省,第一期伤亡我多于敌,第二期敌多于我,我方野战部队始终保持初期作战的精神和素质,应归功于兵役及其主持者的努力。而战区民众拥护抗战到底的国策,在蒋介石精诚感召下奋勇杀敌,发动广大游击战,使敌军疲于奔命,不能攫取游击区内的壮丁资源,伪政权无法树立,并因战事延长而战意消失,则要归功于游击。

> 夫游击与兵役,两者异名而同质,游击队因战事而发动,兵役亦因战事而紧张,在敌人后方牵制敌人行动,分散敌人力量,破坏其交通,断绝其接济,使敌人步步生荆棘之感,于以争取最后胜利,非发动游击不为功。在游击地带吸收广大民众,不让敌人在我地区,有一物之补充,一兵之利用,于以粉碎敌人以华制华之企图,非推行兵役不见效。故在游击战区非发动游击,不足以疲惫敌人,非加紧兵役,不足以吸收群众,非游击,不足以协助兵役之推行,非兵役不足以增强游击队之活动,两者性质虽不同,而为长期抗战中之主角则一。

日本为世界六强之一,海军足以睥睨英、美,争霸太平洋,陆空军足以媲美苏联,称雄东亚。但"九一八"事变以来,深陷泥淖,"游击与兵役,在我则为胜利之左券,在敌则为致败之泉源"。日本常备兵为 17 个师团,战时扩至 46 个师团,兵源日见困难。游击战的实质,是以劣势兵力对抗优势敌人的一种不正规战争,亦即被侵略者对侵略者的一种消极报复手段。日军在游击区烧杀抢掠,民众仇恨,起而自卫,配合游击,

———————

① 《持久战与争取主动》,《黄埔》周刊(重庆)第 2 卷第 10 期,1939 年 5 月 21 日,第 1 页。

使敌处处受困。日军在国内难以补充，在中国进展不易，"如继续一年两年，则崩溃可断言也"。只是日本既不能速战速决，又不能速和速结，势必困兽犹斗，对游击队先是扫荡，继而收买，对占领区民众变屠杀为利诱，用各种方法变相征集兵员劳工。必须重视持久战中游击队和兵役在敌我双方的重要性，深入敌后活动，充分发挥效能，争取更大成功。①

相持阶段对于双方的意志都是极大考验，需要鼓舞。不过为了鼓舞人心，有时不免释放出过度乐观的情绪。有人根据敌军的重要军事文件记载，证明日本已是泥足深陷，不能自拔，正在走向灭亡。据说日方在 1939 年 4 月 18 日华中派遣军经理会议上，经理部长讲话称：事变第三年度临时军费总额为 46 亿圆，事变以来累计总额已达 220 亿之庞大数目，今后对于长期战的国家财政前途与国际借款以及资源的确保，困难将愈渐增加。因对华战争长期化，需要驻屯大量兵力，并不断"勘定"、"讨伐"，军需将愈形增大。日本国内生产虽略有增加，万难满足供应。战前多年积累的军需品已消耗殆尽，大量输入资金又无希望，国内物资缺乏，政府想尽办法统制消费，压缩民需，亦不能充实军需的无限消耗，加上国防必需的重要物质大都仰给于国外，此后两年真正是日本的经济危机。

敌方的不打自招，说明财政负担和军费无限增加，足以制敌死命而有余。敌近来对华妄想"以战养战"、"经济开发"，不过是国力发挥饱和希图垂死挣扎。现代战争由军事的点、线、面发展至广大立体空间，政治、经济、思想、外交随军事展开争斗，"全民战争"、"精神总动员"，即表现空间扩大的特质。时间上一般误以为现代战争可速战速决，日军直到武汉会战后才完全放弃。实则因空间扩大到全国全民，前后方不分，

---

① 徐均良：《持久战中游击队与兵役》，《兵役月刊》第 1 卷第 2、3 期合刊，1939 年 6 月 30 日，第 29—30 页。亦载《兵役旬刊》第 14 期，1940 年，第 7 页，"论著"。作者署名"均良"。

军民一体,即便击破对方野战军,占领主要都会及交通线,终不能屈服其广大民众,此乃因战争空间扩大而发生的时间持久性。日本错判形势,不可自拔。我国则始终坚持持久、消耗,符合现代战争的必然趋势,于战争理论上占有必胜因素。概言之:

> 所谓'持久战',即暗示需要国力充足,资源广大是也,敌阀进攻两年,已耗尽其所有国力,今后当能喘息许久? 敌阀自己亦感觉最后崩溃之危机将临,并指明其时期在今(1939)明(1940)两年,吾人读此铁证,深信最后胜利必属于我,更当努力反攻,以期早日实现也。①

有人比较持久战与闪电战,指为近代战争史上的两大奇迹,中国以次殖民地的地位与东亚强敌作持久消耗战,三年殆为其序幕,百年或其终结。日本以战争力量促成中国的复兴,战争使中国进步,由封建社会进入现代国家。战前弱大的民族,战后将成为强大的国家。

自古以来战术的演变,依次将由点到线、带、面、体,立体战可以缩短时间到闪电战,持久战则可以决定世界上许多被压迫民族的前途。"领袖"谓我们的持久战是一种"磁铁战",发挥磁铁作用,使敌人陷于不能战又不能和的状态,拖死敌人,是中国持久战的成功。②

同样乐观的情绪还体现在认为日本已经束手无策的看法上。战争爆发到1940年,日本接连更换了五届内阁,虽然原因各异,根本是因为不能解决中国事件。在战事中频繁更换内阁,是日本国内政局不稳的表现,而无人愿意出任,则是政治基础动摇的征兆。"其中的唯一的原因就是因为我们持久抗战的战略把倭寇的速战速决的战略粉碎了"。

---

① 金城:《"持久战"中敌军之危机》(十二、二十六于长沙),《精忠导报》第1卷第4期,1940年1月10日,第7—8页。

② 《持久战与闪电战》,《学生之友》第1卷第7期,1940年12月15日,第27页。

日本数十年来处心积虑要不战而胜地灭亡中国，就是战也要速战速决，可是战到 30 个月，仍然无法解决。因为根本战略失败，所以一切内政外交的政略无不连带失败，内阁只能接二连三地倒台。英、美对日态度强硬，也是由于中国的持久抗战。

日本军阀建立"东亚新秩序"的梦想破灭，与政党、元老以及民众的矛盾日益突出，为了避免玉石俱焚，政党政治再度抬头。虽然不能改变其侵华野心，却是军事快要瓦解的征兆。"我们长期抗战的最后胜利，不一定是要由我们全面反攻把倭寇个个杀净或赶出去，而是要由倭的政治变局，从东京内阁倒台一直倒到他在华的全部军队。"一般认为，日本军阀内阁只有更法西斯化才能维持，绝不能采纳政党的意见。但战前日本军阀未形成德、意那样的统治能力，侵华战争失败，更得不到国内人民的拥护。只有加速军阀崩溃，才是政党和人民的唯一出路。"因此倭国的米内内阁，也许就是他的军阀的最后一个内阁吧？"①这样的判断，与实情多少有些出入。

第三节　持久战与经济力

《论持久战》集中于军事和政治的战略层面，经济领域涉及不多。而坚持持久抗战，经济无疑是至关重要的因素。在中共和左翼人士的《论持久战》宣传中，经济问题就受到特别的重视，以《论持久战》的思想为指导，着重讨论了抗日战争引起的中国经济格局的重大变化，以及应当采取何种对策来支撑持久战，实现民主建国。在各方对《论持久战》的反响中，经济同样成为论述的重点。

武汉和广州相继沦陷后，中日双方对于战争形势的认识出现新的

---

　　①　余卓坚：《从我们持久战上看倭内阁的倒台》，《中央周刊》第 2 卷第 28 期，1940 年 1 月 27 日，第 4—5 页。

变化。在日本方面，由板垣征四郎、池田成彬倡导，提出所谓"长期建设"的口号，显示日方"打到川滇"的战略企图至少暂时心有余而力不足，不得不暂停继续深入的作战方针，从速战速决转而着重巩固沦陷区的统治，制造傀儡政权，企图将中日战争变成中国的内战。经济上则以占领地域的广大农业区无限的生产力为对象，进行大陆经济开发。有人据以判断，日本军阀放弃了彻底征服中国的企图，转为巩固和开发占领区，以便准备组织第二次更大规模的北征或南征，其主要对象不是中国，而是英、美、法、苏的远东领土。

"长期建设"以经济开发为主，政治措施为辅。日本在列强中重工业基础最薄弱，资源缺乏，侵略中国的目的之一，就是夺取中国丰富的资源和人力，改造其经济结构，使泥足变为强劲。早在平津和上海陷落不久，日本就筹备设立了总资本额 5 亿圆的华北开发会社和华中振兴会社，并整理复业了龙烟铁矿。假如"长期建设"政策顺利完成，日本东亚盟主的地位即真正确立。

日本之所以要实行"长期建设"政策，是因为其战争费用主要靠发行公债，而 1937—1940 年的预算高达 130 亿圆，势必导致恶性通货膨胀。本来日本根本无力筹措建设资金，但军部强行将二者合并，迫使财阀把消化公债和供给建设资金同时解决，并以确立远东新秩序为由，拒绝用半开门或廉价拍卖的方法，诱致外国资本家参加"大陆建设"，以便独霸东亚，不让欧美列强插足。其办法是用通货膨胀的手段，动员日本的经济力量，以法西斯的计划经济和统制经济为模式，先完成"开发大陆"的第一步，随着生产力扩大和物资供应充分，造成通货膨胀的相对收缩。

照此办法，在中国占领区的经济建设实际上是军事掠夺，用统制手段攫取资源和财富，建设的成效将微乎其微。这样日本的国力将会加速消耗，如果三数年内未能实际扩大生产力，就和军费的消耗相同。为此，日本很可能诱惑中国议和，同时稳定傀儡政权。若和平目的达到，战争费用减少，"长期建设"政策就可能成功，日本将确立在远东的霸业。这样，日本可能并不以完全占领中国为目的，而是始终处于战争状态，甚至提出"百年战争"。

针对上述政策，中国的战略就是必须持久抗战下去。只有持久战，才能使日本动员集中一切经济力量到战争中来，使这个空虚的巨人耗尽力量，并使其建设中途转为中国所有。而持久抗战中发展游击战，对于阻止日阀的"建设"，具有重要作用。[①] 也就是说，持久战中的经济战，首先是破坏敌方的经济计划，使其战略企图失效。

另一方面，持久抗战必须有足够的经济实力作为支撑，尽管持久战总体上是以弱敌强，没有一定的经济支撑也难以为继。当人们意识到持久战的时间相当延长，战争状态短期内不会结束时，在外贸困难甚至断绝，交通瘫痪，工农业生产萎缩的情况下，如何保障生活物质的供应成为重大问题。翼云的《经济持久战的若干问题》，着重探讨增进农业、复兴手工业和建立轻工业的办法，使经济实现自给自足，不依赖国外、省外，也能经济上支撑持久战。[②]

熊良专门讨论了《手工业在持久战中之地位》，产业革命后虽然手工业萎缩，但在尚未完全工业化的中国，尤其是抗战时期，手工业却有重要作用。中国的首脑主张"长期抗战"、"持久战"、"歼灭战"、"消耗战"，是针对日本的经济状况提出的方针，由此决定了经济在抗战中的重大意义。在战时特殊环境下，大工业建设极其困难，洋货又价格高涨，原料也难以出口，发展手工业，可以利用各地出产的原料，生产者各安其业，稳定社会秩序，保障生活必需品的供给。同时各地自产自销，减少运输困难，稳定物价，消除社会不安，降低敌人破坏的影响。所以

---

① 璧瑜：《"持久战"与"长期建设"》，《战旗》第 42 期，1938 年 12 月 12 日，第 16—17 页。

② 翼云：《经济持久战的若干问题》，《动员》周刊第 7 期，1938 年 12 月 21 日，第 10—12 页。

手工业是持久战的柱石之一,作为普遍发展民众经济的利器,或许可以将工业生产精神带到农村,成为替中华民族预备大工业化的路引。①

战争进入相持阶段,越来越多的人认识到经济发展与持久战的成败息息相关。由千家驹主讲的"中国战时经济讲座",第三讲是《大都市的沦陷并没有改变我持久战的经济条件》。在他看来,抗战以来日军占领大都市,仅仅是点或线,而非广大的面,况且点与线时时受到游击战的威胁。据行政院长孔祥熙在参政会第三次会议的报告,沦陷的苏、浙、皖、闽、赣、鄂、湘、冀、鲁、豫、晋 11 省区,共有 941 个县;其中行政主权完整,县境完好的 583 个县,占 62%;县境部分被敌军占领,而县长仍在县城办公的 35 个县;县境被占,县长依然在乡村行使职权的 245 个县,占 26%;另有 23 个县的县长移驻邻县,但并未失掉行使职权的能力,其命令仍能到达本县;只有 55 个县完全被占领,仅占 6%。由此可见,广大的土地和民众,仍在我行政权力控制下。在经济落后,交通不便,敌后到处游击战的情况下,大城市离开乡村不仅失去本来意义,而且经济上决难持久,敌人的统治也难以稳固。如此,敌占区的扩大反而会加重其经济困难。

假如敌人在占领区建立稳固统治,就能进行榨取,支持长期作战。目前敌人在占领区的经济政策是建设重于破坏,开发重于封锁,一方面没收、攫取占领区的一些工厂变为己有,另一方面对许多重要工业加以统制或开发。同时设法建立华北、华中货币权(华北设联合准备银行,华中设华兴商业银行),以进行沦陷区的经济开发。目的是在占领区实行经济掠夺,弥补对华用兵的经济损失,继续长期侵略战争。因此,不能消极等待敌国经济自然崩溃,必须努力发展敌后游击战,粉碎敌人的企图。要抵制敌国或敌占区的产品和输入品,不把

---

① 熊良:《手工业在持久战中之地位》,《浙江工业》创刊号,1938 年 12 月 1 日,第 4—6 页。

本国物资卖给敌人或运往敌占区。只要每个人实行《国民公约》第10、第11、第12条，不买敌人的货物，不用日伪的钞票，不卖粮食和一切物品给敌人，其经济侵略就无所施其技。若再进一步破坏敌占区的交通、工厂，不但可以挫败其经济榨取阴谋，还会造成敌人兵力、财力的极大负担。

通商大埠和沿江沿海的沦陷，固然增加了中国的经济困难，特别是在财政金融、资源供给和对外贸易上。抗战前中国财政主要靠关税、盐税和统税，几乎占租税总收入的90%以上。战争爆发，通商大埠失陷，政府财政蒙受很大损失。金融中心落入敌手，被用来作为破坏法币的根据地。矿产丰富的各省沦陷，重工业难以建立。棉、米产区也落入敌手，或接近战区，造成农业空前大破坏。工业则大都被敌人控制或遭受破坏。内外贸易格局基本改变。

不过，正如蒋介石所说："我国抗战根据，不在沿江沿海之浅狭及交通地带，而在广大深长之内地，西南西北诸省，尤为我抗战之策源地。"战争使得我国的金融财政、农工矿业、内外贸易等遭受极大打击，但却为西南、西北的经济建设提供了空前的机会。只有内地经济开发建设，才能使中国走上独立自主的现代国家道路，不再如以前发展农工商都是为着资本帝国主义的利益。战火摧毁了中国旧的经济体系，独立自主的新国民经济体系却在抗战中自力更生了，这个新体系完全脱离了殖民地色彩，独立、自由、幸福的新中国之经济发展的光明前途，已经在抗战中露出曙光来了。[①]

随着战事的延长，持久战的经济基础问题日显重要。"紫衡"

---

① 千家驹：《中国战时经济讲座第三讲·大都市的沦陷并没有改变我持久战的经济条件》，《中学生》战时半月刊第3期，1939年6月5日，第9—10页。千家驹（1909—2002），浙江义乌人。北京大学经济系毕业，历任北大经济系讲师，广西大学教授，《中国农村》《经济通讯》主编，香港达德学院教授，全国各界救国联合会理事。

提出《持久战的五件法宝》，即认为现代战争不是兵力对兵力，而是经济对经济，谁的经济力能够支持到最后，谁就是胜利者。抗战15个月，敌人消耗巨大，但不如一般人所期待的经济崩溃即在目前，因为敌人谋我已久，累积数十年财力，且随时向海外掠夺原料，以及在占领区搜刮资源，经济一时不会崩溃。不要天天期待敌人崩溃，而要赶紧设法改善我们的经济，当务之急，就是增加生产，开发富源。最有希望的是西南各省，西北稍次，但经营得法，也不失为原料生产地。

军事上应用的重要资源有粮食、煤、钢铁、煤油、棉花等五项，即持久战的五件法宝。其中有的我所固有，而出产不足，有的完全仰给海外，如煤油，若敌人封锁海口，来源即断绝。要持久抗战，必须立即在西北、西南各省增加农产，开发宝藏，把五件法宝同时举起，早把敌人打下海去。粮食的重要性远过于其他材料，是全军的命脉。抗战以来，四川丰收，洋米不能进口，内地粮食畅销，未发生粮荒。但随着战区扩大，耕地面积减少，应未雨绸缪，迅速开垦西北、西南各省荒地，改良耕地，增加产量。西南、西北九省有耕地 3 亿亩，稍加改良，即可大幅提高产量以支持长期战争。煤矿最富的各省，已被日本占领，应迅速加强西南、西北各省的开采，包括人工开采。钢铁生产大省同样沦陷，须转向西南、西北，由政府统制开采、生产和使用，才能勉强解决。西北、西南的石油蕴藏，迄无精确调查，政府应速派专家分别探查，着手开采，以防国际交通线断绝时发生严重影响。棉花用途广泛，民用之外，还能军用（炸药、药棉），为支持长期战争所必需。日本战前即在冀东搜集棉花，现在我国主要种棉区又大部沦陷，必须在新疆、陕西、四川、云贵等地发展种棉，总共每年可得 500 万担，大概够用。

总之，如果能解决长期抗战的五件法宝的供给问题，"遑论敌酋倡言战争十年。我们就是对他们打上二十年三十年的大仗，那末最后胜利,仍旧是属于我们的"。①

欧战时,英、法采取持久战略,西线战事沉寂,东面则封锁波罗的海和巴尔干半岛,并运用外交断德接济。因为持久战必以经济战为基础,使德国经济崩溃,英、法则不战而胜。中国的抗日战略,大体与英、法相合,不同在于,要打破敌人的封锁,以长期自给待敌经济衰竭。日本资源贫乏,在国际孤立状态中,只能从中国沦陷区榨取。我国只要巩固壁垒,就能"以不可胜待人之可胜"。所以中国的经济战重在自守而攻势为辅。日本知速战速决无望,组织汪伪政权,以华制华,战事肯定延长,与欧洲战争化合为一,欧战解决之时,即为中日战争解决之日,欧战既成慢性症,则中日战争至少当以数年计。中国要准备数年抵抗,人力外,物力为首要,兵力外,财力尤应注重。

中国内地的经济基础,关系抗战前途至巨。农业方面,虽然四分之一的耕地沦陷,二分之一以上的农田供需失衡,沦陷区的农民达 1.3 亿,耕牛损失 800 余万头,好在 1938 年后方各省丰收,产量较战前七年平均增长 8％。棉产区多在战区,后方较少,西南各省平时棉布自给不到七成,战时缺口应为 770 余万匹,棉纺能力差距更大。应在西北增加粮产,西南推广种棉。为了储粮防灾以及促进农业生产,政府设立农本局负责,局长何廉称,至 1939 年 10 月底,已设合作金库 170 所,另有 50 所正在筹备中,农业金库 92 所,大量贷款放款。中国农民等国家银行及各省地方银行也开展农业金融业务。

工业方面,战前共有工厂约万家,沦陷及被毁至少十分之九,内迁厂矿不过 341 家。而西北西南工厂素少,合计内迁者不到千家,整个西南工厂不及上海的十分之一。国防工业虽然已有基础,民生工业尚待努力。蕴藏富源未开发者尚多,政府发行建设公债杯水车薪,希望企业

---

① 紫衡:《持久战的五件法宝》(二七、十、二二于渝),《经世战时特刊》第 30 期,1939 年 1 月 1 日,第 9—12 页。

家快来后方投资。

贸易方面,抗战两年(截至 1939 年 6 月),进出口总额较战前略有减少,尤其是第一年的进口减少幅度较大,但第二年即回升。进口增加商品中,90％以上为民用衣食所需,出口则原料加工品多于原料品。

交通方面,过去中国皆以便利通商考量,偏重沿海一带。到 1938年底,原有 1 万公里铁路仅存三千余公里。公路 11 万公里,大半沦陷。水上交通轮船损失惨重,航空线亦大幅缩短。西南西北各地正在赶修新的铁路公路或改善旧路,尤以西南公路成绩显著,改善 4741 公里,新辟 2081 公里。铁路则计划虽多,除滇缅路外,实际进展不够。政府重视内地水陆联运的国际、国内商贸及商旅作用,巩固和扩张各航线。航空则中国、欧亚航空公司共辟国内航线万余公里,国际航线则开通中欧、中苏、中缅、中越等线。为适应西南西北情势,成立驮运管理所,利用人力兽力运输货物。

金融方面,战前全国共有银行 164 家,分行 1627 家,其中总行设于江浙的达 90 家,上海就有 48 家,分行亦近五分之二集中于华东,投资多在公债地产。1935 年,10 余家主要银行放款给政府机关的最多占40％以上,放给商业者 20％,工业 12％,农业 10％。战时银行内迁,携带资金约六七亿元,总行移设重庆,中、中、交、农银行于 1939 年 9 月并组四行联合办事总处,特派蒋介石任主席,统筹全国金融,中枢日见健全。各省地方银行经去年 3 月金融会议后,机构亦有改进,商业银行及地方银行相率增设办事处,业务向农业及水利、实业方面扩张,并增强抗战有关与生活必需的各项事业。法币虽然发行量大增,信用仍然稳固。①

关于持久战的经济论述,不仅作为持久战思想的重要补充,也为增

---

① 隐公:《中国持久战之经济基础》,《陕行汇刊》第 4 卷第 2 期,1940 年 3月,第 1—12 页。

强和扩展支撑持久战的经济条件，使之能够坚持到底提供了可行的
思路。

第四节　并非尾声

1940 年以后，由于国共磨擦加剧以及太平洋战争爆发，持久战的
相持阶段变得异常艰苦，令人窒息，仿佛完全看不到胜利的希望，所有
报刊上关于持久战的谈论大幅度减少甚至几乎绝迹。欧洲战场上，纳
粹德国的闪电战也相继陷入与英国、苏联的持久对决。虽然《论持久
战》已经预见到相持阶段的艰难困苦，可是当相持阶段真正到来时，人
们品尝到生理极限式难耐的滋味，反而欲说还休了。

直到抗战胜利两年后，有人从决战与持久战的联系及分别的角度，
再次论及持久战问题。作者认为，古来兵学家虽然对决战与持久战问
题多所讨论，但缺乏明确概念，以致引起军事思想的混乱。其原因有
二：一、武力战中，大作战与小战斗常混同不清。二、根本上无法解决何
者为决战，何者为持久战，由此交互议论而产生混乱。

无论大作战或小战斗，如以决定胜败为决战，则所有战斗均可谓之
决战，也可以说并无持久战。但是胜利必须适合战斗的目的，达成战斗
的结果。如抗战中我放弃阵地退却，以争取时间，达持久目的，反而使
敌人受我策略的牵制，并非敌人胜利。战斗目的不适当，以为任何战斗
皆有决战意义，很可能屡屡小胜反而导致最终大败，一蹶不振。所以，
决战与持久战的意义，有必要从大局加以考究。

所谓决战，是基于作战构想，以武力击败敌人而达到用兵目标的作
战。所谓持久战，是基于作战构想，自信在武力战尚未完成优势之前，
为取得时间的余裕所进行的作战。依据上述，现代战争于结果和作战
构想，大体有两种倾向，一是始终以决战解决战局，二是持久战以争取
时间，形成优势后再行决战。主观上，决战与持久战是基于双方的作战

构想而由目的上加以区别,客观上则甲乙双方最初皆企图决战。会战的结果,若一方被打败而投降,则双方均为完全的决战;若双方皆疲乏,为更求兵力优势,而进入作战交绥状态时,即由企图决战转为持久战。若一方企图决战,另一方企图持久战,避免决战,则客观上已是持久战。用语如不注意,则发生混乱。

抗战时敌之作战构想为决战,我为持久战,客观上成为持久,达成我之目的。主观上欲持久战,客观上被敌强迫决战,实为失败的持久战。战史专家从结果立论,视为决战,但在兵学研究上,应以企图和目的确定为决战或持久战,以免混乱。一战时德国企图速决,细分则陆军任决战,海军任持久战。再就陆军言,主力在法国战场任决战,一部在东方战场任持久战。协约国方面,法、俄企图决战,英国欲持久战。法、比、英三国兵力不过较俄军稍优,事实上东西两线皆为持久战。

第二次世界大战时,总体上轴心国企图决战,同盟国为持久战,具体而言则因时因地而异。淞沪会战,我几乎集中了全部精华,若敌集中陆海空军决战,结果不堪设想。徐州会战亦然。武汉会战后,敌实际处置已是持久战。决战应以歼灭敌军主力为目的,以绝对优势迫使敌人再无持久战之余地。因此,将来作战,应为绝对性的决战,尤以原子弹的使用,可以迅速摧毁敌之一切武力。

由此得出结论,战争虽包括经济战、政治战、思想战等,只是间接破坏敌人的武力战。根据现代科学进步,可促进将来战争的决战性,应审慎考虑持久战的思想。换言之,基于决战力量不断增强,被敌强迫决战的危险增加,很难进行持久战。所以必须具有攻击力,即决战力。

此说单从学理上看似乎可以成立,可是历史进程的答案却截然相反。二战后的局部战争表明,武器的突飞猛进的确使得战争越来越难以持久,可是弱势一方仍不断想方设法创造出用持久战打败强敌的奇迹。即以该文作者所举国共内战而论,作者认定当时共产党自诩为欲以持久战取胜,则不合持久战定义。因其目前和将来均无力决战,即使延长时间，也根本没有完成武力优势的希望，即无最后举行决战的可能，乃无目的的持久，愈宣传持久，愈表示其对于现状的恐惧。即使其由被围根据地逃脱，分散潜伏，也是放弃战场，不成作战对象，变成单纯警察保安问题。可是中共开始以弱敌强，仍然实行红军时期以来一以贯之的持久战战略，只是运动战更加娴熟，人民战争更加广泛，因而敌强我弱的力量对比很快发生变化，不到两年时间，就转入战略反攻，并迅速取得全国胜利，完整实现了持久战的整个过程，事实上成为持久战的经典战例。①

---

① 陈树华：《论决战与持久战》，《世界兵学》第 5 卷第 1 期（本刊六周年纪念专号），1947 年 9 月，第 7—9 页。

第七章　抗战到底的"底"

　　全面抗战爆发,举国上下耳闻目睹最多的口号,就是"抗战到底"与"最后胜利"。只有抗战到底,才能取得最后胜利,只要抗战到底,最后胜利必属于我,是全体抗日的党派团体和个人的共同意愿。在抗战进程中,这样的口号内涵的笼统性时时引起各方的疑问,因而不断被拿出来讨论。在有识之士看来,抗战到底的"底",包含时间与空间,其时间性与持久战要多久大体吻合,至于空间,则各方的认定并不一致,有时分歧还相当明显。无论时间还是空间,各自心目中抗战到底的"底"的不同,反映了各方必胜的信心与和战的倾向,影响着抗战的进程。前人对此已经有所注意,蒋永敬、杨天石相继撰文,以蒋介石的抗战到底之"底"为中心,探讨相关问题,认为以太平洋战争爆发为界,蒋介石的抗战到底经历了以和为主(恢复卢沟桥事变前状态)到以战为主(完全胜利)的转变。①

---

　　①　蒋永敬:《蒋中正先生领导对日抗战的基本方针——抗战到底》,"蒋中正先生与现代中国"学术研讨会论文,1986 年;杨天石:《"恢复卢沟桥事变前原状"与蒋介石"抗战到底"之"底"》,2005 年台北纪念抗战胜利暨台湾光复 60 周年学术研讨会论文,收入杨天石:《抗战与战后中国》,北京,中国人民大学出版社,2007 年;蒋永敬:《蒋介石"抗战到底"之"底"的问题再研究》,陈红民主编:《中外学者论蒋介石:蒋介石与近代中国国际学术研讨会论文集》,杭州,浙江大学出版社,2013 年。

蒋介石虽然是全面抗战的最高统帅，在抗战舆论和行事的实际运作层面，却不见得掌握了主动和主导，在国内外、党内外各种势力的夹攻之下，摇摆不定，显得颇为被动。蒋介石和国民党之外，以中共为代表的各党派团体以及社会各界的抗战呼吁及其各种形式的行动，对蒋介石和国民党的决策行事，起到影响和制约作用。尤其是中共的对日态度及其对策，始终明确而坚定，具有标杆意义。放到国内外各种因素的整体脉络之中，可见不同的时空条件下，蒋介石和国民党抗战到底的"底"，包括最后胜利的意涵究竟何所指，还有进一步检讨的余地。

第一节　国共的底线

蒋永敬的《蒋介石"抗战到底"之"底"的问题再研究》一文，专列一节谈"抗战到底"的由来，指 1937 年 7 月 13 日蒋介石再度复电宋哲元，是其提出"抗战到底"之始。而 7 月 17 日蒋出席庐山第二次谈话会说明"抗战到底"的意义，即为"最后关头"的到来，可见"抗战到底"实源于"最后关头"的提出。1935 年南京国民党五全大会蒋介石所作对外关系报告称："和平未到绝望时期，决不放弃和平；牺牲未到最后关头，亦决不轻言牺牲。"①据此，最后关头应为由退让妥协到决心抗战的关键，却未必决定了抗战到底的"底"究竟何在。

作为中国抗日战争的最高统帅，蒋介石对于抗战却并非先知先觉，全面抗战爆发前，他长期实行攘外必先安内的政策，广受诟病。在国人看来，面对日本肆无忌惮的侵略，中国早就绝望于和平，到了民族国家生死存亡的最后关头。"九一八"事变后，日本继续步步进逼，抗战到底的口号，即已正式见诸媒体。1933 年《国家与社会》第 11 期发表署名

---

① 蒋永敬：《蒋介石"抗战到底"之"底"的问题再研究》，陈红民主编：《中外学者论蒋介石：蒋介石与近代中国国际学术研讨会论文集》，第 82 页。

"明"的时事短评,标题就是《抗战到底》,评论称:"抗战到底,是我们目前的奋斗口号。对国联,我们没有依赖侥幸的心理;对内,我们要有团结御侮的精神。热边战争是民族的生死战,我们不但要使热河不失寸土,而且要由此收复那沦陷的东省。"①这一则短评不仅提出了"抗战到底"的奋斗口号,而且指出了不依赖外力,内部团结御侮的重要原则,并以收复东北作为抗战到底的战略目标。后来媒体报道东北义勇军和平津学生团的活动,也使用了"抗战到底"的标题。②

1932年"一·二八"淞沪战事以后,中共一度认为,只要国民党不正式对日宣战,所谓抗日就是假抗战之名,欺骗民众,因而采用反日的口号,希望掌握民族革命战争的领导权,实行中共领导的反日运动。③为此,1932年4月15日,以中华苏维埃共和国临时中央政府的名义对日宣战,号召全国军民在苏维埃的红旗下直接对日作战。④直到1933年华北危机,中华苏维埃临时中央政府、工农红军革命军事委员会才发表宣言,表示愿在三个条件下与全国军队共同抗日,⑤主张建立和扩大

① 明:《抗战到底》,《国家与社会》第11期,1933年2月20日,第2—3页,"时事短评"。

② 安法孝:《平津学生团抗战到底》,《读书生活》第3卷第7期,1936年2月10日,第332页,"救亡信箱";《东北义军势力雄厚,准备抗战到底》,《华侨半月刊》第94期,1936年10月1日,第29页。

③ 《中央为上海事变给各地党部的信》(1932年2月15日),中央档案馆编:《中共中央文件选集》第8册(1932年),第114—120页;《请看!!! 反日战争如何能够得到胜利?》(1932年2月26日),中央档案馆编:《中共中央文件选集》第8册(1932年),第142—145页。

④ 《中华苏维埃共和国临时中央政府宣布对日战争宣言》(1932年4月15日),中央档案馆编:《中共中央文件选集》第8册(1932年),第636—638页;《中华苏维埃共和国临时中央政府关于动员对日宣战的训令》(1932年4月15日),中央档案馆编:《中共中央文件选集》第8册(1932年),第641—645页。

⑤ 《中华苏维埃临时中央政府、工农红军革命军事委员会宣言——为反对日本帝国主义侵入华北愿在三个条件下与全国各军队共同抗日》(1933年1月17日),中央档案馆编:《中共中央文件选集》第9册(1933年),第457—458页。

反帝的民族统一战线。鉴于东北和华北有众多的抗日义勇军，不再将反日（对日）和抗日两种说法对立起来，而是同时并用。① 1935 年，中共发表著名的八一宣言，指出："我国家、我民族、已处在千钧一发的生死关头。抗日则生，不抗日则死，抗日救国，已成为每个同胞的神圣天职！"正式以抗日取代反日。为此要求组成国防政府，行政方针第一点就是"抗日救国收复失地"。② 1937 年 4 月，张闻天在《解放》周刊创刊号发表文章《迎接对日直接抗战伟大时期的到来》，声明："中国共产党，从'九一八'事变起，特别在一九三五年华北事件之后，早已把日本帝国主义当做了中国民族的最大敌人，把日本帝国主义驱逐出中国，收复东北失地，当做了我们最中心的任务。"③上述变化转折，为中共自行提出抗战到底的口号奠定了政治基础。

卢沟桥事变发生，中共迅速做出反应，《解放》周刊第 11 期发表写于 7 月 13 日的署名文章《坚决保卫平津华北坚决抗战到底！》，针对国民党历来的对日政策，认为日本各方面的言行，"充分地证明着'和平'老实到了绝望时期。除了坚决下牺牲的决心，誓死与敌人周旋到底以外，我们再没有别的出路！"因此，不能重蹈"九一八"的覆辙，以为华北丢失后日本可以保证华中、华南的偏安，幻想以妥协来缓和日寇的凶焰，结果势必导致"九一八"的类似事件接连再现。"不管日寇发动的侵略行动行将立即爆发成为大规模灭亡中国吞噬华北的战争，或是利用猛烈的军事行动，以作为外交上压迫中国使实际上放弃华北的手段，以

① 《中央致各级党部及全体同志的信——论反帝运动中的统一战线》(1933 年 6 月 8 日)，中央档案馆编：《中共中央文件选集》第 9 册(1933 年)，第 211—222 页。

② 《中国苏维埃政府、中国共产党中央为抗日救国告全体同胞书》(1935 年 8 月 1 日)，中央档案馆编：《中共中央文件选集》第 10 册(1934—1935 年)，第 519、523 页。

③ 张闻天：《迎接对日直接抗战伟大时期的到来》(1937 年 4 月 11 日)，《解放》周刊第 1 卷第 1 期，1937 年 4 月 24 日，第 4 页。

期导入于将来的侵略战争，但一件事实已经证明得千真万确，即是华北已经危急，而日本帝国主义的'积极大陆政策'已证明其没有止境。这样，倘若我们不抵抗，华北就沦亡，倘若抵抗，华北将可以永保，再没有第三条道路。而再一次证明只有抗战到底，一切集中在抗日问题，这才是中国应定的唯一国策！"①

然而，不仅投降派和汉奸说华北危急是夸大之词，包括国民党的某些负责人员，国民党官办或半官办的报纸刊物，以至《大公报》与《国闻周报》之流，都不敢提出日本帝国主义进攻中国的趋势的问题，"他们公然希望日本强盗会'反省'，他们甚至认定近卫内阁的上台是'可以因其中庸性格（！）而对东亚大局起明朗化之作用'，他们甚至公开提出'抗日是消极，建国才是主要口号'，殊不知坚决抗战的方针不确立巩固，任何国家都'建'不起来"。这一切根本谬误的认识，完全基于顾虑与企图用妥协办法"保存"沿海工商业中心的私人权益，殊不知即使万分退让，在"工业日本农业中国"的大陆政策下，即使将这些"中心"完全让给日本而谋一安生之道，民族工业也唯有遭受尽情破坏而完全破产。这同样证实了"只有经济建设才是国家急务"的误算，这一理论的提倡者完全忽略了日本强盗的侵略凶焰，不会让中国有从容的时间来完成自己必需的军事工业。不管提倡这些理论的人物主观上如何为国家打算，客观上这些理论已经迷误了过去的国策而产生了不少恶果。"倘在现在的紧急关头还不清算这些错误的见解而站到坚决抗战的立场上来，就只能使国家民族的前途蒙上不堪形容的损害，实际上也只能是使日本帝国主义的大陆政策遂行更加顺利而已。"以为承认日本提出的条件就可使其停止军事行动，只能是完全断送民族国家的前途。"在客观方面说，中国已到达非抗战则灭亡的命运，在主观方面，全国军民大众都一

---

① 矢针：《坚决保卫平津华北坚决抗战到底！》（1937 年 7 月 13 日），《解放》周刊第 1 卷第 11 期，1937 年 7 月 19 日，第 5 页。

致认识非抗战无以求民族生存。"国民政府应誓死保卫领土主权，领导全国抗战，实现团结救国的政纲，开放党禁，联合各党派，给国民爱国的民主自由，扑灭汉奸卖国贼，放弃单纯防御，首先在华北采用大规模运动战和游击战，配合正面阵地作战，集中优势兵力，歼灭华北驻屯军。南京政府似已下抗战的决心，但是局部的或坚持到底，有待证明。国民党当局应该信守诺言，现在已经到达民族国家的生死存亡关头了，应该坚持抗战到底。①

7月15日，朱德撰写了《实行对日抗战》的文章，提出抗战正从华北局部走向全国，必须上下一致，"抗战到底"。"尽管敌人怎样残暴，怎样强悍，在抗战到底的进程里，最后的胜利终会是我们中华人民的。"②7月23日，中共发表针对日本帝国主义进攻华北的第二次宣言，正式提出："反对一切对于日寇的让步妥协，坚决抗战到底！"③7月26日凯丰的《唯有坚决抗战到底才是中国的出路》则指出："卢沟桥事变发生后，中国共产党发表的通电和宣言中，都是主张只有坚决抗战到底才是中国人民的出路……而且在现在的中国已经具备了坚决抗战到底的基本条件。"应本着蒋介石的谈话中所说的："再不容许我们中途妥协，须知中途妥协的条件，便是整个投降，整个灭亡。"只有决然"牺牲到底，抗战到底，才能博得最后的胜利"。必须立即实行毛泽东所提出的八项办法，"这是保障坚持抗战到底，保障全国上下一致团结最好的办法"。④

---

① 矢针：《坚决保卫平津华北！坚决抗战到底！》(1937年7月13日)，《解放》周刊第1卷第11期，1937年7月19日，第6—7页。

② 朱德：《实行对日抗战》(1937年7月15日)，《解放》周刊第1卷第12期，1937年7月26日，第14页。

③ 《中国共产党为日本帝国主义进攻华北第二次宣言》(1937年7月23日)，中央档案馆编：《中共中央文件选集》第11册(1936—1938年)，第297页。

④ 丰：《唯有坚决抗战到底才是中国的出路》(1937年7月29日)，《解放》周刊第1卷第12期，1937年7月26日，第4页。

应否以抗战到底为目标的问题解决之后,如何才算是取得抗战胜利,也就是抗战到底的底究竟何在的问题自然提上桌面。1937 年 8 月 25 日召开的洛川会议,中共中央关于目前形势与党的任务的决定之一,即在实行全国性抗战的新阶段,"我们同国民党及其他抗日派别的区别与争论,已经不是应否抗战的问题,而是如何争取抗战胜利的问题"。① 抗战到底和最后胜利的基本原则是驱逐日本侵略军出中国,具体而言,同日提出的中国共产党抗日救国十大纲领,明确表示要"为收复平津与东北而血战到底",②这为抗战到底的底划出了清晰的底线。

中共关于抗战到底之底的主张,在全面抗战爆发前已经明确。在 1936 年 7 月 16 日接受美国记者斯诺的采访时,毛泽东回答"中国的迫切任务是从日本手中收复所有的失地呢,还是仅仅把日本从华北与长城以内的中国领土上赶出去"的提问,斩钉截铁地说:"中国的迫切任务是收复所有失地,而不仅仅是保卫我们在长城以内的主权。这就是说,东北必须收复。这一点同样适用于台湾。至于内蒙,那是汉族与蒙族人民共同居住的地区,我们要努力把日本从内蒙赶出去,帮助内蒙建立自治。"斯诺进一步询问:"假如战争拖得很长,日本没有完全战败,共产党能否同意讲和,并承认日本统治东北?"毛泽东明确答道:"不能。中国共产党和全国人民一样,不容许日本保留中国的寸土。"③

1937 年 3 月,在与美国记者史沫特莱的谈话中,毛泽东就中国民族阵线政府对日本的和平条件是什么,以及中日两国之间是否应该进行谈判等问题清楚地表示:如果日本愿意和平,我们不拒绝谈判。和平

① 《中央关于目前形势与党的任务的决定》(1937 年 8 月 25 日洛川会议),中央档案馆编:《中共中央文件选集》第 11 册(1936—1938 年),第 324—325 页。

② 《中国共产党抗日救国十大纲领——为动员一切力量争取抗战胜利而斗争》(1937 年 8 月 25 日年),中央档案馆编:《中共中央文件选集》第 11 册(1936—1938 年),第 327 页。

③ 《和美国记者斯诺的谈话·论反对日本帝国主义》(1936 年 7 月 16 日年),中共中央文献研究室编:《毛泽东文集》第 1 卷,第 403 页。

的条件是日本取消对中国的侵略政策，尊重中国的独立，两国地位完全平等；交还东北四省及察哈尔北部，取消"满洲国"，取消殷汝耕冀东政府；撤退华北驻屯军；停止日本飞机在中国境内的自由飞航；取消日本在中国各地的特务机关；禁止中国境内的日本人对中国人横暴无理；禁止走私。"只有在日本同意谈判这些条件的原则之下，才应该进行和平谈判。一切牺牲中国领土主权的谈判，我们都要反对的。但是你要知道，只有日本人民政府成立，才有在这些条件上谈判之可能。日本现在是军阀政府，这种可能并不存在。"①在《论持久战》中，毛泽东又明确宣称："第三阶段是持久战的最后阶段，所谓坚持战争到底，就是要走完这个阶段的全程。"战略反攻要"直至打到鸭绿江边，才算结束了这个战争"。②

至于蒋介石的抗战到底，虽然自全面抗战爆发之始就宣诸于口，实际上在战与和之间长期摇摆不定，尤其是在能否以恢复卢沟桥事变前的状态作为对日议和的条件，还是真的决心战至打败日本帝国主义、实现东亚彻底和平的最后胜利的两权之间，随着时局的变化而举棋不定。指蒋介石以太平洋战争爆发为界，经历了以和为主（恢复卢沟桥事变前状态）到以战为主（完全胜利）的转变，大体而言固然不错，具体而论，蒋介石始终在不欲战却不得不战，希望和却不能求和的两难中不断挣扎，其间既有以战促和的寄望，也有被迫死战的无奈。

蒋介石自视极高，以天赐中华民族的领袖自居，他本人的自期是："我四百兆民众千年以来找得今日之领袖，以期拯救我民族，小子应如何奋勉，勿负其所期也。"③说他一味想要投降，未免言过其实。可是正

---

① 《中日问题与西安事变——和史沫特莱的谈话》（1937 年 3 月 1 日），中共中央文献研究室编：《毛泽东文集》第 1 卷，第 484—485 页。

② 毛泽东：《论持久战》，《解放》周刊第 43、44 期合刊，1938 年 7 月 1 日，第 16 页。

③ 《蒋中正日记》1939 年，1939 年 1 月 15 日，第 11 页。

因为自认为身系国家民族命运,没有他则国将不国,所以凡事决不能威胁到自己的权力地位,在没有必胜把握的情况下,极不愿意过早对日决战,其攘外必先安内的逻辑,即由此发生。同理,如果外力侵入威胁到他的权力地位,即超越其能够忍让的底线,为了自保,只能被迫应战。全面抗战前蒋介石的一再对日退让,与卢沟桥事变不得不被迫应战,以及此后在战与和之间犹豫不决,都是出自同一逻辑。

"七七"事变的当月,蒋介石在日记中慨叹:"若再加我二年之时间,(华北)岂不能恢复当年之原状。若有十年时间,不惟东北全复,而台湾与朝鲜亦将恢复甲午以前之旧观,扶持朝鲜独立,由我而成乎。"①战事初起,他认为日军仅仅意在华北,欲以战之态度致和。到淞沪战败,又转而听天由命。

与公开言论坚决抗战到底的义无反顾迥异,蒋介石在日记中坦露了自己内心的彷徨与迟疑。一方面,他知道已经到了不得不战的最后关头,否则自身难保。1937年10月25日他在日记中写道:"抗倭必须到底,不背初衷,则虽败亦成。"②10月31日的本月反省录进而全面总结十年以来对倭之决心与初意:"甲、如我与之妥协,无论至何程度,彼少壮侵略之宗旨必得寸进尺,漫无止境,一有机会,彼必不顾一切信义,继续侵略不止也。乙、即使解决东北问题,甚至承认,彼以后亦必继续侵华,毫无保障,一时妥协不惟不能奏效,徒自破坏人格与国格而已。丙、倭之望我与之妥协者,其惟一目的为破坏我人格,使中国无领导中心也。丁、此次抗战无论结果与成败如何,但如不抗战而与倭妥协,则今日国乱形势决非想像所能及也……庚、此次抗战实逼处此,无可幸免者也。与其坐以待亡,致辱招侮,何如死中求生,保全国格,留待后人之继起而复兴,况国际形势非由我自身牺牲,决不能唤起同情与干涉耶。

---

① 《蒋中正日记》1937年,1937年7月31日,第89页。

② 《蒋中正日记》1937年,1937年10月25日,第124页。

辛、解决中倭问题，惟有引起国际注意与各国干涉。今九国公约会议已有召集确期，国联盟约亦有较好之决议，此乃抗战牺牲之效果也。""如此次再不抗战，则国民之精神消沉，民族等于灭亡矣。"①也就是说，迫不得已的应战，旨在希望引起国际干涉，而且认为只有此道可以解决中日争端。

另一方面，在蒋看来，安内的大计尚未完成，战局如果陷入不利，势必加剧内部矛盾，同样会动摇自己的统治地位。他明知中日之战必然是持久战，却不愿意陷入长期战争，原因在于不相信中华民族可以精诚团结，一致对外，又担心列强趁机侵夺，牺牲中国，所以只要不威胁到自己的权位，便宁可对日妥协，而不肯全力御侮。

蒋介石不仅自大，而且量小，如果说宁可我负天下人是豪强的霸气，老是觉得天下人皆负我则更像是怨妇的诅咒。他在日记里对国内国外的相识者几乎无人不骂，中共之外，国民党内从宋庆龄、蔡元培、宋子文到冯玉祥、李宗仁、白崇禧等军政要员，社会各界从胡适、沈钧儒等知识界代表到黄炎培、张君劢等民主人士，全都痛骂不已，而且用词相当恶毒，似乎只有他才是救苦救难的尊神，其他人都是捣乱破坏的妖魔。他自认为只要全国上下都服从他一人，统一军令政令，就能够抗战建国，无往而不胜，但实际上不要说客观上无力控制，即便得偿所愿，三军用命，举国一心，按照他的办法，要想战胜日本也几乎毫无胜算。作为党政军最高领袖，惟有全力抗战，放弃独裁，改革政治，才有可能赢得军心民心。如果反其道而行之，要求大权独揽才能抗战，且总是将抗战不力委过于人，绝无可能得到全国的拥护。

对于党内的求和妥协势力，蒋介石也常常表示愤懑，对投降派更加痛恨。1937 年 11 月 30 日的本月反省录写道："文人老朽以军事失利，皆倡和议，高级将领皆多落魄望和，投机取巧者更甚。若辈毫无革命精

---

① 《蒋中正日记》1937 年，1937 年 10 月 31 日，第 126—127 页。

神,究不知其昔时倡言抗战如是之易者,果何所据也。""毋惮初难,毋忘初衷,抗倭原定计划本以平汉与粤汉两路以西地区为根据,今日犹在其以东地区抗战,而一般文武人员竟忘其所以,诚不可与图始也。"①不能说蒋介石全然不顾民族大义,只是其民族利益的优先在次,首要的还是自己的权位声望。

以个人的权位为考量基准,蒋介石的抗战不可避免地有些三心二意。在战与不战以及如何战等问题上,其决策的出发点不是如何才能战胜日本,而是怎样有利于巩固自己的权力,以此为中心权衡各种利弊得失。1937年12月11日的本周反省录列举了必须一战的要因:"一、南京万一被陷,则对内部、对共党、对国民党应有鲜明态度之表示,决定抗战到底,义无反顾。二、此次抗战,即使全国被敌占领,只可视为革命第二期一时之失败,而不能视为国家被敌征服,更不能视为灭亡也。三、不可失去本党革命性,更不可忘却本党革命责任,只要三民主义不灭,则国家虽亡犹存,只要革命精神不死,则战事虽败亦胜。四、宁为战败而亡,毋为降敌求存,战败则可转败为胜,降敌则虽存必亡,而且永无复兴自拔之时矣。"②战尚有一线生机,降则国家民族名存实亡,个人也会身败名裂,蒋介石的个人诉求与民族利益相当吻合。

日本全面侵华,与蒋介石的一己私利同样根本对立,只要日本不放弃侵华野心,双方的矛盾就不可调和。这使得本来不愿过早陷入对日战争的蒋介石退无可退,只能应战。而且只要日军继续进行侵略战争,意图占领全中国,蒋介石的统治地位不保,就必须硬着头皮抗战下去。沪宁相继失守,12月18日蒋介石的本周反省录总结道:"近日各方人士与重要同志,皆以为军事失败,非速求和不可,几乎众口一词。此时若果言和,则无异灭亡,不仅外侮难堪,而且内乱益甚。彼辈只见其危

---

① 《蒋中正日记》1937年,1937年11月30日,第138页。
② 《蒋中正日记》1937年,1937年12月11日,第143页。

害,而不知敌人之危害甚于我也。不有主见,何以撑持此难关耶。"①言和无异于自取灭亡的认识不可谓不深刻,如果不是出于个人私见作为权宜之计,不失为国家民族之幸。

秉承上述认识,蒋介石面对各种言和与调停,均予以严词拒绝。1937 年 12 月 28 日,他决定不接受日本的和谈条件,"只要我国民政府不落黑字于敌手,则敌〈无〉所凭借,我国随时可以有收复主权之机也"。② 次日,他约监察院长于右任、司法院长居正谈抗战方略,主张抗战方针不可变更,"外战如停,则内战必起,与其国内大乱,不如抗战大败。""除抗战以外,再无其他办法。"③1938 年 1 月 2 日,他严词拒绝德国驻华大使陶德曼斡旋中日和平代转的日方条件,认定倭寇所提条件等于灭亡与征服,"与其屈服而亡,不如战败而亡"。④ 后来蒋在 2 月 28 日的本月反省录中追记:"当余发表抵御外侮与复兴民族篇,诸同志皆惴惴然以为激起敌国愤怒,从此更难应付,而敌国见此,亦发表一篇,认我国民政府为抗日主干,余乃知倭寇至此方悟抗日为余主动,其昔日种种恫吓,盖以为余必不敢主战也,至此其必自悔料敌之错误乎? 总之在本日外交、军事、政治、党务皆在动荡之中,人人以为恶劣可忧,吾则以为转危为安之机,或在此也。"⑤

不过,在蒋介石的心目中,中共及其军队始终是心腹大患,即使全面抗战初期同意接受中共一起抗日,也没有正式给予中共合法地位,并在各方面想方设法加以限制甚至削弱。在他看来,日本和中共都是其统治的威胁,而且军国主义和共产主义势必对东亚乃至世界造成大祸。

---

① 《蒋中正日记》1937 年,1937 年 12 月 18 日,第 146 页。

② 《蒋中正日记》1937 年,1937 年 12 月 28 日,第 148 页。

③ 《蒋中正日记》1937 年,1937 年 12 月 29 日,第 148 页。

④ 《蒋中正日记》1938 年,1938 年 1 月 2 日,第 2 页。

⑤ 黄自进、潘光哲编:《蒋中正总统五记——困勉记》下册,1938 年 2 月 28 日,第 599—600 页。

但在日本吞并中国的野心威逼之下，他宁可选择容纳中共。1938 年 1 月 12 日，他研究对倭之心理及态度，推想四项："甲、中国真正放弃容共抗日政策，表示为东亚和平计，与日本进行确实提携之态度。乙、保卫日本在东亚实在地位。丙、履行日本所任世界之反共义务。丁、克尽中国善后事宜，故必须取消蒋政权。"①一个月前，他即作出判断："敌以共产主义为第一对象，希冀利用本党与本人为其作狱〔刽〕子手，使我国内自相残杀，成为第二之西班牙，此乃最为残苛之悲境，应切戒而力避之。"②也就是说，在中共与日本之间，蒋介石的取舍完全在于哪一方对自己的威胁更大。

第二节　以战致和与最后胜利

蒋介石的抗战，毕竟有不得已而为之的成分，华北与沪宁失利后，面对国内外局势的变化，其在战和之间再度彷徨犹豫。自 1938 年初起，与日本和谈的问题就不时出现在蒋介石的考量之中，而和谈的条件，并非如他公开表态，必须保持一切领土和行政的主权独立，而是只要恢复卢沟桥事变之前的状态，就可以作为和谈的基础。开始这些还限于他本人的私下盘算以及暗中操作，1938 年 3 月 22 日，蒋在日记中记到："言和条件如仅以东北为限，且有保障，则不惜一和。昔之不能解决东北问题，以其政府不能掌握军队，若果当时解决，则仍不能免于一战，于我国地位更坏也。"③他在国民党全国代表大会讲演第一讲的要旨是："甲、和战问题：降不如战，败不如亡，若我不降则我无义务，而责任在敌，否则敌得全权，而我全责，民不成民，国不成国，则存不如亡也。乙、敌国政府无权失信，若我放弃东北，徒长敌寇侵略之野心，永无和平

---

①　《蒋中正日记》1938 年，1938 年 1 月 12 日，第 5 页。

②　《蒋中正日记》1937 年，1937 年 12 月 11 日，第 143 页。

③　《蒋中正日记》1938 年，1938 年 3 月 22 日，第 25 页。

之一日。丙、只要于国有利，则一切和战责任我愿不顾一切，负责断行，但此非其时也。"① 在他看来，"此时将到可和可战之时期，不难转入主动地位，戒之慎之，勿失时机"。② 其内心瞻前顾后、患得患失的彷徨跃然纸面。

其实，蒋介石在卢沟桥事变后被迫应战，一方面是认为一味退让很难让日本停止侵略的步伐，另一方面则是意欲以战致和，希望引起国际干预。其欲达到的政治目标，就是恢复卢沟桥事变前的状态。而对于中共和全国民众而言，卢沟桥事变前的状态正是国民党丧权辱国的结果，无论如何不能接受。毛泽东即多次对此表示坚决拒绝。迫于国内各方的压力，虽然国民党内高层的求和呼声不断，蒋介石更加在意的却是国际局势的变化。他认为，如果"不能引起世界大战，恐不易使倭失败也"。③ "中倭战事问题实为国际问题，非有国际干涉，共同解决，则决不能了结。否则，直接讲和，则中国危矣！"可见蒋介石嘴上说不能依赖外援，却既没有战胜日本的决心，也没有赢得战争的办法。而英国现下态度"对倭不接，对我不离，不无可虑。尤须防其于彼有利时，则与倭妥协，而劝我屈服"。④ 据他判断，"俄自张鼓峰停战协定以后，于三年内，再无加入远东战争之望；而英美虽竞争造舰，但在三年内，亦决无干涉中倭战事之望。此时大势更明，我应速定五年抗战计画"，实行各项改造政策，以期自力更生，独立抗战。⑤ 如此，抗战只是为了待援。鉴于英法无力保证捷克安全，应对日本和谈，不提第三国保证。"要倭必

---

① 《蒋中正日记》1938 年，1938 年 3 月 23 日，第 25—26 页。

② 《蒋中正日记》1938 年，1938 年 3 月 24 日，第 26 页。

③ 《蒋中正日记》1938 年，1938 年 5 月 26 日，第 47 页。

④ 黄自进、潘光哲编：《蒋中正总统五记——困勉记》下册，1938 年 7 月 27 日，第 621—622 页。

⑤ 黄自进、潘光哲编：《蒋中正总统五记——困勉记》下册，1938 年 9 月 9 日，第 629 页。

先尊重中国领土行政主权之完整,恢复七七事变前之原状,然后方允停战"。① 恢复"七七"事变前的原状与尊重中国领土行政主权的完整居然可以并行不悖,这样的看法他人显然很难接受。

此时欧洲的战争已经日益迫近,这对坚持认为中日之战与国际形势紧密关联的蒋介石的和战权衡颇具影响。9 月 26 日,蒋觉得"若欧战不起,则可和当和"。② 次日,国联决议对日经济制裁,蒋表示:"欧战如不能即起,对倭有机即和。"只是和议存在弊害:"甲、停战后,倭不撤兵,或不缴还华北。乙、共党扰乱,不从命令;丙、英美不悦。此三害皆应注意。"③所以同时又认为:"欧战果起,则对倭更须作战到底,武汉问题犹在其次也。"④其时武汉战事不利,国民政府负责对日和谈联系的萧振瀛在香港与日本特务和知鹰二会谈。蒋指示不可抱有成就之望,拒绝无商量余地之事,具体条件不可书面示彼。⑤ 同时考虑对日停战撤兵方法,包括分区交代,交接时期地方治安维持方法,交接时防止误会与冲突之手段,预防察绥与冀东问题及伪组织之处置等。停战撤兵后,先订不侵犯条约,后商互助协定,划定国境。⑥ 求和的方案日渐清晰,但是对于和议的效果及其影响,则颇为担忧。

形势的复杂多变,令蒋介石的和战态度更加纠结。10 月 3 日,蒋介石意识到媾和危险在于,敌军对支院与特务总监既经设立,岂肯轻易放弃,以及停战后敌在华北、上海、察绥军队不撤走。停战后须对内宣言,外交以公开、平等、信义、独立为原则,并抚慰死伤军民。⑦ 武汉失

---

①　《蒋中正日记》1938 年,1938 年 9 月 23 日,第 84—85 页。

②　《蒋中正日记》1938 年,1938 年 9 月 26 日,第 86 页。

③　《蒋中正日记》1938 年,1938 年 9 月 27 日,第 86 页。

④　《蒋中正日记》1938 年,1938 年 9 月 28 日,第 86 页。

⑤　萧李居编辑:《蒋中正总统档案——事略稿本》第 42 册,台北,"国史馆",2012 年,第 342—344 页。

⑥　《蒋中正日记》1938 年,1938 年 10 月 1 日,第 88 页。

⑦　《蒋中正日记》1938 年,1938 年 10 月 3 日,第 88 页。

守后，11月2日，蒋自我激励道："既知持久抗战是民族惟一出路，为何复有徘徊迟疑？此心既决，毋再为群议所撼。"[1]次日，日本政府发表声明，日军已攻占广东和武汉，国民政府已成一地方政权，如固执抗日容共政策，在其溃灭前断不收兵。两天后，蒋电示重庆行营主任张群：参政会宣言对日本政府的声明不予理会，亦不提和战正题。他认定的制倭之道，"在我以毅力与信心坚持到底，即坚忍不拔之志，取得最后胜利。在外则望英美联合，激起国际干涉，使敌独霸东亚与克服中国之野心丧失是也"。[2] 12月9日，蒋与党政同仁谈话，声言半年内不可稍涉犹豫，与日人谈妥协。"只要我政府不与倭言和，则倭无法亡我……我政府即使失败，国家必可因此复兴。况政府至今决无失败之理。"[3]而当汪精卫问中国将以何为媾和条件时，答称对外表示，当以恢复卢沟桥事变以前情形为条件，惟措词仍当慎重。[4] 可见蒋介石的不妥协不言和，只是应对日军的不停战，其心目中的媾和条件，还是恢复卢沟桥事变以前状态。

1938年12月15日，日本正式设立兴亚院。此举令蒋介石感到和议无望，"兴亚院成为确定对华政策执行之枢纽者，乃以兴亚院为中国之断头台。换言之，灭亡中国之总机关也。因此，兴亚院之成立，中国若欲自取灭亡，俯首而上断头台则已，否则，除抗战拼命以外，再无第二道路矣"。[5] 12月26日，他出席中央党部总理纪念周，演讲"揭发敌国阴谋，阐明抗战国策"，对近卫声明提出的东亚协同体、日

---

① 《蒋中正日记》1938年，1938年11月2日，第99页。

② 《蒋中正日记》1938年，1938年11月11日，第102页。

③ 《蒋中正日记》1938年，1938年12月9日，第112页。

④ 林美莉编辑校订：《王世杰日记》上册，1938年12月9日，台北，"中研院"近代史研究所，2013年，第164页。

⑤ 《蒋中正日记》1938年，1938年12月15日，第114页。

满支不可分等,予以严辞驳斥。①

　　蒋介石坚持抗战,一定程度上是对日本政府无视其自以为至高无上之权力地位的抗争,其实在心底,他并未放弃议和的诉求。1939月1月9日,他拟订和平原则,如下:"甲、领土、行政、主权之完整。乙、以九国公约与国联盟约为保证有效。丙、非先恢复七七以前原状,无恢复和平之根据或余地,以恢复七七战前原状为恢复和平之先决条件。"②其中恢复"七七"以前原状,只是恢复和平的先决条件,而保持领土、行政、主权完整,则是基本原则。在1939年1月下旬举行的国民党五届五中全会上,蒋介石阐述了上述原则。

　　问题是,如果由恢复"七七"以前原状实现和平,是否就意味着抗战结束? 如果这样的停战不能收回包括东北在内的全部领土主权,抗战到底的底是否别有所指? 此事很快引起广泛争议。2月17日午后,国民参政会集会,参政员褚辅成、林祖涵等主张宣言解释"抗战到底"一语之意义,并主张认定"九一八"以前状态之恢复为抗战终止之期。这与蒋日前在五中全会秘密表示,主张以"七七"事变以前状态之恢复为抗战终止之时,明显有别。③ 次日午后,参政会继续开会,蒋介石以政府代表资格发言,申述"抗战到底"一词之意义不可明白宣言之理由。与会者全体一致通过宣示应继续抗战,但对于抗战到底之意义未加以解释。④

　　国民党关于"抗战到底"之意义的模糊处理,主要就是为对日妥协留下必要的回旋空间,以便届时对内对外有所托词,可以交待。

---

　　①　《揭发敌国阴谋阐明抗战国策》,秦孝仪主编:《总统蒋公思想言论总集》卷15,"演讲",台北,中国国民党中央委员会党史委员会,1984年,第569—588页。
　　②　《蒋中正日记》1939年,1939年1月9日,第9页。
　　③　林美莉编辑校订:《王世杰日记》上册,1939年2月17日,第182页。
　　④　林美莉编辑校订:《王世杰日记》上册,1939年2月18日,第182—183页。

中共中央从各方面获悉了相关消息，于 1939 年 2 月 25 日发出关于国民党五中全会问题的指示，指出："蒋在五中全会前后曾一再宣称，抗战到底的意义，是恢复卢沟桥事变以前的状况；中日问题的解决办法，在于召集太平洋会议；对共产党政策，目前是联共与防共，最后要达到以三民主义溶化共产党的目的。同时，五中全会的公开文件，虽未明白表示这类意见，但其实质上亦包含有抗战最高目的为恢复卢沟桥事变前状况，及不依靠民众而依靠外援……这些缺点错误的根源，基本上是由于蒋和资产阶级对如何继续抗战和争取抗战胜利问题，历来就与我们有不同的路线，是由于他们对抗战的不彻底性和对外依赖性，以及对本国真正革命力量壮大的恐惧心之再一次暴露。"为此，中共采取的对策是，拥护彻底抗战路线，克服不彻底抗战路线，但批评时不正面提出，作为一般解释的方式提出。①

4 月 26 日，中共中央发布为开展国民精神总动员运动告全党同志书，严正声明："必须打到鸭绿江边，收复一切失地，才是抗战的最后胜利。"②5 月 1 日，毛泽东出席延安南门外广场举行的各界为实行国民精神总动员及纪念五一劳动节大会，发表题为《国民精神总动员的政治方向》的讲话，再次声明："国民精神总动员，就是要全国人民团结起来，振奋抗战到底的精神，打到鸭绿江边，争取最后胜利。"③这可以说是对国民党妥协言和主张的正面回应。

5 月 30 日，《解放》周刊第 72 期发表时评《抗战到底的正确认识》，详细阐明了中共关于"抗战到底"的态度：

---

① 《中央关于国民党五中全会问题的指示》(1939 年 2 月 25 日)，中央档案馆编：《中共中央文件选集》第 12 册(1939—1940 年)，第 29—30 页。

② 《中国共产党中央委员会为开展国民精神总动员运动告全党同志书》(1939 年 4 月 26 日)，中央档案馆编：《中共中央文件选集》第 12 册(1939—1940 年)，第 57 页。

③ 中共中央文献研究室编撰，逄先知主编：《毛泽东年谱：1893—1949》修订本中卷，第 131 页。

抗战到底虽已成为我国的既定国策，但什么是"抗战到底"？在这一问题的认识上，今天尚有严重的基本分歧。一部分人认为抗战到底，只是恢复卢沟桥事变以前的状态，这是一种严重的错误思想，它一方面把东四省放在我国领土之外，结果，必然在事实上默认在日寇操纵下的伪"满洲国"，而自愿的破坏我国领土主权的完整。另一方面，表示对敌人存在着最有害的幻想，以为敌人在某种情况下，会停止对中国的侵略行为，或者是"知难而退"。同时，他把中华民族解放事业，寄托在国际间对日本的压迫，再演一次"三国还辽"的历史，而放弃自力更生的原则，这样必然会放松我们长期抗战的准备，不认真去发动民众，组织民众，团结全民族的力量，准备将来之反攻，一直打到鸭绿江边去……所谓抗战到底，就是指中国彻底战胜日本强盗，不仅在华中华南华北予敌人以打击，必须打到鸭绿江边，驱逐日寇出中国国土以外，否则我们抗日的使命就没有终结，抗战也不能罢手。这一次战争，不仅决定中华民族的命运，也是决定东方历史前进的途径。①

围绕"抗战到底"之"底"的分歧争议，不仅是对日态度的差异，而且反映了相关方面对于内外矛盾轻重取舍的政略动向。中共的判断是，对日妥协即投降，而投降与"反共"互为表里。6月，中共中央指示各地反对投降危险，认为目前最大的危险就是国民党投降及新的慕尼黑的可能。国民党的"反共"运动就是准备投降的一个组成部分，对共产党的压迫，对八路军、新四军的攻击与磨擦，对边区的挑衅，对抗日民族统一战线与国共合作的破坏等，都是准备投降的步骤。要向一切爱国分子及国民党员群众说明"反共"即准备投降。②

---

① 《抗战到底的正确认识》，《解放》周刊第 72 期，1939 年 5 月 30 日，第 1—2 页，"时评"。

② 《中央关于反对投降危险的指示》（1939 年 6 月 7 日），中央档案馆编：《中共中央文件选集》第 12 册（1939—1940 年），第 80—81 页。

卢沟桥事变后，举国上下万众齐声高呼的"抗战到底"口号，与"最后胜利"联为一体。连中政会主席汪精卫都曾经亲笔题字：以必死之决心求最后之胜利。[①] 还有人将"持久战"改为"永久战"，提出"坚持永久的继续的抗战到底……牵动世界规模的全面战，绝对战，疲敝战，坚持永久战，以获得最后胜利也"。[②] 起初最后胜利的意涵比较笼统，董仲笆撰写的《长期抗战必获最后胜利之因素》，虽然是作为学生宣传队的宣传材料，内容却说所谓"最后胜利"不是理论，而是事实，针对日本的速战速决，只有持久抗战才能争取"最后胜利"。至于如何争取，则主要是养成必胜信念，坚定必死决心，条件则有国际同情，正义精神，举国一致以及倭寇危机四伏。[③]

简约的口号形式下蕴含丰富的内涵，易于不同的人群各取所需地加以解释。国民党元老吴稚晖 1937 年在中央党部纪念周演说时宣称：这次对日抗战，就是第二期革命。第一期革命是打倒军阀，第二期革命要打倒日本帝国主义，为中华民族求生存，自然比前期的革命更难，必定要经过许多挫折，才能成功。[④] 有人认为：中日大战是中国民族生与死的斗争，在民族存与亡的关头，战争将使中国民族得到神圣的、解放的胜利，登上独立的、自由的高峰！必是甲午以后四十多年中日关系的总结算！是民族解放自卫神圣的战争，是推翻日本帝国主义压迫的战

---

① 《题词》，《时事类编》特刊第 5 期，1937 年 11 月 25 日。

② 纪五：《神圣抗战与最后胜利》，《抗敌呼声》第 1 期，1937 年 11 月 1 日，第 9—10 页。

③ 董仲笆：《长期抗战必获最后胜利之因素》，《抗敌旬刊》第 2 期，1937 年 12 月 20 日，第 5—8 页。作者为湖南宁乡人，黄埔军校第 4 期政治科毕业，任中央军校第 7 分校学生总队上校大队长。

④ 邵令江：《持久战的精神条件》，《新粤周刊》第 1 卷第 18 期，1937 年 12 月 1 日，第 5—9 页。

争,是中国人民以死求生、拼命求存的战争。① 蒋介石和国民党还把抗战与建国联系到一起,提出抗战必胜建国必成的口号。

抗日战争被赋予如此众多且重大的意涵,要取得最后胜利,绝非易事。与此相连,抗战到底的底已经不限于地理概念,而是扩大为政治概念。社会舆论关于抗战到底才能最后胜利的意见,至少包含三层意思:其一,中日战争是双方矛盾不可调和的产物,必须战至最后,分出胜负,才能解决。全面抗战爆发前,有人已经明确指出,中日纠纷非在投降与抗战两条路中选择其一不可,而抗战是唯一的出路。中国必须采取大军游击战的形式,克服武器落后的缺点。敌人不能作持久战,是最后胜利的大保障。中国不能用主力阵地决战的方式打倒敌人,也不能只是完全依靠正规军作游击战,必须广泛发动民众。② 顾森千说:日本《朝日新闻》的社论称日本大陆政策与中国建设近代国家的两大使命相互对立,冲突不可避免。我们只有坚决抗战,拼全民族的生命,战至一兵一卒。这样伟大的抗战,相信最后的胜利终将属于我们。③ 顾希平与之意见相同,"我们中国面前很显明的只有两条路,一条是光明复兴之路,一条是黑暗的灭亡之路,不走灭亡之路,就要跨上复兴之路,不能跨上复兴之路,势必走到灭亡之路,二者必居其一,决不容许我们在歧路

---

① 张健甫:《抗战到底牺牲到底》,《少年周报》第1卷第18期,1937年7月29日,第4—7页。

② 九天:《对日抗战胜利前途的估计》,《力文》半月刊第4期,1936年9月15日,第12—14页。

③ 顾森千:《我们要争取最后的胜利》,《读书青年》第2卷第12期,1937年7月25日,第5—6页,"半月评论"。顾森千,原名顾其城,江苏无锡人。曾主编《出版消息》,创办一心书店,为正中书局编译《当代名人传记》丛书,编著《蒋委员长传》,号称准确完全。全面抗战后积极宣传抗日,参加各界抗敌救援会、文艺界救亡会,任救国青年同盟会会务委员、宣传部副部长。后投靠汪伪。

上徘徊"。① 因此，即使战况不利，也非抗战不可。要以必死之决心，求最后之胜利。② 如孙福熙所说："抗战是我们个人与民族的生死关头，在你一生，在我们民族的一生里，抗战只有这一次，战胜了，从此无需再战，不战而败，从此不能再有抗战这一类光荣的事实了！"③

施复亮从"最后胜利"的角度论述了抗战到底，他认为，中日战争的结局，或是中国从半独立国降为日本帝国主义铁蹄下的完全的殖民地，中华民族完全变成日本帝国主义支配下的奴隶，或是扫除日本帝国主义在华的一切势力，恢复一切失去的领土和权利，建立自由独立的新中国，达到中华民族的彻底解放。"前者是日本得到'最后胜利'，后者是我们得到'最后胜利'，'最后胜利'只有一个，不是我们得到，便是日本得到。现在全中国人，除了少数汉奸和恐日病者，几乎一致地说'最后胜利一定属于我们'。所谓'最后胜利'，自然不是指一时的局部的胜利，乃是指根本打倒日本帝国主义，彻底达到中华民族解放的决定的胜利。的确，只要我们能够进行'持久的全面的抗战'，'最后胜利一定属于我们'。我们要有这样的自信，才不会因一时的、局部的失败而灰心"。最后胜利不会从天上掉下来，要大家努力去争取，许多必要条件

---

① 顾希平：《"坚决抱定最后胜利之信心"》，《抗敌先锋》第 3 期，1938 年 1 月 15 日，第 6—8 页。顾希平，江苏涟水人，顾祝同堂弟。黄埔军校第 1 期、法国都鲁斯陆军学院战术科毕业。历任国民革命军团长、副旅长、第三路军党政处长、中央军校少将高级教官、特别训练班副主任、西安行营第二厅厅长、西安王曲军官训练团副主任、军事委员会西北游击干部训练班副教育长。复兴社成员。

② 《非抗战到底无生路可言》［赖（琏）特派委员十一月十五日在本部总理纪念周报告］，《中山周报》第 155 期，1937 年 11 月 23 日，第 1 页。

③ 孙福熙：《第二期抗战胜利无疑从此无需再战》，《前线》旬刊第 2 卷第 9 期，1939 年 5 月 1 日，第 5—7 页。

中根本的两个,一是发动民众运动,一是恢复"联俄政策"。[1]

林运铭的分析最为详尽,他说:"我们不能不抗战到底,委曲求全就是等于自杀,中途讲和就是等于投降。"英美为求和平,无妨迁就事实,我们必要打破事实,寻求生存。"如果得不到生存和独立,我们宁愿抗战到底。日本人惯以事实造出理由,英美人喜就事实寻求办法,所以我们不能不以事实来保障我们的生存。抗战是最具体的事实,亦即最有效的自卫行动。我们宁愿以抗战保卫世界的和平,不愿为世界的和平牺牲我们的抗战。"中国人过去中了太爱和平的毒,微微受一点苦,便渴想和平,甚至好些平时高谈抗战的青年也想"苟活偷生"。日本人可以牺牲来侵略,我们倒不能忍痛牺牲去抵抗,这种民族不配存在! 老是希望别国抗日,不见得对中国有益。中国不能不抗战到底的理由:第一,一旦开战,中日双方都不能言和,只有战至最后决定胜负。第二,中日都是生死存亡的战争,问题不解决,绝对不能妥协。第三,是世界大战的一环,世界战争无法避免,中日战争也绝对不能停止。第四,抗战是中央决定的国策,抗战到底才有出路。日本放出讲和消息,目的在于松懈我们抗战的决心,应积极抵抗,严厉驳斥,绝对不容许以中国为各国和平的代价。万众一心抵抗到底,为唯一的救国办法。[2]

其二,敌强我弱,战争是长期的,无论遭受多少挫折失败,必须坚持到底,才能最后取胜。淞沪会战将近尾声时,国民党元老吴稚晖就在中

① 施复亮:《怎样争取"最后胜利"》,《文化战线》第 1 期,1937 年 9 月 1 日,第 8 页。施复亮(1898—1970),原名施存统,浙江金华人。浙江省立第一师范毕业。1920 年加入上海共产主义小组,中共最早的党员之一。1922 年当选首任青年团中央书记。先后在上海大学、中山大学、黄埔军校、广州农民运动讲习所、武昌中央军事政治学校任教。曾任中央独立师政治部主任。大革命后期脱党,先靠译著稿费维生,后到北平师范大学、北平大学、民国大学、广西大学任教。

② 林运铭:《抗战到底是中央既定的国策》,《新粤周刊》第 1 卷第 16 期,1937 年 11 月 8 日,第 16—17 页。作者为广东潮州人,中央大学经济学士,中央陆军军官学校第 4 分校国文教官。

央社发声，表示长期抗战的计划和布置，由蒋介石领导许多有力量的同志制定实施，只要严格照办，最后的胜利早早晚晚终能够实现。"经过了无数的进退，消耗了好些好些的日子，才决定一个真正的胜败，这方才叫做长期。能够长期，是利于我们，不利于敌人，故敌人利于速战速决，我们利于长期抵抗，长期抵抗了，最后的胜利，自然必属于我。要长期抵抗，就必定是有进有退，长期抗战中的进退，是应有的过程。那末我今天有点小小的贡献，就希望大家不要把这过程中的进退，误看做胜败。"①一时的得失，并不能决定最后的成败。

全面抗战初期正面战场失利频频，抗战到底与最后胜利的把握问题日益凸显。于苇专文《释"最后胜利"》，认为六个月的抗战军事上遭到相当的挫折，后方失败主义滋长，主要出于一般人对"最后胜利"认识不清。弱小民族的抗战，在取得决定性胜利之前，失败不可避免，因此，我们所争的，乃是"最后胜利"。最后胜利是由许多失败经验的累积与弱点的克服而造成的，须经过一个长期的抗战才能达到，问题在于中国能不能长期艰苦地抗下去。只要能长期抗战下去，不断克服种种缺点，扩大增强战斗力，则最后胜利终有一天会到来。②

李圣三讨论了《抗战到底与最后胜利》的关系，"'抗战到底'就得到'最后胜利'……所以'抗战到底'乃是最后胜利之关键。吾们要问能否得到'最后胜利'，就全看吾们能否'抗战到底'。抗到底，就胜利，抗不到底，就失败。抗到底，就得到独立平等自由，抗不到底，就沦为万劫不复的亡国奴隶……所以吾们要求'最后胜利'，就必须'抗战到底'。因'抗战到底'，所以有'持久战'。'持久战'的内涵，有力量与实践两种质素。'抗战到底'必须有其力量与其时间，有时间便能久，有力量便能持

---

① 吴稚晖:《长期抵抗必然胜利》中央社 1937 年 11 月 8 日,《半月文摘》第 1 卷第 3 期,1937 年 11 月 20 日,第 69 页。

② 于苇:《释"最后胜利"》,《抗战三日刊》第 36 号,1938 年 1 月 13 日,第 6—7 页。

久。因时间以运展其力量,有力量方能充实其时间"。有决心与实力,便能抗战到底,抗战到底,便是最后胜利。[①]

其三,必须增强信念,振奋精神,勇于牺牲,积极斗争,不能坐等胜利的来临。

全面抗战爆发以来,"'最后的胜利,是属于我们的',这一句话凡属中国人或全世界同情于我们的人,甚至我们的敌人——军阀的日本,都是绝对相信的"。可是华北几省即将沦陷,上海战线又要后撤,敌人的飞机大炮日夜不息地到处狂轰滥炸,"我们又怎么能说最后的胜利,一定是属于我们呢?"抗战要把握最后的胜利,先决条件是长期抵抗,国际援助,使日本内部发生革命,或经济恐慌。"但是我们最紧要的条件,第一是政府必须有抗战到底的决心,第二是人民必须全体动员参加抗战。"假如自堕信念,政府抗战到底的决心也会发生动摇。既已发动民族抗战,就只有愈挫愈奋。现代战争是整体的、全面的,因此抗战必须全民总动员,全民参战,前线冲锋陷阵,后方接济资源,有力出力,有钱出钱,万众一心,共同担负抗战责任。沦陷区人民应拒绝供给敌军,设法破坏敌人阴谋,自动组织游击队,进行扰乱和攻击,消灭敌人。人民在积极方面应该牺牲生命财产,尽量供给政府,增强抗战力量,消极方面不与敌人合作,不资敌粮食等。[②] 抗战是拼命,不是战胜日本,就是被日本灭亡,只有抗战才有出路。战事失利,是因为军队和人民没有很好地联在一起,政府和人民没有很好地站在一起,只有军事动员,没有民众动员。只要全国四万万五千万同胞结成一条线,大家一条心,决心

① 李圣三:《抗战到底与最后胜利》(二十八年元旦于观音峡),《经世战时特刊》第31、32期合刊,1939年2月1日,第1—9页。

② 强毅:《把握住最后的胜利》,《生力》周刊第1卷第9期,1937年11月13日,第139—140页。

抗战到底，最后的胜利，一定是我们的。[1]

随着战局的进展，人们的心理不断发生变化。战事不利时，不少人主张从速讲和，收拾残局。待到形势逐渐好转，尤其在鲁南大胜以后，一般人又抱着最后胜利已经来到的等待心理。[2] 战局陷入胶着时，有人好像隔岸观火似地问："这末打下去，什么时候才是最后胜利呢？"对于这种人，首先得问他："你对抗战尽了些什么职责？"一个中国人，关心祖国抗战的胜利，是合理的而且是必然的，不过要想收获，还得先去努力耕耘……可以这末说："当每一个中华儿女认识和参加了抗战的一天，也就是抗战胜利开始的一天！"[3]

为了能够抗战到底，取得最后胜利，社会各界纷纷出谋献策。有人提出，必须动员全国的人力物力，召集国民大会，立刻组织和武装民众，给予言论出版集会结社和武装等政治自由，建立民主集中的政治机构，以加强抗战领导。[4] 有人提议召开国防代表大会，才能彻底解决一切问题，确保抗战的最后胜利。[5] 还有人详细列举了各项准备工作，包括实行民主集权，利用外援，国民军事化，努力生产，准备金融，扩充军备，肃清汉奸，精诚团结等。[6]

方振武分析了全面抗战初期"最后胜利"的信念从坚定到动摇的演

---

① 承可：《抗战到底终必获胜》，《抗敌周刊》第 9 期，1938 年 1 月 9 日，第 2—3 页。

② 石戈：《团结到底，抗战到底》，《动员周刊》第 1 卷第 14 期，1938 年 5 月 1 日，第 9 页，"短评"。

③ 蒲军：《抗战胜利的时候》，《少年时事读本》第 1 卷第 22 册，1939 年 2 月 20 日，第 2—3 页。

④ 陈冠南：《怎样才能维持抗战到底》，《文化战线》第 5 期，1937 年 10 月 10 日，第 11—13 页。

⑤ 金丁：《怎样确保抗战的最后胜利》，《民族呼声》第 6 期，1937 年 11 月 5 日，第 11 页。

⑥ 贺幼宾：《全面抗战怎样才能争得最后胜利》，《湘中学生》第 10 期，1937 年 12 月，第 17—18 页。

变。他说：从抗战开始到苏嘉线未失为止，"'最后胜利'的信念，坚不可破地建立在四万万七千五百万同胞的心灵。可是及至苏州沦陷，江阴要塞被毁，首都为战略而弃守的时候，国人脆弱的理智，于是就开始动摇，对于各自的最后胜利的把握，便发生怀疑。这种现象，就一般不明此次抗战所由发生的人们，或者是不明白我们抗战应取战略的人们，原无可怪，然而把这种脆弱的心理就整个抗战的前途来看，却又是一种极可怕极要不得的心理"。"我们要知道，最后胜利固然有属于我们的可能，但是我们不能不知道，我们凭了什么或用什么去获得最后胜利。"抗战半年的教训，每个国民应加以检查反省。"只要勇于接受失败的教训，正视血的教训，去向教训中不断的寻找我们'抗战的据点'，最后胜利仍旧必属于中华民族。"而胜败的关键，就在于能否善用游击战争。"今后我们参加在伟大的民力中，做一个战斗员，是我们顶高的目的，可是，领导他们在方法上、战术上去表现整个大中华民族伟大的力量，以歼灭敌寇，却又为我们获得最后胜利的焦点！"①

　　文化界也纷纷贡献自己的意见，哲学家陈唯实提出争取最后胜利的两大原则：第一，实行全面的全民抗战。第二，实行彻底的持久抗战。反对悲观消极、唯武器主义、弱国失败论、抗日必亡论，反对汉奸、亲日派、卖国贼的妥协屈膝。为此，应赶紧实行十大救亡办法，作为争取最后胜利的保障：1. 全国军队革命化，实行军事总动员，由国防会议统一意志与作战。2. 实行全国总动员，把全国民众组织武装起来。3. 联俄。4. 全国进行反汉奸运动，肃清汉奸。5. 改良政治机构，实行开明的民主政治，给人民自由。6. 实施国防经济。7. 改善人民生活。8.

―――――――――――

　　①　方振武：《从最后胜利说到游击战》，《文艺月刊》第 1 卷第 7 期，1938 年 2 月 21 日，第 138 页。方振武（1885—1941），原名方云策，安徽寿县人。曾参加辛亥革命，加入中华革命党，参加第一、二次北伐，历任军长、军团总指挥，积极推动抗日，任察绥民众抗日同盟军前敌总司令、代总司令，失败后流亡欧洲。"七七"事变后回国。任军事参议院参议兼办公厅主任。

开展抗战教育运动。9. 拥护国际上英、美、法的和平阵线，争取援助，反对德、意、日侵略阵线。10. 联合日本国内的被压迫民众和弱小民族。教育家白桃主张：彻底开放民众运动，组织和武装民众；军队加紧政治训练，提高士兵的政治标准，认识抗战意义；立即实施抗战教育，动员全国知识分子，教育民众。诗人穆木天认为：最主要是动员全国民众，加强内外政治宣传，联合民主国家。小说家艾芜同样认为最主要是组织训练民众，知识分子应回到本乡本土宣传。社会科学家胡绳批评许多人把最后胜利的口号看得太机械，变成宿命。如果不积极加强主观力量，争取不到抗战的最后胜利。现阶段主要应集中于两点：第一，给与汉奸的和平妥协企图以彻底打击，使肃清汉奸形成广大的群众运动。第二，组织广大群众自发开展抗日运动，逐步提高成为武装的自卫抗战。只有广大群众自身的力量才是支持长期抗战，争取最后胜利的最可靠的力量。广大民众自动武装起来，在游击战形式下对侵略者全面反攻的时候，中华民族才真正地面对着光辉的胜利了。①

　　最后胜利必须努力争取，创造条件，而不能坐等，成为普遍共识。"自从抗战以来，无论上自军政领袖，下至贩夫走卒，都莫不异口同声地嚷着'最后胜利'，'最后胜利'……然而，口号还不过是口号罢了，这'最后胜利'的到来，决不是我们喊了几句口号便可以获得的；必须要我们四万万五千万的中国儿女们，在某一些必要的条件之下，来继续努力的不断奋斗才能达到。如果不从积极方面去努力一些实际的工作，而只站在旁边不负责任的高喊什么'最后胜利'，'最后胜利'，这不只是最后胜利的罪人，简直是民族解放的罪人！"争取最后胜利的最低限度条件，包括展开全面的全民族的抗战，动员和武装民众，肃清汉奸和亲日派，增进军队的政治教育，切实遵守持久战消耗战原则，避免决战，广泛发

----

　　① 《文化人对于争取最后胜利的意见》，《文化新闻》第 2 卷第 1 期，1937 年 12 月 10 日，第 4—7 页。

动游击战,与主力配合歼敌。① 究竟应该怎样争取最后胜利,第一,要不怕困难艰苦,决不中途妥协。第二,记得血的教训,不分上下、阶层、宗教、信仰、派别,精诚团结,一致抗战。第三,实行宪政,无论何党何派,只要站在抗战的旗帜下,都有选举与被选举权利。要得到最后胜利,必须坚持到底,要坚持到底,必须团结到底,要团结到底,"就非实行宪法,使政治民主不可。只有实行民主的政治,才能够得到最后的胜利"。②

如何坚持抗战必胜的信念,精神的作用得到彰显。此次全面的抗战,大家都说最后的胜利必属于我们;但是也有不少人怀疑最后胜利的把握究竟有多少? 在甚么地方?"关于这种怀疑,可以不必犹豫的解答说:'我们最后胜利的把握有十分之七,这种把握的基础就在一致的民气或一致团结的民族精神。'这个解答粗看去似乎很空洞,民气或民族精神究竟是什么? 它怎么可以使我们得到最后的胜利? 它敌得过飞机大炮么? 它抵得住坦克车么? 是的,我敢大胆的说,它不仅敌得过飞机大炮,抵得住坦克车,还能战胜仇敌,恢复国土,使我们这五千年的古国万古长存。民气是什么呢? 说得浅显点,就是前线将士的勇气、杀气和战胜仇敌的决心,也就是后方民众的敌气、怒气和誓不两立的决心。"民气也叫做民族精神,比甚么飞机、大炮、坦克车都利害,是全面抗战的利器。一战时德国名将鲁敦道夫说:"一致团结的民族精神是全体战争的基础……真正决定民族战争的胜败的是民族精神力。"既然"我们现在有的只是这一种民族精神力,我们就拿这去堵塞敌人的大炮,去击落敌

---

① 思燕:《最后胜利的条件》,《克敌周刊》第 5 期,1938 年 4 月 9 日,第 4—6 页。

② 友群:《谈最后胜利》,《新道理》第 13 期(革新号),1940 年 11 月 1 日,第 18 页。

人的飞机，去毁灭敌人的坦克车，而得到最后的胜利！"①

总之，抗战到此阶段，我方需要以最大牺牲取得最后胜利的时机，敌人也要全力挣扎苦斗，"我们愈坚强，敌人愈焦急，敌人愈焦急，手段也愈毒辣。所以此时我们绝对不能有丝毫的畏怯，反之，却正应集中全国的力量，以坚毅之意志，钢铁之信心，持久之抵抗，英勇之突击，把握此最后胜利的关键"。② 可以说，民众争取最终胜利的决心，是对国民党以战致和的极大抑制。

第三节　追究甲午失地

蒋介石准备接受以恢复卢沟桥事变前状态为与日本议和的条件，这与国人抗战到底的要求大相径庭，只能暗中进行。相比之下，中共打到鸭绿江边将日寇赶出中国的主张，更符合社会各界的期待。65 岁高龄的沈钧儒代表文化界到前线对将士们说："人们常问我'底'字究竟作何解释，它的限度如何？我答道：'日从何处来，驱从何处去。就是说，把日本人赶出东北，便是抗到底。'"③广州、武汉失守后，日本利用英法调停，汪精卫发表"调停之门未闭"的谈话，全国哗然，南洋侨领陈嘉庚及上海各公团纷纷质问。参政会二次大会上，抗战到底的情绪弥漫全场。蒋介石致电大会，称预计最后胜利之信念，必待敌人侵及平汉粤汉两路以西，而后以我整个民族无上奋斗之实力，全国呼应，与之作一殊

---

① 科美：《最后胜利的把握》，《八一三》半周刊第 3 号，1937 年 9 月 8 日，第 3 页，"短评二"。

② 何永德：《把握最后胜利的关键》，《青年》（中国青年励志会）半月刊第 25 期（抗敌特刊），1938 年 10 月 15 日，第 1 页。

③ 《抗战到底》，《少年时事读本》第 1 集第 9 册，1938 年 11 月 7 日，第 17 页。

死之决战,乃克有彻底之实现,也引发各地舆论的指斥。① 民众不满足于蒋介石主权完整、行政独立的含糊说法,明确表示:"所谓抗战到底的'底子',不仅要恢复'七七'事变以前的原状,并且要收复东北四省,打到鸭绿江边,把敌人赶出了中华国土,到那时候,我们才算是取得了最后胜利,也就是'抗战到底'的底子。"丢掉东北四省,就是因为"没有抗战的决心,采取了不抵抗主义,想求得屈辱的和平"。②

全面抗战爆发后,蒋介石以领导全国抗日的名义,大力主张一个党,一个领袖,一个主义,一个政府,要求加强集权统一,进一步打压中共。可是在其主导下的片面抗战却节节失利。抗战到底、最后胜利的舆论宣传,逐渐形成拥护领袖加强统一集权与主张民主改革的分野。有人主张,要争取抗战胜利的前途,必须有统一的政治基础,必须绝对服从一个主义——三民主义,一个政府——国民政府,一个领袖——蒋介石,攻击中共一方面无稽地指责政府,以削弱人民对政府的信仰,一方面夸大地宣传自己,以扩大自己对人民的影响。根本不提加强政治基础的前提是改革政治。③

有人宣称:国民党临时全国代表大会制定抗战建国纲领,要求全国人民捐弃成见,破除畛域,集中意志,统一行动,许可言论出版自由。但不是漫无标准限度,既要自由,又要统一,要加以约束。对政府和领袖,不能怀恨、嫉视,别存怀抱,隔岸观火。若在政府领袖指示抗战的途径之外,别开蹊径,使政府领袖的精神再分注于内部的问题,等于在抗战

---

① 定中:《全国一致抗战到底》,《译报周刊》第 1 卷第 4 期,1938 年 11 月 2 日,第 92—94 页,"每周瞭望"。

② 冷生:《抗战到底的底子:要收复东北四省,要打到鸭绿江边》,《伤兵之友》(江西)第 44 期,1939 年 9 月 20 日,第 2 页。

③ 伯仁:《争取中国抗战胜利的前途》,《苦斗》第 1 卷第 8 期,1938 年 4 月 11 日,第 5 页。

的前途上横放了一个阻碍。①

有人放言：要抗战必胜、建国必成，必先统一思想行动，集中意志力量。蒋介石 1934 年 7 月对庐山军官训练团训话说：统一意志，集中力量，是御侮图强方法中最要紧的一个原则。先合四万万五千万人之心以为一心，才能合四万万五千万人之体以为一体，必先有共同思想，才能发生共同信仰，才能发生共同力量。必须不违反国民革命最高原则之三民主义；不鼓吹超越民族之理想与损害国家绝对性之言论；不破坏军政、军令及行政系统之统一，不利用抗战形势以达成国家民族利益以外之任务企图。以此作为纠正思想之准绳。凡是违反不听纠正者，即为国民公敌。② 问题是日寇侵占中国的领土，在蒋介石看来可以维持行政统一，要求改革政治推动全民参战反而会破坏行政统一，如此荒唐的逻辑，岂非咄咄怪事？

有人断言，只有站在三民主义的立场来抗战，才能获得最后胜利。怀疑三民主义是抗日的最高原则者，不配站在抗日前线。不相信国民党能够担负起领导全民抗战的任务，就是抹杀革命历史的事实。③

还有人声称，"九一八"事变后，国民政府当局即"深知岛寇处心积虑，图我益亟，非决一死战，国家无以自拔，民族无以自存，于是任劳任怨，深筹熟计，困心衡虑，以求一决耳。故于国家实力准备未臻充分以前，绝不附和立即抗战之主张；而于和平绝望，最后关头已届之时，即以大智大勇大无畏之精神，毅然应战而不辞，并告诫国人应忍受艰辛，不屈不挠，非达最后胜利之目的，决不中止，毋存丝毫悲观畏缩之念，全国

---

① 牛若望：《抗战到底和最后胜利的把握》（1938 年 6 月 16 日），《益华报》第 2 卷第 25 期，1938 年，第 394—396 页。

② 张强：《集中民族整个的力量，迎取最后胜利的曙光》，《胜利》第 38 号，1939 年 7 月 29 日，第 2—4 页。

③ 詹德汉：《只有站着三民主义的立场来抗战才可以获得最后胜利》，《民众动员》半月刊第 2 期，1938 年 1 月 31 日，第 5 页。

上下，必须奋斗牺牲，发挥民族伟力，以促敌人之崩溃，谋我民族之复兴"。抗战爆发伊始，政府就昭示全国国民"民族至上"、"国家至上"、"长期抗战"、"最后胜利"、"抗战必胜"、"建国必成"，最高领袖则训勉全国国民"闻胜勿骄"、"闻败勿馁"，"和平未至绝望时期，不轻弃和平；牺牲非至最后关头，不轻言牺牲"，"中途妥协，自取灭亡"。"国家之欲得独立，民族之欲自由，自身之欲求生存，领土主权之欲求完整，对外之'解放战争'，乃为不可避免之事耳。"强国均由对外战争而成，"吾国抗战国策，既以'长期'闻矣，故非至'最后胜利'、'必胜'、'必成'，决无已时。而救国建国，责任艰巨，非一朝一夕三五人力所能致果，必赖乎全国国民为完成此千古伟业之主力。惟此主力，须于贤明领袖领导之下，以不骄馁不畏艰辛不惜牺牲之大无畏精神，一心一德，共赴大难，斯则最后胜利之来临，民族国家之强盛，为期匪遥矣"。全国国民，益当坚"抗战必胜"、"建国必成"之信心，继先烈建国之精神以完成三民主义之新中国。①

然而，蒋介石不断集权统一的结果，加剧内部磨擦之外，并没有带来对日战事胜利的喜讯，装备大幅度改良而且得到充分整训的军队，在日军的进攻面前依然不堪一击。有鉴于此，1939年国民参政会开幕时，参政员张君劢、左舜生、江恒源、张申府、孔庚、王造时、陈绍禹等不约而同提交的七个提案，其中包括在朝在野各党各派无党无派者，结语都归束到请政府实施宪政。虽然社会上还有不同论调，或调子较高，或担心跑得太快，或顾虑于抗战有无障碍，或认为宪法草案等还有研究余地，黄炎培以为施政论政，"有一个很好的原则，即思想的演进应不取限制，但行动必须准诸事实"。② 后来他还主张以

① 啸东：《"最后胜利"与"国民"》，《扫荡》创刊号，1939年10月10日，第12—15页。

② 黄炎培：《怎样欢迎我二十九年抗战最后胜利》，《国讯》第223期，1939年1月15日，第1、16页，"公言"。

宪政运动争取抗战胜利。

邹韬奋在中国人权运动倡导者周鲸文创办的《时代批评》发表文章《实现民主与抗战胜利》，针锋相对地提出：我们要大声呼喊实现民主，"因为我们不但要建立一个真正民主的国家，实践而不是空喊建国与抗战并行，而且为着争取抗战最后胜利的迅速到来，我们也非赶紧实现民主政治不可"。该刊实际上反映了东北三四千万同胞对于国事的意见。收复东北是抗战国策的一部分，要争取抗战胜利，"不得不想到实现民主政治的迫切要求，不管这个呼号的提出，某些人听到要感觉头痛，要感觉悲哀！"某些人将实现民主加上破坏抗战的罪名，以抗战为名达到反民主的目的。在拥护抗战国策之下保障人民民主权利，对于加强抗战力量有着重要的效用。如言论自由可以集思广益，监督促进国家政府；保障民权，培植民力，以加强国力，已成三位一体的要务。保障人民的民主权利，就是实现民主政治的重要部分。抗战需要各党派团结，一党专制下不可能实现，只有实行民主政治，使各党派得到公开的合法保障地位，才能精诚团结，真正统一。"我们竭诚拥护国家的统一，但是我们却深信必须统一于民主，才能实现真正的统一，否则等于消灭或压迫其他各抗日党派而统一于一党专政……徒然引起国家分裂，而与真正的统一背道而驰。只有通过民主政治的实现达到真正的统一，才于抗战有利，才能增加抗战力量，才是全国爱国同胞所愿有的结果。"①

与一味寄望于国民政府有别，也有人回应"抗战到底"固是天经地义，但是持续"抗"下去，事实上有无困难的疑问，表示："所谓困难，大抵不外指经济、兵源、军需品补给等等而言。这些困难，只有在求国家独立，民族解放的最高目标之下，用加强团结，革新政治和运用正确的外交路线三个条件来克服它。这是根本问题，根本问题一有了办法，别的

① 韬奋：《实现民主与抗战胜利》，《时代批评》第 4 卷第 79 期（九一八十周年纪念收复失地专号），1941 年 9 月 16 日，第 14—16 页。

枝叶问题均不难迎刃而解。这几句话又近于所谓'抗战八股',可是在当前,却仍然是颠扑不破的真理。"①

"抗战到底"语多歧义,连汉奸也开始加入讨论的行列,以图在战与和的问题上混淆视听。周佛海诋毁抗战到底就是抗战到亡。署名"缶公"的文章《蒋介石为甚么要抗战到底》声称:"八一三"上海战事,日方未料及会扩大到这步田地。汉口失陷,蒋依然高喊抗战到底,"最后胜利必属于我",将所有失地说成有计划退却,其实心里清楚是由于军队的装备和各地的离心。有人说蒋的行为是因为西安事变时与中共有密约,现在要履行。但蒋何以讲信用,不用权术。虽然他从前得过共产党的好处,但也曾清党。重庆政府里私下都悲观,想和平,派到上海、天津,都很羡慕,不愿回去。……华侨只会说风凉话,想发国难财。蒋不肯和平,可能是西安事变时被收音机、留声机、照相机留了原声原形,于是只好牺牲老百姓的财产性命,保全自己的人格面子。希望他及早回头,共建和平乐土。②

署名"问津"的《抗战到底呢和平协商呢》一文极尽挑拨离间之能事,尤其将攻击的矛头指向中共,诬蔑共产党"不顾国家的存亡而坚持抗战到底的,是因为他们根本无国家观念,他们是主张'工人无祖国'的;国家亡了,在他们是无动于心,反而可使中国变成苏维埃,他们正可如愿以偿"。汪精卫诬称共产党"捣乱成性","九一八"全国抗战情绪高涨,红军乘机在后方"揭乱",致使国民政府应付艰难。"一·二八"上海抗战,红军又在两湖、江西、安徽拼命"骚扰",牵制调赴前线抗战的毛炳文部,以致十九路军孤军作战而失败。并诬称共产党发明游而不击的游击队,保存实力,"伺机实现夺取政权使中国变成苏维埃的阴谋"。汪

---

① 傅彬然:《我们要抗战到底》,《国民公论》第 4 卷第 8 号,1940 年 11 月 15 日,第 270 页。

② 缶公:《蒋介石为甚么要抗战到底》,《上海市声》第 1 卷第 1 期,1940 年 1 月 15 日,第 13—18 页。

精卫假惺惺说:不忍看着锦绣河山断送在共产党手中,毅然决然提出和平运动,努力挽救危亡,主张如果不是亡国的条件,则可以和,如果危及国家的独立生存,则不可和而必须再战。现在是可以和的时候,用平等的方式来解决两国间的纠纷,使国家仅有的民力国力得以保存……并且妄言:"'和平'才是为国家民族挽救劫运实现独立解放惟一的办法;抗战到底,既无补于国,反于国有害。"①如此颠倒黑白,恰好说明中共才是汉奸之流的心腹之患,凡是附和其说者,不是被人蒙蔽,就是别有用心。

战事不容乐观、内部主张各异加上敌伪千方百计搅浑水,使得"抗战到底"的"底"成为众说纷纭的舆情焦点,引起社会各方的普遍关注。昆明的学生专门组织了抗战名词讨论会,对于抗战到底的口号,反复研究辩论,结论是:"'底'字在字典上解释颇多,用在这个口号上很难有明显确切的意义,像代数中的 X、Y 一样。"如代表时间,便引起哲学上时间有尽无尽的质难;且两国交战,总有休战之日,为表示时间的久长,不如仿百年战争定名为"百年抗战"。如代表空间,平绥路为首,广州是底,广州失陷,底就打翻,未免太狭窄。从全面战争战略看,国土中每一空间均应表现抗战行动,应叫"抗战无底",才能表示即无国土凭借,做侨民也还要抗战的决心。"抗战口号应该与'战的'相表里,作用在助人了解,不是使人怀疑。我们的'战的'是'在求中国之自由平等',我们希望有一个意义明了确切,能够表现'战的'的口号来普遍宣传。"②

有人觉得抗战到底的问题比较简单,虽然存在三种不同的解释,但"所谓抗战到底的'底'字,是这次中日战争我们得到最后胜利,全民族得到解放之日为止之谓,简单说就是鬼子在那里来,教他在那里去,鬼子在那里进攻,把他消灭在那里。到最后,把全中国的鬼子,完全赶出

---

① 问津:《抗战到底呢和平协商呢》,《抗议》旬刊第 8 期,1939 年 6 月 11 日,第 19—20 页。

② 黄素秋:《抗战到底论》,《民意》周刊(汉口)第 50 期,1938 年 11 月 23 日,第 16 页,"大众语"。

中国去……说到为什么要抗战到底？首先要明白，鬼子的攻打我们，是要亡我国家，灭我种族的……我们要想生存，只有和鬼子拼，拼是我们的唯一出路，否则就要灭亡"。要想抗战到底，就要争取外援，各党派合作团结，统一指挥，厉行节约，开发西北西南，作为民族复兴地。①

东北人士的态度更加坚定，于"九一八"九周年纪念日严正申明：东北人民"忍辛含痛，牺牲生命，一切无可补偿的惨绝人寰的遭遇，都是为了收复故乡，争取民族解放的至高原则。所以所有的东北人士，可以肯定地说，一切苦难皆所不惧，一切牺牲皆所不惜，此中代价，只在收复失地，复兴民族。故此东北人士誓死反对中途妥协"，"以收复东北打到鸭绿江边为终极目的"。托庇于敌人势力之下或隐身于抗战阵容之内的汉奸汪精卫之流，或公然主张放弃东北，或暗中制造妥协空气，妄想牺牲东北，以求苟安，"似此类民族蟊贼，实于抗战前途发生无限弊害，吾人除誓认主权不可侵犯之至理，土地不可尺寸丧失之原则，抱忠奸不两立之决心，以事实粉碎敌人之愚妄，以行动扑灭汉奸之鬼蜮外，更望全国人士共同警戒敌人日暮途穷妄想妥协之阴谋，汉奸割地苟安之谬论"。并暗指蒋介石也一度有过牺牲东北求和的暗中盘算。

此外，"一般妄想妥协分子，对于抗战策略，或妄加曲解，或盗窃内容，无形阻碍削弱抗战力量，如汪逆之焦土抗战论。所以吾人对于我国抗战之最高原则'长期抗战'，必须明确的以实际行动充实其内容。现在某种别存肺肝的人，竟有意无意的认长期抗战为时间延拖，一切力量皆不能发动或强化，完全流于等待主义。本来敌人利于速战速决，我则利于争取时间，此种敌我战略歧异之点，即在敌人拥有优势军力，我则处于劣势，所以长期抗战旨在全体性的发挥我国优厚的人力和物力，使敌人的优势对比渐消。此种优劣势函数的变化，才是我们长期抗战的

———————————

① 临人：《抗战到底的三种解释》，《伤兵之友》（江西）第 9 期，1939 年 3 月 11 日，第 3 页。

具体内容,而此种具体内容的充实,只有发动全国力量,韧性的机动的,随时随地设法打击敌人,破坏敌人,消耗敌人,必须这样长期持久下去,才能建立成长起反攻力量,促使日寇由强而弱,终归于败亡。东北地大物博,现在广大民众部队,虽沦为敌寇人力物力及一切资源取给的根据地,但人心未死,此实为我长期抗战战略发挥最有效之点,其所获战果必事半功倍。因此长期抗战到今天,必须注视到以全力充实加强东北的抗战力量,以削弱敌势。倘忽视东北抗战力量,一任自生自长,则根本丧失长期抗战〈战〉略的内容。抗战已入第四年度,为争取最后胜利,对东北抗战力量之加强,已为再不容缓之事了"。①

1944 年"九一八"纪念,莫德惠、刘哲、李杜、邵冲霄、王卓然、陈纪滢、金长佑、赵雨时等东北人士以笔谈形式提议,东北同胞向来不少有力的抗日组织,今后应如何加强以提早迎取最后胜利。主张成立东北战区,派军事大员指挥,东北政府组织随军事进展,移至接近东北之地区工作;并预测战局的演变有无利用东北作为反攻主要基地之可能,东北应该成为最后击溃日本的最大基地,但不是进攻日本本岛的基地。②

随着抗日战争接近胜利,始终坚持打到鸭绿江边,把日本侵略者赶出中国以争取抗战最后胜利的中共,在东北地下党之外再行考虑接管东北问题。1944 年 9 月 4 日,中共中央指示晋察冀分局:"满洲工作之开展,不但关系未来中国之局面至巨,而且已成刻不容缓之紧急任务,因此特决定:(一)分局、冀中区党委和冀热区党委,各组一个满洲工作委员会,负责动员和领导一切可能的力量开展满洲工作。(二)三个委员会之工作分头进行,均直接受中央城市工作部领导,并与该部通报

---

① 李杜:《"九一八"九周年——坚定抗战到底信念,充实长期抗战内容》,《中国青年》(重庆)第 3 卷第 4 期,1940 年 10 月 1 日,第 8—9 页。

② 《九一八笔谈会》,《国讯》第 376 期,1944 年 9 月 15 日,第 3—5 页。

……但分局与区党委,应用极大力量,给予指导和帮助。"①同时要求山东分局与胶东区党委也各组织一个满洲工作委员会。②

蒋介石和国民政府早在珍珠港事变前夕,已经确定抗战胜利的内容之一是收复东北失地。1941年"九一八"事变十周年纪念,蒋介石发表告国民书,明确宣称:东北四省为我整个领土之一部分,必须彻底收复,此目的一日不达,则我抗战一日决不停止。③ 11月26日,第二届国民参政会第二次大会第十次会议一致通过,拥护蒋的上述宣言。12月6日,蒋介石与国民政府顾问拉铁摩尔谈话,请后者转告罗斯福,中国决不能放弃东北,否则新疆、西藏皆将不保,外蒙古亦难收复。如果中国外围被日、俄、英兼并,内陆将无法保守生存。若中国不能独立,必引起日、俄、英利害冲突,远东和世界战争势必循环不已,尤为遗留世界人类无穷之祸根。④

1942年8月3日,蒋介石两度会见来华的美国罗斯福总统特别助理居里,谈到战后问题,居里称:华盛顿部分人印象,已不将东北认为是中国一部分,应作为战后日俄两国间之缓冲国。蒋介石表示:"一、中国东北为中国领土之一部分,绝无讨论之余地。中国抗战之基本意义,即为收复东北。二、中国民众所以忍受重大牺牲与各种困苦,以支持抗战者,皆以收复东北四省为目标。日本曾屡次提出和平方案,除允其保留东北外,愿接受中国所提其他一切条件,并进而声明,即中日共管东北亦可考量,吾人断然拒绝之。盖东北与中国不可分离,绝无变更之余

①《中央关于开展满洲工作给晋察冀分局的指示》(1944年9月4日),中央档案馆编:《中共中央文件选集》第14册(1943—1944年),第321页。

②《中央关于开展满洲工作给山东分局的指示》(1944年9月4日),中央档案馆编:《中共中央文件选集》第14册(1943—1944年),第322页。

③《"九一八"十周年纪念告全国军民书》,秦孝仪主编:《总统蒋公思想言论总集》卷31,第267—274页,"书告"。

④ 周美华编辑:《蒋中正总统档案——事略稿本》第47册,台北,"国史馆",2010年,第591—596页。

地。三、此种错误观念，或受日本、苏联与共党宣传之影响，盖彼等希望日苏之间能有缓冲国家之存在也。倘此企图成为事实，太平洋上将无宁日矣。"①其坚定捍卫主权固然不错，嫁祸于中共，则是别有用心。

国民政府布置东北事宜，动议还要早于中共。1943 年 9 月 30 日，蒋介石手谕行政院秘书长张厉生对于收复东北之政治准备，即研拟具体办法与组织人事呈报。1944 年 1 月 12 日，张厉生呈报"建设东北政治准备工作要点"，酌设东北建设设计委员会，着手规划，并拟备选委员会名单。蒋批示委员会缓议，从训练储备党政干部入手。②

不过，这时抗战到底的"底"，已经不仅限于收复东北失地。早在 1938 年 1 月，陈独秀就撰文讨论《抗战到底》的问题，他说："'抗战到底'这句话，在许多人当中，已成为一种有力的呼声，但什么是'底'，却从来不曾明白清楚的指示出来。我以为真正彻底之'底'，应该是我在《抗日战争之意义》一文中所说的'完成国家独立与统一'，即是说日本及他国损害中国主权的一切特权利益都要收回，仅仅日本撤兵和收复失地，还不算是'底'。"而要抗战到这样的底，"不可一面对日本帝国主义抗战，一面对英、美帝国主义摇尾乞怜。这并不是说在对日抗战中拒绝别国现实的帮助，而是说不应该害单思病，把热脸就人家的冷屁股。况且依靠甲帝国主义来赶走乙帝国主义，这是一种何等滑稽的国家独立运动?! 英美帝国主义者统治殖民地的制度，诚然比日本恩惠些，然而这是奴隶选择主人的态度，不是国民独立运动的态度。这便是我对于'抗战到底'这句话的了解"。③

---

① 《蒋中正与居里谈话记录》(1942 年 8 月 3 日)，《蒋中正总统文物》，典藏号：002—020300—00034—014，002—020300—00034—015，引自吕芳上主编：《蒋中正先生年谱长编》第 7 册，第 178 页。

② 高素兰编辑：《蒋中正总统档案——事略稿本》第 54 册，台北，"国史馆"，2011 年第 609—611 页。

③ 陈独秀：《抗战到底》，亚东图书馆 1938 年 1 月印行。引自任建树、张统模、吴信忠编：《陈独秀著作选》第 3 卷，第 438—439 页。

此时的陈独秀出狱仅仅几个月，仍被中共视为托派，其抗战到底的彻底性与二战时期的国际形势以及国共双方的政策均有所出入，显得有些另类。文艺界进步人士葛乔则从国民政府和民族国家的立场，详尽论述了抗战到底的问题：

> 抗战二十二月，人人知道"抗战到底"。然而，所谓"抗战到底"，究竟"底"在何处？如何"到"法？这是一个值得提起的问题，有许多人关心这一问题，也有许多人在误解这一问题。有人说，抗战是没有"底"的，他们认为这次的中日战争"中国既不能亡日本，日本亦不能亡中国"，换言之，中国既把日本无可奈何，而日本也把中国无可奈何，打来打去，打不出一个彻底的结果，形势所趋，当然只有半途而废，或是中途妥协。所以，他们否定抗战有底，根本说"抗战到底"这句话是不通的口号。

> 也有人说，抗战到底，是有"底"的，不过，他们认为中国本身的力量有限，敌人力量相当强韧，国际间对于中国的压力又很大，各帝国主义国家，只能容许中国对日本有相当的打击，不会许中国完全的自由独立。因之，中国的抗战，只能做到恢复卢沟桥事变前状态，顶多再能将东四省问题与日本作合理的解决。因之，他们认为抗战有"底"，而这个"底"，即是七七事变前，或其他的状态。例如，不久以前，民族失败主义者的败类，就曾经说过："经过一场创巨痛深的战争，沦陷了偌大的土地，中国居然能够接受七七事变前夕的条件，于无损主权及行政独立原则之下，而取得和平(?)，于和平中收复战争中所失土地，按照临全大会的宣言精神，认为抗战之目的已达。"换言之，他们抗战到底的"底"，就是在七七前夕的条件之下而对日妥协。

> 这两种主张，就表面看，一个主张无"底"，一个主张有"底"，好像是矛盾，而其实是一贯的，这都是民族失败主义者的理论，不过，前者是由左边来攻击抗战到底，后者则是由右边来攻击抗战到底，

而其错误则是一样的。他们的这两种意见，都是由民族失败主义的观点出发，把敌人的力量估计过高，缺乏自力更生的信念，把国际的依赖看得太重，对于中日战争，看不出我们民族的光明前途。所以，他们总以为中国的抗战不能有"底"，即使有"底"，也不过是恢复七七前的状态。

其实，我们这一次的战争，是全民族求生存求解放的战争，我们所争取的不是对敌人的屈辱妥协，也不是要求七七事变前的条件，我们抗战所要求的，是民族的自由与独立，是中国由日本帝国主义侵略之下的解放。战争的目的在这里，而抗战到底的"底"，也就在这里。换言之，抗战是有"底"的，他的"底"也就是中国的自由独立与平等。这个目的一天未达到，抗战也就一天没有到"底"！

在作者看来，抗战将近两年，已经胜算在握，只要继续努力，一定可以达到抗战到底的最终目的。只是"底"虽然明了，如何到"法"却须讲究。有人基于前述的错误认识，把"底"弄错了，到"底"的方法，不是争取抗战彻底胜利，而是中途妥协，所以一看见近卫宣言，便以为"底"已经可以到来，不惜高呼和平。其实在敌人的刺刀之下，中途妥协就是对敌投降，所得的结果，是使中国变为日本的附庸，"就是他们所理想的'底'，都不能达到，只有使中国走向亡国灭种的地狱之'底'的！"还有少数人，希图由新的太平洋会议再演一幕三国还辽的故事，由列强"建议维持中国土地与行政之完整，同时促请中国尊重日本在华之条约权利"，而结束中日战争。在日寇侵占中国大部分土地的情形下，这种主张也是一种变相的投降，在东方造成新的慕尼黑协议，牺牲中国，绝不能使中国得到真正的自由独立平等。所以，凡是在军事上未取得绝对的胜利，不足以真正达到抗战之最后目的以前，不管对日直接谈判也好，利用国际会议也好，都是投降式的中途妥协，与"抗战到底"绝对的对立。

所谓"抗战到底"的"底"，"是国家民族的自由独立平等，要到这个

'底',只有经过坚忍不拔的绝不中途妥协的斗争,抗战就是革命,正如蒋介石所说:'革命战争无时限,战争目的达到之日,始为战争之终结。'我们一天不能在军事上占有绝对优势,一天不能打败日寇的侵略,我们都要一天不停的坚决抗战下去,战!战!一直战到国家民族获得真正的自由独立与平等"。①

抗战坚持的时间不断延长,增强了坚定抗战派最后胜利的信心,尤其是后来欧战爆发仅仅数月,各国便纷纷屈服投降,大多版图变色。而中国的抗战却愈战愈强,已经变被动为主动,变守势为攻势。于是有人提出,"我们应该有更远大的目标,至少要恢复领土完整,主权独立,算清五十年来陈陈相因的血债,也许这就是最后胜利的内容,也许超出这内容以外。然而这个伟大而艰巨的工作,不是高谈阔论,'可立而待'的期待,我们要把握最后胜利的条件",即"最先的胜利"。所谓最先的胜利,包括国家意识的提高,人民愿意为保卫大我而牺牲家庭和个人,法币信用的强固,征兵制度的推行,以及由军事上的统一造成政治统一的局面。"我们要求最后胜利迅速的到来,惟有巩固这条件,切实把握这条件,强化这条件的实践性……我们不能只眼巴巴的望着最后胜利,却忽视最后胜利的条件。"②

清算 50 年来的血债,首先就要收复甲午战败被割占的台湾。中共方面,早在全面抗战爆发前已经表达过。1937 年 5 月 15 日,毛泽东与美国记者韦尔斯谈话时明确指出:"中国的抗战是要求得最后的胜利,这个胜利的范围,不限于山海关,不限于东北,还要包括台湾的解放。

---

① 葛乔:《论抗战到底》,《抗建》半月刊第 1 卷第 2 期,1939 年 4 月 16 日,第 2 页。

② 天佑:《把握最后胜利的条件》,《春秋》月刊第 1 卷第 3、4 期,1940 年 5 月 31 日,第 1—2 页。

这是我们对准备抗战的意见。"①

1942 年 10 月 7 日，蒋介石接见美国罗斯福总统代表威尔基，表示战后东北四省、包括沿海要塞旅顺、大连、台湾在内，均须归还中国。欢迎美国参加在各要塞建海军基地，由中美共同维持应用。② 1943 年 1 月 29 日，蒋介石在日记中记到："此时我国只求于实际无损。战后能恢复台湾、东三省与外蒙，则其他外来虚荣，皆可不以为意也。"③是年 9 月 25 日，蒋介石出席国民参政会报告内政外交，声明中国外交政策为对内恢复领土完整，主权独立，所谓领土完整，是包括甲午战争以来所丧失于日本的领土，如台湾、澎湖及东北四省，必须收回。④

1944 年 1 月 17 日，蒋介石手谕行政院张厉生秘书长，指示其与国际问题研究所主任王芃生研拟收复台湾之政治准备及组织人事。3 月 15 日，张呈报办法：组织军政府，先设台湾设省筹备委员会，负责接收。6 月 2 日，蒋复电中央统计局，4 月 17 日设置的台湾调查委员会可以充实，暂不另设机关。⑤ 在此之前，3 月 9 日，蒋与中央设计局秘书长熊式辉谈设置东北、台湾复员工作委员会事宜，指定由农林部长沈鸿烈、党政工作考核委员会秘书长陈仪分别主持。27 日，熊与沈、陈三人商组东北及台湾调查委员会之事。7 月 7 日，东北调查委员会成立。9 月 20 日，拟定东北复原计划。台湾调查委员会则先于 7 月已经提出"台

---

① 《抗日民主与北方青年》(1937 年 5 月 15 日)，中共中央文献研究室编：《毛泽东文集》第 1 卷，第 501 页。

② 《蒋中正与威尔基谈话记录》，《蒋中正总统文物》，典藏号：002—020300—00046—010、002—020300—00046—011。引自吕芳上主编：《蒋中正先生年谱长编》第 7 册，第 223 页。

③ 《蒋中正日记》1943 年，1943 年 1 月 29 日，第 19 页。

④ 《蒋主席对于内政外交之报告》，《蒋中正总统文物》，典藏号：002—080101—00015—101。引自吕芳上主编：《蒋中正先生年谱长编》第 7 册，第 442 页。

⑤ 《行政院秘书处上蒋委员长有关收复台湾政治准备工作及组织人事等具体办法呈文》，张瑞成编：《光复台湾之筹划与受降接收》，台北，中国国民党中央委员会党史委员会，1990 年，第 41—42 页。

湾接管计划纲要"。①

　　蒋介石如果真的尽到国家元首、民族领袖的历史责任,不仅可以领导全国军民打败日本,而且能够赢得各党各派和全体国民的真诚拥戴。可惜他未能符合民族的期望,所作所为无不令人心生疑窦。得到收复东北和台湾失地的保证,本来是政治加分之事,却被质疑是为外强利用而给予的施舍。1943 年底,毛泽东指示邓小平:太平洋战争两年,中日战争六年余,日本实力仍相当强大,且据太平洋之险,英、美反攻非易事。反之,国民党机构腐化,特务横行,在长期战略相持阶段中,力量未见增长,反而减弱。开罗会议打击了日本的诱降(但未最后放弃),堵塞了蒋介石寻求妥协之门,给与澎湖、台湾、满洲支票,可能招致日寇正面进攻之祸。②

第四节　不打到东京与彻底战胜日本

　　如果最后胜利的内容是要清算 50 年来的血债,那么所要恢复的绝不仅仅是"九一八"事变沦陷的东北。"什么是我们最后胜利呢? 有人说要恢复卢沟桥事变以前的原状;有些人说要恢复九一八以前的原状;有些人说要恢复甲午以前的原状;更有些人说要彻底解除日本的武装使他不能从事侵略。就第一点说,我们便要接受日倭在华北驻兵的特权,没有铲除伪满傀儡组织,直接给侵略者休养生息的机会,实施以华制华'毒化'的恶计,不能算是我们最后的胜利;就第二者看,不平等条约还未取消,敌人一方面可以吮吸我们的经济骨髓,一方面更可凭藉租界施其毒化捣乱中国的阴谋,这也不是最后胜利;但是要把中日的局势

---

　　① 吕芳上主编:《蒋中正先生年谱长编》第 7 册,第 595—596 页。
　　② 《目前国际形势及对中国时局的影响》(1943 年 12 月 16 日),中共中央文献研究室编:《毛泽东文集》第 3 卷,第 78 页。

回复到甲午以前那样的景况，就要帮助朝鲜、琉球、台湾等民族恢复自由独立，这一半要靠它们自己的努力。倘若敌人切实觉悟了，自动退出中国领土，尊重我们主权，取销不平等条约，也不用到再去解除它的武装。我们抗战不是对付日本民众，而是对付日本这种侵略的政策，只有国家领土完整，主权独立，民族自由解放，才是四万万五千万同胞迫切需要的最后胜利。"①所以，国民党五届六中全会宣言称："抗战到底的目的，不仅在于使敌军完全撤退于我们国境以外，尤在建立一有效的集体安全组织。"只有日本民众彻底觉悟，推翻军阀专制，放弃侵略，中日两大民族才能真正的共存共荣。②

按照上述说法，抗战到底最后胜利的战略目标，即使在主张抗战到底者的心中也是因人而异，而且整体上呈现一个逐渐提升的过程。早在全面抗战爆发前，有人就详细列出了日本从中国攫取的领土面积，包括琉球群岛、台湾（含澎湖列岛）、南库页岛、关东州租借地、朝鲜、东三省、热河省。③《群言》《向道》《西北向导》《河南政治》《集成》《民智月报》《读书生活》《前导》等多家刊物将这份资料不断予以转载，意在唤醒国人报仇雪耻。

1937年11月25日，厦门集美学校召开了一次抗敌座谈会，针对一些民众闻小胜即兴高采烈，闻小败就灰心叹气的情形，以"最后的胜利一定是我们的"为主题，分三点进行讨论："一、怎样才算是最后的胜利？二、为什么可以断定最后的胜利一定是我们的？三、在什么时候我们才可得到最后的胜利？"有人主张，使侵华日军失却作战能力，全部退出国境，我军收回苏淞、山西、绥察等地以及东北四省，就是最后胜利。

---

① 王兴超：《论最后胜利的时间空间与力量》，《建军半月刊》第11期，1940年1月31日，第12—14页。

② 社论：《抗战到底》，《反侵略》第2卷第6期，1939年12月1日，第1页。

③ 《日本从中国攫取的领土面积》，《战线》第9期，1936年1月3日，第50页，"文艺"。

有人则认为,把敌人赶出中国只是军事行动的成败,"最后胜利一定是要更进一步的把我们从次殖民地的火坑救出来"。单是把敌人赶出去,长时间修养之后,还可以再来玩火。中国门户开放,又太接近狂犬的老巢,容易前门拒虎后门进狼。所以"这次抗战最大目的,一定要采取斩草除根的手段,把敌人粉碎不足够,非再把它的巢穴也一齐撕毁,是不能满足我们的欲望的。这样一来,我们大中华民族就永无后患之忧,而我们为公理、正义而奋斗的责任也方告完了,世界和平也就永无受威胁的可能,中国从此也可以安心地努力建设现代国家了"。①

讨论的结果,抗战最后要同时取得军事上和政治上的胜利,把敌人赶出国境,收复失地,包括苏淞、华北、东北和台、鲜,并得到民族的自由平等。只要发动全面抗战,实行长期抗战,就一定能够实现这一战略目标。

战略目标越高,实现的难度自然就越大。有识之士已经清楚地认识到二者的正比关系,认定"民族抗战,本系艰巨之工作,盖敌方数十年来,调度经营,劳心苦思,自以为非达并吞我国独占远东,征服世界之目的,不欲终止;而我则为国家独立,民族自由,领土主权之完整,非驱除敌寇,廓清外患,决难罢休;此乃国策根本上之斗争,非至敌我两国人力物力总和对比获有结论之后,未可定胜负也。亦即非至国力比赛之最后阶段,未能论成败也"。②

如果以实现东亚的永久和平为度,抗战到底的底无疑会大幅度延伸,最后胜利未可轻言。蒋益明讨论了抗战到底与和平的关系,他说:"'抗战到底'总有个底可到,战争之不能无底止……我们所谓'抗战到底',要到底于我有利才行。即是我们要把握到最后胜利的形势,才能

---

① 《最后的胜利一定是我们的——集美抗敌座谈会记录》,《集美周刊》第22卷第10期,1937年11月29日,第1—2页。

② 啸东:《"最后胜利"与"国民"》,《扫荡》创刊号,1939年10月10日,第12—15页。

和敌人开始讲和。可是，'最后胜利'的获到者，只有一个，不是敌人，便是我们，其中绝对不能存在第三者。中国抗日的结果，不是中国失败，便是日本失败，或者是两败俱伤。"如日本获胜，中国便亡国，日本"侵华到底"。如中国获胜，从帝国主义铁蹄下解放出来，可以自由独立于世界之上。如两败俱伤，中国也是相当的胜利，使日本不能征服中华，独霸东亚，中国可以休养生息，恢复元气，造成现代国家，再与日本决胜负。当前日本以承认"满洲国"，建立华北特殊政权，加入"防共协定"，根绝抗日运动为议和条件，接受任何一条，都有亡国危险。因此，"言和即汉奸"，只能抗战到底。没有战事上的最后胜利，绝对谈不到敌我的和平解决。最低限度，也必待战事确有转机，和议条件绝不损及我主权时，才有讨论的余地。①

　　有人从时间、空间与力量的相关关系讨论抗战最后胜利的赢取。所谓胜利的时间，是抗战胜利的过程，由胜利开始至胜利完成所需要的时日，都是胜利的时间。这个时间分为过去、现在和将来，每个时间间隔的一点，并不一定有胜利事件发生。不过这是抗战时间的局部，如果战争准备持续十年或百年，胜利时间就迫近十年或百年最后的阶段。如敌方发生内乱革命，或被国际联合打倒，则未到预定时间即可获得胜利。主动争取最后胜利，就要全国总动员，抗战到底，全面反攻。

　　至于胜利空间的位置，凡是能够用来争取胜利的点、线、面、体，都是胜利的空间，依照数学极坐标的办法，以贯通南北的粤汉、京汉线为 X 轴，以上海到重庆以西为 Y 轴，上至天空无穷远为 Z 轴，这样把中国版图分成三度空间，其周围的点、线、面、体，均为不愿做汉奸、奴隶的同胞与敌拼命的疆场。这些点线面体于我有利或不利，要利用有利，避开不利。按照蒋介石所说：最后决胜的中心不在各大都市，而实寄于全国

　　① 蒋益明：《抗战到底与和平声浪》(3 月 21 日，广州)，《新粤》周刊第 2 卷第 6 期，1938 年 4 月 1 日，第 16—18 页。

之乡村与广大强固之民心;争取胜利在平汉线以西的一带。这是天经地义的胜利空间,联合起来,叫做全胜利空间,个别的叫做局部空间。这个空间的实现,要双方经过战争,若无战争,胜利空间便不存在。若敌人提前崩溃,其他未打仗之处在政治、经济、文化各方面提供了支撑,仍是胜利空间。所以国土的任何角落,都是胜利空间,都要积极争取胜利。包括民众、行政层级单位、各方面负责人,都要联成一体。

支配时间的是力量,包括人力、财力、军火、方法(即组织战略)。胜利的时间和空间关系于人力、物力、智力、组织力、战略、政略之综合力,力量强,胜利的空间就扩大,把敌寇赶出国土的时间就加快,最后胜利的时间就缩短。抗战力量与胜利空间成正比,与胜利时间则成反比。因此胜利的时空力量会发生演变,或以空间换空间,或以时间固定空间,或以时间夺回空间。

综上所述,我们最后胜利的条件,以本身实力为本,以国际压力和敌人内部革命消长为助,胜利时间是胜利事实的过程,胜利空间〈是〉争取胜利的总力量发挥点,综合它们的演变,造成三个不同的局面:第一,国际压力和敌国变动于我有利时,胜利时间的过程的三者大小而递减,但胜利空间的获得为三者大小之总和;第二、国际压力和敌国变动于我不利时,胜利空间存在为我实力与二者之较,胜利进程减少,胜利时间延长;第三、国际压力和敌国内不变,我们力量增至极限,则实力和胜利空间成正比,和胜利时间成反比。[1]

"抗战到底"的四种"底",前两种靠中国自己的力量即有实现的可能,至于后两种,就并非单凭中国自身力所能及。要想彻底打败日本,实现东亚永久和平,不打到东京是难以成功的。可是早在卢沟桥事变

---

[1]　王兴超:《论最后胜利的时间空间与力量》,《建军半月刊》第 11 期,1940 年 1 月 30 日,第 12—14 页。

一年前的 1936 年 7 月 16 日，毛泽东在接受美国记者斯诺的采访时就明确表示："当我们光复中国的失地之后，如果朝鲜人民希望挣脱日本帝国主义的枷锁，我们将对他们的独立斗争提供热情的援助。"①武汉保卫战前，又在公开演讲中宣称："现在的口号是保卫武汉，保卫广州和南几省，将来非反攻不足取胜。反攻才可收回南京、太原、山海关，一直打到东三省为止。我们当然不必攻到东京，日本国内自会解决这件事，我们帮助他们就行了。"②

不必进攻东京的意思，其他主张抗战到底的人士同样表达过：

> 我人所谓"抗战到底"，并不是说抗战永不有中止的话，而是以抗战的力量，使日本能够彻底的觉悟到中国是决不可以武力征服的，由于日本能够有这样的觉悟，彻底的改变其政策，中止对华侵略，这时才是中国中止抗战的时候，这就是我人所谓"抗战到底"的真意义，这是决不允许一般动摇分子、投机分子所误解的。我人所谓"最后胜利"，并不是说，中国以军事反攻的力量，打到东京，消灭日本民族，灭亡日本的国家，而是以抗战的力量，来保全中国的领土完整和主权独立，这也决不允许一般动摇分子、投机分子、过激分子所误解的。中国的抗战，是为了正义，为了和平，所以正义能够维护，和平能够实现，那就是可停止抗战，这也是完成了我们最后胜利的使命。所以中国战争的能否停止，责任不在中国，而在日本，日本能够及早觉悟，那末中日两民族间屠杀，可以早日结束，早日停止，如果日本一日不觉悟，这种屠杀，便是一日无法停止。因为中国这种见解，是合乎正义的，是积极性的，所以中日两民族间所造成的一切纠纷，都应当归结在日本身上。日本的有识之士，你

---

① 《和美国记者斯诺的谈话·论反对日本帝国主义》(1936 年 7 月 16 日)，中共中央文献研究室编：《毛泽东文集》第 1 卷，第 403—404 页。

② 杨朔：《毛泽东特写》，《自由中国》(汉口)第 2 号，1938 年 5 月 10 日，第 184—186 页。

们如果认为这样的屠杀是残酷的,是不合人道的,那末应当立即唤起全日本的民族,自动的停止这种侵略,使中日两民族永久归于和好。①

另外,署名"广平"者撰写的短评称:

> 抗战到底这一口号,应当如何解释,才算正确呢? 有些人说:我们一直要踏平三岛才罢手;也有人说:要打到黑龙江一直到收复高丽。这固然是有意义的,只可惜都太过于感情和急性,而忘却此次抗战发动之历史的事实罢了。我以为此次抗战,虽发动于七七,而肇端实在于九一八之事变,假使我们的抗战,无论是直接的以武力击退敌人,或是间接的运用国际压力,使敌人知难而退,只要能做到排除侵略势力,恢复九一八事变以前之状态,才算达到抗战之目标。所以"抗战到底"之解释,应该视我们能否达到这一目标为转移,如果能做到,无论打三年五年都行,否则就是打到十年廿年也不能罢休。这一问题,只有空间之标准,而无时间之限度。至于收复东北,固然是天经地义的,不过在步骤上,似乎应使这初步目标完成以后。希望大家喊着热烈口号的时候,不要忘却这种历史的事实而自乱步伐。②

也有人并不完全否定打到东京的可能性。郑流芳于南昌陷落后,见有人问"我们究竟抗战到什么时候?"回答便是"抗战到底"。至于什么地方是底? 则退出南昌,还有长河,退出湖南,还有川滇,退出川滇,还有新疆。抗战是抵抗侵略,人家一天不停止打我们,就一天不停止还手。所以抗战到什么地方,要问敌人想打到什么地方。要

---

① 《抗战到底与最后胜利》,《清明》第 1 卷第 6 期,1939 年 10 月 1 日,第 1 页,"短评"。

② 广平:《释抗战到底》(1939 年 2 月 28 日),《中山半月刊》第 1 卷第 9 期,1939 年 3 月 10 日,第 27 页,"短评"。

抗战到底,必须有最后胜利的信念。"什么是最后的胜利?是不是一直打到东京,收复高、台,方算得到最后的胜利?纵然没有这么回事,可是也不能不作这么想。"退一步说,起码应该完全恢复"九一八"以前的情形,"办得到,便是民族英雄,要我们牺牲什么都可以。办不到,便是既有今日,何必当初,应该引刃自杀,以谢全国人民。我们做老百姓的,只问结果,不问手段,只问条件,不问和战,只要求最后胜利,不问你们一时的进退"。①

不打到东京,意味着中日之战中国不会进攻日本本土。中国方面如此设想,是出于自己武装力量状况的实际考量。国民政府麾下的三军之中,陆军较强,空军其次,海军最弱。至于中共,更是只有陆军,没有海空军。相对而言,提升陆军的战力较为容易,空军其次,海军最难。不要说制造军舰,就算有充足的财力购置舰船,没有相当长时期的训练磨合,也无法形成有效战力。况且二战时期的海军已经拥有航空兵和陆战队,自成多兵种的集合体,成军及作战的难度更大。而当时日本的海军在世界诸强中也是名列前茅。如果说中国的陆军可以通过持久战实现与日本陆军的强弱转换,空军(日军没有独立空军,航空兵分属陆海军)可以在盟国的帮助下取得局部的优势,海军则无论如何不可能在较短时期内具备战胜日本舰队并实施登陆日本列岛作战的实力。即使中日战争是长时期的持久战,就时间而言对于海军的发展仍然不够长。

由此可见,直到抗日战争的反攻阶段,中国军队尚不具备攻占日据殖民地岛屿尤其是日本本土的军事实力。如此一来,很可能出现一种情况,即使中国军队打到鸭绿江边,将日寇全部驱逐出中国领土,日本仍然可能凭借本土列岛以及日据殖民地的支撑,拒不投降。从后来太平洋战场的实际进程看,出现这种局面的可能性相当高。那么,在此情

① 郑流芳:《抗战到底》,《更生》第 1 卷第 2 期,1939 年 4 月 22 日,第 20 页。

况下,中国将如何战胜日本,彻底解除日本的武装,取得最后胜利? 当时国人所设想的有两种方式:一是如果战事进行到日本侵略者被全部驱逐出中国境内的阶段,日本将会发生社会动荡和政治革命,民众起而推翻军阀政府,成立人民政府,从而结束战争;二是将中日战争拖入世界大战,在盟军的帮助下彻底打败日本或是迫使其投降。前一种方式,中国可以通过支持日据殖民地人民的斗争,以及帮助日本民众反抗法西斯统治发挥一定的影响,不过归根结底还是要日本民众和殖民地人民自己觉悟。战争的实际进程表明,在高压统治和皇民思想的控制之下,无论是日本本土还是殖民地,很难形成像一战时期德、俄两国那样足以推翻强权统治的民众反抗运动,尤其是在日本本土。余下的只有另一种选项,即借助盟军的力量,攻占日本或是摧毁其抵抗力量。因此,无论毛泽东还是蒋介石,都很早就意识到抗战的胜利离不开国际的援助,中国的抗日战争一方面必须立足于自力更生,坚决抗战到底,另一方面要极力争取外援,使中日之间的战争演变为世界性的战争,以利于彻底打败日本帝国主义。

第八章　持久战要多久

——国共高层的预判

全民族抗战爆发前，国共两党的领导层均已认定，中国对日抗战必将是持久战，并且制定了相应的战略方针乃至作战方案。不过，所谓持久，是一个相对的时间概念，如果具体化，则各自的预判差距显然，甚至同一人在不同的时间及场合下，对于持续时间的预估也有不小的差异。而持久战的具体战法，国共双方明显不同，也会连带影响到持久战究竟要多久的时间预判。此外，持久战的时间性取决于国内国际的各方面因素，而在战争进行过程中，这些相关因素此消彼长，不断发生变化，势必导致战争时长的改变。凡此种种，都是抗日持久战研究的题中应有之义，而以往较少涉及。由此不仅可以推进关于抗日持久战的认识，也有助于进一步探究国共两党的持久战战略及其实施，以及国共关系对全面抗战进程的重大影响。

第一节　战前及初期预估

迄今为止的研究显示，中共领导人毛泽东并非最早提出抗日战争必然是持久战之人，却可以说是最早系统阐述持久战及其战略方针并且最为深入之人。值得注意的是,毛泽东始终强调对日抗战是持久战,却并不主张对持久抗战的具体时间作出预判,而是坚持概括指出影响持久战时长的主要因素,作为判断的基本依据。早在 1936 年 7 月 16 日,即西安事变前 5 个月,卢沟桥事变前 12 个月,在与美国记者斯诺的谈话中,毛泽东回答后者的提问时就明确指出:中国战胜并消灭日本帝国主义要具备三个条件,即中国抗日统一战线的完成、国际抗日统一战线的完成和日本国内人民及日本殖民地人民的革命运动的兴起。其中中国人民的大联合是主要的。至于"这个战争要延长多久呢?""要看中国抗日统一战线的实力和中日两国其他许多决定的因素如何而定。即是说,除了主要地看中国自己的力量之外,国际间所给中国的援助和日本国内革命的援助也很有关系。如果中国抗日统一战线有力地发展起来,横的方面和纵的方面都有效地组织起来,如果认清日本帝国主义威胁他们自己利益的各国政府和各国人民能给中国以必要的援助,如果日本的革命起来得快,则这次战争将迅速结束,中国将迅速胜利。如果这些条件不能很快实现,战争就要延长。但结果还是一样,日本必败,中国必胜。只是牺牲会大,要经过一个很痛苦的时期"。①

上述论断,显然是毛泽东深思熟虑的结果,因而在《论持久战》中不仅完整引述,而且择要作为与抗战十个月经验相互印证的结论的基本论点。

既然抗日战争是持久战,一般人自然会像斯诺一样,追问战争大概会持续多长时间。毛泽东很可能多次面对各方面人士提出类似的问题,所以在《论持久战》中专门做出概括性回应:"战争的长期性是确定了的,但战争究将经过多少年月则谁也不能预断,这个完全要看敌我力

---

① 《和美国记者斯诺的谈话·论反对日本帝国主义》(1936 年 7 月 16 日),中共中央文献研究室编:《毛泽东文集》第 1 卷,第 401 页。

量变化的程度才能决定。一切想要缩短战争时间的人们，惟有努力于增加自己力量减少敌人力量之一法。具体的说，惟有努力于作战多打胜仗，消耗敌人的军队，努力于发展游击战争，使敌之占领地限制于最小的范围，努力于巩固和扩大统一战线，团结全国力量，努力于建设新军和发达新的军事工业，努力于推动政治、经济和文化的进步，努力于工、农、商、学各界人民的动员，努力于瓦解敌军与争取敌军的士兵，努力于国际宣传争取国际的援助，努力于争取日本的人民及其他被压迫民族取得其援助。做了这一切，才能缩短战争的时间，此外不能有任何取巧图便的法门。"①

由此可见，毛泽东不赞成对持久抗战究竟要延续多长时间做出具体预判，因为持久战时间的长短取决于三方面条件的消长变化，不能用固定的静态作为依据，以免造成错觉幻想，影响持久抗战的决心和信念。

在不愿预判持久抗战时长的同时，毛泽东主要是从缩短持久战时间的角度谈论这一问题。1938 年 7 月 2 日，他在同世界学联代表团的谈话时，回答所提问题"中国是否有什么条件可以缩短这一持久战的时间呢？"其答复是："要缩短战争时间，必须加强三个条件。第一个条件，是中国的统一战线更加巩固与扩大，这是基本的。在统一战线的方针下，各项工作须大大地发展与进步，这些工作多发展与多进步一分，战争时间就能缩短一分。"第二是日本国内人民的帮助。如果日本的士兵与人民更多地觉悟一分，战争时间也就可以缩短一分。第三是世界各国的帮助。如这些帮助更多更快，那末战争就会缩短。三个条件互相关联，中国、日本、世界各种反法西斯的势力互相影响，互相帮助。世界和平不能分割，"这三个条件多具备一分，则战争时间就能缩短一分。

---

① 毛泽东：《论持久战》，《解放》周刊第 43、44 期合刊，1938 年 7 月 1 日，第 18 页。

这是中国共产党与各抗日党派及全体人民的任务，同时也是日本及世界各个先进政党与全体人民的任务"。抗日战争是持久战，"但我们应极力争取尽可能缩短时间的条件，如没有这些条件，则缩短时间只是空想"。①

尽管如此，毛泽东心中对于持久战的长期性仍然有一个相对而言的时间判断。在 1938 年 10 月 12 日的《抗日民族战争与抗日民族统一战线发展的新阶段》一文中，毛泽东专门讨论了古今中外"特定的历史条件与主观能力的优劣决定战争的发展过程"的战例，认为历史上的战争分为三类：第一类是一阶段完结，如 1905 年的日俄战争、意阿战争、中国的北伐战争。原因是双方强弱不同，指导能力优劣不敌。第二类是两阶段完结，如法俄战争、中国的赤壁之役、淝水之役。虽然两军强弱不同，但弱者善于利用其他优良条件，给以正确指导，故于退却之后，接着反攻，战胜敌人。第三类是三阶段完结，如外国的七年战争、八年战争、三十年战争、百年战争、第一次世界大战（特别是西战场）。"这类战争的特点，在于有一个较长的或很长的相持阶段"，中日战争即属于第三类战争。和其他同类战争一样，"这是由于双方不同的历史条件与不同的战争指导集团之特殊情形而造成的"。② 第三类战争的一个共同特点，就是由于相持阶段的存在，所以持续时间较长或很长。抗日战争作为第三类战争，时间性可以同类战争为参照。所以毛泽东始终坚持认为抗战必然会出现极为艰苦的相持阶段，坚决批评速胜论的盲目乐观和亡国论的悲观失望。

其时武汉保卫战即将结束，毛泽东总结抗战 15 个月的经验，认为主要证明了三方面：第一，抗日战争是长期的不是短期的，因而抗战的

① 《同世界学联代表团的谈话》（1938 年 7 月 2 日），中共中央文献研究室编：《毛泽东文集》第 2 卷，第 133—134 页。

② 毛泽东：《抗日民族战争与抗日民族统一战线发展的新阶段》（1938 年 10 月 12 日），《解放》周刊第 57 期，1938 年 11 月 25 日，第 10—11 页。

战略方针是持久战而不是速决战。第二，中国的抗战能够取得最后胜利，悲观论者没有根据。第三，支持长期战争与取得最后胜利之唯一正确的道路，在于统一团结全民族，力求进步与依靠民众。这些中共早就多次指出的认识，抗战的实践证明完全正确。毛泽东还引述了蒋介石1937年双十节讲话抗战非一年半载可了的内容，作为反对速胜论的依据，再次强调抗战的长期性和艰巨性。①

毛泽东的主张，显然得到中共领导层的认同，或者说，本来就是中共集体意志的体现。中共党政军领导人在论述持久战之时，极少对战争可能持续的时间做出具体预判，而主要是强调要做好长期艰苦奋斗的各种准备，以应对可能出现的任何艰难困苦。

与中共相较，国民党和国民政府当局的持久战思想不仅在政治军事战略方针方面差异显著，而且具有很大的不确定性。其中之一，就是关于持久抗战的时间性预判，存在诸多不稳定因素，反映出国民党领导层对于究竟什么是持久战，持续多久才算是持久战，充满了各种模糊的认识。

全面抗战爆发，国民党和国民政府在战与否的问题上一直有所迟疑，开始只是被动应战，但明确此后的局势"就只有牺牲到底，无丝毫侥幸求免之理。如果战端一开，那就是地无分南北，年无分老幼，无论何人，皆有守土抗战之责任"。② 也就是说，中日之间的全面战争已经发生。1937年双十国庆纪念，蒋介石发表告全国军民同胞书，表示"我们要认定这次抗战断不是一年半载短期间可以了结的事，要预想到今后的困苦艰难只有一天天的加重，因此必须准备着一切来担当比今天还要艰难困苦到几十倍的境遇。我们唯有立定牺牲到底的决心，才能达

---

① 毛泽东：《抗日民族战争与抗日民族统一战线发展的新阶段》，《解放》周刊第57期，1938年11月25日，第7—10页。

② 《对于芦沟桥事件之严正表示》（1937年7月17日），秦孝仪主编：《总统蒋公思想言论总集》卷14，第585页，"演讲"。

到民族生存的目的"。① 只是这样的公开声言与内心的真实想法距离较远。

卢沟桥事变之前,国民党和国民政府的确已经确立了持久抗战的战略,并据以制定了全面的分区作战计划。可是其领导层对于持久抗战内心深处不免有些忐忑,希望或幻想战争可能因为各种变化而尽早结束。淞沪会战开始,国军取攻势,8 月 13 日,蒋介石在日记中记到:"倭寇战争持久时期约可一年。""以战术补正武器之不足,以战略补正战术之缺点,使敌处处陷于被动地位。"②因为日军在上海陆续增兵,战局一度僵持不下。10 月 15 日,蒋希望"相持半年,迟至明年三月,倭国若无内乱,必有外患,须忍之"。③ 两天后,他与军政部次长陈诚谈话,首要之事,就是"如何使上海战事维持至明春"。④ 虽然蒋介石自称"沪战未列入整个抗战计划之内,一时与局地之得失无关全局之胜败",⑤其实很希望上海战事持久能够引起国际干预,恢复卢沟桥事变前的原状。在此期间,蒋介石乃至一些国军将领口中的持久战,不无长期坚守阵地,等待国际局势生变的意味。所以有研究者认为这时国民党的持久战是战役性而非战略性的。⑥ 从实行的层面看,一定程度上言之成理。

蒋介石在"七七"事变后,尤其是 8 月 7 日南京国防会议和国防联席会议后,下决心抗战,并且后来基本上一直坚持抗战,虽然也曾几度徘徊,毕竟不背初衷,可是仍然担忧战争导致局势恶化,危及其统治权

---

① 《中华民国二十六年国庆纪念告全国军民同胞书》,秦孝仪主编:《总统蒋公思想言论总集》卷 30,"书告",第 244—245 页。

② 《蒋中正日记》1937 年,1937 年 8 月 13 日,第 96 页。

③ 《蒋中正日记》1937 年,1937 年 10 月 15 日,第 121 页。

④ 陈诚著,林秋敏、叶惠芬、苏圣雄编辑校订:《陈诚先生日记》初版(一),台北,"国史馆"、"中研院"近代史研究所,2015 年,第 171 页。

⑤ 《蒋中正日记》1937 年,1937 年 10 月 26 日,第 125 页。

⑥ 王树荫:《抗日战争初期国民党的持久战战略初探》,《史学月刊》1987 年第 4 期,第 106—111 页。

位。其抗日决心，尚不到义无反顾、坚定不移的程度，长期抗战可能导致的负面后果，让他感到忧心忡忡。在 1937 年 12 月的本月大事预定表中，他"考虑长期抗战之最恶劣场合：甲、各省军阀割据，国内分崩离析；乙、共党乘机捣乱，夺取民众与政权；丙、散兵游勇，到处抢劫，民不聊生；丁、人民厌战，共党煽动，民心背弃；戊、政客反动离间，各处伪政权纷起；己、各国与倭妥洽瓜分中国；庚、倭俄以中华为战场，陷于西班牙水深火热地位；辛、财政竭蹶，经济枯槁，社会纷乱"。① 这样的情景，在其脑海心中简直就是噩梦般的存在。

直到 12 月 11 日南京保卫战败局已定，蒋介石重新调整"持久抗战时期变化之预测"，提出："甲、如何挽回外交局面与信用。乙、强化政府，健全组织。丙、团结内部，信任健生。丁、控制共党，勿使捣乱。戊、使敌疲困。己、国际干涉。庚、准备三年苦斗。"②所预期的持久时间显著延长。关于持久抗战的时限，蒋介石还征求过其他国民党和国民政府要员的意见。立法院院长孙科后来提到："当前两年（即 1938 年），本席从欧洲回来时，蒋委员长曾问我意见，以为我们抗战应当持续多久，我当时说，至少应准备一个再打三年的计划。"③蒋介石的三年苦斗是总期限，孙科是再打三年或至少是四年。

话虽如此，蒋介石有时仍然不切实际地期待出现意外转机。武汉保卫战期间，1938 年 8 月 31 的本月反省录称："本月底敌军不克攻破我田家镇之防线，则其攻汉之方针必将变更。如 9 月中旬仍能在现阵线对峙，则可使形成持久停顿之状态，但亦必须至明年春季，敌军方得屈服。如国际能发生变化，则或能提早解决亦未可知耳。故此时对俄

---

① 《蒋中正日记》1937 年，第 139 页。

② 《蒋中正日记》1937 年，1937 年 12 月 11 日，第 143 页。

③ 孙科：《利用国际时机促成我抗战胜利》（在立法院第四届第一百九十五次会议谈话会报告，廿九年十月卅一日上午十时十五分至十一时十分），《中苏文化》第 7 卷第 6 期，1940 年 12 月 15 日，第 5—8 页。

美与国联之外交,尤应特别注意也。"①9 月 5 日又记:"我军固守武汉之作用,重在第三国之调停与国际之变化也。如能固守核心三月,则我南北野战军整补就绪,又可在武汉与敌持久抗战也。"②不过这样的想法很快有所调整,次日蒋即表示,"经济则自力更生,军事则独立作战……固守武汉核心,非企图国际干涉,实自信南北两岸主力必可以武汉为中心,互相呼应,以期击灭敌军也"。③ 前后反复,摇摆不定,恰好显示蒋心存侥幸,对于抗战的持久性认识存在偏差。

1938 年"八一三"战事一周年纪念之际,蒋介石发表了告战地同胞书,宣称:过去十三个月,我们至少取得四方面显著的胜利:一、战略上,粉碎速战速决。二、政略上,粉碎以华制华。三、精神上,三民主义深入人心。四、外交上,得道多助。经过一年抗战,"敌人失败的命运,早经决定,我们最后胜利的主要条件,已经具备"。只要在武汉予敌严重打击,"最后胜利的日子,就在不远的将来"。④ 媒体节录报道时,标题即为《最后胜利在不远的将来》。

到 1938 年 9 月上旬,国际局势渐趋明朗,"俄自张鼓峰停战协定以后,于三年内,再无加入远东战争之望;而英美虽竞争造舰,但在三年内,亦决无干涉中倭战事之望。此时大势更明,我应速定五年抗战计画:甲、巩固根据地;乙、改造经济;丙、改造政治;丁、改造党与军;戊、改造教育与社会;己、组织单纯政府,实行三民主义,以期自力更生,独立抗战而已"。⑤ 战争的预期时间再度延长,新订五年计划再加上已经过

① 萧李居编辑:《蒋中正总统档案——事略稿本》第 42 册,第 243 页。

② 《蒋中正日记》1938 年,1938 年 9 月 5 日,第 79 页。

③ 《蒋中正日记》1938 年,1938 年 9 月 6 日,第 79 页。

④ 《"八一三"周年纪念告战地同胞书》,秦孝仪主编:《总统蒋公思想言论总集》卷 30,"书告",第 286—288 页。

⑤ 黄自进、潘光哲编:《蒋中正总统五记——困勉记》下册,1938 年 9 月 9 日,第 629 页。

去的一年零两个月，总时间已经长达六年有余。

　　蒋介石的摇摆，反映出他对抗战及其前途的态度多少有些暧昧。1938 年 11 初，他于日记中反省到："既知持久抗战是民族惟一出路，为何复有徘徊迟疑？此心既决，毋再为群议所撼。"①实则他之所以徘徊迟疑，是因为一方面认识到非持久抗战，国家民族永无出头之日，个人也荣辱相系，另一方面，又对抗战的前景不大乐观，明知妥协议和是死路一条，仍未根本放弃。1939 年 5 月 10 日，南昌会战国军反攻受挫，29 军军长陈安宝阵亡，蒋介石面对"最近前方军队牺牲，后方人民苦痛，共党到处扰乱，官吏不能自拔，前途茫茫，而敌军若不发生其国内革命或国际战争，则敌国无觉悟与悔祸和平之意，思之似更艰难。然而事在人为，敌之国内革命与国际战争之引起，皆可由我为之，若以此为必须经过长久之时间，则修短安危，惟有听之于天父耳"。②慨叹之余，只能祈求神灵，听天由命。5 月 23 日，他判断"此次抗战欲达到目的，决非三年短期间所能完成，故事事应从根本与自立上做起"。从全面抗战初期以固守阵地为持久，转为以熬时间为持久。但仍然不免寄望于外力，认为"英美海军扩充完成后，远东均势恢复，则和平有期矣"。③

　　一再延长持久的时限，意味着之前的预判只能不断改期，因为有确切的具体时间，对内对外都意味着未能兑现承诺，或是暴露出战略判断失准。尤其是面对热切盼望抗战胜利的全体国民，最高军政当局的预期越短，民众的期望就越大，也就越容易转而悲观失望，使政府陷入难以交待的被动局面。1939 年 10 月 20 日，蒋介石致电宋子文："中国抗

①　《蒋中正日记》1938 年，1938 年 11 月 2 日，第 99 页。
②　《蒋中正日记》1939 年，1939 年 5 月 10 日，第 65 页。
③　《蒋中正日记》1939 年，1939 年 5 月 23 日，第 70 页。

战之始即公告国民以三年为期,今抗战已逾三年,尚未能败敌获胜。"①总结利弊得失,从此,蒋介石本人公开发表意见时,对持久战所需具体时间的判断较为谨慎,只是不断强调只要服从其领导指挥,贡献全部力量,就一定能够取得最后胜利。

无论一年半载还是三年五年,与抗战实际持续的时间相比,都远远不够。全面抗战爆发不久,宋子文对英国《每日捷报》驻华记者说:中国经济上可以支持两年之久,必要时仍可延长。② 如果以此为据,判断中国持久的能力强于日本,实在是误导国人的严重误判。中国抗战进行到 20 个月时,有人声称:最后胜利当然毫无疑义,然而还要多少时期可以达到最后胜利呢? 有许多人是在疑问的。日本速战速决破产,高唱百年战争,白崇禧则表示"我们准备千年战争"。也许意志薄弱的人听了这话,会感到苦闷,因为不知这次的战事到那一天才可结束! 其实日本的百年战争是夸大,白崇禧的话,也不过表示抗战到底,不达最后胜利不止的意思而已。不久前孙科说,明年今日日本将向中国求和,使许多人听了很兴奋;而蒋介石的顾问美国传教士席丕德日前向路透社记者表示,中国战事将至少延长三年,其结果中国终属胜利。这会使人想到究竟还要多少年中国可得最后胜利。其实,"最后胜利,已经是不成问题的了,至于时期的长短,我以为谁都不能肯定的说是一年,是二年,或是三年,因为这要看全体人民的努力如何;如果希望这战事快些结束,快达最后胜利,那末惟有大家一致站在自己的岗位上努力!"③也就

①　《蒋中正致宋子文电》(1940 年 10 月 20 日,《蒋中正总统文物》典藏号:002—080106—00023—004。引自吕芳上主编:《蒋中正先生年谱长编》第 6 册,第 424 页。

②　宓用:《抗战到底》,《汗血周刊》第 9 卷第 18 期,1937 年 11 月 7 日,第 34—35 页。

③　叶山:《最后胜利还要几年》,《华美》第 1 卷第 47 期,1939 年 4 月 1 日,第 1099 页,"短评"。

是说，还是要回到毛泽东指明的路线上来。

具体参与负责军事的陈诚，是国军将领中谈论持久战较多的高级指挥者，先后发表过《持久抗战应有的认识》《持久抗战的几个重要点》《持久抗战的战局谈》等言论文字，和其他人论持久战的文章一起，被汇编为《陈诚将军持久抗战论》的专书。开始他说："我们再三说过，此次对倭作战，纯为赌国运之存亡。我们国家民族的兴衰生死，完全视乎这一战……即使抗战至三年五载，牺牲到千百万兵员，甚至退守到兰州、迪化，我们也还能一心一德，继续奋战，与敌人决最后的雌雄，争最后一口气。我们深信中国有无穷的人力物力，尤其是有着精神上至大的毅力，只要咬紧牙关，持久到底，中国自有翻身的一日。截至现在止，仅仅两月多的战斗，敌人已经疲于奔命，暴露了许多弱点。将来战争延长半年以上，谁能说敌人国内不发生政治经济的崩溃，引起内部的叛乱和国际的干涉呢？总之，牢记着一句话吧：谁能够支持到最后一分钟，谁就是最后的胜利者！"[1]后来则改为："作战一经开始，便须抱定三五年如一日的精神，确信大家只有沉着坚定，百折不挠地朝前干去，无论如何，总要坚持到三年五年，以争取最后的胜利。"[2]由持续半年以上就可能使日本发生经济崩溃，引起内部叛乱和国际干涉，到总要坚持到三年五年才能争取最后胜利，前者的三年五载不过假设最坏情况，后者的三五年如一日，却是已经意识到必不可少了。

面向广大军民，陈诚有时也会对抗战前途有意做出比较乐观的估计，他在回答"抗战到底的程度在中国和日本军阀究竟打到什么时候为止呢？"的问题时，声称答案很简单，即到革命成功为止。至于何谓革命成功，如孙中山遗嘱所说，在求中国之自由平等。再具体说，如蒋介石

---

① 陈诚：《对于持久战应有的认识》（原载《救亡日报》），《抗战半月刊》第 1 卷第 5 号，1937 年，第 59—60 页。

② 陈诚：《持久抗战的几个重要点》，《陈诚将军持久抗战论》，战时生活社，1937 年，第 10—11 页。

所示,中国必须恢复其领土主权行政之完整。因为这是立国的基本条件,绝无丝毫可以放松的余地。不论前途如何艰险困难,只有淬励奋斗,不顾一切地向前迈进。这实在是一个相当高标准的战略目标,可是陈诚却断言:"在我们的脑海中,则只要大家努力,再有二年即可以完成我们当前的任务了。"推翻腐败的清朝费了数十年,打倒落伍的军阀花了十余年,"现在的日本帝国主义自称为世界第一等强国,我们能够在短短几年之内完成我们民族革命的任务,确是一件了不起的事业"。①明明是泰山压顶,却说得云淡风轻,固然有激励人心的积极作用,但难免引发轻而易举的错觉。

桂系的李宗仁为《反侵略》杂志撰文《反侵略与持久战》,认为近代弱小民族与帝国主义之间的国际战争,应以长期战、持久战对付速战速决。中国虽然丧失了许多土地和资财,仍然有广大的土地,众多的人口,丰富的资源,又是为民族解放而战,"即使延长十年八年,甚至数十年也可支持下去"。他沿用了日本经济崩溃和社会危机很快就会发生的观点,不过将持久战的时间大幅度延长。②

国民政府军事委员会副委员长冯玉祥是国民党高层中有名的抗日派,位尊而无实权,坚决拥护抗日,反对内斗。他非常关注各大国对中国抗日战争的态度,1937年11月17日,他散步时路遇其组织的研究室成员杨伯峻(1909—1992),杨告以:"一、闻杨杰在苏联谒见斯大林,斯问以中国兵力,与日作战能支撑若干时日。杨谓一年,斯不之信,杨谓至少能持八月。斯谓果尔则能支持至明春,则苏联将起而援之。"12月18日,美国驻华武官史迪威来见,"首询以中国抵抗尚能支持若干时日?我谓我国准备长期抗战,坚持到底,必予侵略者以最大之打击,完全恢复我民族之自由独立,方为停战之日,其期则一年半载尚未可必

---

① 《陈长官语录》,《奋斗》第1卷第6期,1941年9月15日,第24页。

② 李宗仁:《反侵略与持久战》,《反侵略》第1卷第3期,1938年9月17日,第37—38页。

也"。1939 年 10 月 25 日,他会见德国柏林大学医学博士罗耀明,回答其关于抗战前途的询问道:"以我的推测,敌人的经济匮乏,内部崩溃,受国际的压力,更多不过支持到明年。"[①]出于全力鼓动和支持抗战到底的意愿,冯玉祥对于持久抗战的时间预估,最为乐观,而且越是艰难困苦之时,就越乐观。

第二节　相持阶段中共的研判

全面抗战进入相持阶段,国共双方对于战争的阶段划分及其内涵的认识有着显著不同,并由此导致关于战争形势的判断和最后胜利时间点的研判出现较大差异。

在此期间,由于日军正面进攻趋缓,释放和谈空气,国民党和国民政府的压力减轻,发出国民总动员令,鼓吹抗战必胜与建国必成一体完成,强调加强统一,视中共为心腹之患,同时滞留或进入敌后的国民党军队加紧与八路军、新四军争夺控制权,使得国共之间的磨擦不断升级。由于国共冲突加剧,日军又加强对敌后抗日根据地的扫荡清剿,中共及其领导的军队遭受严重损失。而正面战场国军的整编训练效果不佳,士气甚至不如抗战初期。这一时期中国面临的艰难困苦,远远超出预期,使得本来就是难度最大、需时最长的相持阶段,持续时间进一步延长。

中共虽然很早提出抗日战争应该是持久战,最后胜利必然属于坚持抗战的中国,可是从来不认为中日战争只有一种结局。早在全面抗战爆发前,毛泽东回应外国记者怎样估计中日战争的结局的提问时就明确表示:

---

① 第二历史档案馆编:《冯玉祥日记》第 5 册(1937—1940),第 268、308、730页。

战争的结局有两种可能的前途：一是中国完全战胜日本帝国
主义，中华民族得到自由解放。国内统一战线的成功，人民与政府
的紧密团结，国际和平战线的胜利，日本国内和平势力的援助，是
争取此种前途的条件。但中国人民自己的团结与坚决的抗战，为
取得此种前途之最主要的和决定的条件；无此条件，则抗战是无前
途的。次之，就是日本帝国主义达到它的目的，把中国变为它独占
的殖民地，此种危险也是存在的。但这必由于中国人民的分散，不
团结，不抗战或不坚决不彻底的抗战，不联合世界上帮助它的友人
等条件下才发生此种危险，中国人民如果继续睡觉，房子就会被敌
人抢去。共产党为争取第一个前途斗争。民族统一战线的提出，
就是为争取第一个前途。我们号召各党派、各阶级坚决地反对中
国殖民地化，要求中国的自由与解放，并且为了取得这种自由与解
放的胜利，我们要同敌人斗争到底。①

**全面抗战爆发后，1937 年 8 月 25 日，中共中央在洛川举行会议，
所形成的"关于目前形势与党的任务的决定"指出：**

今天所发动的抗战，中间包含着极大的危险性。这主要的是
由于国民党还不愿意发动全国人民参加抗战。相反的，企图把抗
战看成只是政府的事，处处惧怕与限制人民的参战运动，阻碍政府
军队与民众结合起来，不给人民以抗日救国的民主权利，不去彻底
改革政治机构，使政府成为全民族的国防政府。这种抗战可能取
得局部的胜利，然而决不能取得最后胜利。相反的，这种抗战存在
着严重失败的可能。②

---

① 《抗日民主与北方青年》(1937 年 5 月 15 日)，中共中央文献研究室编：
《毛泽东文集》第 1 卷，第 502 页。

② 《中央关于目前形势与党的任务的决定》(1937 年 8 月 25 日)，中央档案
馆编：《中共中央文件选集》第 11 册(1936—1938 年)，第 325 页。

　　广州和武汉相继失守,汪精卫出走变节,国民党发生严重动摇,1939 年 1 月召开的国民党五届五中全会,透露出诸多不利于抗战的负面信息。2 月 25 日,中共中央发出"关于国民党五中全会问题的指示",指出蒋介石在五中全会前后曾一再宣称,抗战到底的意义,是恢复卢沟桥事变以前的状况;中日问题的解决办法,在于召集太平洋会议;对于共产党的政策,目前是联共与"防共",最后要达到以三民主义溶化共产党的目的,以及不依靠民众而依靠外援。这是由于对抗战的不彻底性和对外依赖性,以及对本国真正革命力量壮大的恐惧心的再一次暴露。①

　　面对形势的变化,中共很快作出反应,1939 年 6 月 10 日,在延安高级干部会议上,毛泽东专门做了反投降的报告,指出目前形势的特点是"国民党投降的可能已经成为最大的危险,而其反共活动则是准备投降的步骤。国民党投降的可能是从抗战开始就存在的,不是今天突然发生的,但成为时局的最大危险,则是目前政局中的现象。国民党反共也是从统一战线建立时就存在的,不是今天突然发生的,但把反共作为直接准备投降的步骤,则是目前的实际"。②

　　根据形势变化的特点,相持阶段可能出现几种情况:第一种最理想最希望的情况是,大部抗战,小部投降——即克服投降可能,取得大部抗战,打下去,除开破坏日本的政治阴谋之外,还停止它的军事进攻。第二种是大部投降,小部抗战,共产党与一切不愿投降的人是要继续抗战的,即使大部投降了,但只要能巩固小部,巩固抗战根据地,亦能与敌相持。"在站住了脚,不是继续后退了这一点上说来,在它是全国唯一的抗日军这一点上说来,这也是一种相持局面"。第三种是由小部再到

---

　　① 《中央关于国民党五中全会问题的指示》(1939 年 2 月 25 日),中央档案馆编:《中共中央文件选集》第 12 册(1939—1940 年),第 29—30 页。

　　② 《反投降提纲——在延安高级干部会议上的报告和结论的提纲》(1939 年 6 月),中共中央文献研究室编:《毛泽东文集》第 2 卷,第 196 页。

大部的相持阶段,"由于小部坚持抗战,坚持统一战线,坚持持久战,坚持国共合作,坚持三民主义,将投降派所把持的阵地分化过来,再争取大部抗战。那时,如果还不能对敌人反攻,则还是一个相持阶段"。其中第二种和第三种之间存在可以转换的关系,所以"我们力争第一种相持局面。不得已再是第二种,且其前途还有第三种"。①

既然抗战存在失败的潜在危险,既然相持阶段存在并不理想的两种可能,预判持久战到底要多久也就是抗战胜利的时间,显然是不恰当的。

值得特别注意的是,中共在 1944 年总结抗战时期党的发展时,也划分为三个阶段,时间及内涵与抗日持久战的划分有所联系,又明显有别。

按照中共的总结,作为中国人民势力增强的中心,中共在抗日时期的发展分为三个阶段。1937 年至 1940 年为第一阶段。在此阶段的头两年(即 1937、1938)内,日本重视国民党,轻视共产党,"故用其主要力量向国民党战线进攻,对它采取以军事打击为主、以政治诱降为辅的政策,而对共产党领导的抗日根据地则不重视,以为不过是少数共产党人在那里打些游击仗罢了"。1938 年 10 月日军占领武汉后,开始改变政策,"改为重视共产党,轻视国民党;改为以政治诱降为主、以军事打击为辅的政策去对付国民党,而逐渐转移其主力来对付共产党"。1937 至 1938 年,国民党"抗战是比较努力的,同我党的关系也比较好,对于人民抗日运动虽有许多限制,但也允许有较多的自由。自从武汉失守以后,由于战争失败和仇视共产党这种情绪的发展,国民党就逐渐反动,反共活动逐渐积极,对日抗战逐渐消极"。

1937 年共产党仅有 4 万左右有组织的党员和 4 万多人的军队,到

① 《反投降提纲——在延安高级干部会议上的报告和结论的提纲》(1939 年6 月),中共中央文献研究室编:《毛泽东文集》第 2 卷,第 215 页。

1940 年，党员发展到 80 万，军队近 50 万，根据地人口（包括一面负担粮税和两面负担粮税的）约一亿。"几年内，我党开辟了一个广大的解放区战场，以至于能够停止日寇主力向国民党战场作战略进攻至五年半之久，将日军主力吸引到自己周围，挽救了国民党战场的危机，支持了长期的抗战。"在此阶段，党内部分同志犯了轻视日本帝国主义和依赖国民党，缺乏清醒的头脑和缺乏独立的政策的错误，不注意战争的长期性和残酷性，主张以大兵团的运动战为主，而轻视游击战争，对国民党的投降主义，对于放手发动群众建立敌后抗日民主根据地和大量扩大我党领导的军队等项政策，发生了动摇。加上吸收了大量缺乏经验的新党员，新创的敌后根据地还没有巩固起来，由于时局开展和党与军队的发展，党内生长了骄气，许多人自以为了不得。

1941 年至 1942 年为第二阶段。日本为准备和执行反英美的战争，更加集中其主力于共产党领导的一切根据地的周围，连续进行"扫荡"，致使中共在这两年内处于极端困难的地位，根据地缩小，人口降到五千万以下，八路军缩小到 30 多万，干部损失很多，财政经济极端困难。同时，国民党发动了第二次"反共"高潮。这种困难地位教育了共产党人，学会了反"扫荡"、反"蚕食"、反"治安强化"、反"三光"政策和反"自首"政策；实行统一战线政权的三三制和土地政策，开展整顿三风、精兵简政、统一领导、拥政爱民、发展生产等工作，克服了许多缺点和第一阶段内许多人自以为了不得的骄气。这一阶段虽然受了很大的损失，但是打退了日寇的进攻和国民党的第二次"反共"高潮，站住脚了。同时克服了过左偏向，在反磨擦斗争中采取有理有利有节的原则，在统一战线中实行又团结又斗争和以斗争求团结的方针，保持了国内和根据地内的抗日民族统一战线。

1943 年起为第三阶段。各项政策更为见效，特别是整顿三风和发展生产，产生了根本性质的效果，使中共在思想基础和物质基础两方面立于不败之地。根据地的面积扩大了，根据地人口上升到八千余万，军队 47 万,民兵 227 万,党员发展到 90 多万。日本仍以打击共产党为主。1941 年以来的三年多,百分之六十以上的侵华日军对付中共领导的各个抗日根据地,而国民党留在敌后的数十万军队约有一半被敌消灭,一半投降,转而进攻中共。国民党只担负抗击不到百分之四十的日军和不到百分之十的伪军。"从一九三八年十月武汉失守起,整整五年半时间,日本军阀没有举行过对国民党战场的战略进攻,只有几次较大的战役行动(浙赣、长沙、鄂西、豫南、常德),也是早出晚归,而集中其主要注意力于我党领导的抗日根据地。在此情况下,国民党采取上山政策和观战政策,敌人来了招架一下,敌人退了袖手旁观。"于是国民党的国内政策更加反动,发动了第三次"反共"高潮,结果又被打退。①

　　在 1944 年 5 月召开的中共六届七中全会上,党在抗日时期三个阶段的发展的论述写进了工作报告,②成为全党意志的体现。与持久战的三阶段相比较,时间上相持阶段被分成三截,在战略退却阶段,国共关系较好,国民党抗日较为有力,在战略相持阶段初期,国民党转而"反共",并在党的发展三个阶段分别各发动过一次"反共"高潮。党的发展三阶段的划分,一方面凸显中共在相持阶段的重要地位和重要作用,以及在日本侵略者和国民党的夹击之下艰难求存的战斗历程,说明为了坚持敌后抗日,争取理想结果,避免不利局面,中共付出了巨大牺牲,取得了显著成效,实现了在敌后站住脚的战略目标,另一方面,虽然反攻阶段尚未到来,但是中国抗日阵营内部的力量对比已经发生了重要变化。随着日军在太平洋战争中逐渐失利,面对美国的反攻以及纳粹德国的摇摇欲坠,日本力图打通平汉、粤汉两条铁路,并对重庆施压,计划大举进攻国民党战线。河南战役日军不过几个师团,国民党几十万军

---

　　① 毛泽东:《学习和时局》(1944 年 4 月 12 日),《毛泽东选集》第 3 卷,第 941—945 页。

　　② 《在中共六届七中全会上的工作报告》(1944 年 5 月 21 日),中共中央文献研究室编:《毛泽东文集》第 3 卷,第 138—141 页。

队不战而溃，显示出几年来国民党历行反动政策的恶果。国民党五年半的消极抗日积极"反共"，养成极端腐化状态，战斗力严重丧失，今后必将遭到严重的挫败。而共产党五年半的苦战奋斗，战斗力显著增强。这将决定今后中国的命运。①

《论持久战》的三阶段划分，面向包括国民党、国民政府军政当局在内的全国军民，主要是以中日对抗为视角，按照这样的划分及其相关论述，直到 1945 年 7 月，通过战略相持转入战略反攻的阶段实际上尚未到来，漫长的战略相持阶段固然要保持抗战必胜的信念，但是因为失败危险的存在，以及不利局面的可能，很难也不宜对胜利的具体时间做出预判。而中共抗战时期党的发展三阶段的划分，则是分别以敌后战场和正面战场为视角，说到底，其实是以国共在抗战中的地位作用为依据进行划分。

一个月后，在 1944 年 6 月 14 日发表的《纪念联合国日，保卫西安与西北！》一文中，毛泽东论道："中国从抗战开始，即形成了两个战场，敌后战场与正面战场。一九三七年七月至一九三八年十月武汉失守，敌主力向正面战场进攻，但是八路军新四军却向敌后前进，开辟了几个广大的敌后战场。武汉失守后，敌人开始改变其战争政策，对国民党正面战场以政治诱降为主，以军事进攻为辅，而逐渐移转其主力于敌后对付共产党，直至今年三月，整整五年半时间，主要的打击力量都落在共产党及敌后人民身上。最高峰时，六十万日军及九十万伪军的总数中，共产党担负的几达四分之三。然而我们是没有任何接济的，各抗日根据地又是被敌人分割了的。五年半中，敌对正面战场只作过几次战役性质的作战，都是早去晚归，并无战略的与占领性质的进攻。国民党统治人士在此期间的政策，是招架与观战的政策，敌来招架，敌去袖手，而

----

① 毛泽东:《学习和时局》(1944 年 4 月 12 日)，《毛泽东选集》第 3 卷，第 944—945 页。

注其全力于防制人民,压迫民主与反对共产党。这个政策,贯彻于其一切党政军机构中,顽固执着,不愿稍变,以迄今日。"

1944年4月17日以后,日本为了救死,改变以政治诱降为主,转而以军事进攻为主。敌人并未丧失战斗力,可是国民政府与国民党统治人士,却因长期执行不适宜的政策,而陷于几乎丧失战斗力与束手无策的境地,军队不战而溃,或一触即溃,官兵脱节,军民脱节,作战仅50余日即退入潼关,西安震动,又准备退却。

敌后战场以1941及1942两年为最困难时期,在敌人主力重击之下,根据地人口土地和军队都缩小了。由于坚持奋斗,执行中共中央的各项适宜的政策,打退了敌人一切进攻,终于站稳了脚。1943年、1944年则举行广泛的进攻,又夺回了大批的土地,解放了广大的人民,八路军新四军恢复元气,并且发展了,华北、华中、华南三大敌后战场合计,共有正规军与游击队47万,民兵200万,而且经验丰富了,质量提高了。敌人原欲摧毁敌后战场,再攻正面战场,不得已,被迫同时应对两个战场。

"这本是极好的形势,只要我们的政府及国民党统治人士愿意修改自己的政策,就能振奋士气,击退敌人进攻。有如此坚强与如此广大的敌后战场存在,只要正面稍作有力的回击,即足退敌。敌人并不多,截至目前止,豫、湘、粤三处进攻部队合计不过十几个师团,难道以倾国之力还不能给它打回去吗?而无如至今还只看到自己的退却。这是完全没有理由的,为什么共产党能够站住,能够进攻(虽然现在尚不是战略性的进攻,尚不能攻破大城市),国民党反而不能站住,不能进攻呢?"[1]

关于敌后战场与正面战场国共抗击日伪军的概况,并非整个抗日战争期间的一般情形。按照毛泽东的说法,日军以对付敌后共产党为

---

[1] 《纪念联合国日,保卫西安与西北!》,《解放日报》1944年6月14日,第1版,"社论"。

主,是在相持阶段,而且最高值是抗击日军的 60％和伪军的 90％,也就是说这一数值一直有所变动。1944 年 6 月 22 日,第十八集团军参谋长叶剑英向中外记者参观团介绍中共抗战的一般情况,根据当年 3 月的材料,敌后的华北、华中、华南三个战场,日军在华兵力共 34 个半师团,约 56 万人。其中华北敌后日军有 9 个师团,8 个独立旅,两个骑兵独立旅,合计 14 个师团,约 22 万人,八路军抗击了 11.75 个师团,占 84％强。[①]

显而易见,尽管抗日战争的战略反攻阶段尚未来临,中共已经足够自信其战斗力经受住了抗战各种艰难困苦的磨炼和考验,积聚起足以决定今后中国命运的强大力量,开始实现"由'壮气军'地位到实力领导地位"的转变。[②]

在战胜日本的诸因素中,国共双方都充分认识到国际支持必不可少,尤其是国际反法西斯战线结成,与国际法西斯阵营形成全面对垒,抗日战争的胜负及时间,很大程度上将取决于国际反法西斯战争的进程。受此影响,对于持久战的具体时间一直坚持谨慎判断的中共,却在最艰苦的时期出现过一次误判,从而给自己造成一定程度的被动。

1941—1942 年,在日伪和国民党的夹击之下,中共领导的抗战力量元气大伤,中共中央清醒地认识到首要的任务是站稳脚跟,求得生存,然后才能谋发展,因而不断向八路军、新四军和各敌后根据地发出指示,实行熬时间的长期分散游击战,反对空喊运动战,没有可能集中

---

① 《中共抗战一般情况的介绍》(1944 年 6 月 22 日第十八集团军参谋长叶剑英与中外记者参观团的谈话),中央档案馆编:《中共中央文件选集》第 14 册 (1943—1944 年),第 603 页。

② 《中日战争爆发后的形势与任务》,中共中央文献研究室编:《毛泽东文集》第 2 卷,第 9 页。

最大力量对敌进行消灭战,运动战要绝对减少。① 坚持长期战争,军事方针是坚决反"扫荡",如不"扫荡",除进行必要的游击战争,应利用时间休养生息,宣传战绩。② 太平洋战争爆发后,中共判断将是长期战争,日军正从华北、华中抽兵南进,"重庆政策是仅用游击队对敌,不用主力与敌对峙,让敌撤走。我军亦应取此政策"。1941 年我根据地受了很大损害,应乘日军在华取守势,集中精力恢复元气,军事上不可采取大规模攻势。③ 直到 1942 年 6 月 20 日准备"七七"事变五周年纪念时,中共中央决定的宣传口径还是"抗战第六个年头,将是接近于战败日寇的年头,同时也是抗战最困难而应做绝大努力的年头"。④

　　可是,纪念日来临之际,中共中央发布的宣言却突然高调宣称:"今年打败希特勒,明年打败日本,我们应有此信心,应为这个目标而共同奋斗……在时间问题上,如果说苏英美三国今年有打败希特勒的把握,那么中英美三国明年便有打败日寇的把握。"⑤同时中共中央还发布告抗日根据地全体党员和八路军新四军将士书,进一步用各项数据说明:"苏英美与反侵略同盟国在今年内打败希特勒法西斯具备了充分的条件……预计在今年——一九四二年战胜希特勒。我们在明年打败日本,同样具备充分的条件……今年打垮德国,明年打垮日本! 熬过最后

---

① 《中央革命军事委员会关于抗日根据地军事建设的指示》(1941 年 11 月 7 日),中央档案馆编:《中共中央文件选集》第 13 册(1941—1942 年),第 212—213 页。

② 《中央关于太平洋战争爆发后敌后抗日根据地工作的指示》(1941 年 12 月 17 日),中央档案馆编:《中共中央文件选集》第 13 册(1941—1942 年),第 264 页。

③ 《中央、军委关于一九四二年中心任务的指示》(1941 年 12 月 28 日),中央档案馆编:《中共中央文件选集》第 13 册(1941—1942 年),第 272 页。

④ 《中央关于纪念"七七"抗战五周年的决定》(1942 年 6 月 20 日),中央档案馆编:《中共中央文件选集》第 13 册(1941—1942 年),第 403 页。

⑤ 《中国共产党中央委员会为纪念抗战五周年宣言》(1942 年 7 月 7 日),《解放日报》1942 年 7 月 7 日,第 1 版。

难关的两年，就会有最后胜利！"①两天后，毛泽东还指示刘少奇，国内外形势是很有利的，反希特勒斗争今冬明春就有胜利希望，如此则明年秋冬就有战胜日本希望。山东为八路军新四军集中到东北的转移枢纽，要做好准备。②

社会舆论也有与中共相同的乐观预计，而且持续时间很长。新闻界有名的"大炮"龚德柏就在复刊的《新中华》放言《最后胜利在望矣》，宣称："最后胜利将于一九四三年内光临。西战场即欧洲战场有百分之百把握；东战场即太平洋战场有百分之九十九把握。"他详细分析了两个战场的形势，断言"解决德国，快则一二月内，慢则半年，最迟也不过八个月"。德国投降后，英美将全力对付日本，苏联也会参战，"日本即不先投降，最多也不过费半年光景，即可把日本完全解决。所以全部最后胜利的到来，总在一九四三年内"。③

好在很快中共中央就对这种过度乐观的判断予以纠正。1942年7月20日，刘少奇致信陈毅等人，要求将克服困难，度过今后两年，与准备反攻和战后新中国的工作密切联系起来。④ 不到一个月，1942年8月4日，毛泽东指示陈毅，根据地缩小，必然要到来，"不论华中华北，都不能维持过大军队，如愿勉强维持，必难持久，一九三四下半年中央苏区的经验我们不应忘记"。华中军队预计20万，不算党政，总数太大。"明年必是非常困难的一年，其困难程度为目前许多人所不能想象"。"内战时还可以有长征，现在则绝不能有长征。如使根据地民力财力迅

① 《中国共产党中央委员会告抗日根据地全体党员和八路军新四军将士书》(1942年7月7日)，《解放日报》1942年7月7日，第1版。

② 《关于掌握山东问题的指示》(1942年7月9日毛泽东致刘少奇)，中央档案馆编：《中共中央文件选集》第13册(1941—1942年)，第419—420页。

③ 龚德柏：《最后胜利在望矣》，《新中华》(重庆)复刊号，1943年12月1日，第71—78页。

④ 刘少奇：《克服困难，准备反攻，为战后建立新中国创造条件》(1942年7月20日)，《建党以来重要文献选编(1921—1949年)》第19册，第378页。

速枯竭，弄到民困军愁，便有坐毙危险。现在华北山东须下绝大决心，实行彻底的精兵简政，否则到了明年必不能维持"。①

1943年1月5日，毛泽东又电示陈毅、饶漱石新四军行动的总方针："整个抗战，尚须准备两年，你们须想各种办法熬过两年，保持我军基本骨干，不怕数量减少，只要骨干存在，即是胜利。我们正与国民党谈判，将新四军编为八路一个军，取得合法地位，并答应国民党于胜利后开至黄河以北，以期继续合作，共同建国。目前国共已接近一步，但要具体解决悬案，恐尚须拖一时期。在远东慕尼黑危险即国民党投降危险存在时期，我们向江南浙东发展是必要的。在此种危险已不存在，我们须准备在战后与国民党继续合作时，我们即须准备于战后开至黄河以北，这是总方针。"②中共中央书记处也发出指示："在敌寇扫荡下华中敌后形势可能日趋严重，你们须动员全党准备在最严重形势下坚持斗争，并以大力去开展敌占区及敌占城市中伪军伪组织和人民中的合法工作，以便配合我之武装斗争及在必要时隐蔽干部等。在根据地中一切工作方式切忌张扬，以免引起敌人警惕。报纸、学校、工厂应少办，政治攻势的口号亦不应提出，而应采取各种复杂的方法来保存我之力量，以便渡过今后最危险的两年。"③

上述意见并非专门针对新四军和华中根据地，1943年1月11日，中共中央对晋察冀边区第一届参议会发表宣言所作指示也明确指出："目前晋察冀边区形势的特点是边区极大部分地区日益游击化，根据地

---

① 《关于华中精兵简政问题的指示》（1942年8月4日毛泽东致陈毅），中央档案馆编：《中共中央文件选集》第13册（1941—1942年），第424—425页。

② 《关于新四军行动总方针的指示》（1943年1月5日毛泽东致陈毅、饶漱石电），中央档案馆编：《中共中央文件选集》第14册（1943—1944年），第5页。

③ 《中央书记处关于坚持华中敌后斗争和保存干部给陈毅、饶漱石的指示》（1943年1月10日），中央档案馆编：《中共中央文件选集》第14册（1943—1944年），第7页。

日益缩小，处境日益困难，而严重的困难则还在今后。"①3 月 16 日，毛泽东在政治局会议上讲话时谈到："德国是今年被打坍还是明年？首先是第一种可能性，第二种可能性（今年不能打坍，没有开辟第二条战线等）也要估计到。这两种可能性中现在还不能完全确定是哪一种。总的估计：日本是扶汪打蒋的方针。国民党在日本进攻下，外援不至，要求内援。国共关系有好转可能。中国抗战有打七八年的可能。我们仍要坚持两年到两年半。"②这一判断，不仅是对半年前预言打败日本的时间修订，也基本接近整个全面抗战进程的实情。

　　尽管关于打败日本的预判是以欧洲战场打败纳粹德国为前提，并迅速做出改变，中共中央罕见地提出战胜日本的具体时间，而结果又未能实现，还是给分散的根据地党政军领导和各地军民带来相当程度的困扰。1943 年 5 月 1 日，中央书记处不得不就何时打败日本问题的宣传工作指示各中央局及中央分局，说明相关情况并提出解决办法。据称：此事源于苏、美、英约定于 1942 年开辟第二战线，苏联据此提出同年打败德国的口号。可是英美并未兑现开辟第二战线的承诺，三国又无新的约定，就没有继续宣传此种口号。在当时不但可以而且应该提出此种口号以为动员努力的目标，而情况变化时，宣传必须随之变化。中共提出 1943 年打败日本的口号，是与苏联相呼应，也是不但可以而且应该。既然英美没有履行诺言因而打败德国没有实现，"我党即不应继续宣传此种口号，而应向群众解释今年所以还不能打败日本的原因，鼓励群众坚持努力争取胜利"。于此中宣部过去宣传要点曾有所解释，去秋以来的《解放日报》亦已改变论调。但有个别根据地的领导同志不知道宣传应随情况变化而改变，"不但不去作正当解释，反而机械的继

---

　　①　《中央对晋察冀边区第一届参议会发表宣言的指示》（1943 年 1 月 11日），中央档案馆编：《中共中央文件选集》第 14 册（1943—1944 年），第 9 页。

　　②　《在中央政治局会议上讲话的要点》（1943 年 3 月 16 日），中共中央文献研究室编：《毛泽东文集》第 3 卷，第 9 页。

续宣传今年打败日本的口号,以至引起人们怀疑,提出询问,仍然不知道如何解释,屡电中央询问"。

鉴于 1943 年英美是否开辟第二战线,或苏联能否独立打败希特勒,尚不能断定。如果年内能打败德国,则明年自有可能打败日本,否则还要推迟时间。中共中央书记处明确指示:"各地宣传,在目前几个月内不要去强调打败日本的时间,等到欧洲形势充分明朗时,中央及《解放日报》自有指示。""对于过去的口号,在疑问者多需要公开解释地方则公开解释之,仅有个别同志询问者则个别答复之,无疑问地方则不作解释。"同时强调:"各中央局及分局须作长期坚持打算,准备再作两年至三年的极端艰苦斗争,并须准备或有的意外变化。如胜利早临,我们并不吃亏,如胜利延迟,我们早有精神准备及工作准备。"①

第三节　国民党抗战阶段的划分

国民党方面,预期持久战的持续时间,与其对持久战阶段划分的模糊有着内在关联。1938 年 10 月 12 日,武汉保卫战结束前夕,毛泽东发表了《抗日民族战争与抗日民族统一战线发展的新阶段》的文章,其中特别指出:"所谓持久战,所谓长期战争,表现在什么地方呢?表现在战争的三个阶段之中。如果承认持久战或长期战争,又不赞成三个阶段,那末,所谓持久与长期就是完全抽象的东西,没有任何的内容与现实,因而就不能实现任何实际的战略指导与任何实际的抗战政策了。实际上,这种意见仍属于速胜论,不过穿上'持久战'的外衣罢了。"②这一论述,对于国民党具有很强的针对性。

---

①　《中央书记处关于何时打败日本问题的宣传工作的指示》(1943 年 5 月 1日),中央档案馆编:《中共中央文件选集》第 14 册(1943—1944 年),第 36—37 页。

②　毛泽东:《抗日民族战争与抗日民族统一战线发展的新阶段》(1938 年 10月 12 日),《解放》周刊第 57 期,1938 年 11 月 25 日,第 11 页。

国民党虽然同样主张对日抗战是持久战，可是如何划分持久战的阶段，以及各阶段的内涵究竟是什么，却含糊其辞，前后不一。1938 年9 月，蒋介石研究抗战的阶段，分为消耗战、防守战和反攻三段，形式上似乎与《论持久战》相差无几，甚至可能就是受了《论持久战》的影响。[①]但是 1938 年 11 月 25 日主持南岳军事会议第一次会议讲述开会宗旨时却宣称：抗战的时期，从卢沟桥事变到武汉退军、岳州沦陷，是第一时期。从前所说开战到南京失陷为第一时期，鲁南会战到徐州撤退为第二时期，保卫武汉为第三时期，这种说法都不适当，应即改正。这次抗战，依照预定的战略、政略来划分，只有两个时期，第一个时期为截至现在为止的十七个月抗战，从今以后的战争，才是第二期。第一期战略，是拿劣势的军备，一面逐次消耗优势日军，一面根据抗战的经验，来培养自己的力量，以逐渐完成最后战胜的布置。第二期抗战，是转守为攻、转败为胜的时期。[②]

1939 年 10 月 29 日，在第二次南岳军事会议上，蒋介石又进一步明确宣称：此次湘北之役，战略上本来取守势，后乘势转进，获得决定的胜利，可知日军已疲，国军进攻的时机已到。防御为第一期战略，第二期应见敌破绽，即取攻势，反守为攻，转静为动。此次抗战一定要与世界战争连接起来，并要与世界战争同时结束，才能获得最后的胜利。现在欧战已起，中国抗战转胜，东亚、西欧两大战争，已经连接起来，可以说中国第一步目的完全实现。第二步目标就是争取最后胜利，勇猛坚定抗战下去，以承接欧战结束的新局势。[③]

按照上述说法，在蒋介石看来，抗日战争只有战略防御和战略反攻

---

① 《蒋中正日记》1938 年，1938 年 9 月 17 日，第 83 页。

② 《第一次南岳军事会议开会训词》，秦孝仪主编：《总统蒋公思想言论总集》卷 15，"演讲"，第 484—497 页。

③ 《第二次南岳军事会议开会训词》，秦孝仪主编：《总统蒋公思想言论总集》卷 16，"演讲"，第 420—427 页。

两个阶段,第二阶段是由战略防御直接转入战略进攻。国民政府的各级政工部门,就是按照这一口径进行解释和宣传。浙江省政府政治工作指导室为宣传蒋介石 1938 年 12 月 26 日训词发出公启:"各县政工队:此篇训词系我最高领袖对今后抗战重要指示,谨系登《新力》,希令各队员详细诵读,共同研讨,务期息能洞彻,广为宣传。"《新力》为《浙江日报》副刊,训词为:抗战已进入新阶段,最近屡次指明过去十六个月可名为第一期抗战,就是抗战的前期,今后是第二期抗战,就是抗战后期。[①] 抗战分为前后期,也就是只有两个阶段。所以有人认为:抗战二十八个月,证实我方胜利的必然性和种种计划的正确。现在抗战早已过了最初的消耗战时期,即相持时期也将过去,而进于积极的总反攻时期了。以台儿庄胜利为相持时期的贵重收获,鄂北和湘赣大胜便是积极反攻的初步表现。[②] 此说的相持时期即蒋介石的防守战,与消耗战一起,只占整个抗战的不长时间。比照毛泽东的论断,国民党的持久战就是不赞成三个阶段、披着持久战外衣的速胜论。尤其是相持阶段是否存在含混不清,由战略防御直接转为战略反攻,使得持久战的长期性得不到具体体现。

然而,在 1944 年 2 月 13 日再次出席南岳军事会议时,蒋介石却突然宣布:第二期抗战已将结束,我军对敌反攻作战即将开始。[③] 其训词称:第一次南岳军事会议曾经宣布自 1937 年"七七"卢沟桥事变至 1938 年冬武汉撤退为止,是第一期抗战结束,第二期抗战开始。"我们的抗战,经过这整整五年的奋斗牺牲,到今天又已经进到了一个新的转

---

①　《不懈怠不屈服必得最后胜利——蒋委员长二十七年十二月二十六日训词》,《新力》第 2 卷第 19 期,1939 年 1 月 5 日,第 4—9 页。

②　学普:《胜利的最后一步》,《现代青年》新 1 卷第 1 期,1939 年 11 月 10 日,第 4—5 页。

③　《第四次南岳军事会议开会训词》,叶惠芬编辑:《蒋中正总统档案——事略稿本》第 56 册,台北,"国史馆",2011 年,第 305 页。

掂点——就是第二期抗战已将结束，我军向敌反攻决战的阶段——第三期抗战开始的时候到了。这个决战时期的军事，与第一、二期抗战的军事，原则上固有许多相同之点，但一切组织、技术、以及战略战术，随着战局的转移，和国际形势的演进，都必须有一番新的认识、新的改进、和新的运用。"①

此说看似与1938年9月的说法接近，却明显有违第一、第二次南岳军事会议的论述，所谓抗战依照预定的战略政略来划分，只有两个时期，容不下中间有一个相持阶段。如果说"第二期抗战，就是我们转守为攻、转败为胜的时期"，还有可以解释的余地，那么与世界战争连接起来的中国抗战的第二步"就是争取最后胜利"，就只能解释为第二期抗战是战略反攻。既然战略反攻早在1938年底已经开始，为何到1944年初还要再度开始战略反攻？如果战略反攻迟至1944年2月才开始，抗战第二时期的内容究竟是什么？所谓转守为攻、转败为胜、反守为攻，如果不是战略反攻，又是指什么？如果抗战第二期不是战略反攻，那么"第二步目标就是争取最后胜利"，又将如何实现？这些前后矛盾的说法，作为最高统帅的蒋介石大概很难自圆其说。

仔细推敲上述文本，联系相关的语境，第一次南岳军事会议蒋介石的说法，很大程度上是为了应对武汉失守以及前期一连串重大挫折所引发的内部动摇和普遍指责，意在说明战略退却不仅是意料之中，而且是整个既定战略不可或缺的组成部分，目的是要诱敌深入，使日军陷入进退维谷的境地。尤其是平津失陷时，不能将全国所有的部队调到华北去与敌人争一城一地的得失，而要将主力部队机动使用，节节抵抗，逐步消耗敌人，一定要先引诱到长江流域来。"这种战略的布置已经完成，尤其敌人侵入广州以后，特别可以助成我们这种战略上的最后胜

---

① 《第四次南岳军事会议训词（一）——我军对敌反攻的两个方案与现代军人应有之素养》，秦孝仪主编：《总统蒋公思想言论总集》卷20，"演讲"，第327—328页。

利。"日军兵力的使用,已经到了最大限度,且其派到中国境内的部队,随战区之扩大而力量分散,已疲敝不堪。① 既然第一期战略目标已经达成,日军已成强弩之末,接下来国军顺理成章就要转入战略进攻。至于第二次南岳军事会议,适逢欧战爆发,本来蒋介石就将抗战获胜的希望很大程度寄托在国际形势的变化之上,想方设法将列强拖入战局,尽管他心知肚明坚持抗战必须依靠自力更生,还是迫不及待地将东亚与西欧两大战争联系起来,认定欧战起即中国抗战转胜。按照这样的逻辑,第一次南岳军事会议的所谓转折是东亚尤其是中国自己的,第二次南岳军事会议的转折则是整个世界的,所以到欧战爆发中国才完全实现了第一步战略目的。②

可是局势的发展出人意料,纳粹德国横扫欧洲大陆,以法国为首的十余国很快投降,英国陷入苦苦支撑的危局,美国继续保持局外中立,供应日本各种战略物资,大发战争财,原来支持中国抗战较力的苏联,也因为欧洲方面压力大幅度增加,不得不寻求与日本缓和关系,避免两面受敌的不利局面。国民党借着正面战场压力减轻之机,提出抗战建国,实行练兵整军,但不敢发动民众,改革政治,反而一味强化集权,排斥异己,坚决"反共",结果官员腐败,士气消沉,战力下降,通胀严重,民不聊生,只要日军决心进攻,就难以坚守,而国军的反攻,则毫无胜算。抗战必胜,最后胜利必属于我,成了一句空洞的口号,连最高统帅对于抗战前景也充满悲观。

由于国民党过早喊出反攻的口号,又并未具备致胜的实力,做好获胜的准备,反而陷入政治被动,不得不一而再再而三地许下难以兑现的

---

① 《第一次南岳军事会议开会训词》,秦孝仪主编:《总统蒋公思想言论总集》卷15,"演讲",第486—487页。

② 费正、李作民的《抗日战争时期国民党"持久消耗战"与共产党持久战方针之比较》(《南京政治学院学报》1987年第3期第44—48页)认为国共持久战的阶段划分为"两阶段论"与"三阶段论"之别,大体不错,具体仍有可议。

空头支票。1939 年，陈诚指挥赣湘与鄂北战事取得胜利，在新闻记者招待会上宣称："吾人不望在今年或明年获胜，但若续战三五年，吾人终必获最后胜利也。"①陈诚相对持重，他协助薛岳指挥湘北战事，反对坚守长沙，薛岳一再抗命，才险中取胜。因为长沙保卫战的胜利，薛岳在《阵中日报》1940 年元旦特刊上放言："中华民国二十九年是中华民族的胜利年。"②可是局部胜利其实并未改变整个战局的基本态势。

冯玉祥最喜欢用胜利的预言来鼓舞士气，坚定民众的抗战决心。他的 1938 年元旦献辞与全国同胞互勉，说是"抗日年"，1939 年说是"抗战胜利年"，1940 年则说是"实现抗战最后胜利年"。为此，他不惜一再表示拥护内心极其不以为然的最高领袖，宣称："在今年获取抗日战争的最后胜利，已经具备了许多可能的条件，并且我们必须用最大最后的努力来实现它。"敌人军事失败，外交孤立，内政扰攘，财政危机，我们军事胜利，内政进步，财政稳固，外交多助，加上国民代表大会的选举和召集，敌弱我强形势的改变日益明显，可以肯定，二十九年里必定使敌人获得决定的最后失败，而我们获得决定的最后胜利。要扩大团结。拥护政府和领袖，肃清汉奸，百折不挠，努力向胜利迈进。③

1940 年 10 月 31 日，孙科在立法院第四届第 195 次会议谈话会上报告：日本已经没有办法，"不一定还能够支持一年，也许明年双十节，我们不但可以到南京庆祝，或者可以到长春庆祝国庆呢！"④广西军管区副司令黄旭初 1941 年的元旦献词即《迎最后胜利年》，他预告"我们

---

① 《中国必得最后胜利·中国能将陈诚公开谈话》，《华美》第 2 卷第 6 期，1939 年 6 月 3 日，第 146 页。

② 吴忠亚：《一年来抗战胜利总结》，《九政月刊》第 2 卷第 1 期（新年特大号），1941 年 1 月 1 日，第 41—42 页。

③ 冯玉祥：《二十九年是抗战最后胜利年》，《中央周刊》第 2 卷第 25、26 期合刊（廿九年新年特辑），1940 年，第 4—5 页。

④ 孙科：《利用国际时机促成我抗战胜利》，《中苏文化》第 7 卷第 6 期，1940 年 12 月 15 日，第 5—8 页。

伟大的最后的胜利,即将到来!"粤北、桂南、鄂北的胜利,已经奠定了我们全面的最后胜利的初基。根据敌我气势的消长和战事形势的转变,"我想,今年——民国三十年,我们在军事上一定可能获得最后胜利的"。"敌人接近总崩溃之期,是当不在远的。"① 而 1942 年广东省政府主席李汉魂再度宣布《迎接最后胜利年》,认为"过去一年间的国内外态势,均说明我们的抗建已临最后成功的前夜,今年必定是我们争取最后胜利实现的时候"。在迎接最后胜利年的今天,每个人都应该加倍警惕,贡献自己的一切。②

　　不切实际的预言,与军事当局的夸大其词颇有关联。1940 年总理纪念周,长期担任军政部部长、后来又兼任国民政府军事委员会参谋长的何应钦报告说:从去年一月起,敌我死伤为一比一,敌人每日死伤五千人以上。以 168 万人计,不消一年就死完。媒体据以得出结论:"一九四零年是中国抗战胜利之年,不但是中国每一个人民有此信心,即世界的观察家,均有此信心。"呼吁不要松懈,更加努力争取胜利,"那么胜利在今年,是一定靠得住的了"。③ 有人还引述薛岳、白崇禧、蒋介石等人的意见,如白崇禧最近在中枢纪念周报告南北战场日军共 52 个师团,至少 100 万人,加上 4 年来 180 万以上的死伤,已占可用兵员的90%。重压之下,除了全盘崩溃,没有活路可走。"我们可以肯定的说,现在是已到了敌人全盘崩溃的前夕,南宁溃退实就是全盘崩溃的开始!""民国二十九年已是我们中华民族的胜利年,希望民国三十年更是我们中华民族的最后胜利年! 这实在一点也不难,只要我们能在未来

---

　　① 黄旭初:《迎最后胜利年——为民国三十年元旦纪念作》,《广西省政府公报》第 970 期,1941 年 1 月 1 日,第 2—4 页。

　　② 李汉魂:《迎接最后胜利年》,《南路抗建》第 2 卷第 4 期,1942 年 3 月 15日,第 2—3 页。

　　③ 东:《抗战胜利在今年》,《时事半月刊》第 3 卷第 4 期,1940 年 1 月 5 日,第37—38 页。

一年中比去年更加努力！"①实则南宁是日军主动放弃，最后胜利也不会轻易到来。

何应钦本来对于抗战甚为消极，在 1937 年 2 月 17 日的军事委员会会议上，他报告两小时，"一、武器不如人不能作战；二、日本能兵八百万；三，武器好的东北军不作战；四、中国六团不能打日本一团"。闻听之下，冯玉祥"气的手足发凉，周身发抖了有两次，每次有十几分钟"。冯认为："一、军火要同日本平等，何时能平，恐无日矣！二、有好军火的不打仗，可以证明军火之不可靠，不抵抗将军，恐日病将军带之，定无法抵抗"，并以赤壁之战以少胜多为例，说明敢战才能取胜。②

大体掌握实情的蒋介石当然不会轻信何应钦等人的说法，他渴望胜利，以利于巩固自己的地位和维护自己的形象。1940 年的最后一天，他检讨国内外情势，"本年预期促成敌国内溃之条，虽尚无事实足证，然其效渐见，离此不远，再加一年之努力奋斗，其庶几乎"。③ 1941 年底至次年 1 月的第三次长沙会战，日军损失惨重，蒋介石喜不自禁，"长沙胜利，实为七七以来最确实而得意之作也"。④ 1943 年 6 月，鄂西战事转败为胜，"实为抗战六年中最重要之关键"。⑤ "外国记者与武官视察鄂西战地回渝，对我抗战悲观心理完全改变，皆认我军队与民众对抗战胜利确有把握"，令蒋介石颇感欣慰。⑥ 这些局部的胜利，不仅成为支撑蒋介石继续抗战的支点，而且被当做不断预示最后胜利的凭借。1943 年抗战建国六周年前夕蒋介石播讲"告全国军民书"，就宣称"今

---

① 吴忠亚：《一年来抗战胜利总结》，《九政月刊》第 2 卷第 1 期（新年特大号），1941 年 1 月 1 日，第 41—42 页。

② 第二历史档案馆编：《冯玉祥日记》第 5 册（1937—1940），1937 年 2 月 17 日，第 51—52 页。

③ 《蒋中正日记》1940 年，1940 年 12 月 31 日，第 190 页。

④ 《蒋中正日记》1942 年，1942 年 1 月 10 日，第 9 页。

⑤ 《蒋中正日记》1943 年，1943 年 6 月 6 日，第 82 页。

⑥ 《蒋中正日记》1943 年，1943 年 7 月 4 日，第 96 页。

后一年为联合国奠定最后胜利基础的一年"。①

可惜的是,这样令人鼓舞的喜讯实在太少,国军在正面战场反攻乏力,任由日军进退;在敌后战场更加难以立足,大批降敌变成伪军;而中共的军队却在沦陷区取得优势,影响极为深远。1941 年 6 月 14 日,蒋介石手示军令部长徐永昌:敌军自去年对我各战区轮流反复扫荡,以消耗我兵力,使我无修养整补之暇,不能对敌作整个反攻之计。自此方略实施以来,我军处处被动,未能有一次反攻,始终任敌来攻,屡次出击计划,未能实施一次。此不惟使敌气日张,而且为我革命军在战史上最大之耻辱。除空军外,其他武器装备,并不弱于敌军,地形、人数、气候、民情则优于敌军。官兵终年疲劳,兵力日日消耗,如此敌军虽不能对我致胜,而我军必将消耗与疲劳而致败矣。② 尤其是长沙第二次会战显示,国军的"军纪与战斗力亦年不如年,且高级将领与幕僚人员又不肯细心研究,不切实求进步,更为可虑也"。③ 湘北战事,"中央军精锐部队损失三个军,此乃指挥不良所致,而各军实力亦远不如前,此为最可忧虑之事也"。④

1944 年元旦,蒋介石书告全国军民同胞:再度宣称"今年为对日军最后决战的一年,只须大家执行共同作战所定方略,必可使敌寇片甲不返"。⑤ 可是内心十分清楚,这些豪言壮语多少有些打肿脸充胖子,因为数日后他反省 1943 年的情形,于军事方面着重指出:"本年危机以军事为最大,军政滞钝麻木,军纪弛懈不振,士气亦消沉虚弱,

---

① 秦孝仪主编:《总统蒋公思想言论总集》卷 32,"书告",第 31 页。

② 《蒋中正致徐永昌手示》(1941 年 6 月 14 日),《蒋中正总统文物》,典藏号:002—020300—00004—072,引自吕芳上主编:《蒋中正先生年谱长编》第 6 册,第 569—570 页。

③ 周美华编辑:《蒋中正总统档案——事略稿本》第 47 册,第 178 页。

④ 《蒋中正日记》1941 年,1941 年 9 月 30 日,第 137 页。

⑤ 叶惠芬编辑:《蒋中正总统档案——事略稿本》第 56 册,第 4 页。

最为忧惶。而且敌寇既不攻俄，则其陆军可以全力攻我，不难占领重庆、昆明或西安之一处。果尔，则军事失败，人心动摇，大局崩溃可立而待。"①

果然，日军为了支撑太平洋战局，在中国对正面战场重新发动全面攻势，无论南北战场，人数占据优势，装备也大为改善的国军到处都是一触即溃，令蒋介石惊呼："自抗战七年以来，军事局势之严重，未有如今日之甚者。"②为此，美国强力施压，要求将中国战场的指挥权交给史迪威，以解救危局。当年的抗战纪念，蒋介石大为头痛，慨叹"七七告书以今年最难措词，故研讨亦切，在此各种横逆与战败之来临，实惟有忍字诀与硬字决以应之，成败存亡惟有听之于天命而已"。③ 直到年底，日军攻势不减，国军形同溃败，连国民政府的陪都重庆，也危在旦夕。所谓反攻决战年，却几乎沦落到败亡的边缘。

第四节　突然来临的胜利

1944 年 6 月，美国副总统华莱士经由苏联来华，声称："中国抗战第八年，将为日本在中国、在亚洲及太平洋上侵略的最后一年。"有了美国人的保证，国民党中央秘书长吴铁城敢于宣告："世界战局大势所趋，这个决战阶段，就是敌人总崩溃的一年。"盟邦应给予更大的物质和精神援助，使中国在大陆上迅速反攻，这对世界反侵略战争的胜利具有决定性作用。④ 国民政府主席蒋介石也重拾信心，于 1944 年国庆日向全国军民播讲："我们神圣抗战已经七年有余，现在最后胜利已经摆在面

---

① 《蒋中正日记》1943 年，1944 年 1 月 8 日，第 197 页。
② 《蒋中正日记》1944 年，1944 年 5 月 28 日，第 74 页。
③ 《蒋中正日记》1944 年，1944 年 7 月 1 日，第 93—94 页。
④ 吴铁城：《艰苦奋斗争取最后胜利》1944 年 7 月 7 日，《中央党务公报》第 6 卷第 14 期，1944 年 7 月 16 日，第 9—10 页。

前,我们具有充分的信心,相信今后的一年,是抗战达到最后胜利的一年,也是我们完成革命最后奋斗的一年。惟一重要的问题,就是我们在这一年之中,如何奋勉自强,以达成这伟大时代所赋予我们的任务。"①

针对蒋介石的双十节演说,毛泽东专门为新华社写了评论文章,基本定调为:"空洞无物,没有答复人民所关切的任何一个问题,是蒋介石双十演说的特色之一。"蒋介石说大后方尚有广大土地,不怕敌人,是因为寡头专政的国民党领导者们,没有什么改革政治抗住敌人的意图和本领,但是没有正确的政策和人的努力,光靠"土地"一项现成资本,抵挡不住日本侵占剩余土地的威胁。蒋介石正是强烈地感到了敌人的威胁,才向人民反复申述没有威胁,反复地说不要"丧失我们的自信",反映出在国民党队伍中,在国民党统治区的社会人士中,已有很多人丧失了信心。蒋介石试图重振信心,却不从政治、军事、经济、文化的任何一个政策或工作方面去找振作的方法,而是拒谏饰非,将国内外对国民党军事政治的批评议论指为相信了"敌寇汉奸造谣作祟"的缘故。其实敌寇汉奸从来没有批评过国民党的寡头专政,抗战不力,腐败无能,对于国民党政府的法西斯主义的政令和失败主义的军令,反倒十分欢迎。因为保存现在这样天天压迫人民和天天打败仗的政府和统帅部,正是敌寇汉奸的希望。蒋介石及其一群历来是日本帝国主义诱降的对象,双方经常保持联系,进行秘密谈判,所以日本只"反共"而不再"灭党",日寇进攻越紧急,联系和谈判就来得越多。②

毛泽东的评论火力全开,而且是公开正式抨击国民党和国民政府的最高领袖,在第二次国共合作期间并不多见。这反映出抗日战争中国的力量组合起了重大变化,其变化的程度虽然尚未根本改变中日之

① 《中华民国三十三年国庆纪念告全国军民同胞书》,秦孝仪主编:《总统蒋公思想言论总集》卷32,"书告",第82页。

② 毛泽东:《评蒋介石在双十节的演说》(1944年10月11日),《毛泽东选集》第3卷,第1007—1009页。

间的力量对比，却使得国共之间的强弱关系发生逆转，中共方面必须适时调整战略部署。

通过统一战线争取抗战的领导权，壮大中共及其军队的力量，实现由"壮气军"到实力领导地位的转换，领导中国军民争取抗战的最后胜利，是中共在抗战爆发前已经制定的战略目标。经过相持阶段艰苦卓绝的奋战，到 1944 年 6 月，全军已有 47 万，民兵 210 万，"欲以此在反攻前坚持与发展根据地是够用的，但欲以此在反攻时夺取大城市与交通要道，最后驱逐日寇出中国，并对付从国民党方面来的可能的国内突然事变（从背后来的袭击），则是不够用的……非有一倍至数倍于现有的军事力量，不能胜任"。随着日军转而进攻正面战场，美国对日进攻更加积极，我们可能与应该在敌后扩大根据地与扩大军事力量。但目前人、财、物力严格限制，敌人可能从正面及满洲抽兵，可能出现 1941、1942 年那样的极端困难时期，我军极端分散游击，集中整训与集中作战极少，退步了。除若干条件优越地区外，一般不能扩大军队，中心政策是加紧整训现有军队，准备扩军条件。[①]

1944 年 12 月 15 日，毛泽东在陕甘宁边区参议会上的演说《一九四五年的任务》，宣布截至 1944 年 11 月止，已有 65 万八路军、新四军及其他人民抗日军队，二百多万民兵，九千万解放区人民。我们仍比敌人弱，补充扩大军队，"均以不加重人民财政负担为条件"。[②] 10 天后，中共中央发出关于目前形势的分析与任务的指示，其中的几条致为关键，即"（二）蒋军溃败不堪，重庆及国民党区域人心皇皇。各界人民，包括许多工业家，大学教授及许多国民党员对蒋失望，希望共产党拿出办法来，我党在国民党区域人民中的威信，极大地提高。（三）蒋的全部正

①　《中央关于整训军队的指示》（1944 年 7 月 1 日），中央档案馆编：《中共中央文件选集》第 14 册（1943—1944 年），第 261—262 页。

②　毛泽东：《一九四五年的任务》（1944 年 12 月 15 日），《解放日报》1944 年 12 月 16 日，第 1 版。

规军,包括杂牌在内,已降到不足二百万,中央军的战斗力已极大下降"。"(十一)最近八个月,中国政治形势起了一个大变化。国共力量对比,已由过去多年的国强共弱,达到现在的国共几乎平衡,并正在走向共强国弱的地位。我党现在已确实成了抗日救国的决定因素。""(十三)对日战争时间将延长,可能还有数年之久。我党须利用今后两年增强抗日力量。"要注意发展生产、城市工作和扩大解放区三方面。内战时期,我党不懂得发展生产,节省人力,以致后来精力枯竭,不能持久。现在"战争愈持久,我们愈丰富,愈强盛,数年之后,我们将出现为中国最强有力的政治力量,由我们来决定中国命运"。如数年后,达到 100 万至 150 万有纪律、有训练的军队,有充足的粮食及日用品,中国的命运就可由我们掌握了。[①]

在中共中央发出上述指示的当天,《解放日报》将毛泽东的《一九四五年的任务》作为社论发表,公开指出:"整个反法西斯战争有很大的胜利,打倒希特勒明年就可以实现。我们唯一的任务是配合同盟国打倒日本侵略者。"由于国民党当局仍然固执其一党专政及失败主义的政策,拒绝一切有利于抗战、团结与民主的建议,人为分裂中国人民的抗日力量,导致正面战场的战事节节失败。只有艰难缔造的广大的中国解放区,执行了孙中山先生的革命三民主义,即新民主主义,团结各界人民,建立了英勇的军队,粉碎了一切敌人的进攻,并能发动攻势,收复了广大的失地。"一九四五年应该是中国人民抗日战争更大发展的一年。全国人民都希望我们解放区能够救中国,我们也有这样的决心与勇气。我希望我们解放区的全体军民一齐努力,不论是共产党人与非共产党人,都要团结一致,为加强解放区抗日工作而奋斗,为组织沦陷

[①] 《中央关于目前形势的分析与任务的指示》(1944 年 12 月 25 日),中央档案馆编:《中共中央文件选集》第 14 册(1943—1944 年),第 431—434 页。

区人民而奋斗, 为援助大后方人民而奋斗, 为建立民主的联合政府而奋斗。"①也就是说, 中共中央同时向全党和全国人民宣布, 中国共产党将不再是统一战线的弱势一方, 即将成长为决定中国命运的强者, 希望全国各界各方团结起来, 促成这一历史性转折, 不仅要争取抗日战争的最后胜利, 而且要准备在战后改变中国的走向。

1945 年 4 月 24 日, 毛泽东在中共七大所做政治报告《论联合政府》中, 专门论述了"抗日战争中的两条路线", 他说: "当我在这里做报告的时候, 我们的军队已发展到了九十一万人, 乡村中不脱离生产的民兵发展到了二百二十万人以上。不管现在我们的正式军队比起国民党现存的军队来(包括中央系和地方系)在数量上要少得多, 但是按其所抗击的日军和伪军的数量及其所担负的战场的广大说来, 按其战斗力说来, 按其有广大的人民配合作战说来, 按其政治质量及其内部统一团结等项情况说来, 它已经成了中国抗日战争的主力军。"②中共军事力量的加速增长, 十个月内几乎翻倍, 使其越来越具有领导抗战乃至决定战后中国命运的实力。

不能指望由国民党领导中国取得抗日战争的胜利乃至革命建国的成功, 必须发展壮大中国共产党的组织、军队和政权的政治路线, 在写作《论持久战》时, 已经置于毛泽东的全局考量之中, 这也是他政治上坚持统一战线中的独立自主和军事上坚持独立自主的敌后山地游击战作战方针的重要原因。而这样的政治路线由可能性开始转变为现实, 发生于抗日战争的相持阶段。

早在皖南事变后的 1941 年 5 月, 针对日军的趁机大举进攻正面战场和国际局势对国民党"反共"造成强大压力, 毛泽东就电告彭德怀:

---

① 毛泽东:《一九四五年的任务》(1944 年 12 月 15 日),《解放日报》1944 年 12 月 16 日, 第 1 版。

② 毛泽东:《论联合政府》(1945 年 4 月 24 日),《毛泽东选集》第 3 卷, 第 1038—1039 页。

"目前国民党非常恐慌,望我援助甚切。判断在日寇此次打击下,国民党不能不向我讨好,国共地位将发生根本变化,我党在抗战中将日益占据领导地位。因此,我们的基本方针是团结对敌,是配合作战,但决不为国民党激将法所冲动,而是周密考虑情况,给以有计划的配合。"①

1943 年 6 月 1 日,毛泽东致电彭德怀,分析国民党现状,并指示关于我党今后的工作方针,其中明确指出:"国民党对敌、对外(英美)、对共、对民、对党(中央与地方、西西与复兴)五方面均无妥善办法,危机日渐增长……凡此均使抗战局势,处于日益困难地位。抗战还须准备三年,彼时中国情况如何,深堪注意。"为此,"我党应在此三年中力求巩固,屹立不败。对敌应用一切办法坚持必不可少之根据地,反扫荡反蚕食之军事斗争与瓦解敌伪之政治斗争均须讲究最善方策。对国民党应极力避免大的军事冲突,使彼方一切力量均用于对敌上……如能实施上述各项,不犯大错,我党即可立于不败之地"。② 政治责任的加重,使得中共对于抗战胜利的时间判断更加谨慎,不敢有分毫的闪失。

国民党抗战无能,使得中日战争继续延长,而中共应善于利用矛盾,和日伪蒋进行斗争,巩固既有成果,确立于不败之地。是年底,毛泽东就目前形势下的敌后任务指示邓小平:"太平洋战争两年,中日战争六年余,日本实力仍相当强大,且据太平洋之险,英美反攻非易事。"国民党在相持阶段力量减弱,而日本财阀、军阀间矛盾减少,千方百计坚持持久战争。"特别处于敌后之华北须有充分准备,再坚持三五年。"③

---

① 《团结对敌有计划地配合友军作战》(1941 年 5 月 14 日),中共中央文献研究室、中国人民解放军军事科学院编:《毛泽东军事文集》第 2 卷,第 641 页。

② 《对国民党现状的分析和关于我党今后的工作方针的指示》(1943 年 6 月 1 日毛泽东致彭德怀电),中央档案馆编:《中共中央文件选集》第 14 册(1943—1944 年),第 44—45 页。

③ 《关于目前形势下敌后任务的指示》(1943 年 12 月 16 日毛泽东、彭德怀致邓小平电),中央档案馆编:《中共中央文件选集》第 14 册(1943—1944 年),第 138—139 页。

这一方面是为了进一步消除之前预判 1943 年可以战胜日本的负面影响，防止轻敌和准备不足，更重要的还是要避免出现大的失误，导致力量受损，造成在决定中国命运走向的紧要关头处于不利地位。

鉴于确保领导实力的需要以及吸取之前判断落空的教训，防止出现长征前苏区财政凋敝无力支撑的局面，加上对国际反法西斯力量投入对日作战的时间程度难以把握，而日本还具有相当的实力，国民党又始终不放松"防共限共"等情况，中共对于抗战最后胜利到来的时间估计格外慎重。1945 年 6 月 24 日，中央指示湘鄂赣区党委、湖南人民抗日救国军军政委员会各同志对日、对国的战略方针："我军的战略方针是在日寇占领区域实行分散的游击战争，建立与扩大解放区，缩小沦陷区，建立与扩大军队、游击队与民兵，削弱敌军、伪军与联敌攻我之顽军。对于国民党军队不应该超过自卫立场，只有在国民党军队向我进攻，妨碍我在敌占区的抗日战争，而又在兵力对比有利的条件下，才可以集中相当数量之兵力，站在自卫立场上给以反击，取得胜利，其目的也在于便利我党在敌占区建立解放区。不应在干部与战士中灌输专门打顽军或主要打顽军的思想，而应向他们灌输主要打敌伪军，只在自卫立场上打顽军的思想，以提高他们在敌占区建立解放区的认识与情绪。"因此，"集中兵力在国民党统治地区和国民党优势兵力反复地多次地打大仗，不但在军事上是不利的，而且在政治上是不利的"。

至于取得抗战最后胜利的时间，中央判断"现在距日寇崩溃只应估计尚有一年半，时间很迫促，而在湘中衡、宝、潭、醴地区建立解放区，在目前是可能的，在日寇崩溃后要继续存在、坚持，将是很困难的。那时有使我军处于极困难地位，甚至被迫北返之可能，而且不能和广东力量打成一片，违背着在南方一翼建立局面，以便在国民党发动内战时牵制国民党一翼的战略意图。这一方针和在延安时我们向你们所说,在地区上是不同的,但我们认为这一方针是正确的"。①
直到 1945 年 8 月 4 日,中央仍然指示鄂豫皖边区的郑位三、李先念、陈
少敏等:"估计日寇明冬可能失败,还有一年时间供你们作准备工作,你
们必须在这时间内准备一切,对付必然要到来的内战局面,方不至临事
张皇,遭受挫折。"②

　　尽管蒋介石屡屡宣布反攻来临,实际上抗日持久战争的相持阶段
并未走完,日本就在国际反法西斯阵营的强大压力下宣布投降。据中
共的判断,若是战争按照原有轨迹进行,相持阶段还要继续一段时间,
才能转入反攻阶段。

　　毛泽东早就指出:"战胜日本帝国主义要有三个条件:第一是中国
的进步,这是基本的,主要的;第二是日本的困难;第三是国际的援
助。"③国民党、国民政府乃至社会各界人士,大都认同持久战的战略方
针,各自的持久战观念虽然存在差异,却有一个共同的误区,即片面而
机械地认为日本国家小,人口少,资源贫瘠,只能速战速决,而中国地大
物博,人口众多,宜于持久战。中国只要采取持久战的战法,用空间换
时间,就可以将日本拖垮,实现强弱转换,并最终取得胜利。这样的看
法,首先是对持久性估计严重不足,有的一厢情愿地以为一年半载也是
持久,即使喊出十年百年甚至千年的豪言壮语,主要还是为了表示决
心,内心未必认为真的会如此长期延续下去,更无法承受长期延续造成
的巨大压力。

　　其次,误以为日本绝对不能持久,尤其是无法与中国比拼持久,一

---

　　①　《主要打敌伪军,只在自卫立场上打顽军》(1945 年 6 月 24 日),中共中央
文献研究室、中国人民解放军军事科学院编:《毛泽东军事文集》第 2 卷,第 801—
802 页。

　　②　《准备应付必然到来的内战局面》(1945 年 8 月 4 日),中共中央文献研究
室、中国人民解放军军事科学院编:《毛泽东军事文集》第 2 卷,第 812 页。

　　③　毛泽东:《抗日民族战争与抗日民族统一战线发展的新阶段》(1938 年 10
月 12 日),《解放》周刊第 57 期,1938 年 11 月 25 日,第 7 页。

味从军力、财力、资源、人力等方面常规性地评估计算日本可能具有的持续战争的能力，并相应地列举中国的条件，得出中国的持久能力大大强于日本的结论。他们严重低估了长期靠战争发家发展的日本政府的战争动员、社会控制以及综合运用各种手段尽可能延续战争支撑的能力，同时又对国民党统治下中国政治军事的积弊估计不足，结果，在相持阶段，中国的抗日力量不能团结一致打击日军，国军对日作战，始终呈现实力悬殊的状态，而能战的八路军又得不到武器弹药的供应，装备落后，战斗力无法与日军抗衡，加之国民党实行"反共"政策，将相当大的一部分战力用于防范和攻击八路军、新四军及中共领导的敌后根据地，使得中国军队对日军的打击和削弱远远达不到应有的程度，从而减轻了日本的压力。

诚然，抗战初期中国的坚决抵抗，使得日本的速战速决破产，被迫转入长期战争，等于是战略上就范于中国。但是，在不断通过战争和殖民掠夺获取财富和资源的"以战养战"，同时强化统制和战争动员，以及建立和巩固伪政权的"以华治华"等政策的配合下，日本尽管始终伴随着物质短缺和财政危机，直到战败投降，仍未出现经济崩溃和社会动乱的局面。反倒是在国民党统治区，财政与金融危机日益严重，物价飞涨，政治军事又毫无起色，在日军的大举进攻下，赖以持久的广袤国土不断沦陷，回旋的余地日渐局促，不仅民众对于能否持久抗战信心动摇，国民党的党政军高层乃至最高领袖也担心失败的厄运降临。如果没有中共领导的军队和根据地的支撑，中日这场持久竞赛，中方未必一定是赢家。

经济尚未崩溃，社会革命自然不会发生，国共双方都判定的日本人民起而推翻军阀政府的情况，始终未能出现。在国家与国家之间的冲突中，正义方寄希望于对立方的国民，道理上自然不错，因为对外战争的失败导致社会革命的情形时有发生，如第一次世界大战的俄国与德国，但这是否普遍形态，值得深思。近代的民族国家或国民国家，通过教育等社会化途径，国民对于国家的认同度相当高，很大程度会影响国民对政府行为的支持，尤其是在对外战争中，非但不容易出现普遍的反政府行为，反而是转移内部矛盾的途径。而且在军阀高压统治和皇民化精神控制之下，需要高度组织的社会革命尤为困难。希望由日本人民的革命来结束中日战争，至少得不到事实的支持。战争的罪责固然应由少数军阀财阀承担，可是如果将全体国民都作为受害者，很容易误导人们以为只是少数坏人作恶，与己无关，所有曾经的支持国家对外侵略的狂热言行，都可以一笔勾销，毫无负疚感，则不利于自我反省。如果说近代日本靠战争发家，国民一概没有从中获益，岂非咄咄怪事？

对于后来者而言，由于日本投降日期的定格，中国对日持久抗战的持续时间，无论是以局部抗战还是全面抗战计，都是既定不变的。然而，作为亲历者，持续进行之中的战争究竟何时可以结束，却是存在诸多变数的未知数。尤其是坚持了持久战却非但迟迟不能取得最后胜利，而且以正规军为主力的正面战场始终是败多胜少，敌后游击战也在艰难求存，而据说难以持久的日本，却仍然摇而不坠，看似比中国更能持久。在此情形下，国共两党领导层关于战争持续时间的预判，势必深刻影响军民的情绪和行为，从而对抗日战争的局势产生正面或负面的作用，也为后人留下弥足珍贵的经验教训。

第九章　持久战要多久

——社会各界的呼吁与期盼

　　全面抗战爆发前后，国共两党乃至举国上下都知道中日之间敌强我弱，对日抗战只有实行持久战，才有可能由弱转强，争取最后胜利。但是持久抗战到底要持续多久，主观上各自的认定相去甚远，客观上战局千变万化，也充满变数。中共认为持久战时间的长短取决于敌我及国际三方条件的变化，一般不做具体期限的预判，国民党和国民政府则不断开出抗战胜利时间的空头支票，却无法兑现。在抗战到底、最终胜利必属于我的信念支撑以及对战局不利的担忧下，国人普遍关注持久战到底要多久，以及中国究竟能坚持多久。随着战事的延长和环境的恶化，尤其是国民党、国民政府及其军队始终未能体现出取胜日军的战力，社会各界对于中日双方的持久忍耐能力经历了从坚信不疑到将信将疑的变化。其间朝野态度的异同，以及由此体现的人们诉求的多样性，反映出各界人士对国民党和国民政府抗战能力的信心流失，改革政治的呼声随之逐渐高涨。

第一节　纸上得来终觉浅

全面抗战爆发前，国共两党都主张中日之战将是持久战，国人对于抗日战争的长期性已有心理准备。卢沟桥事变后，面对日本三个月战胜中国的声言恫吓，举国上下几乎众口一词，呼吁用持久战打败日本的速战速决。只是近代中国朝野上下罕见的异口同声之中，隐约透露出各种异调杂音，尽管人人高喊持久抗战，但是究竟什么是持久战，持久战到底要持续多久，其实是一个悬而未决、言人人殊、并未形成共识的大问题。

20世纪30年代的中日两国，处于不同的社会发展阶段，国力强弱悬殊，一般而言，如果仓促应战，难逃战败亡国的厄运。这也是"九一八"事变后国民党和国民政府竭力避免对日开战的重要原因。他们以为用退让忍耐委曲求全，避免刺激日本，就可以换得暂时的屈辱和平。这样的应对之策，得到相当一部分高层知识人士的认同。他们未必赞成国民党优先全力以赴地安内，可是对于尽可能延后攘外的时间却颇以为然。他们检讨晚清以来中国对外的战和问题，认为主战虽然具有道德优势，却总是造成丧权辱国的结果，而主和或许有利于国家，可惜往往被指为汉奸卖国。日本显然利用了国人这样的"觉悟"，貌似没有全面侵华的野心，甚至从不正式宣战，反而指责中国反日，逼迫中国政府压制抗日言行，辩称其所有的侵华行径不过是对中国反日的反应。这样的强盗逻辑在相当长的时期里居然能够大行其道，并且被一些人认为言之有理，或即使无理，也是不得不从的现实，可见当时国际政治的本质与知识精英认识的偏差。

卢沟桥事变爆发，朝野上下认识到日本的侵华野心难以餍足，不能任其继续得寸进尺，必须放手一搏，才能避免国家民族的沦亡，进而救亡图存。国民政府类似赌国运的冒险，潜藏着严重的危机，所以战事开始，国民党军事当局并未完全按照战前制定的作战计划，集中兵力，以华北为主战场，而是同时开辟了淞沪战场，投入海陆空精锐重兵。日军始料不及，与中国军队同样陆续增兵。战事持续了三个月，一方面固然打破了日军速战速决的神话，鼓舞了民众战胜日本的勇气和信念，另一方面却损失了几乎全部精锐，不仅未能在东战场战胜日军，丢失了沪宁要地，而且导致华北快速沦陷，使得后续的抗战更加被动。

在持久战的共识之下，国民党和国民政府军事当局乃至一般民众关于抗战的长期性及其艰苦程度的判断却很不充分，投降派固然认为打不过，战必亡，高喊持久战的抵抗派也存在只要打破日军的速战速决就能够战胜日本的侥幸心理。因此，战争初期，一方面国军实行被动的专守防御，导致战守乏力，短期内大片国土相继沦陷，令人沮丧，另一方面淞沪战事国军坚持了三个月，日军的狂言已经破产，战争被拖入持久战，又让不少人看到希望。尤其是台儿庄战役的胜利，使得一些人误以为可以通过几次大会战就能够彻底打败日本，获得最终胜利。即使仍然要继续持久抗战，也觉得前途相当乐观。持久战又成为各说各话，内涵各异的时髦语，连药品之类的广告，也打着抗战到底争取最后胜利的旗号，鼓动人们购买强身健体的灵丹妙药，以便长期抗战。

孙冶方隐约批评了国民党赌博式抗战的说法，"所谓'牺牲到底'，当然不是以民族国家的命运跟敌人作孤注一掷的赌博。我们是有了'最后胜利'的把握，才抱牺牲到底的决心的"。决定战争胜负的因素，第一是物，即国家财力和军备的发展程度，第二是人，即全国最大多数人民对战争的态度。其中人的因素起决定性作用，在弱国抵抗强国的民族解放战争中尤其如此。许多人对抗战前途的悲观，就是因为太重视物而忽视了人的因素。当然，人的因素必须通过动员组织训练，才能有效地发挥出来。在中国，对占人口大多数的农民的训练和组织，是抗战总动员中最重要的工作。①

其实,认为中国宜于持久战而日本宜于速战速决的判断,主要就来自敌强我弱的国力对比,并且已经一定程度计入人的因素差异。大体而言,这些对比分析有理有据,但在实际应用中,却出现了一些偏差,导致对日本持续战争能力的误判。问题主要发生于机械、静止地考察和对比中日两国的优劣势,尤其是人力、资源等客观条件,对于日本解决长期战争的意愿能力估计不足,而对国民政府统治下整体的主观能动作用则有所高估。

"七七"事变前夕的1937年6月,上海生活书店刚好出版了塔宁、约翰合著,刘尊棋翻译的《当日本作战的时候》,作为《世界知识丛书》第16种,该书以日本出兵200万对苏联作战为假想,对日本支持战争的力量有如下估计:1. 日本全部积藏的煤油、铁矿、生铁和米,在战争的第一年中用完;2. 农产品的永久储藏在第二年末用罄;3. 第二年不可避免地发生严重的食粮短缺;4. 第一年即发生巨大的通货膨胀;5. 第二年须用去国家收入的60%偿付战费,而第一次世界大战时列强在第四年才用去岁收的54.7%,已经觉得负担过重,难以支持;6. 日本平时贸易入超已经十分巨大,战时还要加大。在单独对华作战的情况下,情势或许不至如此严重,但日本财政、经济和原料各方面的先天不足以及不能应付大规模的长期战争,则是显而易见的。这本书在战乱情况下当年即再版,成为中国人征引的重要数据,以支持能够战胜日本的观点。吴承禧的《怎样争取最后的胜利》,即引用来证明中国应以持久战

① 孙冶方:《最后胜利的把握在那里?》,《中国农村》战时特刊第1号,1937年10月20日,第6页。孙冶方(1908—1983),原名薛萼果,无锡玉祁镇人,1825年加入中共,被派到莫斯科中山大学学习并担任翻译,回国后参与领导上海工人运动,参加组织中国农村经济研究会,编辑《中国农村》,开设新知书店。抗战初期任中共江苏省文化工作委员会书记。

对抗日本的速战速决。[①]

战争伊始，有人专门从《日本的军需资源与持久战》的角度，预测日本能否对中国进行长期的侵略战争，资源——特别是与战争有关的资源——的需给是一个决定的因素。"纵然有精锐的军队，完全现代化的武器，如果军需工业的及一般工业的动员，因原料缺乏或断绝而停窒了，最后胜利终难获得。对于长期战争，这个问题更特别地严重。煤油的缺乏，给大战末期的德国以致命的打击，是最明显的例证。"

天赋资源的特啬，是日本产业发展的一个重大弱点。在单独与中国作战时，封锁虽不致成为问题，但是如果各国严守中立，不把军需品和原料供应日本，日本的军需供给便大起恐慌。即使单是美国一国严格执行中立法，也会给日本的军事行动以很大的打击。退一步说，日本虽然可以用战而不宣的办法，来避免高涨的物价和巨额的入超，也会使日本不得不"悉索敝赋"，弄到"民不堪命"。

日本疯狂备战已久，知道这种危险，所以特设资源审议会、资源局等机构，专管资源的统制运用，高唱"原料国策"，实行资源掠夺，吞并东四省，卢沟桥事变的目的就是要垄断华北富源，特别是棉花和煤。为此，日本越要备战，越要扩充生产力，就越感觉到原料的缺乏，对海外供给的依赖就越严重。1931 年后，日本的工业大加扩张，结果原料品及原料用制品的输入，每年飞速增加。详如下表：

---

① 吴承禧:《怎样争取最后的胜利》,《兴业邮乘》第 96 号，1937 年 11 月 9 日，第 2 页。吴承禧(1909—1958)，安徽歙县人，吴景超二弟。历任中央研究院社会科学研究所研究员，上海兴业银行襄理、副经理。刘尊棋，(1911—1993)，原名刘质文，湖北鄂城人，生于浙江宁波。毕业于北平基督教青年会财政商业专门学校，任燕京大学政治系秘书，旁听课程。1930 年任苏联塔斯社北平分社英文翻译和记者，加入中共，被捕入狱。出狱后重回塔斯社北平分社工作，又任《北平晨报》记者。后重新与中共接上关系，任《中央日报》战地记者，1939 年到延安参访过毛泽东。

1931—1936 年度原料品输入额（单位百万圆）

	1931	1932	1933	1934	1935	1936
原料品	684.3	838.7	1181.1	1400.2	1507.6	1737.7
原料用制品	181.1	201.2	328.7	415.8	468.1	476.6
合计	865.4	1039.9	1509.8	1816.0	1976.2（当为 1975.7）	2214.3
输入品总计	1221.5	1419.5	1903.2	2266.6	2465.6	2763.7
原料在输入品总额中所占比率	70.8%	73.2%	79.3%	80.1%	80.5%（当为 80.1%）	80.2%（当为 80.1%）

　　输入品中，占额最大的是纺织原料，而增加趋势最显著的是金属原料，由 1931 年的 8286.6 万圆增至 1935 年的 35038.8 万圆，增长四倍以上，在输入总额中占比由 9.5% 增至 17.8%，证明日本最与战争有关的工业原料对海外的深刻依赖。1937 年上半年，日本外贸入超 7 亿圆，比上年同期多两倍有余，也是由于军需工业原料激增的缘故。

　　进一步详细观察日本主要原料资源中有哪些不足，缺乏到什么程度，战时有无补救的办法，可以究明日本主要原料供给能否支持长期战争的需要。现代战争所必需的主要原料，金属工业为铁、铜、铅、锡、锌、镍、铝及稀有金属锰、钨、白金、铬等，化学工业为制造火药的棉花、木浆、碳酸、硝石、硫化矿、柏油等，加上制造毒瓦斯的硫磺、氯、砒等，以及燃料的煤、煤油，交通工业的橡皮，粮食方面的米、麦和豆产品。日本 1936 年钢的需求为 415 万吨，自给 470 万吨，但生铁、铁矿和屑铁多依靠海外输入，如生铁需要 323.3 万吨，自产 226.1 万吨，要输入 97.2 万吨，"满洲"、印度和苏联是其主要供给地。战时苏联、印度的来源靠不住，"满洲"扩产缓不济急，若改从美、法等国输入，每吨价高出五六十圆。铁矿 1933 年自给率 36%，1936 年降至 23%，大部分由中国、马来、菲律宾输入。1935 年日本铁矿石总输入 343.6 万公吨，其中从中国输入 126.2 万公吨，占三分之一强。由于铁矿石极端不足，不得不用屑铁和生铁混合炼钢，大都依赖输入，1935 年屑铁需要 291.8 万公吨，输入占 169.2 万公吨。因为世界列强军备竞争，钢铁原料大幅度涨价，日本的应对之策如贫矿处理，矽铁及硫化铁矿利用，伪满、朝鲜矿山开发以及南亚进出等，或缓不济急，或此路不通，或太不经济。如果战争拖延，纵使日本储备 200 万吨铁矿石，也会发生钢铁恐慌。

日本是东方第一产铜国，但由于电器工业及合金生产激增，铜自给率逐年减退，1935 年产铜 7.5 万吨，不到实际需求的 43%，1936 年输入 6.95 万吨，大部来自美国。战时日本需铜还要增加 3 万吨。锡的战时需要 2 万吨，1935 年日本锡矿仅生产 2200 吨，虽储备 1 万吨，战争第一年还需进口 1 万吨。造子弹的铅，日本年产不到 9000 吨，自给率不过 7.8%，战时应增加一倍。锌矿平时年需 8 万吨，1935 年自产 1.8 万吨，自给率 22%，战时需要十数万吨。造飞机、自动车、舰船的铝，1936 年日本仅产 9000 吨，需进口 1 万吨，战时需要则达 3 万吨以上。预计明年增产至 2.1 万吨，但原料国内只有明矾石，铝含量很低，主要依赖进口。特殊钢的原料镍，日本没有，年需 6000 吨，要从加拿大、英、美、挪威等国进口。稀有金属的产量极小（如铬、钴、锰）或根本没有（如钨、锑）。

燃料中石炭可以自给，近年因军需工业活跃，1936 年需 4302.2 万公吨，其中 300 万公吨从中国、法属印支输入，战时需求更加大增。石油短缺最为严重，1935 年不算海陆军所需，已要 349 万升，合计约 470 万升，而国产仅 138.7 万升，占 30%，且多为输入原油精制，全国产仅 32 万升，占 6.9%。输入油大半来自美国，部分由英国石油公司供给。战时单海军就需要五六百万升，总共可能突破 1000 万升。为了弥补缺额，日本致力于人造石油、"满洲"油页岩利用、外国油源的获得以及平时储藏。一、二两项正积极进行，成就不大。储藏据说约 1000 万升，可支持约一年。

化工原料棉花可用木纤维替代，1936 年木浆达 76 万吨，输入不多。1935年硫酸产量280万公吨,自给有余。但制造的主要原料硫化铁矿储藏不多,战时将衰竭。火药原料之一的酒精,仅够战时需要的25%。氯的供应充足,但原料食盐主要靠关东州、青岛、非洲等地供给。必须扩大关东州及伪满的产量,觊觎华北长芦盐业。至于硫磺和砒石,则储藏丰富。

日本是世界第三橡皮消费国,1934年需7万余吨,1935年减至6.1万吨,战时不能再减,全靠马来、荷属印度等地输入,台湾种植和人造橡皮无济于事。日本1935—1936年产米1530万公吨,输入4.5万吨。储藏共200万吨,可以缓和战争第一年的问题。其余则要靠东三省的杂粮。

由于入超严重,现金源源不断地流出,日本实行严格汇兑和贸易统制,牺牲民用品,这样又会导致物价腾贵,纺织、轻工业减少,出口下降。而日本与战争有关的各种资源严重短缺,平时就相当贫乏,战时需要膨胀,更加恐慌。寻求代用品和开发新资源都不能应急,加上财政入不敷出,资源不够支撑一年以上,绝不能作持久战。[①]

中国驻横滨总领事邵毓麟所作《敌情的总观察》小册子认为,要判断敌人长期侵华的力量,应对其经济力有充分的认识,尤其要注意构成经济力的各个部门。欧战后,日本的财政政策主要是公债渐减与增发,换言之,即通货膨胀与紧缩政策的交替。取舍主要看大藏大臣对日本产业的估计而有所分别。前者代表为井上准之助、高桥是清、藤井真信,后者代表则是1937年底逝世的马场锳一和现任藏相贺屋宣兴。

欧战时日本趁火打劫,坐收渔利,产业步步上升。但昭和二年(1927年)金融恐慌勃发后,为改善经济状况,须采取预算裁减通货紧缩政策。另一方面,为推动大陆侵略,军部打起"国防强化"的旗帜,竭

---

① 思慕:《日本的军需资源与持久战》,《商业月报·战时特刊》第3号,1937年10月15日,第2—7页。

力争取军事预算，坚持增发公债。"九一八"事变后，历任藏相井上被刺，藤井忧郁而死，高桥遭惨杀，都是军费膨胀的牺牲品。日本的财政，在军部的走狗马场、贺屋的主宰下，昭和十一年预算军费占 45％，十二年跃上 50％，加上卢沟桥事变后追加的特别预算 25 亿圆侵华战费，则十一年预算总额为 22.8 亿多圆，十二年达 54 亿，增加一倍多。其中一般预算 28.15 亿，军费已占 14 亿以上，为日本财政史上前所未有。军费总计 40 亿圆，比甲午之战的 2.0047 亿，日俄战争的 15.0847 亿，欧战的 8.8166 亿，大幅度增加，可见日本侵华的确不遗余力。

问题是，巨额军事预算能否保持财政平衡？不足的话，拿什么弥补差额？日本政府的弥补政策能否奏效，能否持久？侵华战事未能速决，日本计划第二期作战，昭和十三年度（1938）一般预算 28.7 亿（其中军费 12.4 亿），特别预算侵华追加战费 48.5 亿，合计 77.3 亿。单 1938 年度军费合计即达 60 余亿，两年的军费超过百亿。以日本近年的岁入，早已入不敷出，1937 年一般预算岁入不足额已达 8.2 亿多圆，侵华战费只能另立账户，作为特别追加预算。1938 年度因为军需工业发展、增加消费税及减低第三种所得税免税点（由每年 1200 圆降至 1000 圆），岁入虽有所增加，不足额仍达 7 亿圆，而 48.5 亿的新战费则毫无着落。

财政上通常弥补赤字之法，无外乎开源和节流。在积极侵华的战时体制支配下，节流谈不到，开源只有增加租税和增发公债二途。增税遇到日本财阀的阻力，向一般民众增税，势必引起反感。马场的继任藏相结城丰太郎力求避免增税，终究不能抗拒军部的压力，而贺屋现藏相 1937 年度增税 1 亿余圆，1938 年度增税 3 亿余圆，只是之于 70 余亿战费和十五六亿圆一般预算赤字，杯水车薪。于是只能饮鸩止渴，以增发赤字公债为唯一的弥补手段。如果公债发行额远过于公债消化力，迟早会引发恶性通货膨胀。欧战时德国经济的悲惨结局，就是前车之鉴。因此高桥老藏相有"百亿公债亡国论"，警告主张滥发公债者。但战时体制下，非大发公债不足以弥补，1937 年一年应发公债总计达 33.94

亿圆，可是消化力因为扩充生产力需要资金及金融市场梗塞，限制极大，当年发行公债仅 15 亿，除日本银行销售 2.87 亿外，银行团摊派了 1 亿，邮局另外推销了爱国公债 6800 万，共计 4.55 亿，其余都还搁在日本银行的金库中。

到 1937 年，日本当局公布的公债总数已达 115 亿多圆，1938 年日本议会通过的第二次侵华战费中，除新增税收 3 亿圆外，其余 44.54 亿又须发行公债，加上 1938 年度一般预算中须发行 7 亿余圆公债，总数将达 170 亿。这个庞大的数字已经大幅度超过高桥藏相所谓足以亡国的额度，在日本金融界引起极大恐慌。议会中议员对财政问题的攻击，引起一场纠纷。有人声称，近年来日本财界的实力进展数倍，与高桥的时代不同。军部御用经济学家野田丰曾公开欺骗民众说：“就日本财界的实力而言，莫说一二百亿，就是四五百亿的公债也无问题。”但是 1937 年公债发行不畅，足以说明事实并非如此。由此可知日本的财政早已出现重大破绽，战费的负担能力严重不足。日本政府利用战时政治高压和不自然的通货紧缩政策，勉强维持，犹如对重病人注射强心针，虽能苟延残喘，临终症状即恶性通胀已由潜伏期逐渐显露出来。

日本的赤字财政和滥发公债，导致恶性通货膨胀的不可救药重症，其致命伤与外汇能否维持、国际收支能否均衡息息相关。后二者本身亦相互关联，外汇低落会诱致国际收支恶化，而国际收支恶化，国际贸易大量入超，必然压迫外汇下降。所有恶化的结果，与赤字公债的滥发发生有机联系，共同促进通货膨胀爆发，破坏日本的经济力。近年来日本外汇与英镑联系，汇率为一日圆对一先令二便士，平时一般生产力旺盛，低汇率可以促进输出，防止外货侵入，故日圆价格低落，是日本国际市场争夺战的胜利原因，各国以此为据，攻击日本“社会倾销”。

战时日本原有市场丧失殆尽，新开市场遭遇极大阻力，国内一般产业的生产力因军需工业畸形发展，遭受很大损失和牺牲，输出力既减，军需和原料又大量输入，国际收支不利，外汇难免低落。日本为维持对外信用和对外支付，采取强力汇兑统制。战事发生以来，日本外汇许可限度，由 3 万减为千圆，到 1937 年 12 月又减至百圆。百圆以上的外汇，须经大藏省批准，等于杜绝外汇。又实行极端的输入统制，9 月日本政府颁布"输出入临时措置法"，禁止三百余种商品或原料输入，11 月又增添百余种禁止输入品，同时提高一般输入关税。第一种办法直接苦了输出入商，第二种办法使一般产业尤其是中小商业日趋没落，播下社会不安的种子。另一措施是实施"产金法"，积极奖励黄金生产，消极限制黄金使用，但效果甚微，到东北、华北搜刮黄金，每年产额不过 2 亿余圆。这些用尽心血的办法，非但不能维持外汇现状，反而使困难更加严重，矛盾更加扩大。

据日本政府公开发表的资料，昭和八年入超 8540 万余圆，九、十、十一各年度的入超亦不过 1 亿余圆，而十二年达 6.48 亿。可见受战事影响，一年的入超为过去四年总额的一倍以上，为战前一年入超的五倍。而且还是在日本政府用尽办法（外汇管理，输入限制，提高关税，消费统制）强力阻止输入后的结果。日本蓄谋侵华已久，军需原料钢铁、重轻油、铜、铅等及军械军火储藏充分，入超仍达 7 亿圆。1937 年 9 月以后，日本禁止发表军需品输入数量，实际入超当远过于公开发表。由于日本输出大宗的纺织纤维工业受限于输入统制，原料缺乏，成本高涨，输出减少，缔结交换贸易协定的国家因日本禁止输入，采取报复，日印、日澳、日荷等贸易协定，已成一纸空文，广大中国市场丧失，英美等国排斥日货，日本国内物价高涨，军需储备消耗殆尽，必须加大输入，入超还将增大。如何清偿入超额，是日本的最大难关。

国内财政赤字，可以滥发公债弥补一时，国际收支的清算，除募集外债外，只有输送现金一途。日俄战争时，因日英同盟和外国同情，明治三十八年在外国市场募得 1.52 亿金镑，约值 10.45 亿日圆，可以敷衍 15.08 亿圆战费。此次侵华战争，遭各国指摘，无任何国家借款。今年正月谣传美国摩尔根借款 5000 万美金，至今无果，向美国政府交涉

9000 万美金棉花借款,因舆论抨击而失败。盟友德意两国自顾不暇,谈不到借钱给人。借债之路不通,只有输送现金,以偿入超而维持对外信用。日本黄金总额包括三块,一是日本银行准备,二是平衡国际收支的"金资金特别会计",三是每年产金额。日本银行正货准备金额 8.01 亿圆,为维持内外信用基础,日银总裁结城前藏相宣称"决不愿动用分文",贺屋现藏相 1938 年 1 月 28 日在议会答辩亦称:"如果现在动用正费准备金,将发生重大问题,决不能维持长期作战。"日本黄金产额据贺屋藏相的发表,每年约 2.5 亿圆,去年入超 6.5 亿,相差很多,因此必须动用"金资金特别会计"。据最近《东洋经济新报》研究,原有 7.5 亿圆,1937 年弥补入超及调拨他用,只剩 2 亿余圆。如果 1938 年继续入超甚至更大,日本银行的正货准备金势必日益减少,内外信用发生动摇,汇率降落和恶性通货膨胀无法防止,财政经济的崩溃,势所必然。

物价早已成为日本经济界的严重问题,昭和七年至昭和十二年 6 月即战前一月,物价指数由 161 增至 241,四五年间物价涨了 40%,引起民众购买力的颓减及一般生活的不安,极大影响了日本的输出贸易。林内阁和近卫内阁,因此组织了一个"物价对策委员会",想用政治经济统制力防止物价腾贵。7 月战事后,极端的统制政策变本加厉,铁、煤、肥料、米、棉等"公定价格制度"及以批发零售商为对象的"暴利取缔令",都是直接的物价对策。间接的如外汇维持政策、投资统制、储蓄奖励、公债优待等资金调整政策,以及生产力扩充、消费节约、配给统制等物资政策,都是要防止物价高涨。加上过去军需品的储藏,消耗一时对物价刺激不大。所以 1937 年 7 月至年末,日本批发物价指数在 240 前后徘徊,没有预期的高涨。但实际已经埋下祸根。

上述办法,只能治标,且自相矛盾。批发物价涨幅不大,零售则涨了 22%,严重影响一般民众生活。"输出入临时措置法"使民用原料大都被禁入口,造成原料缺乏,成本提高,供给减少,物价腾贵。"资金调整法"导致一般产业生产力下降,一般物价上涨。滥发公债和入超累增，造成物价涨和通胀。最近统计，日本兑换券发行额达 21 亿，超过限额 3 亿以上，物价和货币两面都显出通胀的症状。由此可知日本的经济已经开始崩溃。可以断言，敌人的经济力量不能维持长期侵略，固然不敢妄想其一两个月内就会不堪收拾，但命运不会拖延太长。①

对于日本财政经济实力的低估，连带影响到对日本社会动荡乃至民众反战运动大规模出现的过高预期。孟长沐的《日本的反战运动》声称：上海战事后，至少有 16 件以上的反战案件。据 1937 年 9 月 16 日东京《朝日新闻》报道，大量左派和右派的刊物被警视厅没收，如《人民之友》《起来》《我们和平的士兵》等，尚有大批传单在东京普遍分发。②

物力而外，人力资源是战争能否持久的重要支撑。武汉保卫战结束后，鉴于一般战士和关心国事的民众愿意知道，且为加强对于抗战必胜的信心的要素，有人讨论"日本究竟有多少兵力，能战到什么时候"的问题。日本原来陆军的假想敌是苏联与中国，海军则是英美。日本人口，1928 年为 6400 万，昭和十四年即 1939 年出版的《每日年鉴》，推定 1937 年总人口是 7125 万，其中男性 3570 万，照 1928 年比例，18—44 岁的男性壮丁有 1236.6 万。以日本的兵役年龄 20—38 岁计，可以动员的 852 万，其中适龄的 655 万，为最大限度。与日本同比，苏联有壮丁 2068 万，中国有 4760 万。日本壮丁中，受过训练的为 225 万至 298.8 万，其他受过青年训练的 130 万，最高动员力为 420 万。除去病亡，实为 290 万，这是战争第一年可动员的甲种壮丁，超过即为乙种以下病弱也被加入动员之列。

---

① 《日本的经济力能作持久战吗?》，《大美晚报》1938 年 3 月 18—21 日，均为第 4 页；此文又载《中华》第 64 期，1938 年 4 月。另外可参看朱剑侬《中国之持久抗战必获最后胜利》，《中苏文化》第 2 卷第 10 期(抗战特刊)，1938 年 9 月 30 日，第 5—9 页。

② 《我们的宣言：我们唯一的出路——抗战到底》，《每周导报》创刊号，1938 年 4 月 2 日，第 1—2 页。

卢沟桥事变后，中日战事逐渐扩大，截至 1938 年 10 月 10 日，日本征召入伍者达 102 万，若计算不受扶助者，总兵员为 164.5 万人。部署在日本国内的共 15 个师，45 万人，在满洲共 10 个师，30 万人，在朝鲜 2 个师，6 万人，在台湾 1 个师，3 万人，共 28 个师，84 万人。照此推算，在中国关内各地的作战兵力为 80 万人。10 月 12 日，由满洲调兵 3.5 万人，台湾调出 3 万人，日本调出 13 万人，投入中国南方战场。15 个月中的伤亡病死，约 50 万人，可以动员补充者仅十余万人。因此，抗战的第四期，只要消灭残余的日军精兵，即可转败为胜。中国个别专家还有"日本留三分之二之精兵对付俄国"的议论，意为若不从速言和，日本再调精兵来华，可不得了。实则日本已动员兵力 214.5 万人，损失壮劳力农村为 66.5 万人，工业 66.5 万人，商业 32.2 万人，失业 600 万人，因战争离开生产的人口达 1114 万，占总人口的七分之一。仅壮丁已超过 400 万，实为败亡症状。①

不仅如此，在长期交战的情况下，工人失业，农民破产，一般小资产阶级没有出路，在中国前线的下级军官和士兵厌恶战争，引发不满与骚动，最终将导致反军阀和反帝国主义的社会革命。当然，不能过分乐观，以为日本帝国主义不久就要自行崩溃。"由于几十年忠君爱国思想的熏染和麻醉，由于小生产在日本整个工业中占有极大的优势，由于工人组织的比较落后，由于警察网的密布，由于日本共产党之缺乏伟大的领袖，日本的社会革命在最近的将来恐怕还难于成熟，我们如果根据一些片段的事实断定日本国内的危机已经到来，以为日本不久便要不打自倒，胜利会突然的降临，那也是极其危险的一种侥幸心理，对抗战前途是要不得的。我们只有加紧抗战，坚持抗战，才能加深日本的危机，

---

① 吴平阳：《走上败亡阶段的日本》，《公余》复字第 5 期，1938 年 11 月 30 日，第 19—22 页。

促进日本工农士兵的觉悟而招致日本法西斯统治政权的倒台。"①

与之相对，中国经济的不发达和社会发展的不平衡，则与地大物博、人口众多等因素一起，被视为有利于持久战的证据。1937 年 11 月 25 日召开的集美抗敌座谈会上，与会者比较了中日两国的各种因素，列举中国利于全面持久抗战的三项优势条件，即有 4.5 亿民众，受过训练的壮丁 3000 万，久经战阵的常备军 200 余万，由世界有名的军事专家指挥，有统一政府做总率；施行法币后财力巩固，金融通畅，民众刻苦耐劳，抗战三五年不会感到衣食不足；牺牲精神旺盛，决心死战。即使战费方面，也有相当把握，除去金银准备，通过征收生产财富、国民收入、缩减政府开支、发行纸币等，总计第一年可得战费 87.8 亿元，第二、三年 67.8 亿元，加上华侨捐款，没收敌伪资产以及迅速建设内地新的经济中心，足以支撑。只要持久抗战，将来日本国内和国际形势必起变化。反观日本，先天不足，危机四伏，资源缺乏，财政窘困，民不聊生，军事上劳师远征，兵力不足，充满失败的可能性。敌人勉强可以支持两三年，作为中华民族的解放战争，要想求得最后胜利，至少也要三年以上，不断苦战，才有胜算。

有的与会者不赞成预言式的推测，但"为使民众不致因目前战略上的退让而灰心失望，估定一个时间出来使民众知道最后的胜利还须相当的时日，这也是必要的"，所以接受三年以后必可得到最后胜利的说法。有的与会者则以蒋介石断不是一年半载短期间可以了结之说为据，既然不是一年半载，当然起码要两年三年。除非敌人崩溃，我们也决不肯了结。如此，三年以上的估计，可谓虽不中亦不远。②

诸如此类的报道分析，一方面具有树立必胜信念，坚定持久抗战信

---

① 吴承禧：《怎样争取最后的胜利》，《兴业邮乘》第 69 号，1937 年 11 月 9 日，第 2—3 页。

② 《最后的胜利一定是我们的——集美抗敌座谈会记录》，《集美周刊》第 22 卷第 10 期，1937 年 11 月 29 日，第 2—6 页。

心,坚信最后胜利必属于我的积极作用,另一方面,则产生了对持久战的时长以及战争的残酷艰苦严重低估的负面影响。蒋介石公开声称中日战事一开,非一年半载可了,其实内心但愿一年半载可以了结。况且他的确说过"吾人坚持一二年,最后胜利,必属于我"的话。① 而对日本财政经济的纸面算账,容易让人心生一年半载战事即可因为敌人崩溃而告结束的幻想。流亡途中的河南老者从前听许多人说日本是纸老虎,只要开战就可以收复东四省,埋怨蒋介石不打日本人。可是卢沟桥事变后一打,天下快丢了一半,最后胜利在哪里呢? 这些疑问表明,希望大失望也大,"我们的宣传家把可能而不马上的日本崩溃条件,渲染得太过分了,所以到抗战失利以后,大家不免要沮丧的"。②

第二节　绝知此事要躬行

全面抗战初期,军事上的节节失利令许多人对于能否战胜强敌产生怀疑。樊龄在乡间听到人们争论中国亡不亡的问题,"说到要亡,他们几乎都相信,说到不亡,就很含糊"。觉得很痛心,觉得部分人已经消失了民族意识,没有自信,成为抗战前途的巨大暗礁。③ 有人对此提出批评:"我国自从全面抗战以来,许多人都在问,中国倒〔到〕底是胜是败? 发问时,焦头烂额,颇现悲凄沉闷之情。据我们看,这是多虑,我们现在根本就谈不到胜败。我们是被侵略者,严格说来,敌军一日不完全退出中国境,我们就谈不到胜利。至于一时的战捷,片段的取胜,不能

---

① 慕仙:《中日战争最后胜利之我见》,《军事月刊》第 2 卷第 2 期,1937 年 9 月 30 日,第 24 页,"论著"。

② 秋生:《最后胜利在这里》,《经世战时特刊》第 10 期,1938 年 3 月 1 日,第 18—20 页。

③ 樊龄:《中国的出路只有抗战到底》,《奋勉》周刊第 1 卷第 1 期,1938 年 2 月 16 日,第 7 页。樊龄(1902—1951),四川安岳人。黄埔军校第 3 期毕业,曾任国军团长,抗战后任少将高参。

根本解决中国问题。我们求的是最后胜利，局部的战胜固足为喜，一时的失败，不足为忧。或者有人以为中国为什么不以'快刀斩乱麻'的手段，马上将敌军驱走，收复失地，早日实现所谓的最后胜利……我们何尝不希望早日实现所谓的最后胜利，不过国力上是否容许我们立刻取胜，尚属疑问……只要我们不悲观，不消极，只要我们干，最后胜利当属于我。"[①]

武汉保卫战前后，由于战争已经持续一年，而战局面临着中国进一步退却还是就此能够阻止日寇铁蹄的十字路口，围绕武汉保卫战的成败，失败主义和速胜论再度泛起。

1933 年，著名史家威尔士（H. G. Wells）出版了一本预言式的《未来世界》，由章衣萍、陈若水翻译，1934 年天马书店印行，书中对 5 年后中日战争的描述，与实际颇为近似。该书描写日军大举侵华，国民党领导全国抗战。日军占领南京后，以三路大军围攻"中国心脏"的武汉，但在 1938 年 7 月爆发瘟疫，无法防治，到 1939 年初，开始退到南京，200万大军只有一半能够退却，又遭受饥荒，许多士兵坐以待毙。此说显然有拿破仑败走莫斯科的影子，却令人觉得，只要全国同胞一致抗日，就可以让预言变成现实。[②]

吸取上海、南京等大城市坚守失利的教训，从保存有生力量以利持久抗战考虑，国民党军事当局在实施武汉保卫战之时，已经做好避免决战、主动弃守的准备。由于"保卫大武汉的战略上，已渐由外线快达到内线作战了，我军始终处在不利的地位……目前的战局已经陷入第一

<hr />

① 立珊兄弟：《中国倒〔到〕底是胜是败？》，《公教周刊》第 9 年第 26 期，1937年 10 月 17 日，第 10 页。

② 陶百川：《最后胜利的关键在那里——为抗战建国周年纪念作》，《血路》第 24 期，1938 年 7 月 2 日，第 1 页。章衣萍（1902—1947），安徽绩溪人。北京大学毕业，到教育改进社主编教育杂志，上海大东书局任总编辑，参与筹办《语丝》月刊。后任暨南大学校长秘书兼文学系教授。

期在沪作战的形势了,死守阵地,准备挨打,这真是我军战略上的重大失败。"敌后新火线、改善政治、组织民众仍无变化。要想让保卫大武汉变成东方马德里,战略上政治上不改进非吃亏不可。另一方面,最近世界情势,二次大战一触即发,英、法、美、苏都会加强对华援助,"这样一来,我国的最后胜利也许就是在这个时候了"。所以不少人还幻想在武汉与日军一决胜负,认为:"我们要想早日获得最后胜利,就必然的不能失掉武汉。武汉一失掉,最后胜利虽然仍属我们,但抗战的前途却要比较艰苦了。所以我们说:'利用有利时机,争取最后胜利!'"①

在一些人看来,"七、八、九三个月来的战局,敌人在各战场狼奔豕突,侥幸图逞,心理上的狂躁,处处透露了侵略者日暮途穷的情态;而我们则充分发挥消耗战的效力,在鄂赣前线屡获大捷,得心应手,抗战确乎已经进入另一佳境了"。一方面由于全国军民协力同心,在最高领袖领导下艰苦奋斗所得的结果,一方面也是"先天不足"的敌人国力消耗殆尽,政治经济发生严重恐慌,故而在进犯武汉的战事上,迭遭大挫。这一阶段,诚然已更接近胜利,敌人亦竭尽全力,作困兽苦斗,于是在豫晋支撑乏术,沿江跃进受阻的情况下,趁英、法忙于敷衍德、意之际,发动华南战事,企图策应武汉,封锁海外交通,断绝我军火运输,并占据华南一角作为扰乱西南的另一据点。表面看华南战局相当可虑,实际上显出敌人侵华已成弩末,敌人所能动员的兵力进犯武汉且劳而无功,再抽出兵力犯粤,不过是在华南多掘一角墓地,促其早日灭亡罢了。总之一句话,抗战到这一阶段,一方面我们需要以最大牺牲取得最后胜利的时机,一方面也是敌人全力挣扎苦斗的时候,我们愈坚强,敌人愈焦急,手段也愈毒辣。所以此时我们绝对不能有丝毫的畏怯,应集中全国的力量,以坚毅之意志,钢铁之信心,持久之抵抗,英勇之突击,把握最后

---

① 王裔:《利用有利时机争取最后胜利》,《自学》(上海)旬刊第 1 卷第 5 期,1938 年 9 月 30 日,第 150—151 页。

胜利的关键。①

局势的发展毕竟不能一厢情愿，不能充分认清持久战的长期性，一旦受挫，乐观即刻变成悲观。武汉弃守，短视者"流露着极端的惶恐，以为抗战绝少胜利的希望，垂头丧气，觉得一切都很悲观"。② 实则武汉保卫战已经达到迟滞日军攻势的战略目的，而最后决胜的中心在广大的内地和民心。也有人批评将武汉的得失看得太重，很多人认为，"如果武汉能够支持，则中国不会亡。万一武汉不守，则中国将形成四分五裂的残破局面，就难再有复兴的希望了"。重视保卫大武汉是对的，但空想就此打败日本，显然是妄想。武汉在抗战全局中是局部，抗战胜败不取决于局部。关键在于，军事上坚持长期抗战，政治上反对中途妥协，财政经济上厉行节约，公平负担，加强建设，国际上争取外援。最关键是自力更生，坚持长期统一抗战。③ 还有人归纳出最后胜利的 13 个因素，包括第一至第四期抗战人们感觉的必胜因素 12 项（每期各 3 项）和作者自己增加的 1 项，即第一：地广，人众，史久；第二期：以空间换取敌人的时间，以时间消耗敌人的武力，以消耗完成我们的战略；第三期：我内部越打越紧，兵员越打越多，器械越打越精；第四期：敌我死亡比率、消耗数量、士气均成反比变化。而最重要的因素就是举国上下一致努力。④

有识之士意识到，抗战到底，最后胜利，如果沦为一句空洞的口号，将逐渐失去应有的价值。尤其是领导其事者若不能身体力行，口号就

---

① 何永德：《把握最后胜利的关键》，《青年》（中国青年励志会）半月刊第 25 期（抗敌特刊），1938 年 10 月 15 日，第 1 页。

② 王晋杰：《最后决胜的中心在广大内地和民心》，《胜利》第 5 号，1938 年 12 月 10 日，第 12 页。

③ 傅于琛：《握紧抗战胜利的关键》，《新新新闻》每旬增刊第 11 期，1938 年 10 月 21 日，第 10—13 页。

④ 严肃：《最后胜利的十三个因素》（1938 年 12 月 10 日于成都），《复兴日报三周年纪念特刊》，1938 年 12 月 16 日，第 3—4 页。

成为谎言。"自从抗战以来，一般达官贵人们，都说最后的胜利终属于我，而且一般平民也愿听这种说法，愿抱此种信念。达官贵人们是否对此问题发生了疑问不得而知，而平民却视政府如父母，把他们的话牢记在心头，一点儿不敢怀疑。可是'最后胜利'这句话，不是一种空喊的口号，也不是一种祷告的词句，而乃是要有事实作根据。不兑现的支票不能维持长久，没有事实作根据的口号，也不能永远取得人民的信仰。天下的事，实是实，虚是虚，终久有水落石出之一日，最怕的是日子久了，支票老不兑现，老百姓也会发生怀疑。"平民不愿作亡国奴，希望政府领导抗战求得最后胜利。然而，"老实不客气的说，有许多信仰不坚定的人对于'最后胜利终属于我'这句话发生怀疑了……不明事理的人，只看表面上事实，因此他们就发出疑问，究竟自抗战以来中国获得了几次大胜利呢？事实上告诉我们的台儿庄之战，虽是我们一次的胜利，然而这次胜利终究弥补不了南京之陷，徐州之失。而历来的战局又是这样，敌人要攻的地方，始终被它攻陷，而敌人所占据的地方，我们却不容易夺回，即便夺回也保不住。我们军队的奇巧把戏在那里？"更有甚者，"假使武汉不守，我们究竟退到什么地方去？有人说四川、云南都是我们的后方地，敌人一时总打不到，然而我们退到四川、云南去，是否还能打出来？常言说：'讳病者死'，我们不要自欺，究竟我们的力量如何？最后的胜利有几分把握？敬恳政府快将最后的法宝拿出来"。这样说"不是发牢骚，也不是对于抗战发生了胆怯，更不是不信任政府，而乃是希望举国上下对于'最后胜利'这句话作一番总检讨，别光说着玩，更别拿着来骗人"。① 政府失信于民，显然是持久抗战的一大危机。

上面的表率，自然会垂范下层。周文讥讽大后方的人们都在《恭

---

① 张维华：《关于求得最后胜利的一个条件》，《经世战时特刊》第 20 期，1938 年 8 月 1 日，第 5—6 页。

等最后胜利降临》，他在成都一年多，忽然得到一个结论，"这结论就是：我们这儿的人们都很有一股'等'的劲儿。这'等'的劲儿真是广泛得很，随便啥子地方都在露出它的头角，几乎成为人们生活的法则"。到处茶馆都挤得满满的，吃纸烟水烟，摆龙门阵，冲瞌睡，一般人只是习惯，等天黑，积极的如官场的"忍狠等"，忍耐、狠心、等得，成为做官的秘诀。上班在办公室看报聊天打瞌睡，下班打麻将，等机会来，狠心一下抓到手。抗战以来，说是有钱的出钱，有力的出力，有力的自然都是俗人，根本不能等或不配等，一队队都开上前线了。有钱的对救国公债、"七七"献金、寒衣募捐等都在等。抗战前等国联出来防止日本侵略，抗战后等国联干涉，也等打胜仗，高兴得跳起来，等前线健儿把敌人赶出去，自己舒舒服服过太平年。等到前线撤退，真有些焦心，等出和平空气，又高兴起来，忽听是汉奸亲日派做的，只得另外等，等别的国家同日本打起来就好了。上海紧张时，以为英美不得不动手，不行则抱怨苏联不出兵，中国是帮你打的呀。实在没法，翻报纸看敌国经济困难，台、鲜兵叛变，敌兵反战情绪高涨，等敌人自己崩溃。

二期抗战一来，以为可以抵住敌人，放心敌人不会打来了，坐在茶馆办公室大谈抗战必胜、建国必成以后的伟大计划：买地皮，出国考察学术，换洋服，买价廉物美的杭菊、龙井。"真的，应该感谢抗战，它把人们从空虚的等待引向实际的等待，从虚无主义引向了现实主义，人们现在等的不都是国家大事了么？……不过，最后胜利大概既然就要降临，因此有些可救的先生们已似乎觉得不再需要甚么救亡工作，横直让大家等着就是。如果你没有'等'的劲儿，就应该练习练习。你看那在春熙路上愤慨了一通，拿刀子割自己喉咙的青年多么傻，死了就要看不到最后胜利，真是活该！谁叫你没有'等'的劲儿呢？现在是大家都坐着恭等最后胜利降临了。虽然又有人说，最近恐怕有敌机要来轰炸，但是人们都相信这是没有关系的。你想嘛，从天上掉下来的当然是最后胜利,哪里会是炸弹!"①

汉奸也趁机加入讨论,以图混淆视听。"芝君"指"最后胜利"是重庆政府掩护失地丧师,祸国殃民的烟幕弹,是断送国本的口号。"'最后'在什么时候?'胜利'是以如何的代价取得?真令人百思而不得其解!"只有当年和平才能兴复邦家。②

署名"问津"的《抗战到底呢和平协商呢》一文,讲述了一番自认为高明的道理:中日战争近两年,双方力量悬殊,中国遭受历史上空前未有的重大牺牲,国家精华扫数入于敌手,只剩下荒凉的一角了。高唱抗战到底希图获得最后胜利的人以为,第一,中国的战争是进步的,会产生正义感,唤起全国的团结。第二,中国是一个地大物博人多能够支持长期战争的国家,而日本则相反。第三,由于中国战争的正义性,必能获得国际广大的援助。"这种理论能令人折服么?我们的回答是:'未必'!"中日战争中国并未得到列强的实际多大援助,国联只是滥发空头支票,英美贷款是商业性质,且为数甚微,苏联连足以称道的接济也不曾有。中国多为未经开发的土地和资源,人多大半在沦陷区,"试问这些空洞的名词能支持长期战争吗?……在中日战事发生之初,曾有人预测战事不出半年,日本就要发生国内革命,经济就要破产,然而现在战事已将近两年了,日本并未发生革命,经济并未破产,反观中国因战事的延长,人民所遭遇的痛苦日深,同时因海岸线的封锁,国际交通路线的艰难,以致国家经济日益衰落。若仍一味蛮干,坚持无把握的抗战,则国家必将陷于万劫不复的境界,更或因此而亡国灭种。我们难道愿意做亡国的奴才么?我们既不肯为他人之奴隶,则应如何拯救国家的危亡呢?'和平'才是为国家

---

① 周文:《恭等最后胜利降临》,《文艺月刊》第3卷第1、2期,1939年3月16日,第6—7页。

② 芝君:《最后胜利与当年和平》,《苏民周报》第4期,1939年11月17日,第2—3页。

民族挽救劫运实现独立解放惟一的办法。抗战到底，既无补于国，反于国有害。我们认清自己的国情，已不能再继续抗战致使大好河山沦入异族之手；我们更认清目前国际情形，列强对我并未作实惠的援助，最近的英、法、苏三国协定，并未包括远东在内，就是列强不愿为我声援的明证。我们所谓'和议'的本质，是以双方平等的地位来解决两国间所发生的纠纷。日本既已有和平的意思表示，我们就要捉住这个惟一的机会来拯救国家的危亡，保存仅有的民力与国力。这样才是救亡，这样才是爱国的正途。"[①]

汉奸的公然鼓吹与国民党和国民政府内部的投降妥协分子里应外合，连最高领袖蒋介石也怀抱以战致和的心思，并暗中与日方有所联系。中共中央曾经指出："近百年的中国外交史，中国人在民族立场上曾有过两种错误观念。在义和团事变前，排外的观念占上风，其后惧外的观念占上风。'五四'到大革命，惧外观念虽曾一度被民族高潮冲淡，但国民党当政二十年，即在抗战时期，上层人士的惧外观念仍很浓厚，这不能不影响中国社会，故我们应一方面加强民族自尊心自信心，而不是排外，另方面要学习人家长处，并善于与人家合作，但决不是惧外媚外。这就是正确的民族立场。"[②]上层人士也包括部分知识精英，国民党和国民政府战前对日委曲求全的政策态度，得到他们的认同，而与广大民众发生极大分歧。这是晚清知识人与民众合流以来，民意再度撕裂的显著表现。全面抗战爆发后，他们虽然赞成抵抗暴日，对于战胜日本依然信心不足。林语堂一方面认定日本无法征服中国，最后胜利属于我们，一方面却认为"中日战争将缓慢地拖延着，直至日本内部财政的崩溃，中日双方预备进行和平谈判的

---

① 问津：《抗战到底呢和平协商呢》，《抗议旬刊》第 8 期，1939 年 6 月 11 日，第 18—19 页。

② 《中央关于外交工作指示》（1944 年 8 月 18 日），中央档案馆编：《中共中央文件选集》第 14 册（1943—1944 年），第 317 页。

时候,第三国出来调停,战争才能结束".① 也就是说,并不相信中国能够打败日本。

其实,战事初起,国人就不断检讨包括军事在内的得失。淞沪会战中大场被突破,国军退守第二道防线,在呼吁不必悲观的同时,提出第一要有彻底抗战的决心,第二要改变南重北轻的态度,第三要有败不馁胜不骄的精神,让敌人每一步都付出巨大代价。全国四万万同胞皆有此精神,则最后的胜利必为我所有无疑。②

张维华赞同最后胜利能否取得,只有靠自家举国上下一致牺牲的决心。但是具体做法却有轻重主次之分。"第一是希望政府诸大老们,要坚强自己的'最后胜利必属于我'的信念,为人民而牺牲一切,为人民作'有钱出钱有力出力'的真正表率。不要嫌在下小民性情鲁莽,老实说当政的诸要人牺牲的不够数,还有些只顾旁人牺牲,而自己要打算享清福的。"武汉紧急时,很多人拼命大量买外汇寄到国外去,存在外国银行,以便国破家亡时逃往国外,有的早早将家眷送到香港或其他地方,寄托在外国人荫庇之下。虽是诸大佬的私事,却太不合"为求最后胜利而不顾牺牲一切"的精神了。君子之德风,小人之德草,官员的一举一动都发生很大的影响。"你们若对抗战胜利的信念发生了动摇,那能还希望举国国民的精神团结;你们若把钱都送到外国去,以谋日后的享福生活,那能还禁止一般人去当汉奸。作官执政是要替人民谋幸福,奠立国家兴盛的基础,不是专拿钱不作事,一到国家危急的时候就往外国跑。国家到了快要灭亡的时候了,救国救民急于一切,腰缠百万千万万万的大老们,慨然解囊拿出来吧,为了救国救民是值得的,算不了怎么

---

① 林语堂:《最后胜利是属于我们的》(特译稿),《半月文摘》第 1 卷第 3 期,1937 年 11 月 20 日,第 71 页。原载《密勒氏评论报》1937 年 10 月 30 日,题为 Can China Stop Japan? 许邦兴译。

② 宓用:《抗战到底》,《汗血周刊》第 9 卷第 18 期,1937 年 11 月 7 日,第 34—35 页。

的牺牲。若并此而办不到，休再谈抗战胜利了，也休再责斥小平民们不拥护政府了。"

第二，希望富商大贾和其他有钱人，认清时代的艰难，毅然决然的牺牲一切，倾全力救国家，有国家才有人民。"七七"纪念日的献金运动，一般有钱人所捐恐怕还不到影响私人生活的程度。小平民希望你们为国家尽全力。

第三，希望全国民众厉行节约，为国家增加经济力量和长久抗战的能力，以求最后的胜利。[①]

为了鼓舞信心，激励民气，各界人士创作了许多以"抗战到底"、"最后胜利"为题的歌词歌曲以及话剧，广为传唱，到处演出。如胡庶华作词的《抗战到底歌》唱到：

> 倭寇残暴凶无比，灭绝人道背公理；杀！杀！杀！我们要抗战到底！不怕它大炮飞机，不怕它榴弹毒气；杀！杀！杀！我们要抗战到底！不惜城郭成焦土，更不惜血肉横飞肝脑涂地；杀！杀！杀！我们要抗战到底！国防在我们的胸膛，勇敢是我们的武器；杀！杀！杀！我们要抗战到底！为民族争人格，为天地留正气，为国家争光荣，为世界留正义；杀！杀！杀！我们要抗战到底，杀到取得最后的胜利！[②]

一首写于始兴县党部的《博最后胜利》诗曰：

> 我犹忍辱唱和平，倭奴不听和平调，甘为戎首揭战幕，腾腾杀气干云霄。争先杀敌卫疆土，三军轻命如鸿毛……敌焰虽盛肯示

---

① 张维华：《关于求得最后胜利的一个条件》，《经世战时特刊》第20期，1938年8月1日，第5—7页。张维华（1902—1987），山东寿光人。毕业于济南齐鲁大学，后入燕京大学研究院学习，加入禹贡学会，历任齐鲁大学讲师、《禹贡》半月刊编辑。抗战初期在河南参加经世学社，主编《经世》。

② 胡庶华：《抗战到底歌》，《文艺战线》第2期，1937年11月11日，第27页。

弱？退守原来为战略。小胜勿喜败莫悲，将来胜负知何若？此番为国争存亡，与敌终须成肉搏。须知亡国为奴隶，生最悲哀死最乐。我死国生犹未死，英风千古同河岳。愿同胞，莫踌躇，决心流血掷头颅，四万万人长努力，将来胜利总属吾。①

精神激励之外，更重要的是建言支撑持久抗战的工作方向和具体办法。李璜提出："长期抗战，如果真要最后胜利，必属于我，则后方工作，比前方还更重要。"这是抗战十个月来所公认的。只是大家的注意力毕竟集中于前方，力量都愿意贡献于前方，"其结果，后方工作的成绩，差得太远，比之前方的进步，真是太不相称，于是便随时要发生严重问题：人的补充与物的供给都赶不上，这样东凑西拉的局面，其势将拖不下去"。"八一三"抗战开始的前几天，他和同仁便考虑到后方工作的问题，写了一些要点给当局的朋友作参考。9月中，又与当局的朋友合写了许多办法，通令后方各省，大半因陋就简，不得要领地做起去，成绩和预想的相差太远。"说到长期抗战，至少该当是一年两年，但是这样因陋就简，不得要领的后方工作，我敢说，是支持不了一年两年的。"现在后方的责任更加大，要边抗战边建国，或者说，抗战即为建国，而建国必经抗战的程序。建国要在后方建设起来，责任由后方担负，不可能因陋就简不得要领便把一个近代国家建设起来。无论抗战还是建国，后方各省有两件基本工作必须赶快用科学方法做妥帖，否则一切无从谈起：第一是清查户口。国家现在已经实行兵役法，但户口册子仍旧马虎，一县一乡的壮丁、预备壮丁确数，根据保甲长和区长所报数目，有的是前两年的陈账，有的连陈账都不完备，只能据以摊派，无法公平，毛病百出，如保甲长上下其手，难免受贿、勒索、拉夫、逃役等弊端。近代国民所负国家义务很多，当然不会很快活地接受。先进国家实行兵役劳

---

① 曹公参：《博最后胜利》，《新粤》周刊第 1 卷第 7、8 期，1937 年 8 月 19 日，第 59 页。

役，不生大的困难，原因在于公平。①

叶启芳强调，只有克服各种投机主义，才能争取抗战胜利。在举国抗战的局面下，失败论和妥协论不能立足，摇身变为三种投机主义，第一种最盛行的是军事投机主义，以为长期抗战的"长"，最多几个月，日本内部经济必会崩溃，工商业破产，半年就会重蹈一战时德国的覆辙，侵华军队只能撤退归国，中国军队可以垂手收复失地。可是日本积极南侵，决定对华绝交，于是失望动摇，陷于失败论和悲观论。一国支持战争时间之长短，完全以其国力为断。日本不能久战，然而绝非一年半载便可将十余年准备消耗殆尽。即使抗战五六年，也不能说是"太长"的。在一年半载之间便可结束，那就除了自甘"屈膝"求和之外，是必不可能实现的。抗战将来会"长"到多久，不能预言，但决不可陷于军事投机，拟以最短期间便博取"长期抗战"之美名。我们要咬实牙根，决志抵抗，就使"长"到一百数十年，也是要抗战下去的。

第二种是外交投机主义，以为国际形势不利于日寇，抗战下去，不必多久，列强将会联手或单独对日施压，中日战争就会转为俄日、英日或美日战争，甚至英、美、法、俄联合对日战争，结果日本如一战德国战败，我国则如比利时，偕同参战国安然步入凡尔赛宫讨论束缚日寇的和约。这种愿望短期不会实现，实现方式也不会与凡尔赛和约相同。如果自身没有实力决心，投机式的利用外交，只会导致抗战不力和因期待不能实现而失望两种不良结果。因为横暴国家不只日本一国，和平集团内部存在利益分歧，不能一致对日，准备也不足。

第三种是国力投机主义。主要是围绕焦土政策有两种解释，一是退出之地主动焦土，二是敌人烧成焦土也要继续抗战。后者所谓"战地

---

① 李璜：《后方的两件基本工作》，《国论》第 17 期，1938 年 6 月 11 日，第 2 页。李璜（1895—1991），四川成都人。上海震旦学院学习，参加少年中国学会，留学巴黎大学，参与发起中国青年党，标榜国家主义。积极鼓动抗日，抗战时任国民政府国防最高委员会参议会参议，国民参政会参政员。

的民生问题"，意为一旦焦土即使收复也难以重建。说到底还是希望从速结束抗战，以免延长变成焦土。抗战是国运存亡，不能偷安苟活，宁为玉碎不为瓦全，国亡则玉石俱焚。只有彻底克服投机主义，才能坚定抗战的信心和决心，争取对日抗战之最后胜利。①

全面抗战爆发后获释的陈独秀，早在1938年1月就撰文指出"抗战到底"就是实现国家民族的完全独立，为此，"第一必须从改进政治来推动民众能够自动的参加抗日战争。'战争是政治之延续'，我们此次军事之失败，实际是政治之失败，不改进政治，民众是不会自动参加抗战的。如此，漫说抗战到底，连战到一年半载都很困难。要抗战到这样的底，第二不可幻想能够速成，必须放大眼光，必须把抗战延长到三年、五年、十年，甚至二十年，这期间也许某一时惨败不堪，甚至某一时政府议和，我们也不可因之气馁。在强大的敌人之前，要想一战成功，这是不可能的。任何革命运动，中途挫折和一时停顿，是不可避免的事，最要紧的是打定主意，终于非达到国家独立之目的不已"。② 仇洪也主张《以必胜信念争取最后胜利》，"我们既认清了持久战的意义，并坚信最后胜利必属我的信念，我们即使战至三年五载，牺牲了千百万的军队，亦仍一心一意，继续奋斗不懈。精神上的有毅力地咬紧牙关持久到底，

---

① 叶启芳：《三种投机主义之克服——争取抗战胜利的一个条件》，《大众生路》周刊第1卷第4期，1938年1月23日，第2—6页。叶启芳（1898—1975），广东三水人。广州岭南大学经济系毕业，历任黄埔陆军军官学校政治教官，广州武装团体训练班政治部副主任，后到上海为商务印书馆翻译社会科学名著。抗战期间在香港《星岛日报》增刊任主编，结识不少内地来的民主人士。有人将焦土覆亡视为战胜日本之外中国抗战的前途之一。伯仁：《争取中国抗战胜利的前途》，《苦斗》第1卷第8期，1938年4月11日，第5页。

② 陈独秀：《准备战败后的对日抗战》，亚东图书馆1938年1月印行。引自任建树、张统模、吴信忠编：《陈独秀著作选》第3卷，上海，上海人民出版社，1993年，第438—439页。

自有翻身的一天"。①

第三节　不信苍生信鬼神

武汉弃守，广州沦陷，日军进攻的步伐仍未停止，抗战能否胜利以及何时才能胜利再一次成为国人心中的疑问。"谁都晓得这回中日战争，不是一年两年的事，蒋委员长老早就告诉我们了，'最后胜利'并不是便便易易马上就可得到，是要咬紧牙齿苦苦打来的。现在广州和武汉失守之后，敌人又进攻到湖南的岳阳、长沙，许多人就要问：'最后胜利'什么时候才到呢？'抗战到底'底在那里？"②当然，也有人觉得答案很简单，抗战到底的"底"，就是把鬼子完全赶出中国去，得到最后胜利，全民族获得解放，"至于说抗战到底需要几年时间，那是不能预定的，三年是它，五年是它，十年百年也是它"。因为鬼子要亡我国家，灭我种族。我们要想生存，只有和鬼子拼，拼是唯一出路，否则就要灭亡，所以必须抗战到底。而要抗战到底，就要争取外援，各党派合作团结，统一指挥，厉行节约，开发西北西南，作为民族复兴基地。③

有人认为，最后胜利当然毫无疑义，只是时间难以预料。无论长短快慢，都要看全体人民的努力。④ 张君劢大体赞同这样的估计，敌人占我土地虽多，不足以致胜。日本的弱点暴露和英、美、法态度渐有利于我，国家又还有力量，只要继续抵抗下去，就有可能利用敌人的弱点变

---

① 仇洪：《以必胜信念争取最后胜利》，《正义》旬刊第 6 期，1938 年 6 月 21 日，第 10 页。

② 毛玲：《持久战》，《抗建副刊》第 1 卷第 5 期，1938 年 11 月 21 日。

③ 临人：《抗战到底的三种解释》，《伤兵之友》（江西）第 9 期，1939 年 3 月 11 日，第 3 页。

④ 叶山：《最后胜利还要几年》，《华美》第 1 卷第 47 期，1939 年 4 月 1 日，第 1099 页，"短评"。

成我们的胜利,关键是今后的一年能否支持下去,要用最大决心打退敌人,不能只是消极应战。首先要认真推行兵役法,中国人力充足,武器及训练不佳,战斗力不强,一个师上前线,最多只能支持一二月。应加强后方训练,提高战斗力。其次要加强军火制造和购置。为此,必须增加生产。全国上下只有培植自信心,才能利用外界帮助。"只要吾们继续努力一年以上,中华民国之自由独立,已稳如泰山了"。①

1938年11月底的南岳军事会议上,蒋介石将抗战分为前后两期,声称武汉弃守反而进入转守为攻的时期。有人予以响应,认为抗战28个月,证实我方胜利的必然性和种种计划的正确。现在敌人军事失利,伪组织搁浅,货币战失败,外交狼狈不堪,抗战早已过了最初的消耗战时期,即相持时期也将过去,而进于积极的总反攻时期了。以台儿庄胜利为相持时期的贵重收获,鄂北和湘赣大胜便是积极反攻的初步表现。现在正是最艰苦的时期,也是最重要的时期。譬如赛跑,已经赶过敌人,接近决胜点。但大势虽已分明,最后的胜利,还有待于最后的更拼命努力,不容稍有放松。②

这样的乐观看法,一直持续到1940年,还有人幻想胜利就在眼前,"前几天,我们前线将士做了一个小小的反攻试验,却得到了很大的胜利,夺回许多重要城镇,杀死几千敌人。这胜利连我们自己也觉得有点奇怪,可见今日的日寇,实在已经到了山穷水尽走投无路之境地了⋯⋯如果我们再来一个全面反攻,那末我们的最后胜利自然就在今年了"。③ 实则正面战场已经陷入僵局,国军既攻不动,又守不住成为

---

① 张君劢:《持久战之自信心》,《再生》周刊第15期,1939年2月14日,第1—2页。

② 学普:《胜利的最后一步》,《现代青年》新1卷第1期,1939年11月10日,第4—5页。

③ 大可:《我们的最后胜利就在今年》,《大家看》第1期,1940年1月1日,第8页。

常态。

1939 年 3 月,国民政府实施国民精神总动员。有人认为抗战的战略是持久战,最终可以获得胜利,但战争的长期性并无具体规定,应该想方设法,快速达到最后胜利,而国民精神总动员就是缩短最后胜利时间的重要途径。① 中共方面对于国民精神总动员也予以有条件的支持。

针对相持阶段各方对于抗战前景的担忧,1939 年底,《新知》《战鼓周刊》等刊物编发"最后胜利必属于我特辑",就中国最后胜利的保证与时间两个问题征询各方意见。回应者大都认为最后胜利的时间要看具体条件而定,谁都不可能确定,不过其中有的依据《论持久战》的敌、我、国际三方面条件,从日本战争的发展过程做了一个估计,其结论是:"中国至多再作一年的准备,再加上些反攻的时间,我以为二年以后的今日,将是我们庆祝胜利的日期了。"②有的则以第一期抗战为时一年,第二期不止一年,推论整个抗战还须延续二三年。③ 也有人断定只有二年,因为从相持阶段发展到敌守我攻的阶段,以及最后整个击败敌人而使之崩溃所需时间,不会超过敌攻我守到相持的时间。当然,可能性要转化为现实性,还需要主观努力。④

抗战进入相持阶段,日军逐渐放缓对正面战场的进攻,转而反复"扫荡"敌后根据地,以图稳固后方。蒋介石虽然宣称要转守为攻,可是屡次尝试,均难以奏效,只能硬着头皮勉强支持,任由日军根据自身兵

① 张超:《最后胜利与精神总动员》,《正义》(宁波)第 1 卷第 3 期,1939 年 5 月 5 日,第 4—6 页。

② X. M:《持久战的发展》,《新知》半月刊第 3 卷第 1 期,1939 年 11 月 10 日,第 13 页。

③ 萧沁:《决定于战争的本质》,《新知》半月刊第 3 卷第 1 期,1939 年 11 月 10 日,第 12 页。

④ 黄特:《历史的必然性》,《新知》半月刊第 3 卷第 1 期,1939 年 11 月 10 日,第 12 页。《战鼓周刊》第 57、58 期合刊(1940 年 1 月 1 日),登载了同一特辑。

力和需要进退。为了振奋士气，鼓舞民心，抗战初期的中日国力对比法再度被搬出来，加上战争过程中出现的新变化，作为最后胜利必属于我的有力证据。

张家望以《敌国何以必败——最后胜利必属于我的铁证》为题发表长文，详细分析了国际形势、日本军力、日本经济等三个方面的变化。据当年美国民意研究院及《幸福》杂志主办的《幸福研究季刊》发表的民意测验，对于中日战争，同情中国的占 59，同情日本的只有 1，主张中立的 40，同情中国且愿意抵制日货的为 31。据 1939 年 8 月 30 日发表的美国民意总测验，关于美国政府废止美日商约，赞成者 81，不赞成者 19。7 月 22 日，美国民意测验社以"维护美国在中国所保有之利益，究应进行至何项程度"为题，发表调查结果：

部分	纽英丝	大西洋中部	大西洋中东部	大西洋中西部	大西洋南部	大西洋西部	总计
对日开战	7	4	5	7	11	9	43
对日禁运	44	49	50	46	50	61	300
对日抗议	15	20	17	18	18	15	103
不采取行动	34	21	28	29	21	15	148

1937 年秋间发表的美国人民对中国抗战的民意测验，"对我深表同情，不如今日之甚"。该社还在英国组织同题民意测验，同时又以"英国能否在目下向前推进维护其在远东所保有之利益"为题，举行测验，结果，主张必要时与日本作战的为 92；主张停止英日两国全部贸易为 37；主张以信用放款与军火接济中国的为 17；主张召回驻日大使以表抗议的 9；主张无所举动的 15。总计主张用强硬手段对付日本的，美人占 59，英人占 57。另据日本东京《读卖新闻》报道，1939 年 1 月 15 日巴黎通讯称：日军占领上海时，法国报纸只有 70% 反日，占领南京、炸沉"济南号"后，一向亲日的《勒当报》及《费加罗报》也开始非难日本，反

日的法国报纸达到 90%。

战事不断延长，日本军事力量已经日渐脆弱，据 1939 年 4 月初军事机关统计，日本在华兵力总计 32 个师团，每个师团以 2 万人计，兵力大约 70 万以上。据军令部总计，"七七"事变至 1938 年终，敌来华作战前后共 38 个单位，伤亡达 701090 人。被俘 4512 人。军政部长何应钦在重庆纪念席上报告，截至 1939 年 6 月，敌军伤亡 917800 人，俘虏敌伪军共 8550 人。除去轻伤，死亡及重伤残废最低当有 50 万。日军对华动员兵力为 120 万，已经消耗 41% 强。据 1930 年日本国势调查，适合兵役年龄的男子共 11589840 人，除去后方必须以及身体不适者，可能征发的不足 500 万人，其中已入过伍的 200 万至 270 万人，真能上前线作战的最多不过 350 万至 400 万人。有的还要训练，并补充伤亡，总共最多有兵员 200 万至 250 万人。除去警备殖民地，戒备苏联，驻军国内，目前在华兵力已达饱和点，没有增兵的可能。以胡适所说日军每天死亡 800 至 1000 人计，三年就会完全消灭，而且伤亡达到三分之一，就会崩溃。至于伪军，都是乌合之众，不堪一击。

海军方面，据 1935 年统计，日本共有各种军舰 266 艘，总吨数 1139043 吨，其中包括众多运输舰和小汽艇，建造中 34 艘，若干商船也可改造为运输船。1939 年 1 月敌机散发的反战传单称，截至 1938 年 4 月，其海军死伤 5390 人，陆战队 22630 人，共 28020 人。战场深入内地，除小型军舰，大部分失去活动余地。

日本没有空军，航空兵陆军有 1400 至 1600 架飞机，海军有 1000 架飞机，另有民用机 200 余架，总计不过 3000 架。飞行员陆军约 9000 人，海军 1 万人，民用 800 人，共计不过 2 万人。据何应钦报告，至本年 6 月，日机被击落损坏 716 架，失事至 1938 年底共 2200 余架，虽然不断补充，但飞机不能完全自造，熟练飞行员死伤殆尽，驾驶技术逐渐下降，不能支持长期战争。

武器方面，据苏联军事专家阿西克计算，1935 年日本共生产各式火炮 1 万门,各式机枪 15 万挺,各式枪 300 万支,曳引机 1000 辆,飞机 6000 架,载重汽车 5000 辆,坦克 1600 辆,装甲车 1000 辆,飞机引擎 9000 具。据凌青的《中日实力对比》所述,1936 年日本生产武器不敷数,坦克 1137 辆,飞机 3100 架,曳引机 10997 辆,载重汽车 17699 辆,飞机引擎 4400 具。另据何应钦报告,至 1939 年 6 月底,敌战车装甲车被击坏 1302 辆,被我缴获大炮 586 门,机关枪 2616 挺,步枪 51665 支,弹药 5370174 发。毁于战地的更多。

日本的生产原料多靠进口,煤的产量 8.051 百万吨,从中国进口 992.185 万吨;铁矿的埋藏量仅 5600 万吨,每年三分之一以上由美国供给;石油、橡皮、镍完全依赖进口,铅的 90% 以上,棉花的 98% 靠进口。铜、锡、硫磺、铅也奇缺。欧洲战事发生,各国自顾不暇,禁止军需原料出口,美日商约废止,日本原料供应断绝,开发占领区游击区资源,短期内难以见效。由于日本的武器生产本来不足,随着消耗增大,将不敷分配。

日本的经济日渐涸竭。据国新社香港航讯:自“七七”事变至 1939 年 6 月底,日本共发行新公债 78.6 亿圆。据东京票据交换所调查,已消化 60%,计 47.53 亿圆,其中各银行共 29.07 亿圆,大藏省存款部 18.21 亿圆,信托会社 0.25 亿圆。6 月底各银行存款部、信托会社的公债保有额(包括事变前所发),计日本银行 17.58 亿圆,比事变前增加 8.78 亿圆,其他银行 68.07 亿圆,增加 29.07 亿圆,存款部 38.47 亿圆,增加 18.21 亿圆,信托会社 2.7 亿圆,增加 0.25 亿圆,合计 126.82 亿圆,增加 56.31 亿圆。消化呆滞,金融机关不能承受发行额,若强行承受,势必减少产业投资及运用资金,引起金融恐慌。1936 年高桥藏相大呼“百亿公债足以亡国”,现在远远超出,难以长久。为振奋出口,解决原料恐慌,1938 年 7 月从日本银行纸币准备金 8 亿圆中拨出 3 亿作为输出商品原料的输入调整资金,据大藏省报告,至 1939 年 7 月 20 日,已用去 2.81 亿,其中归还仅 0.93 亿,其余早已用尽。日本商工省调查，1939 年 7 月零售物价指数平均为 135.8，比 6 月份上升 0.4％，比 1938 年 7 月上升 9％，比前年 6 月上升 31.7％。其中一般食品 30.5％，谷数 21.9％，蔬菜 58.7，畜类食料品 29％，水产食料品 29.7％，调味品及嗜好品 14.4％，衣着类 42.1％，燃料 21.2％，建筑材料 26％，杂品 27.8％。

日本全年总支出，1931—1932 年为 14.77 余亿圆，1937—1938 年激增至 34 亿圆，每一国民负担 48 圆。战费支出合计 11989114158 圆，为甲午战争的 60 倍，日俄战争的 7 倍，每个国民负担 170 余圆。日本的正常收入不够支付变通预算，增税则国民无法负担，发公债又滞销，加发纸币会形成恶性通胀，在华经济榨取则不能畅通。

上述各方面证明日本必败，我国必胜，要坚决抱长期抗战的策略，敌终会崩溃。"所以，总裁坚决的说：'这一次中日战争，如果日本能获胜利，那就世界上一切战略战术和所有的军事学说，都要根本推翻，甚至一切事物的原则原理，都可以证明无用了。'"[①]实则英美的民意测验，重在维护本国在中国及远东的利益，与同情中国抗日不可同日而语。而日军伤亡人数，则有相当的水分。

吴忠亚总结 1940 年度抗战胜利的情形，印证薛岳在《阵中日报》1940 年元旦特刊上关于"中华民国二十九年是中华民族的胜利年"的预言，认为继湘北大捷，粤北、桂南、鄂北、晋南、豫北等战场连续胜利后，日军已无力进攻，所谓冬季攻势变成谣言攻势，退守力量也不足。财力方面，"七七"事变后至 1938 年 1 月底为 25 亿，1938 年 2 月至 12 月为 48.5 亿，第三年度 46.05 亿，第四年度 44.5 亿，逐渐减少。而军需储备头两年即耗尽。人力方面，最高时总兵力可达 330 万，据何应钦部长报告，三年中日军死伤达 160 万，至今最多还有约 180 万。白崇禧

---

① 张家望：《敌国何以必败——最后胜利必属于我的铁证》，《大路》半月刊（泰和）第 1 卷第 9 期，1940 年 1 月 30 日，第 8—14 页。

最近在中枢纪念周报告，南北战场日军共 52 个师团，100 万人，加上四年来死伤，已占可用兵员的 90%。重压之下，除了全盘崩溃，没有活路可走。前天"总裁"说，"敌人到了承认汪逆伪组织的今天，是已到了他最后失败的日子"。这是最正确的判断。"我们可以肯定的说，现在是已到了敌人全盘崩溃的前夕，南宁溃退实就是全盘崩溃的开始！……民国二十九年已是我们中华民族的胜利年，希望民国三十年更是我们中华民族的最后胜利年！这实在一点也不难，只要我们能在未来一年中比去年更加努力！"①实则日军从南宁撤退，是主动放弃，说成溃退，甚至断言是全盘崩溃的开始，显然是误判。

民间的乐观，大都源自当局夸大其词的宣传。国民党和国民政府一再预言胜利来临的具体时间，却无法兑现。受当局的影响，文化工作者填词共期抗战早日胜利，"'抗战几时胜？把酒问青天，预知最后胜利，必定在明年……'明年，就是民国三十年，也就是我们的抗战胜利年。我们说民国三十年是抗战胜利年，一点也不夸张，一点也不虚想，这至少是具有消极的和积极的两面意义"。消极方面，中国抗战已由被动转到主动，由败退到相持，再到反攻胜利。民国三十年不是最后胜利的完成年，至少也是开始年。积极方面，抗战接近最后胜利，更应加深警惕。要促使民国三十年成为最后胜利之开始年，也是完成年。②

一再预言的最后胜利迟迟不能到来，不免引起普遍的焦躁，使得最后胜利的时间更加引起广泛关注。有人专文讨论抗战的时间空间与力量关系，关于最后胜利的时间位置，有一番繁复的说词："胜利的时间，粗浅的说，是抗战胜利的过程，由胜利开始至胜利完成所需要的时日，

---

① 吴忠亚：《一年来抗战胜利总结》，《九政月刊》第 2 卷第 1 期（新年特大号），1941 年 1 月 1 日，第 41—42 页。吴忠亚（1908—1991），湖北云梦人。中央军校武汉分校第 5 期毕业，曾任第四方面军总部驻武汉办事处主任。

② 黄素民：《迎接抗战胜利年——为庆祝民国三十年元旦而作》（廿九除夕于岷里拉），《粤联会抗战月刊》第 2 卷第 2、3 期，1941 年 1 月 1 日，第 2—3 页。

总是胜利的时间，这个时间可分做过去、现在和将来，综合的说是较早、较迟。每个时间间隔的一点，并不一定是有胜利事件发生。好像我们胜利时间为一年，若果以日为间隔，假如在一日至十日克复了几个要镇，但十一至十五日就稍休息了，那么这五天是没有发生胜利事实。不过这个时间是抗战时间的局部，我们需要准备百年战争，那么胜利时间就迫近最后的阶段，需要准备十年战争，胜利时间也是迫近十年最后的阶段。"然而往往有未到预定时间而获得胜利，如敌方内乱革命，国际联合打倒。我们的最后胜利，是全国总动员抗战到底，全面反攻。目前抗战是达到胜利时间抑距离胜利时间呢？总裁说抗战第三年是胜利的开始，冯副委员长说二十九年为抗战胜利年。目前我们已达到抗战胜利的期间，其过程如何精确计算，应该从抗战胜利的因果彻底去认识，从胜利的因素贯通思想，从感觉的胜利事实来做验证。①

话虽如此，正副委员长异口同声地预测，如果依然不能兑现，总是需要有所交代。解释有积极与消极的不同方向。有人说："'最后的胜利是属于我们的'，这不只是一句标语口号，也不只是一个希望，更不只是一种理论，凡真正具有正确的认识和坚强的自信，可以断定这是一个固定的目标，是一件绝对可能实现的事实。"社会上不少人不知所以然，常想什么时候是我们最后的胜利，自己不能答，也不愿或不敢问，怕人怀疑他是心理上的汉奸。有些大胆问人，答非所问，或不能令人信服。总想问到具体日期，像预言家或星相术士，这是缺乏正确认识。也有人因为不可避免的失败而认为最后胜利并非能够实现的事实，这是悲观动摇。我们计算这次战争，最久不过三两年，快的还只数月，假如当初能够施用持久战略，只求有效，不图速成，不仅仅注意在军事上一时的胜败，真的知己知彼，把敌我两方作一番通盘估计，以我之长制彼之短，

---

① 王兴超：《论最后胜利的时间空间与力量》，《建军半月刊》第 11 期，1940 年 1 月 30 日，第 12—13 页。

易我之短制彼之长，那么失败与屈辱不一定专属于我。我们从这些惨痛的教训，现在应该有所醒悟了。抗战胜利的真义是国家民族绝对的独立、自由、平等，何时完成，抗战的最后胜利即到来。问题是我们怎样运用意志和力量，达到这个固定目标。"谁要问时间的早迟，谁便当首先反省自己的意志与力量究竟贡献了多少。"①这样的解释，既有利于鼓舞士气，又不会作茧自缚，可以立于不败之地。

有人认为，抗战胜利迟迟不能到来，原因是团结不够坚强，而党派存在就是磨擦的根源，为了获得抗战胜利，各党派虽然继续存在，但应停止一切活动，"完全在一个党，一个主义，一个政府，一个领袖的指导之下，不必各争雄长"。② 有人赞同加紧团结对于争取胜利的重要性，尤其是要巩固和发展统一阵线，切实奉行三民主义。而最具体的巩固与发展办法，就是实行三民主义的民族、民权、民生。③

也有人对官方的预言失去信心，转而以占卜的方式预测最后胜利之期，其法为：纪时纪月都以"十二"，已有耐人思索之处。而总理孙中山的生日忌日均为"十二"，且国民党员守则信条为"十二"，全国国民应守公约亦为"十二"，足见决非偶然。"试以此而卜我最后胜利之期：若以总理诞生与逝世两纪念日数字之和，与党员守则及国民公约条目数字之和相加，其数为'四十八'，'十二'既为纪月与纪时之数，则以抗战至第四十八个月下午十二时——即中华民国三十年七月六日下午十二时，为我获得最后胜利之时，极为可能"。④ 不信苍生信鬼神，其实是一种无奈。

---

① 刘公任《何时是我们最后的胜利》，《民意》周刊第 151 期，1940 年 1 月 2 日，第 5—8 页。

② 林父：《这样是获得最后胜利的要件》，《抗战教育》第 4 期，1938 年 3 月 11 日，第 5—8 页。

③ 单戈：《加紧团结争取胜利》，《新知》半月刊第 3 卷第 1 期，1939 年 11 月 10 日，第 11 页。

④ 衷：《左拾遗·预卜最后胜利之期》，《决胜》周刊第 4 卷第 8 期，1940 年 3 月 12 日，第 13 页。

第四节　最后胜利与胜利之后

太平洋战争爆发,给久战不胜的国人打了一剂强心针。首先提振了军人的信心,倭寇发动太平洋战争,其国运有在 1942 年宣告完结的可能。是我国准备及时反攻获取最后胜利的良机。《国防周报》1942年首期即为"反攻胜利年特大号"。① 过去的四年半中,虽然得到国际上不少援助,大部分是靠中国"自力更生"的力量,用自己民族的血肉来和强暴的倭寇周旋于战场。自太平洋燃起战火,单独抗战的时期已经过去,今后是与英、美、苏各友邦共同打击侵略者。单独抗战,尚能和敌人长期殊死战斗,使倭寇的人力物力遭受极大损伤和消耗,陷于进退维谷的泥沼,现在日本与英、美、中、苏四大强国为敌,以人力物力财力判断,战争的胜负不言而喻。"所以,无疑的今年已经是到了我们抗战的总反攻的阶段,无疑的已经是到了我们争取最后胜利的时机!"

> 光明时刻的到来,绝非侥幸而致,亦非简纯外交力量的成功,实由于我五年来英勇壮烈的抗战以及我为维持人类正义誓死抵抗侵略的民族正气,引起了国际人士的注意和同情,使英美各友邦,不能牺牲这最坚强忠贞的朋友,而对倭寇有不利于中国的妥协。故无论倭寇怎样威胁利诱,如何派遣专使往返谈判,而美国始终坚守原有立场,不为动摇,以致美日谈判失败,才造成了太平洋大战之局。假如我们过去的抗战不能持久,或在抗战中不能表现雄厚伟大的战斗力量,则远东局势的转变,诚难达到今日我们预期的目

---

① 卢璞卿：《迎新年与抗战的最后胜利——抗战四年半来之敌我政治经济军事外交概观》(三十,十二,二十七于桂林军校),《国防周报》第 4 卷第 5、6 期合刊(反攻胜利年特大号),1942 年 1 月 5 日,第 4 页。

的,而我们民族前途的命运,亦将沦于不堪设想的地步。由此更可证明,这争取最后胜利的绝好时机的到来,实是我们数年来英勇牺牲以血肉头颅所换取的代价,今后我们应如何警觉努力,来把握这千载一时民族复兴的最后良机,实为我们目前最重要迫切的问题。

为此,在反攻的征途上,个人要加倍努力,增强抗战力量,团体要坚强战力,严明纪律,全国要加强团结,巩固统一,振奋英勇,在世界反侵略大战中,争取最光荣的地位。英、美各友邦认为我们是维持东亚和平的支柱,要创造伟大的战果,报答各友邦的信任,在最高领袖的领导下,发挥全民族的力量,争取中华民族永久的独立生存和空前未有的光荣。[①]

不过,在上一年即 1941 年,乐观人士已经宣称是"胜利年",军事与外交都取得进步,只是官邪与商蠹两大问题,尚待解决。反攻胜利年必须政治上反攻,肃清贪污,扫荡囤积。[②] 在新的形势下,浙东三门县基层的国民党人重新检讨自身的责任,新任县长陈诚提出:抗战建国由本党领导,能否成功胜利,要看党员是否尽到责任。保国先要保省、保县、保乡。抗战越持久,必然越来越苦,持久到五年,还可以支持到八年十年。现在重大的危机,在一部分民心不坚定,大家潜伏一种准备做顺民的心理,看到敌人在浙东凶残的行为,害怕动摇。如果党员不能领导民众,一致起来将这危机克服,则抗战大业,将无由完成。[③]

1942 年,由于英、美允诺开辟第二战场,苏联表示此种情况下可以于 1943 年打败纳粹德国,国人相信 1943 年能够战胜日本,取得最后胜

<hr>

① 庞乐泮:《把握最后胜利的时机》,《奋斗》月刊第 1 卷第 10 期、第 2 卷第 1 期合刊,1942 年 1 月 15 日,第 31—33 页。

② 王世昭:《恭祝反攻胜利年》,《国防周报》第 4 卷第 5、6 期合刊(反攻胜利年特大号),1942 年 1 月 5 日,第 3 页。

③ 陈诚:《坚忍最后困苦争取最后胜利——于"七七"抗建纪念日讲》,《三门年鉴》第 1 辑,1942 年,第 309—311 页。

利。新年伊始，各界人士纷纷预测"今年是我国抗战胜利，也是同盟国抗战胜利年之开始"。① "卅二年的元旦，这正是我们抗战五年来最后胜利年开始的日子"。② "三十二年的元旦就在目前了，这三十二年，就是我们胜利的年头"。③ 直到这一年的双十国庆，不少人依然期盼，"暴敌日趋崩溃，民主国家最后胜利的光明日益显著"，"而最后胜利的日期，在联合国精诚团结的共同作战中，也确确实实的已经就在目前了"。如蒋介石提示，中国的抗战与世界的战局，已经走到最高分水岭，"过此一段，即是荡荡的坦途，而目前正在最后胜利以前最大艰苦的开始"。中国的军事胜利与外交成功均无问题，关键就是继续坚持，"突破最后一段艰难坎坷的路程，进入光明胜利的境域"。一些人相信："过去六年抗战，蒋委员长领导我们一天一天向着光明前进，一天一天接近最后胜利。军事形势的演进，国际大局的转变，没有一点不照着我们最高统帅的'庙算'逐渐实现。他以往指点的路程，丝毫没有错误。"现在也要完全按照其指示，准备吃更大的苦，突破最后的路程，达到胜利的终点。④

然而，现实是残酷无情的，在最高统帅的领导下，要想取得抗战的胜利，似乎越来越没有把握，于是社会人士开始将目光左盼右顾，不再一味指望领袖的天赋与智慧。中华职业教育社发起人、中国民主政团同盟首任主席黄炎培提出：今年是民国三十三年了，长期抗战中的中国国民，有两件神圣的任务，一件是开始大规模的反攻，把敌人赶出中国，还有一件就是宪政运动。有人说，在国民全副精神对敌人反攻的时候，

① 冰莹：《编后》，《黄河》月刊（西安）第 4 卷第 1 期，1943 年 1 月，第 75 页。

② 杨尚钧：《我们要抱定最后胜利的信念》，《军政部第二被服厂庆祝三十二年元旦特刊》第 1 期，1943 年元旦，"论著"，第 9 页。

③ 罗祥光：《三十二年元旦是最后胜利年》，《军政部第二被服厂庆祝三十二年元旦特刊》第 1 期，1943 年元旦，"论著"，第 10 页。

④ 《最后胜利与最大艰苦》，《中华基督教卫理公会通讯》复刊第 23、24 合刊，1944 年 10 月 1 日，第 3—4 页。

那里还有功夫来提倡宪政，研究宪法呢？昨天元旦立法院长孙科解释得很好，"吾们是一面抗战，一面建国，吾们硬要在抗战快到最后胜利的时间，赶快准备实施宪政。胜利越是接近，宪政运动越是急切"。实行宪政，国民与国家关系才能走上正轨。希望大家来研究五五宪章，守法。"今年是决战取胜年，我们要把宪政运动来迎取抗战最后胜利。"①

中华职业教育社主办的抗战刊物《国讯》，对于最近几个月来，敌骑纵横长沙，陷衡阳，直逼桂林，并在粤南、湘西、滇边全力猛扑的危急形势忧心忡忡，"（我们）要设法争取最短时间内自动的胜利，这方法很简单，这力量很伟大，就是要在半年以内实施宪政，实行民主……惟有予民以权，乃能用民之力……惟有实行民主，可以治国与民为一体，亦惟有实行民主，可以增人民对国家之责任"。② 这意味着民主人士已经认识到，领袖与政府并不可靠，要想战胜日本，必须对政治实行民主改造。

战事长期延续而胜利的曙光迟迟没有浮现，忍受了一切痛苦、殷切盼望胜利的民众憧憬着胜利的景象，江西丰城渊源小学的学生聂竞雄作文《想像中抗战胜利凯旋的那一天》，相信最后胜利当然有绝对把握，"我想当抗战胜利凯旋的那一天，是多么的热烈，多么的兴奋呢？到了那一天，全国是充满着空前热烈的情况，到处的墙壁上一定会贴着许多彩色标语，写上许多响亮而光荣的语句，家家户户的门口，都悬挂着美丽的国旗随风飘扬，似乎格外光荣。全国的人民和学生，都成群结队的去迎接那凯旋的国军，那时大帝大帝底军号声，有精神的步伐声，夹杂着群众兴奋的呼号，在轰轰烈烈底鞭炮响声中，大家都唱起了胜利的颂歌。那种热烈情况，越想越难以形容了。那时，洗雪了国耻，获得了自

---

① 黄炎培：《吾人要以宪政运动来迎接抗战最后胜利》，《国讯》第 357 期，1944 年 1 月 5 日，第 2 页，"公言"。

② 本社：《实行民主政治可以获得全民力量，抗战已到最后关头胜利争此一着》，《国讯》第 378 期，1944 年 10 月 15 日，第 2 页。

由独立的平等地位，不受任何人的压抑摧残，除了全体国民的责职，我们当然是高兴万分的。这时，我相信每一个人的心坎里，一定都是很感激将士们不怕流血勇于牺牲的精神哪！"①

1944年国庆日，国民政府主席蒋介石向全国军民发表广播讲话，宣称："我们神圣抗战已经七年有余，现在最后胜利已经摆在面前，我们具有充分的信心，相信今后的一年，是抗战达到最后胜利的一年，也是我们完成革命最后奋斗的一年。惟一重要的问题，就是我们在这一年之中，如何奋勉自强，以达成这伟大时代所赋予我们的任务。"②这一次蒋介石得到美国政府的正式允诺，的确没有食言。盟军从海上大举反攻，将登陆中国及日本本土，与我军并肩在大陆上击溃敌寇的鸠巢。中美空军已比翼发动大攻势作为总反攻的前导，这个攻势将是最后胜利的开始。所以，最后胜利在1945年，1945年将是胜利关键的一年。

尽管如此，实行民主依然是国民的希望所在。中国必须改进之处是：彻底扫除政治积弊，革除公文政治恶习，肃清舞弊贪污风气，尤宜注意改善基层政治，而导入民主政治的轨道；认真铲除兵役弊窦，加强军政训练，使所征之民均能成为精兵劲旅，军民融成战斗整体；迅速扩展民众组织，使每一个人都具有强韧的作战精神，而以自信的力量，驱除萎靡腐化的思想，汇成总反攻的巨流。倘能如此，军民自能合作，胜利亦必可得。③ 杨荣国明确表示：要将日寇赶出中国国境，需要中国全民加强合作，实现政治经济文化的民主化，走上新的民主道路，方能迅速达到新的目的，早日完成抗战的胜利。"抗战促进世界政治走向新的民

---

① 聂竞雄：《想像中抗战胜利凯旋的那一天》，《儿童新闻》（浙江）第 20 期，1944 年 11 月 15 日，第 4 版。

② 《中华民国三十三年国庆纪念告全国军民同胞书》，秦孝仪主编：《总统蒋公思想言论总集》卷 32，"书告"，第 82 页。

③ 张望：《最后胜利在今年》，《军民之家》半月刊创刊号，1945 年 1 月 1 日，第 3—4 页。

主,新的民主才能完成抗战的胜利。"①

全面抗战终于取得最后胜利,人们欢欣若狂,"天亮了,我们重见光明了! 八年来受着敌人摧残蹂躏的我们,重新呼吸到清新的空气。抗战胜利,灿烂的国旗在街头巷隅飘扬着,迎着青天白日高高的悬起,成了一个国旗的世界"。那么,"我们应该怎样来庆祝这最后的胜利? 高呼中华民国万岁吧! 不,绝不能这样简单,那么让我们来从事于革命的宣传,发扬革命的精神,负起建国的使命。我们一定要这样做,为了国家,为了社会,为了中华民国子子孙孙的福利,我们一定得这样做,中国才能永远强盛,中国才有真的光明。当我们从事这些工作的时候,我们不能忘怀这些——谁为我们铺上这平坦的康庄大道的英雄。我们这样做,才能对得住我们的开路英雄。亲爱的青年们,努力吧! 把自己献身于革命,建设一个新的强大的中国,这艰巨的责任,除了我们,还有谁来肩负呢! 不要退后,不要畏缩,勇往直前,刻苦耐劳,把所学所能,完全贡献于国家,那末民族才能复兴,建国必能成功!"②长期的残酷战争使得国人的头脑变得清晰起来。

日本天皇发布投降诏书之日,蒋介石向全国军民广播说:"现在我们抗战是胜利了,但是还不能算是最后的胜利。"③人们深知,这次战争的胜利,盟邦的贡献甚大,我们的国力真能名副其实列于四强之林,尚待来日的努力,同时八年的战火,使国家元气大丧,更需要积极的恢复,最后胜利之日应当是富强康乐的新中国建设的完成之时! 让我们的国

① 杨荣国:《新民主政治完成抗战胜利》,《联合周报》第 2 卷第 19 期(新年特大号),1945 年,第 307 页,"新年杂感·元旦特辑"。杨荣国(1907—1978),湖南长沙人,毕业于上海群治大学,1937 年担任长沙文化抗日协会理事,1938 年加入中共。

② 蓝天:《重见光明》,《上海妇女》创刊号,1945 年 10 月 10 日,第 40 页。

③ 《抗战胜利告全国军民及全世界人士书》,秦孝仪主编:《总统蒋公思想言论总集》卷 32,"书告",第 122 页。

家在统一的局面下有计划的完成各种建设吧，国家是永生的，个人的生命是有限的，如何利用个人有限的生命使永生的国家繁荣滋长，是每一个黄帝子孙神圣的使命。①

　　全面抗战中国遭受了巨大牺牲，如何吸取教训，完成国家的建设，成为战后人们关注的最大问题。抗战胜利的痛苦经验成为人们反省的重要参考。有人说，美国的两颗原子弹，将横行半个世纪的日寇镇压得贴贴服服，将我国五十年来所蒙的国耻冲洗个一干二净。②日本投降后，中国的政治问题因战争结束格外严重起来，假如政治问题不解决，经济建设可能全部落空。主张"中国政治的最后形式。应该是多党的，不该是一党的。任何人都有言论思想的完全自由，任何人不能干涉他人的言论思想……任何一党一派，都不应垄断国家的政权"。③

　　也有人从发展科学的角度总结教训，鉴于 20 世纪的战争可能武器将起决定性作用，而抗战最大的苦恼是武器不及人，实质上是科学落后的表现。幸得盟友帮助，最后获胜，今后应提倡科学，注重科学人才的训练。并使人得其所，才尽其用。从事科学研究者要坚持不懈，政府要改善其研究环境及生活条件。④

　　抗战获胜，除了中国坚持抗战，重要的外部条件是得到盟国的帮助支持，尤其是美、苏盟军对日本的打击。战后如何处理好与盟国的关系以及求得彻底的民族解放，成为一大棘手难题。早在全面抗战爆发初期，1937 年 10 月 6 日，陈独秀在武昌华中大学演讲《抗日战争之意

---

① 养民：《埋头建设完成最后胜利》，《古今谈》月刊第 1 卷第 1 期，1945 年 10 月 15 日，第 1、2 页，"时评"。

② 社声：《痛定思痛的最后胜利》，《新中华》（重庆）复刊第 3 卷第 8 期，1945 年 8 月，第 1—2 页，"社声"。

③ 社声：《战后中国的政治问题》，《新中华》（重庆）复刊第 3 卷第 8 期，1945 年 8 月，第 1—2 页，"社声"。

④ 周昌芸：《对于抗战胜利有感》，《改进》第 11 卷第 5、6 期（胜利特辑），1945 年 8 月 25 日，第 195 页。

义》,就认为"战争之历史的意义,乃是脱离帝国主义压迫与束缚,以完成中国独立与统一"。"战胜了,不但解除了日本帝国主义的压迫与束缚,并且使别的工业先进国亦不能够再继续强迫中国人做他们的农奴。"如果中国取得抗战胜利,"列强在中国的特权,或者不必经过战争,而循外交途径,以次收回"。① 不久更进一步申论,仅仅日本撤兵和收复失地,而未能收回日本及他国损害中国主权的一切特权利益,就不算是抗战到底。为此,"不可一面对日本帝国主义抗战,一面对英、美帝国主义摇尾乞怜。这并不是说在对日抗战中拒绝别国现实的帮助,而是说不应该害单思病,把热脸就人家的冷屁股。况且依靠甲帝国主义来赶走乙帝国主义,这是一种何等滑稽的国家独立运动?! 英美帝国主义者统治殖民地的制度,诚然比日本恩惠些,然而这是奴隶选择主人的态度,不是国民独立运动的态度"。②

抗战是否改变了中国与列强的关系,成为坚持抗战的中国人必须面对的问题。进入相持阶段,有人就以辩论会的形式对此展开充分讨论。论辩设定的甲方提出:抗战时为了集中火力,打击当前唯一的敌人,只能提出"打倒日本帝国主义"的口号,不能提出"打倒一切帝国主义"的口号。因此"抗日只是反帝任务的一部分,要想求得民族的彻底解放,在抗战胜利以后,还有打倒一切帝国主义的必要"。

乙方基本予以赞同:英、美、法援助我国抗战,与其说是为了同情我国,不如说是为了保护其在华利益。日本崩溃后,中国得到独立解放,将妨碍其在华利益,刺激印度、安南等殖民地的独立运动,它们便要改变对华态度。因为其本质上都是帝国主义,不会轻易放弃榨取支配殖民地半殖民地的特权。因此,在抗日战争胜利后,继续努力打倒一切帝

---

① 陈独秀:《抗日战争之意义》(10月6日在武昌华中大学讲演),任建树、张统模、吴信忠编:《陈独秀著作选》第3卷,第395—396页。

② 陈独秀:《抗战到底》,任建树、张统模、吴信忠编:《陈独秀著作选》第3卷,第438—439页。

国主义，实有绝对的必要！

丙方则表示：要想求得中国彻底的自由解放，打倒一切帝国主义，固然有其必要，但主观上中国是弱国，抗战中人力牺牲，物力消耗，已经精疲力竭。打一个日本帝国主义尚且这样吃力，怎能还有力量去打倒一切帝国主义呢？所以抗战后继续打倒一切帝国主义，理论上虽有必要，事实上没有可能。除非经过相当时期的休养生息。

丁方不能同意上述意见，认为有的忽略了现阶段国际形势的特征，把整个世界和英、美、法的政策看作一成不变的东西；有的完全无视我们抗战愈打愈强，民族新生的力量日益成长壮大的事实。和平阵线与侵略阵线的对立乃是现阶段国际形势的一个基本特征，在反法西斯反侵略的目的上，社会主义国家、资本主义民主诸国、弱小民族、劳苦大众，有着共同的利害关系，形成反侵略的统一阵线。中国的对日抗战是整个世界反法西斯反侵略斗争的重要组成部分，因此能够获得全世界广大的同情和援助。英、美、法支持我们抗战，一方面固然是为了保护本身的利益，但这一行动与弱小民族、社会主义国家、劳苦大众的利益一致，因此另一方面，又具有反抗法西斯侵略保卫世界和平的更重大的世界意义。

国际反法西斯反侵略的斗争一定能够取得最后的胜利，这不仅将使德、意、日等国发生巨变，而且将使资本主义民主诸国和弱小民族的地位发生变化，整个世界都进步了，英、美、法的政策自然会改变。我们的军队在物质配备和头脑武装上比战前长足进步；全国城乡人民普遍觉醒，民主政治奠立了初步的基础；内地经济正在开发，基本脱离帝国主义的羁绊，走上独立自主的道路。民族的新生力量，正在一日千里地飞快生长。抗战的最后胜利，正是建立在这个新生力量飞快生长的基础之上。如果抗战的结果是打得筋疲力尽，最后胜利是不可想象的。"两败俱伤"，"都要亡国"，这是日本"诱和速结"的手段。抗战胜利后的中国，国际地位提高，国家力量加强，可以利用外交手段，废除一切不平等条约。抗战胜利后还要大规模建设，初期免不了吸收外资和外国技术人才来帮助，英、美、法等国还可享有利益，不过是在平等互惠的基础上，与我们的民族利益相一致。

另一问题是，民族主义除了"中国民族自求解放，国内各民族一律平等"外，还要援助全世界弱小民族共谋解放。抗战胜利后，朝鲜的独立、台湾的光复，固然不成问题，但安南、缅甸还处在英、法统治之下，为了贯彻民族主义的目的，是否会和英、法正面冲突？

丙方的意见是：我们的民族主义与德意志法西斯的所谓民族主义完全不同，前者以援助各弱小民族独立为目的，后者以奴役异民族为目的。必须等到弱小民族自己的主观力量和客观环境成熟，独立运动发展起来，才能从旁援助，而不是出兵打倒英、法，给予独立，不能越俎代庖。弱小民族的独立解放和中国的抗战一样，主要靠自己的努力，只能争取同情的援助。"革命是不能输出的"，苏联对于弱小民族的政策，值得研究和效法。①

善良的国人满心希望，在反法西斯战争中站在同一战壕的战友，无论国内国际，都会痛定思痛，捐弃前嫌，携手走向未来。日本投降次日，儿童杂志《小朋友》的编者向"亲爱的小朋友"诉说了《"最后胜利"的话》：

> 自从二十六年七月七日以来，只为日本人无故进攻我国，累得你们陆续随着你们的爸爸妈妈逃到后方来，有的小朋友，怕还是在你们妈妈的肚子里带来的。你们家里的田地房屋，都被敌兵毁坏了，衣服什物，也都被敌兵抢去了，你们都因此受尽了饥饿、寒冷、疾病等等的痛苦。如今好了！因为我们有坚毅的领袖，勇敢的军队，一心一意地抵抗。八年来的苦战，牺牲了无数的生命，流尽了

---

① 萧敏颂：《抗战胜利后我国与英美法的关系》，《工作与学习》第 1 期，1939 年 5 月 16 日，第 12 页，"辩论会"。

无数的血汗，终于打得敌人无条件投降，得到了最后的胜利。亲爱的小朋友：你们是从抗战中长大起来的，国家也是从抗战中得到了胜利，从此你们的教科书上，不再有"国耻"两字，你们将要在一个和平幸福的时代里生活着！你们应该为了纪念死难的军民，奋发地学习！你们应该为了庆祝国家的胜利，快乐地歌唱！①

令人惋惜的是，这样情真意切的祝愿与祈望，并未能够直接付诸现实，列强不肯轻易放弃既得利益，专制独裁者更不甘愿失去权力，中国不得不再次经历战争的洗礼，才能浴火重生，进入和平的新时代，并且从此不再有"国耻"。

---

① 编者：《"最后胜利"的话》，《小朋友》复刊第 10 期，1945 年 8 月 16 日，第 1 页，"时事讲话"。

征引文献

一、报刊

《八一三》半周刊

《北京大学研究所国学门周刊》

《半月文摘》

《兵事杂志》(浙江)

《兵役旬刊》

《兵役月刊》

《持久战》

《船山期刊》

《春秋》月刊

《大公报》(汉口)

《大公报》(天津)

《大家看》

《大路》半月刊(泰和)

《大美晚报》

《大众生路》周刊

《抵抗三日刊》

《动员》周刊

《读书青年》

《读书生活》

《读书月刊》

《儿童新闻》（浙江）

《反侵略》

《奋斗》月刊

《奋勉》周刊

《复兴日报三周年纪念特刊》

《改进》

《改造》

《更生》

《工作与学习》

《公教周刊》

《公余》

《古今谈》月刊

《广播周报》

《广东民众》

《广汉县政周刊》

《广西省政府公报》

《国防周报》

《国家与社会》

《国论》

《国民公论》

《国讯》

《汗血周刊》

《华美》

《华侨半月刊》

《黄河》月刊(西安)

《黄埔》周刊(重庆)

《集美周刊》

《家庭周刊》

《建军半月刊》

《教育杂志》

《解放》周刊

《解放日报》

《经世战时特刊》

《晶报》

《精忠导报》

《九政月刊》

《救亡文辑》

《决胜》周刊

《军民之家》半月刊

《军事汇刊》

《军事月刊》

《军政部第二被服厂庆祝三十二年元旦特刊》

《抗敌呼声》

《抗敌先锋》

《抗敌旬刊》

《抗敌周刊》

《抗建》半月刊

《抗建副刊》

《抗议》旬刊

《抗战三日刊》

《抗战半月刊》

《抗战大学》

《抗战教育》

《抗争:外交评论》

《克敌周刊》

《苦斗》

《力文》半月刊

《联合周报》

《每周导报》

《民意》周刊(汉口)

《民众动员》半月刊

《民众三日刊》

《民主》半月刊

《民族公论》

《民族呼声》

《闽政与公余非常时期合刊》

《南路抗建》

《平旦周报》

《前线》旬刊

《青年》(中国青年励志会)半月刊

《青年大众》

《清明》

《清议报》

《全民抗战五日刊》

《全民抗战》周刊

《群众》

《三门年鉴》

《扫荡》

《陕行汇刊》

《伤兵之友》(江西)

《商业月报·战时特刊》

《上海妇女》

《少年时事读本》

《少年周报》

《生力》周刊

《胜利》

《时代批评》

《时事半月刊》

《时事类编》

《世界兵学》

《世界知识、妇女生活、中华公论、国民周刊战时联合旬刊》

《市声月刊》

《苏民周报》

《文化新闻》

《文化战线》

《文艺月刊》

《文艺战线》

《现代青年》

《现实》半月刊(奉化)

《湘中学生》

《小朋友》

《新道理》

《新动向》

《新华日报》

《新力》

《新闻报》

《新新新闻》

《新粤周刊》

《新知》半月刊

《新中华》（重庆）

《兴业邮乘》

《学生之友》

《血路》

《译报周刊》

《益华报》

《粤联会抗战月刊》

《云南各界抗敌后援会特刊》

《再生》周刊

《战地动员》半月刊

《战地通信》

《战鼓周刊》

《战旗》

《战时乡村》

《战线》

《浙江工业》

《浙江军训》

《正义》（宁波）

《正义》旬刊

《中国农村》

《中国青年》(重庆)

《中华》

《中华基督教卫理公会通讯》

《中山半月刊》

《中山周报》

《中苏文化》

《中学生》战时半月刊

《中央党务公报》

《中央通讯社稿》

《中央周刊》

《自学》旬刊(上海)

《自由谭》

《自由中国》(汉口)

二、论著文献

《陈诚将军持久抗战论》,战时生活社,1937 年

陈美延编:《陈寅恪集·金明馆丛稿二编》,北京,生活·读书·新知三联书店,2001 年

《蒋中正日记》,台北,抗战历史文献研究会,2015 年,非卖品

中共中央文献编辑委员会编:《刘少奇选集》,北京,人民出版社,1981 年

《毛泽东选集》,北京,人民出版社,1991 年

《确立全国抗战之战略计划及作战原则案(1937 年)》,《中共党史资料》2007 年第 3 期

《任弼时选集》,北京,人民出版社,1987 年

武衡等编:《徐特立文存》,广州,广东教育出版社,1995 年

中共中央文献研究室、中国人民解放军军事科学院编：《叶剑英军事文选》，北京，解放军出版社，1997 年

《战术教程》，中央陆军军官学校武汉分校，1936 年

中共中央文献研究室、中国人民解放军军事科学院编：《周恩来军事文选》，北京，人民出版社，1997 年

中共中央文献编辑委员会编：《周恩来选集》，北京，人民出版社，1980 年

陈诚著，林秋敏、叶惠芬、苏圣雄编辑校订：《陈诚先生日记》初版（一），台北，"国史馆"、"中研院"近代史研究所，2015 年

谭家骏编译：《新军队指挥》（德国国防部 1936 年改正版），南京，兵学新书社，1937 年

李细珠、赵庆云主编：《张海鹏先生八秩初度纪念文集》，北京，社会科学文献出版社，2018 年

费正、李作民：《抗日战争时期国民党"持久消耗战"与共产党持久战方针之比较》，《南京政治学院学报》1987 年第 3 期

黄道炫：《国共两党持久战略思想之比较研究》，《抗日战争研究》1996 年第 3 期

高素兰编辑：《蒋中正总统档案——事略稿本》第 54 册，台北，"国史馆"，2011 年

黄自进、潘光哲编：《蒋中正总统五记——困勉记》，台北，"国史馆"，2011 年

蒋复璁、薛光前主编：《蒋百里全集》，台北，传记文学出版社，1971 年

陈红民主编：《中外学者论蒋介石：蒋介石与近代中国国际学术研讨会论文集》，杭州，浙江大学出版社，2013 年

蒋永敬：《蒋中正先生领导对日抗战的基本方针——抗战到底》，"蒋中正先生与现代中国"学术研讨会论文，1986 年

赖小刚:《通向成功的跳板:抗战时期中共在山东的崛起》,《文化纵横》2015 年第 5 期

《李大钊史学论集》,石家庄,河北人民出版社,1984 年

李刚译:《战术问答一千题》,南京,军用图书社,1932 年

林美莉编辑校订:《王世杰日记》,台北,"中研院"近代史研究所,2013 年

刘维开:《国防会议与国防联席会议之召开与影响》,《近代中国》2005 年第 163 期

刘雪明:《国共两党抗日持久战战略方针比较研究》,《求实》1995 年第 9 期

罗艳梅:《战略防御阶段中共中央党报党刊对持久战战略思想的宣传》,《广西社会科学》2017 年第 2 期

吕芳上主编:《蒋中正先生年谱长编》,台北,"国史馆",2014 年

欧阳哲生主编:《傅斯年全集》,长沙,湖南教育出版社,2003 年

秦孝仪主编:《总统蒋公思想言论总集》,台北,中国国民党中央委员会党史委员会,1984 年

任建树、张统模、吴信忠编:《陈独秀著作选》,上海,上海人民出版社,1993 年

[美]瑞贝卡·卡尔著、龚格格译:《毛泽东传》,长沙,湖南人民出版社,2013 年

谭徐锋主编:《蒋百里全集》,北京,北京工业大学出版社,2015 年

汤志钧编:《章太炎政论选集》,北京,中华书局,1977 年

王树荫:《抗日战争初期国民党的持久战战略初探》,《史学月刊》1987 年第 4 期

吴光杰、刘家倴合译:《德译联合兵种之指挥与战斗》,南京,中央陆军军官学校,1932 年

吴光杰译、杨杰校:《德译军队指挥》,1936 年

吴仰湘：《蒋百里对中国抗战的理论探索与贡献》，《安徽史学》2006年第 5 期

萧李居编辑：《蒋中正总统档案——事略稿本》第 42 册，台北，"国史馆"，2010 年

杨奎松：《毛泽东为什么要写〈论持久战〉?》《抗日战争研究》2018年第 3 期

杨天石：《国民党人的"持久战"思想》，《南方都市报》2009 年 6 月30 日、7 月 2 日

杨天石：《抗战与战后中国》，北京，中国人民大学出版社，2007 年

杨天石：《找寻真实的蒋介石：蒋介石日记解读 2》，北京，华文出版社，2010 年

叶惠芬编辑：《蒋中正总统档案——事略稿本》第 56 册，台北，"国史馆"，2011 年

张瑞成编：《光复台湾之筹划于受降接收》，台北，中国国民党中央委员会党史委员会，1990 年

张卫波：《毛泽东〈论持久战〉的传播与影响》，《军事历史研究》2016年第 3 期

张展：《全面侵华时期日军的对华持久战战略》，《抗日战争研究》2018 年第 3 期

中共中央文献研究室、中国人民解放军军事科学院编：《毛泽东军事文集》，北京，军事科学出版社、中央文献出版社，1993 年

中共中央文献研究室、中央档案馆编：《建党以来重要文献选编（1921—1949）》，北京，中央文献出版社，2011 年

中共中央文献研究室编，逄先知主编：《毛泽东年谱：1893—1949》修订本，北京，中央文献出版社，2013 年

中共中央文献研究室编：《毛泽东文集》，北京，人民出版社，1993 年

中国第二历史档案馆:《南京国民政府大本营关于全面抗战作战指导方案等训令四件》,《民国档案》1987 年第 1 期

中国第二历史档案馆编:《冯玉祥日记》,南京,江苏古籍出版社,1992 年

中国第二历史档案馆编:《中华民国史档案资料汇编》第 5 辑第 2 编军事,南京,江苏古籍出版社,1998 年

中国人民解放军军事科学院毛泽东军事思想研究所年谱组编:《毛泽东军事年谱》(1927—1958),南宁,广西人民出版社,1991 年

中央档案馆编:《中共中央文件选集》,北京,中共中央党校出版社,1991 年

周惠斌:《〈论持久战〉英译本的由来》,《中华读书报》2012 年 1 月 18 日

周美华编辑:《蒋中正总统档案——事略稿本》第 47 册,台北,"国史馆",2010 年

人名索引

艾芜　250

白崇禧（健生）　127；159；232；282；285；307；354

白桃　250

板垣征四郎　213

贝特兰　99；118；157

毕安　38

博古（秦邦宪）　73

蔡廷锴　42

蔡元培　232

曾国藩　117

陈安宝　284

陈诚　16；53；54；281；286；287；306

陈独秀　262；263；347；364

陈光　148

陈纪滢　260

陈嘉庚　252

陈诚　359

陈立夫　140

陈少敏　317

陈唯实　249

陈毅　298;299

陈寅恪　10;18

陈玉科　65

陈钟凡　11

池田成彬　213

仇洪　347

褚辅成　239

董仲笪　242

杜沄　27

樊龄　335

方振武　248

冯玉祥　126;127;159;232;287;288;306;308

傅斯年　4

傅作义　147

高木友三郎　63

高桥是清　327

龚德柏　298

顾森千　243

顾希平　243

顾祝同　159

郭汉烈　55

郭耘(李铁)　173

韩复榘 160

何应钦　129；145；159；307；308；352；353；354

何柱国　153

贺屋宣兴　327；328；331

侯佩璜　206

胡风　191；192；193

胡绳　250

胡适　16；232；352

胡庶华　344

华莱士　310

黄绍竑　141

黄旭初　306

黄炎培　232；255；360

江恒源　255

蒋百里　16；36

蒋鼎文　140；145

蒋介石　8；16；17；41；49；60；65；66；67；68；69；79；118；119；120；123；
125；129；130；133；140；141；145；146；159；161；179；200；201；
202；203；205；209；216；219；223；224；228；230；231；232；233；
234；235；236；237；238；239；243；246；252；253；254；255；257；
259；261；262；265；266；267；270；275；280；281；282；283；284；
285；286；290；302；303；304；305；307；308；309；310；311；317；
334；335；342；349；350；360；362；363

蒋益明　269

结城丰太郎　328

金长佑　260

近卫文麿　201

井上准之助　327

居里　261

居正　129；234

凯丰　228

孔庚　255

孔祥熙　129；215

扩亨霍斯　27

拉铁摩尔　261

李杜　260

李刚　28

李汉魂　307

李璜　345

李圣三　246

李先念　317

李展　173

李宗仁　65；232；287

郦咸明　173

林彪　84；100；101；103；109；117；118；121；148；155

林防风　206

林语堂　342

林运铭　245

林祖涵　239

刘伯承　145

刘家佺　26；27

刘茂恩　147

刘少奇　83；148；149；151；298

刘文阶　206；207

刘哲　260

刘尊棋　323

柳湜　206

鲁敦道夫　251

陆诒　108

罗斯福　261；266

罗耀明　288

马场锁一　327

马蘖　206

马占山　42

毛炳文　257

毛泽东　9；17；18；20；21；22；45；46；47；48；49；50；72；81；82；84；85；
86；87；88；90；91；92；94；95；96；97；98；99；100；105；108；
109；110；111；112；114；116；118；127；133；134；135；136；
137；138；139；140；141；142；143；144；145；146；147；148；
150；151；152；153；154；156；157；158；162；163；166；167；
168；169；170；171；172；174；177；178；179；180；186；191；
194；196；197；228；229；230；236；240；265；267；272；275；
276；277；278；279；280；286；288；290；294；295；298；299；
300；301；303；311；312；313；314；315；317

孟长沐　332

莫德惠　260

穆木天　250

穆扬　180

聂竞雄　361

宁墨公　29

彭德怀　69；71；72；73；76；81；103；141；145；147；148；152；173；

314;315

彭文应　175

皮特·华尔夫　174

钱亦石　54

饶漱石　299

任弼时　73;75;76;78;80;141

三岛康夫　64

邵冲霄　260

邵令江　56;58

邵洵美　173;174

邵毓麟　63;327

沈鸿烈　266

沈钧儒　232;252

施复亮　244

史沫特莱　140;229

斯大林　287

斯诺　45;46;94;97;138;140;156;158;171;229;272;277

宋庆龄　232

宋子文　232;284;285

孙科　282;285;306;361

孙连仲　98

孙冶方　322

孙中山　42;52;67;286;313;357

塔宁　323

谭家骏　28

汤恩伯　147

唐天闲　27

陶德曼　234

藤井真信　327

童振华　206

汪精卫（兆铭）　41；129；198；238；242；252；257；259；290

王承基　60

王宠惠　129

王达夫　62

王公达　81；111

王明（陈绍禹）　81；115；116；117；137；167；168；255

王若飞　82；149

王永禄　174

王造时　255

王卓然　260

威尔基　266

威尔士　336

韦尔斯　265

卫立煌　141；153

魏建功　11

吴承禧　323

吴光杰　26；27；33；35

吴铁城　310

吴稚晖　242；245

吴忠亚　354

希特勒　140；297；298；301；313

席丕德　285

向辰　43

项美丽　173；174；

熊良　214

熊式辉　129；266

徐均良　209

徐特立　78

徐向前　84

徐永昌　309

许崇灏　26

许涤新　184

许印滴　173

薛岳　154；306；307；354

阎锡山　16；141；145；147；149；155；159

杨爱源　147

杨伯峻　287

杨刚　173；174

杨杰　27；287

杨尚昆　151

野田丰　329

叶剑英　112；119；145；296

叶启芳　346

易于史　206

殷汝耕　230

于苇　246

余汉谋　159

袁石之　66

约翰　323

岳璋　24；25

张家望　351

张君劢　200；232；255；348

张厉生　262；266

张群　140；238

张申府　255

张维华　343

张闻天（洛甫）　45；46；49；73；76；144；146；151；226

张学良　41

张贞瑞　27

张佐华　206

赵雨时　260

郑流芳　273

郑位三　317

周恩来　68；69；73；74；75；77；83；98；110；112；113；114；123；127；141；
　　　144；145；148；150；159；173

周佛海　257

周鲸文　256

周文　339

周荫棠　55；56

朱德　73；81；110；112；113；114；123；141；144；145；147；148；152；159；
　　　169；180；228

朱少希　173

祝康　25

邹韬奋　176；256

左舜生　255